古代歷史文化研究輯刊

十 編

王 明 蓀 主編

第 1 冊

《十 編》總 目

編 輯 部 編

青銅時代江淮、鄂東南和贛鄱地區中原化進程研究（上）

趙 東 升 著

國家圖書館出版品預行編目資料

青銅時代江淮、鄂東南和贛鄱地區中原化進程研究（上）／
趙東升 著 ─ 初版 ─ 新北市：花木蘭文化出版社，2013〔民
102〕
目 6+194 面；19×26 公分
（古代歷史文化研究輯刊 十編：第 1 冊）
ISBN：978-986-322-329-0（精裝）
1. 青銅器時代
618   102014355

ISBN-978-986-322-329-0

9 789863 223290

古代歷史文化研究輯刊
十 編 第 一 冊   ISBN：978-986-322-329-0

青銅時代江淮、鄂東南
和贛鄱地區中原化進程研究（上）

作 　 者 趙東升
主 　 編 王明蓀
總 編 輯 杜潔祥
出 　 版 花木蘭文化出版社
發 行 所 花木蘭文化出版社
發 行 人 高小娟
聯 絡 地 址 235 新北市中和區中安街七二號十三樓
　　　　　　電話：02-2923-1455／傳眞：02-2923-1452
網 　 址 http://www.huamulan.tw 信箱 sut81518@gmail.com
印 　 刷 普羅文化出版廣告事業
初 　 版 2013 年 9 月
定 　 價 十編 35 冊（精裝）新台幣 62,000 元

《十編》總目

編輯部　編

《古代歷史文化研究輯刊》十編　書目

商周歷史文化研究

第 一 冊　趙東升　青銅時代江淮、鄂東南和贛鄱地區中原化進程研究（上）

第 二 冊　趙東升　青銅時代江淮、鄂東南和贛鄱地區中原化進程研究（下）

第 三 冊　馮卓慧　商周鎛研究

第 四 冊　王清雷　西周樂懸制度的音樂考古學研究（修訂版）

第 五 冊　尉博博　春秋大都耦國政治現象剖析──以晉國為例

秦漢歷史文化研究

第 六 冊　王偉雄　秦倉制研究

第 七 冊　葉大松　漢代長安與洛陽都城宮室規制──以兩都二京賦為主軸（上）

第 八 冊　葉大松　漢代長安與洛陽都城宮室規制──以兩都二京賦為主軸（下）

魏晉南北朝歷史文化研究

第 九 冊　劉　嘯　魏晉南北朝九卿研究

第 十 冊　李椿浩　中國中古時期五胡王朝的建國體系研究

第十一冊　王　萌　北朝時期釀酒、飲酒及對社會的影響研究
第十二冊　戴麗琴　《世說新語》與佛教

隋唐五代歷史文化研究

第十三冊　陳　翔　陳翔唐史研究文存
第十四冊　朱祖德　唐五代時期淮南地區經濟發展之研究
第十五冊　曾國富　五代史研究（上）
第十六冊　曾國富　五代史研究（中）
第十七冊　曾國富　五代史研究（下）
第十八冊　吳世英　晤恩法師的行實與天台分宗之研究（上）
第十九冊　吳世英　晤恩法師的行實與天台分宗之研究（下）

遼金元西夏歷史文化研究

第二十冊　蔣武雄　遼金夏元史研究／遼與五代外交研究
第二一冊　申友良　馬可波羅與元初社會

清代歷史文化研究

第二二冊　荀鐵軍　何夢瑤研究
第二三冊　郭艷波　清末東北新政研究
第二四冊　劉冬梅　晚清政府以東北問題為中心運作的聯美制日政策研究
第二五冊　郭劍鳴　晚清紳士與政治整合研究：以知識權利化整合模式為路徑
第二六冊　湯苑芳　分合與互動：清代廣東墟市經濟地理（1644～1911）（上）
第二七冊　湯苑芳　分合與互動：清代廣東墟市經濟地理（1644～1911）（下）

近代歷史文化研究

第二八冊　孔繁嶺　南京政府時期留學教育研究（上）
第二九冊　孔繁嶺　南京政府時期留學教育研究（下）
第三十冊　洪德先　民國初期的無政府主義運動（1912～1931）

歷代史學研究

　　第三一冊　晉鈺琪　司馬遷《史記》義利觀研究

　　第三二冊　劉毅鳴　王船山史論研究——以政治為核心的探索

　　第三三冊　周建剛　章學誠的歷史哲學與文本詮釋思想

　　第三四冊　路則權　余英時史學思想研究

城市發展史研究

　　第三五冊　陳喜波　歷史時期京津地區城市體系演變研究

《古代歷史文化研究輯刊》十編
各書作者簡介・提要・目錄

第一、二冊　青銅時代江淮、鄂東南和贛鄱地區中原化進程研究

作者簡介

　　趙東升，男，1978 年 9 月出生，山東茌平人。2000 年畢業於廈門大學歷史系，獲學士學位；2003 年南京大學歷史系碩士學位。同年任職於南京博物院考古研究所，從事考古的發掘與研究工作。2004～2006 年參加國家水下考古資質培訓，並參與了多項水下考古工作。2006 年重入南京大學深造考古學博士學位，2009 年畢業留校任教，從此開始了考古學的教學、發掘與研究工作，尤關注長江中下游地區國家文明形成階段和青銅時代的考古問題，已發表相關研究論文 20 餘篇，參加或主持田野考古發掘項目 30 多項。

提　要

　　本書以長江中下游的江淮之間、鄂東南和贛鄱地區青銅時代文化格局為研究對象，目的是復原三地在不同時期與中原王朝的政治文化關係以及接受中原的禮制傳統而逐漸中原化的發展進程。

　　其步驟是，首先通過對各遺址內涵的分析，初步建立起三地各時期考古學文化的框架，並對考古學文化的總體格局進行探討，重點關注其文化因素的變遷過程和模式及其與中原文化的關係。其次利用文獻和銘文材料，並結

合考古學文化的變遷情況對三地的人群族屬和勢力集團以及它們的變遷進行分析辯證。最終達到認識在長江中下游地區經略的不同目的、模式和影響範圍與程度的目的。

全書內容分為兩篇，第一篇分析各地的考古學文化格局，第二篇利用第一篇的結果，並結合文獻和銘文資料分析各地勢力集團的變遷及其與中原王朝的互動關係。

第一篇分為三章，分別論述了三地的文化格局，對三地文化格局的論述採用了同樣的步驟和方法。即首先對典型遺址進行分析，重點在於認識它們內涵的變遷和遺存分期，並盡可能將各期的相對時代限定在一個較細緻的範圍內。其次利用中原文化的分期框架，對各時期三地的文化格局，包括文化分區、文化分期、文化的時空變遷等，以及與中原文化的互動關係進行較詳細的闡述。

第二篇分為四章，第一至第三章重點在於利用第一篇的研究成果，結合文獻和銘文材料對各地的社會文化背景、各勢力集團及其變遷進行詳細的分析和論述，從而為文化和政治之間建立起聯繫。第四章即把三地的考古學文化、各勢力集團及其與中原文化和王朝的關係和變遷進行整合，並擴展至對三地周邊的長江中下游地區與中原王朝的關係變遷。由此得出三代王朝在長江中下游地區不同的經略步驟和模式，以及影響範圍和程度。

通過分析，我們認為三地與中原王朝的關係密切，雖然在中原王朝涉足以前它們的文化、社會發展階段相對落後於中原地區，尤其是在偏南的贛鄱地區，但中原王朝在三地的經略促進了三地的文化和社會發展，使得它們經歷了大致相同的階段，這也是我們得以可以利用中原文化的分期框架對他們進行研究的基礎所在。

從考古學文化和文獻資料上看，夏王朝以前中原腹地及周邊具有四大勢力集團，即華夏、東夷、苗蠻和百越集團，長江中下游地區處於四大勢力集團的中介地帶，又擁有關係王朝興亡的豐富的銅礦資源作為依託，其中的苗蠻、東夷又都曾經具有覬覦中原王朝權威的實力，因此，三代王朝對此三地都給予了足夠的重視，它們對長江中下游地區的經略主要就是表現在與這些集團之間的制約與反制約的互動關係上。同時，由於社會發展階段和各王朝所面臨的社會問題的不同，中原王朝在三地的經略也是具有不同的目的和採用了不同的模式和步驟的，其影響範圍和程度也存在明顯的不同。

夏王朝以前華夏集團與東夷集團之間「輪流坐莊」，它們之間應該存在一

種較深遠的利益聯盟關係，東夷集團甚至還參加了夏王朝的創立和早期發展。而與南方的苗蠻集團之間早在新石器時代就已經表現出格格不入的態勢，夏王朝繼續對它們進行討伐，甚至一直遠達贛鄱地區，之後苗蠻集團就再也沒能恢復元氣，逐漸融合到南方的百越集團之中。而對於東夷集團，則主要表現為一種融合和共處的關係。

經過夏王朝的經略，商人勢力比較順利的進入鄂東南地區，並在稍後向南和東方擴展，將此地的銅礦資源作為其經略的重要目的。而贛鄱地區，在夏王朝時期還處於新石器時代末期階段，隨著夏王朝和苗蠻以及商王朝勢力的介入，它們迅速完成了從新石器時代向青銅時代的過渡，並可能建立了與商王朝對抗的勢力集團。對於江淮之間地區，商人通過沿淮河支流的北線和沿長江水道的西線自然接收了夏人原在此地的勢力範圍。但在商王朝中晚期，隨著王朝勢力的衰弱，地方勢力逐漸發展壯大，在南方，商王朝通過改變統治方式和改變運輸路線以便獲取銅礦資源的前提下，主要力量放在對東方的經略上，並最終在與夷人的爭奪和內外交困中覆亡。

周人作為商王朝最重要的方國之一，在商代末期就已經將勢力伸展到長江中下游地區，只是由於這些地方商人積數百年之功創立的基礎一時無法徹底根除，同時又必須繼續獲取到這裏的銅資源，周人不得不採取較為柔和的統治策略，這也造成了地方勢力的更大發展，銅資源也逐漸不能輕易獲取。江淮南部地區商人勢力本就薄弱，夷人勢力在與夏商西周王朝的爭奪中也已分散弱小，銅礦資源的發現使得周人將經略的重點轉向這裏。但是殘餘夷人勢力聯合壯大使得周人在整個西周中後期都處於與它們的糾葛之中。周王朝晚期，地方分封勢力逐漸壯大，它們在南方的經略逐漸取代了王朝力量，並在更大的範圍內實現了華夏民族的融合。

目　次

上　冊

緒論……………………………………………………………………………… 1
第一篇　江淮之間、鄂東南和贛鄱地區青銅時代文化格局 ………… 13
第一章　江淮之間………………………………………………………… 15
　第一節　典型遺址的分期……………………………………………… 20
　第二節　二里頭文化時期的分期與分區……………………………… 39

一、文化分期 ·· 39

二、文化分區 ·· 47

三、時空變遷及與二里頭文化的互動 ·················· 49

第三節 商時期文化的分期與分區 ·························· 55

一、文化分期 ·· 55

二、文化分區 ·· 63

三、時空變遷及與商文化的互動 ·························· 65

第四節 西周時期文化的分期與分區 ······················ 69

一、文化分期 ·· 69

二、文化變遷及與西周文化的互動 ······················ 77

第二章 鄂東南地區 ·· 81

第一節 典型遺址的分期 ·· 86

第二節 二里頭文化時期的文化面貌 ······················ 110

一、文化分期 ·· 112

二、文化的時空變遷及與二里頭文化的互動 ········ 114

第三節 商時期文化的分期與分區 ·························· 116

一、文化分區 ·· 116

二、文化分期及與商文化的互動 ·························· 118

第四節 西周時期文化的分期與分區 ······················ 124

一、文化分組 ·· 124

二、文化的時空變遷 ·· 129

第三章 贛鄱地區 ·· 133

第一節 典型遺址的分期 ·· 137

第二節 二里頭文化時期的分期與分區 ·················· 163

第三節 商時期文化的分期與分區 ·························· 167

一、吳城文化 ·· 170

二、萬年文化 ·· 182

第四節 西周時期文化的分期與分區 ······················ 187

下　冊

第二篇 夏商西周王朝對江淮、鄂東南和贛鄱地區經略方式的比較
　　　　研究 ·· 195

第一章　江淮之間地區的文化與社會背景⋯⋯⋯⋯⋯⋯⋯⋯⋯197

　　第一節　夏代的文化及勢力集團的變遷⋯⋯⋯⋯⋯⋯⋯197

　　第二節　商代的文化及勢力集團的變遷⋯⋯⋯⋯⋯⋯⋯201

　　第三節　西周時期的文化及勢力集團的變遷⋯⋯⋯⋯⋯203

第二章　鄂東南地區的文化與社會背景⋯⋯⋯⋯⋯⋯⋯⋯⋯215

　　第一節　鄂東南地區文化的變遷及特點⋯⋯⋯⋯⋯⋯⋯215

　　第二節　鄂東南地區勢力集團的變遷⋯⋯⋯⋯⋯⋯⋯⋯221

第三章　贛鄱地區的文化與社會背景⋯⋯⋯⋯⋯⋯⋯⋯⋯⋯231

　　第一節　贛鄱地區文化的變遷及特點⋯⋯⋯⋯⋯⋯⋯⋯231

　　第二節　贛鄱地區勢力集團的變遷⋯⋯⋯⋯⋯⋯⋯⋯⋯239

第四章　夏商西周王朝對江淮之間、鄂東南和贛鄱地區經略的時間和地域

　　　　　差異⋯⋯⋯⋯⋯⋯⋯⋯⋯⋯⋯⋯⋯⋯⋯⋯⋯⋯⋯243

　　第一節　夏王朝對長江中下游的影響⋯⋯⋯⋯⋯⋯⋯⋯243

　　第二節　商王朝對長江中下游的控制⋯⋯⋯⋯⋯⋯⋯⋯246

　　第三節　西周王朝對長江中下游的分封及擴張⋯⋯⋯⋯257

結　語⋯⋯⋯⋯⋯⋯⋯⋯⋯⋯⋯⋯⋯⋯⋯⋯⋯⋯⋯⋯⋯⋯273

參考文獻⋯⋯⋯⋯⋯⋯⋯⋯⋯⋯⋯⋯⋯⋯⋯⋯⋯⋯⋯⋯⋯277

第三冊　商周鎛研究

作者簡介

　　馮卓慧，男，漢族，內蒙古包頭市人。現供職於中國藝術研究院音樂研究所。

　　2005 至 2008 年於中國藝術研究院研究生院攻讀博士學位，師從王子初研究員，研究方向為中國音樂考古學。畢業論文《商周鎛研究》獲得《第五屆高校學生中國音樂史論文評選》二等獎。

　　曾參與《中國音樂文物大系・湖南卷》、《中國音樂文物大系・內蒙古卷》等多個卷本的編輯工作，並擔任《中國音樂文物大系》總編輯部副主任及《中國音樂文物大系・江西卷》與《中國音樂文物大系・續河南卷》副主編。曾參與文化部《全國文化資訊資源分享工程》之精品資源庫——《古琴文化資訊資源專題庫》的編撰，並兼任副主編。在學術期刊、學術會議發表論文數十萬字。

提　要

　　在中國音樂發展史上，夏、商、周三代被稱爲「金石之樂時期」。這一時期最突出的特點在於，青銅樂鐘與石質編磬的大量使用。作爲金石之樂的代表，編鐘與編磬反映了當時禮樂文明發展的高度。通過目前的考古發現可以看到，在中國先秦階段，特別是商周時期，由編鐘與編磬所反映出的音樂表現能力已經發展至相當的高度，形成了鮮明的時代特點。鎛作爲中國青銅樂鐘之一，盛行於商周時期，因其聲學性能與社會功用的特點鮮明，所以在「金石之樂」中具有特殊的地位。

　　本文通過對目前所知的 430 多件鎛的系統研究，基本理清了這一類青銅樂器的起源、發展、興盛以及衰亡的歷史軌跡。在起源階段，文中著重對目前所知的 17 件南方鎛的形制與紋飾進行逐件的分析，將其變化置於歷史背景中進行考察。在鎛進入中原以後，就被納入青銅樂懸的組合之中，其形紋與音樂能力的一系列轉變都與此相關，並由此走上興旺一時的道路。在鎛興盛於鄭、葉之地時，其自身的諸多局限卻蘊含著鎛衰落的必然，至戰國中期以後，隨著陶制鎛與非實用器的大量出現，標誌著一個時代的結束。文中通過將每一階段鎛之墓葬資訊以及鎛的形制、紋飾、音響性能、音列構成與組合形式進行橫向的剖析與縱向的比較，從歷時性與共時性不同的角度對鎛進行全方位的考察。其中，關於鎛的起源、中原對鎛的引入、鎛的地域文化特點以及鎛興盛期的分析，是建立在一般考古學現有研究成果的基礎之上，並充分利用音樂考古學的研究方法，較爲清晰地梳理了先秦時期鎛的發展脈絡。由此，基本上確立起鎛演變發展的譜系序列，爲商周時期禮樂文明與音樂文化的研究提供了不同的視角和參照尺規。

目　次

緒　言 ··· 1
第一章　鎛的起源 ·· 9
　第一節　起源考辨 ·· 12
　　一、釋鎛 ··· 13
　　二、鎛與遠古鐘類樂器 ··· 17
　第二節　湘贛鎛述略 ·· 20
　　一、邵東民安鎛與四虎鎛 ·· 20

二、故宮藏虎飾鎛與鎛之鳥飾 …………………………… 24

三、考古發現的最早標本：新干大洋洲鎛 …………………… 30

四、鎛的扉棱及其演變 …………………………………… 37

五、湘贛鎛的形制規範 …………………………………… 48

第二章　禮樂制度下的廣泛傳播 ………………………… 57

第一節　中原對鎛的引入 ………………………………… 58

一、中原鎛之發端 ………………………………………… 60

二、眉縣楊家村鎛的突破 ………………………………… 63

三、克鎛 …………………………………………………… 70

第二節　地域的廣布 ……………………………………… 75

一、中原文化區 …………………………………………… 76

二、齊魯文化區 …………………………………………… 97

三、楚文化區 ……………………………………………… 103

四、吳越文化區 …………………………………………… 112

五、周樂用「商」 ………………………………………… 120

第三章　鼎盛時期的規範化組合 ………………………… 125

第一節　鎛與編鍾的組合 ………………………………… 125

一、鎛的音樂性能及其編列化 …………………………… 126

二、新鄭鄭國祭祀遺址編鍾 ……………………………… 128

三、新鄭編鎛的組合規範 ………………………………… 131

四、新鄭編鍾音律體系 …………………………………… 134

第二節　組合編鍾中鎛的演變 …………………………… 139

一、許公寧墓鍾鎛的出土 ………………………………… 139

二、許公墓有脊編鎛 ……………………………………… 141

三、許公墓無脊編鎛 ……………………………………… 143

四、許公墓編鍾的音律分析 ……………………………… 145

五、大型組合編鍾中的編鎛 ……………………………… 148

第四章　必然的衰落 ……………………………………… 151

第一節　楚地的繁榮 ……………………………………… 151

一、蔡侯編鎛 ……………………………………………… 151

二、後川編鎛 ……………………………………………… 153

第二節　走出樂壇與祭壇 ··· 155
　　一、衰落是由自身特點使然 ······································· 155
　　二、歷史發展的必然性 ··· 158
結　語 ·· 163
　　一、鎛的基本特徵及發展階段的劃分 ································· 163
　　二、鎛的起源 ·· 164
　　三、早期鎛形制的演變所體現出的音樂內涵 ·························· 165
　　四、中原引入鎛之原因 ··· 166
　　五、春秋時期的地域廣布 ··· 167
　　六、鎛的組合化特徵 ·· 167
　　七、鎛的衰落是自身局限與歷史作用的必然結果 ······················ 168
參考文獻 ·· 171
致　謝 ·· 183
附表：《中國音樂文物大系》收錄鎛條目 ································· 185

第四冊　西周樂懸制度的音樂考古學研究（修訂版）

作者簡介

　　王清雷（1975 年 10 月～），男，博士，副研究員，碩士研究生導師。現在中國藝術研究院音樂研究所工作，任中國藝術研究院《中國音樂文物大系》總編輯部主任、副總主編，中國音樂史學會副會長，東亞音樂考古學會副會長。主要致力於中國音樂史、音樂考古學的研究，目前發表學術論文 70 餘篇、著作 8 部，約 200 餘萬字。

提　要

　　在中國文化史上，周代文化佔有著極其重要而特殊的地位。特別是西周初期開始建立的禮樂制度，對其後近 3000 年的中國社會及文化產生了非常深遠的影響。其中，樂懸制度是西周禮樂制度的核心內容之一。樂懸，「其本意是指必須懸掛起來才能進行演奏的鐘磬類大型編懸樂器。」周代統治者賦予鐘磬類大型編懸樂器以深刻的政治內涵，形成了以鐘磬為代表、嚴格等級化的樂懸制度。關於其形成過程，從它的萌芽孕育到略成雛形，從初步形成到

發展、成熟，經歷了一個漫長的發展過程。

　　西周樂懸制度的形成有著深刻的社會基礎，其源頭可以追溯到史前時期。龍山文化的陶寺銅鈴和石磬，昭示了千年以後，以鐘磬樂懸爲代表的「金石之樂」時代的到來，西周的樂懸制度自此開始孕育萌芽。到商代末期，以可懸之鐘與可懸之磬爲特徵的樂懸制度，已成雛形。西周早期，以鐘磬爲代表、嚴格等級化的樂懸制度初步確立，並在西周中期得到進一步的發展，至西周晚期臻於成熟。

　　本書以目前中國音樂考古所見的出土實物爲基礎，主要運用音樂考古學的理論和方法，結合文獻學、樂律學、音樂聲學、文物學等諸多學科，對西周樂懸制度作較爲全面、系統的考察與研究，頗多創見，在很大的程度上充實和彌補了文獻記載的局限。

目　次

序　王子初

緒論……………………………………………………………………1

　一、樂懸釐定……………………………………………………1

　二、以往研究成果述略………………………………………5

　三、以往研究方法述評以及本文研究的意義……………13

第一章　西周樂懸制度的濫觴……………………………19

　第一節　史前時期的禮樂制度……………………………21

　　一、史前禮樂器的考古資料分析………………………22

　　二、史前時期的禮樂制度………………………………29

　第二節　「殷禮」……………………………………………32

　　一、商代禮樂器及其考古資料分析……………………32

　　二、「殷禮」……………………………………………48

第二章　西周樂懸制度初成………………………………59

　第一節　西周早期鐘磬樂懸及其考古資料分析…………59

　　一、僅出編甬鐘的墓葬…………………………………59

　　二、僅出編鐃的墓葬……………………………………62

　第二節　西周樂懸制度初成………………………………64

　　一、樂懸的用器制度……………………………………64

    二、樂懸的擺列制度 ·· 72

    三、樂懸的音列制度 ·· 74

第三章　西周樂懸制度的發展 ·· 77

  第一節　西周中期鍾磬樂懸及其考古資料分析 ···················· 77

    一、僅出編甬鍾的墓葬和窖藏 ···································· 77

    二、編甬鍾與編磬共出的墓葬 ···································· 94

    三、鎛與特磬共出的墓葬 ·· 97

    四、編甬鍾與鎛共出的窖藏 ······································ 98

  第二節　西周樂懸制度的發展 ································· 102

    一、樂懸的用器制度 ·· 102

    二、樂懸的擺列制度 ·· 107

    三、樂懸的音列制度 ·· 112

第四章　西周樂懸制度的完善與成熟 ···························· 121

  第一節　西周晚期鍾磬樂懸及其考古資料分析 ·················· 122

    一、僅出編甬鍾的墓葬 ·· 122

    二、編甬鍾與編磬共出的墓葬 ··································· 123

    三、編甬鍾與鎛共出的墓葬 ····································· 131

  第二節　西周樂懸制度的完善與成熟 ··························· 137

    一、樂懸的用器制度 ·· 137

    二、樂懸的擺列制度 ·· 145

    三、樂懸的音列制度 ·· 155

    四、關於「禮崩樂壞」 ·· 163

結　語 ··· 165

附　表 ··· 171

參考文獻 ··· 213

後　記 ··· 231

第五冊　春秋大都耦國政治現象剖析──以晉國爲例

作者簡介

    尉博博，男，生於 1979 年，甘肅省甘穀縣人，現爲天水師範學院文史學

院教師。高中就讀於甘肅省甘穀一中，本科就讀於西北大學文學院，2007 年在西北師範大學文學院獲得歷史學碩士學位，2010 年在陝西師範大學歷史文化學院獲得歷史學博士學位，主要從事先秦史研究，擅長《左傳》、《國語》。

提　要

　　本書研究之目的是通過對春秋晉國大都耦國政治現象的剖析，揭示晉國乃至整個春秋時期所發生的歷史巨變，進而展現國家進步的軌，並初步探討邊緣崛起的歷史規律。全文主要由七部分組成。

　　第一部分，緒論。說明春秋晉國大都耦國政治現象研究的意義。大都耦國現象是春秋晉國史的一條主線，以此爲線索，進一步探討晉國由方百里之國崛起爲中原頭號強國的內在原因，進而由晉國聯系到整個春秋時期社會歷史發生的深刻變化。對大都耦國現象的研究，前人只是作了零星的考察，本書是對大都耦國現象的系統研究。唯物史觀是全文的指導思想。

　　第二部分，對都和國的概念進行了界定。都是指卿大夫所受封的大邑，即卿大夫家所在的城邑。國的含義前後變化較大，從西周至春秋時期，國一般指天子和諸侯的國城，隨著諸侯國領土的擴大，在春秋末年，國也可指領土國家。都的內部結構在一定程度上是諸侯國的翻版，卿大夫在諸侯之朝，世襲爲官，而在自己的都中，就是家君，都中建有宗廟、社稷，而且設官分職。都中還有卿大夫的私家武裝。都的兩面性是指諸侯立家之本意是爲了讓卿大夫藩屏公室，保衛國城，也是國君統治地方的一種手段，但是當卿大夫勢力膨脹，都的規模達到或超過國城時，都又成了卿大夫反抗國君的中心。而此時，大都耦國局面就形成了。

　　第三部分，重點闡述了春秋晉國大都耦國政治現象的過程和特點。晉國的大都耦國現象，主要出現在早期和晚期。早期是指曲沃代翼，公元前 745 年，晉昭侯分封其叔父成師於曲沃，曲沃大於國城翼，晉國首次出現大都耦國的現象。在之後的六十七年中，曲沃桓叔、莊伯、武公祖孫三代，持續不斷的進攻國城翼，弒殺了五位國君。公元前 678 年，周天子終於命曲沃武公爲晉侯。至此，曲沃代翼取得了最後的勝利。曲沃代翼是春秋早期非常獨特的大都耦國現象，大約與此同時，鄭國也出現了共叔段以京耦國的現象，但被鄭莊公平定。晉國和鄭國幾乎同時出現大都耦國的政治現象，結果卻不同，這根源於兩國不同的政治背景。晉國長期與戎狄爲伍，受中原周文化的影響較弱，而鄭國地處

傳統周禮文化的核心區，對傳統因襲的負擔較重，所以，晉國的大都耦國取得了成功，而鄭國沒有實現以都代國。曲沃代翼後，晉國還出現了欒盈以曲沃耦國的現象。晉國中後期，六卿占據了許多大都，相互牽制，卻彼此勢均力敵，於是形成都與國僵持的局面。之後，趙氏滅范、中行氏，趙、魏、韓三家滅知氏。晉的國力「萃於三族」，趙氏占據晉陽、魏氏占據安邑、韓氏占據平陽，都與國的僵持被打破，基本上實現了以都代國的目標。

第四部分，是晉、齊兩國的大都耦國現象與魯、鄭、宋、衛等國的比較。春秋後期，各主要諸侯國普遍出現了大都耦國的現象，晉國的趙、魏、韓三家取得了以都代國的成功；齊國實現了陳氏代齊；而魯、鄭、衛沒有能夠實現以都代國；宋國的公子鮑雖奪取了政權，但對宋國社會變革的影響微乎其微。晉、齊與中原各國存在差別，主要是對傳統周禮的因襲有程度上的差異。

第五部分，闡明了春秋大都耦國現象出現的原因。一是分封制發展的必然結果；二是生產發展後貴族中富族與敝族分化的必然結果；三是各國開疆拓土的必然結果。此外，對晉國大都耦國現象比較突出的特殊原因也作了分析。

第六部分，是關於大都耦國現象對春秋政治的影響。分別表現在縣制、兵制、賦稅制、官僚制、法制等方面。

第七部分，結語。說明大都耦國現象在春秋史研究中的地位、作用，以及對大都耦國現象研究的展望。

目 次

第一章 緒論 1
　第一節 春秋晉國大都耦國政治現象研究的意義 1
　第二節 春秋晉國大都耦國政治現象的研究狀況 4
　第三節 理論基礎和研究思路 9
第二章 都和國 11
　第一節 都和國的概念 11
　第二節 都的大量出現 16
　第三節 都的內部結構 21
　第四節 都的兩面性 25
　第五節 大都耦國局面的形成 32
第三章 春秋晉國大都耦國政治現象的發展過程和特點 37

第一節　曲沃耦國的波折⋯⋯⋯⋯⋯⋯⋯⋯⋯⋯⋯⋯37

　一、曲沃代翼的過程和特點⋯⋯⋯⋯⋯⋯⋯⋯⋯37

　二、欒氏以曲沃耦國的過程和特點⋯⋯⋯⋯⋯⋯45

第二節　都與國的僵持⋯⋯⋯⋯⋯⋯⋯⋯⋯⋯⋯⋯51

第三節　萃於三族及三家分晉⋯⋯⋯⋯⋯⋯⋯⋯⋯56

　一、從萃於三族到三家分晉⋯⋯⋯⋯⋯⋯⋯⋯⋯56

　二、趙、魏、韓三家以都代國的特點⋯⋯⋯⋯⋯64

第四章　晉、齊與魯、鄭、衛、宋大都耦國現象比較⋯67

第一節　齊國大都耦國現象分析⋯⋯⋯⋯⋯⋯⋯⋯67

　一、渠丘耦國和陳氏代齊的過程⋯⋯⋯⋯⋯⋯⋯67

　二、齊國與晉國政治特點的比較⋯⋯⋯⋯⋯⋯⋯71

第二節　魯國大都耦國現象分析⋯⋯⋯⋯⋯⋯⋯⋯74

　一、三桓專魯之過程⋯⋯⋯⋯⋯⋯⋯⋯⋯⋯⋯⋯74

　二、三桓為專魯政而採取的措施⋯⋯⋯⋯⋯⋯⋯76

　三、魯國與晉國政治特點的比較⋯⋯⋯⋯⋯⋯⋯78

第三節　鄭國大都耦國現象分析⋯⋯⋯⋯⋯⋯⋯⋯84

　一、鄭京、櫟耦國的過程⋯⋯⋯⋯⋯⋯⋯⋯⋯⋯84

　二、鄭國與晉國政治特點的比較⋯⋯⋯⋯⋯⋯⋯86

第四節　衛國的大都耦國現象分析⋯⋯⋯⋯⋯⋯⋯89

　一、衛蒲、戚耦國的過程⋯⋯⋯⋯⋯⋯⋯⋯⋯⋯89

　二、衛國與晉國政治特點的比較⋯⋯⋯⋯⋯⋯⋯92

第五節　宋國的大都耦國現象分析⋯⋯⋯⋯⋯⋯⋯92

　一、宋蕭、蒙耦國的過程⋯⋯⋯⋯⋯⋯⋯⋯⋯⋯92

　二、宋國與晉國政治特點的比較⋯⋯⋯⋯⋯⋯⋯94

小結⋯⋯⋯⋯⋯⋯⋯⋯⋯⋯⋯⋯⋯⋯⋯⋯⋯⋯⋯⋯95

第五章　春秋大都耦國現象形成的原因⋯⋯⋯⋯⋯⋯99

第一節　大都耦國現象形成的普遍原因⋯⋯⋯⋯⋯99

　一、是分封制發展的必然結果⋯⋯⋯⋯⋯⋯⋯⋯99

　二、是生產發展後貴族分化的必然結果⋯⋯⋯107

　三、是開疆拓土的必然結果⋯⋯⋯⋯⋯⋯⋯⋯112

第二節　晉國大都耦國政治現象形成的特殊原因⋯115

　一、晉國的客觀環境 ……………………………………………………… 115

　二、晉國歷代國君的特殊政策 …………………………………………… 118

第六章　春秋晉國大都耦國政治現象的影響 …………………………… 125

　一、大都耦國現象對春秋縣制的影響 …………………………………… 125

　二、大都耦國現象對春秋兵制的影響 …………………………………… 130

　三、大都耦國現象對春秋賦稅制度的影響 ……………………………… 132

　四、大都耦國現象對官僚制度的影響 …………………………………… 134

　五、大都耦國現象對法制的影響 ………………………………………… 138

第七章　結　語 …………………………………………………………… 141

參考文獻 …………………………………………………………………… 145

致　謝 ……………………………………………………………………… 153

第六冊　秦倉制研究

作者簡介

　　王偉雄，河南方城人，一九七七年出生於臺灣高雄。中國文化大學史學系畢業，中國文化大學史學研究所碩士，目前擔任國泰人壽屏東通訊處組訓專員。

提　要

　　《秦倉制研究》對秦國倉制做一全面而有系統的論述，主要研究架構概而言之，有以下幾個方面：

　　一、秦倉建築的形制與結構

　　秦倉建築基本有「倉」、「囷」、「窖」、「窌」、「廩」、「庾」……等名稱，其形制、結構乃至於貯藏形態、容量亦各異，通過對秦倉建築的考察與分析，為研究秦倉制首要且必要的工作。

　　二、秦倉的管理

　　秦倉管理上，並不是只有糧食、物品的管理，實際上，制度化的倉儲管理，即是對人、事、物、財的管理，訂定有條理有系統的辦法，使倉儲事務的進行有軌可循，而不致越軌而行。透過傳統與出土文獻材料，結合現代倉儲理論鋪陳述，勾勒出秦倉系統化之人、事、物、財的管理。

　　三、秦倉之間的糧草運輸

秦時不僅都城所在地有倉，縣、鄉亦有倉，和政治體制一樣，從中央到地方、自上而下建立了一套完整的糧倉體制。設於中央與郡縣的糧倉皆位於全國交通要衝，大致反映了秦國糧草運輸的路線與方式，瞭解秦倉的設置地點與運輸主要方式、路線，探討糧倉設置（糧食貯備）與糧倉運輸（糧食流通）之關係，相信可對於倉廩系統維持秦帝國統治的物資基礎的假設，提供堅實可靠的論證與重要的方向。

四、秦倉的機能、歷史作用與地位

糧倉系統的完善與否關係著古代國家統治的基礎，一國之強大與否端賴其糧倉系統能否提供一國在政治、經濟、軍事上的各種需求。綜合前述各項細致分析研究，探討秦對後世倉制的繼承與發展，揭示出秦倉制之得失與借鑑，總結秦在整個古代倉制史所佔的地位。

目　次

第一章　緒論 ……………………………………………………………………… 1
第二章　秦倉建築的形式與結構 ………………………………………………… 15
　　第一節　秦倉建築的命名與形式 …………………………………………… 15
　　第二節　秦墓出土陶囷的類型與分析 ……………………………………… 25
　　第三節　秦倉建築之結構與貯糧技術 ……………………………………… 31
　　第四節　秦倉糧食貯藏形態及其相關問題 ………………………………… 40
第三章　秦倉的管理 ……………………………………………………………… 61
　　第一節　人事行政管理 ……………………………………………………… 61
　　第二節　倉儲事務管理 ……………………………………………………… 82
　　第三節　倉儲物資管理 ……………………………………………………… 93
第四章　秦倉之間的糧草儲運 …………………………………………………… 97
　　第一節　秦倉倉址的選擇 …………………………………………………… 97
　　第二節　秦倉糧草運輸主要方式與路線 ………………………………… 102
　　第三節　糧倉設置（糧食貯存）與糧食運輸（糧食流通）之關係 …… 121
第五章　秦倉的機能、歷史作用與地位 ……………………………………… 129
　　第一節　秦倉的機能～秦王朝運作之基礎 ……………………………… 129
　　第二節　秦倉的歷史作用～倉政的得失與借鑑 ………………………… 141
　　第三節　秦倉的歷史地位～後世倉制對秦倉之繼承與發展 …………… 146

第六章　結論 ……………………………………………………………… 157

附　錄 ……………………………………………………………………… 161

　附錄一　秦於郡置倉然無郡一級倉之設立 …………………………… 161

　附錄二　秦無置倉救荒活民考 ………………………………………… 162

參考書目 …………………………………………………………………… 167

第七、八冊　漢代長安與洛陽都城宮室規制──以兩都二京賦爲主軸

作者簡介

　　葉大松，臺灣彰化人，民國 32 年出生，甫弱冠即畢業於臺北科技大學，當年高考及經建特考土木工程科及格，翌年進入高雄港務局就職；民國 55 年連中郵政總局高級技術員及建築師高考，兩年後又考上電信特考及高考水利技師，並進入電信管理局任職；而立之年復中舉衛生工程技師，三年後開業建築師並持續了三十五年，齡垂花甲高考水土保持技師及第，年逾耳順始當研究生，先後獲得北京清華大學工程碩士及玄奘大學文學博士學位；出版著作有《中國及韓國建築史》。未出版著作《日本建築史》。

提　要

　　班固兩都賦與張衡二京賦所描寫的西漢長安與東漢洛陽氣象宏偉，鋪陳詳細。其中涉及兩座都城的宮殿、禮制三宮、苑囿，帝陵及其陵邑、臺榭、邸宅、市廛等建築之規劃、選址、佈局、風格、施工在建築史上是彌足珍貴的史料，論著由建築的觀點上來瞭解漢代文學，故對賦文中所提到的建築名辭、術語放在附錄中釋意，必要時佐以圖樣，對史書所記載的碩大尺度如井幹樓高五十丈等，則以建築測量技術進行評估與驗證，庶幾不致認爲古人之記載僅是齊東野語。

　　西漢選擇八水環繞三面及終南屏南的優越地理位置之長安建立國都，所營建未央宮象徵紫微垣之佈局有如藩臣拱衛帝君之勢，象徵天人合德之建築哲理。東漢定都洛陽，北有瀍澗穀洛伊五水縈繞，南有太室、嵩山之鎮峙，位居天下之中，古爲四戰之衢地。光武帝將禮制三宮明堂、靈臺及辟雍一氣建成，這是建築史上的大事。還有西漢爲強幹弱枝所建之陵邑正是現代衛星

城市的濫觴。

　　本論著第一章緒論，介紹研究動機、目的及範圍，第二章論述兩京都城規制，第三章論述兩京宮室規制，第四章論述兩京體制三宮，第五章論述兩京苑囿，第六章論述兩京都陵邑及陵墓，第七章論述兩京第宅、朝堂、太學等建築，第八章述兩京文獻與遺址資料之比對，第九章論述兩京風水格局，第十章結論述建築文學研究之必要性及前景。

目　次

上　冊

第一章　緒論 1

第二章　由兩都二京賦探討漢代都城規制 35

　第一節　西漢長安都城之選擇要素 37

　第二節　西漢長安都城之城池規制 46

　第三節　西漢長安都城道路之規制 64

　第四節　西漢長安都城市井之規劃 68

　第五節　西漢長安都城閭里之規制 73

　第六節　東漢洛陽都城之選擇要素 74

　第七節　東漢洛陽都城之總體規制 76

　第八節　東漢洛陽都城之城牆規制 78

　第九節　東漢洛陽都城之城門規制 82

　第十節　東漢洛陽都城街亭之規制 87

第三章　由兩都二京賦探討漢代宮室建築 89

　第一節　西漢長安未央宮室之規制 90

　第二節　西漢長安長樂宮之規制 109

　第三節　西漢長安建章宮之規制 112

　第四節　西漢長安甘泉宮及通天臺之規制 120

　第五節　西漢長安明光、北宮、桂宮之規制 128

　第六節　西漢長安宮室之結局 132

　第七節　東漢洛陽南、北兩宮之規制 134

　第八節　東漢洛陽宮室之結局 146

第四章　由兩都二京賦探討漢代禮制三宮建築 149

第一節　漢代興建禮制三宮之沿革 ……………………………………… 151

第二節　兩漢禮制三宮之規制 …………………………………………… 152

第三節　漢代三宮建築規制復原之商榷 ………………………………… 179

第四節　歷代明堂源流 …………………………………………………… 182

第五章　由兩都二京賦探討漢代苑囿建築 …………………………………… 189

第一節　上林苑 …………………………………………………………… 189

第二節　甘泉苑 …………………………………………………………… 205

第三節　樂遊苑 …………………………………………………………… 206

第四節　濯龍、芳林園 …………………………………………………… 207

下　冊

第六章　由兩都二京賦探討西漢陵邑與陵墓規制 ………………………… 209

第一節　西漢陵邑之特色 ………………………………………………… 211

第二節　西漢陵邑之建置 ………………………………………………… 214

第三節　西漢陵邑之管理 ………………………………………………… 220

第四節　西漢陵邑之終止 ………………………………………………… 220

第五節　西漢陵邑之經濟 ………………………………………………… 221

第六節　西漢徙民建陵邑之影響 ………………………………………… 222

第七節　西漢七陵建築之探討 …………………………………………… 223

第七章　由兩都二京賦探討漢代第宅、武庫、朝堂等建築 ……………… 231

第一節　漢代第宅之概說 ………………………………………………… 231

第二節　漢代貴族之第宅 ………………………………………………… 232

第三節　漢代貴族第宅規制舉例 ………………………………………… 234

第四節　漢代富室第宅之概況 …………………………………………… 240

第五節　西漢武庫建築之探討 …………………………………………… 242

第六節　西漢朝堂建築之探討 …………………………………………… 243

第七節　西漢旗亭建築之探討 …………………………………………… 244

第八節　漢代宮闕建築之探討 …………………………………………… 245

第九節　漢代兩京太學建築之探討 ……………………………………… 249

第十節　西漢井幹樓建築之探討 ………………………………………… 253

第八章　漢代都城宮室的文獻與遺址資料比較 …………………………… 257

第一節　漢代長安與洛陽都城宮殿之遺址現況 ………………………… 257

第二節　西漢長安都城遺址現況及文獻記載比較 ………………… 259

第三節　西漢長安宮殿遺址現況及文獻記載比較 ………………… 261

第四節　東漢洛陽城遺址現況及文獻記載比較 …………………… 265

第九章　兩都二京賦所述漢代都城之地理風水格局 ……………… 279

第一節　漢代都城風水格局之概說 ………………………………… 279

第二節　西漢安長安城風水格局之分析 …………………………… 284

第三節　西漢長安城龍脈及龍穴之探討 …………………………… 292

第四節　東漢洛陽城風水格局之概說 ……………………………… 292

第五節　東漢洛陽城風水格局之分析 ……………………………… 294

第六節　東漢洛陽城龍脈與龍穴風水之探討 ……………………… 302

第十章　結論 …………………………………………………………… 305

第一節　文學研究途徑之綜述 ……………………………………… 305

第二節　建築文學研究之必要 ……………………………………… 310

第三節　漢代都城與宮室建築研究之瓶頸 ………………………… 311

第四節　漢代都城與宮室建築研究瓶頸之克服 …………………… 313

第五節　漢代都城與宮室建築研究之成果 ………………………… 315

第六節　漢代都城與宮室建築研究條件之回顧 …………………… 331

第七節　漢代都城與宮室建築研究之科技應用 …………………… 333

第八節　漢代都城與宮室建築研究之展望 ………………………… 334

參考文獻 ………………………………………………………………… 337

附錄一　兩京二都賦全文 …………………………………………… 349

附錄二　兩京二都賦建築名辭釋義 ………………………………… 365

第九冊　魏晉南北朝九卿研究

作者簡介

劉嘯，男，1981 年生，江蘇常州人。

2004 年蘇州大學歷史系學士畢業。

2007 年華東師範大學歷史系中國古代史碩士畢業。導師牟發松教授。

2010 年華東師範大學歷史系中國古代史博士畢業。導師牟發松教授。

2008 年 4 月至 2009 年 3 月，國家公派留學基金，日本國立九州大學大學

院東洋史研究室學習，指導教師川本芳昭教授。

2012 年 12 月，上海交通大學人文學院歷史系博士後出站。

現任上海交通大學人文學院歷史系助理研究員。

提　要

　　官僚制度史的研究作爲中國古代政治制度史中重要的研究環節，歷來都受到相當地重視。近代以來，研究中國政治制度史的著作，大多對官制有所敘述。本文所要研究的九卿制度就屬於中央官制的一部分。

　　漢與唐兩個大一統的王朝經常作爲中國早期帝國的典型而被並舉，漢制與唐制也多爲後代所效仿。在近代以來的研究著作中，漢制與唐制也經常是研究者用力最勤的地方。具體到中央官制，漢制被稱爲「三公九卿」制，而唐制則被稱爲「三省六部」制。西漢武帝中期以後，少府屬官之一的尚書權勢漸升，魏晉南北朝時期進而取代三公成宰相機構，至唐而三省鼎立，尚書省又下轄六部，完成宰相制度的三百年演變過程。在這個過程中，三公、三省、六部的形成與演變研究頗多，而對於九卿卻研究很少。漢代三公、九卿參與國政討論，唐代尚書六部與九寺諸監有下行上承之關係，九卿的權力、地位雖然發生了變化，但直到滿清，尚有太常、光祿、大理、太僕、鴻臚等寺。延續兩千年以上的這一整套機構，存在的理由就是其爲事務機關。偌大的帝國總得有衙門辦事，在中央，九寺就承擔了這樣的角色。九寺變爲事務機關而著之於法令，則是從唐代開始的。而在秦漢以後，唐代以前，即魏晉南北朝時期的九寺機關，其職官性質及地位如何？這就是本文研究的目的。

　　通過本文的研究，發現魏晉南北朝時期，諸卿之中，太常作爲掌管禮儀的官員，廷尉作爲掌管司法審判的官員，鴻臚作爲掌管外交的官員變化均不太大。光祿在魏晉時期宿衛職能不斷削弱，管理宮廷雜務的職能卻不斷增強。到了南朝更變成了虛職，北朝則將光祿定位成管理外朝宴會的機構，在太官一職的處理上頗費心思。衛尉由司宮城宿衛之官變爲掌器械、文物之官，究其原因，在於魏晉時期，領、護等護衛帝王的禁衛力量發展壯大，嚴重削弱了衛尉的原有職能。司農由司錢帛糧食之官變爲專司糧食之官，這應當與漢魏之際的戰亂頻繁，從而首重糧食有關。而魏晉南北朝時期，朝廷仍然有大筆的錢帛出入，魏晉時期管理錢帛的機構很多都是皇帝的私庫，但這些庫藏之間統屬關係曖昧不明。及至南北朝，商品貨幣經濟的發展使錢幣的流通大

爲增加，這從國家的鑄幣事業中也可以看出來。所以設立一個專管錢財的機構，與大司農分職，並將零碎的財政機關置於統一的領導之下，成爲當務之急，這就是南北朝時期太府創立的背景。宗正在魏晉南北朝時期只管理皇族的圖籍，並非如兩漢般對宗室有較大的權力。兩晉時期設立的宗師對於宗正的權力產生了比較大的影響。宗師就是宗室的「中正」，他對宗室的教育與選舉具有相當大的發言權，北魏道武帝在設立宗師之初就明言是仿中正制度的，目的就在於辨宗黨、別人才。隨著中正制度的衰弱，仿中正制的宗師制到了唐代就不再看到了。太僕所掌輿馬本包括御用和國用兩個部分，南朝時期，一方面太僕不再掌車，另一方面國用與御用區分開來，北朝形式上雖然仍沿漢魏舊制，車馬均在太僕轄下，但將御用與國用區分開來則是承南朝制度。少府在諸卿之中，是皇室「家臣」色彩最濃的一個官員。西漢時期管理著帝室的財政，東漢雖然將財政權統歸司農管轄，但少府所掌仍然以宮廷事務爲主。魏晉時期，將東漢文屬少府的機構劃出，而劉宋時期少府屬下尚方令從掌御用刀劍的制造到掌軍國刀劍的制造，這種突破帶動了少府突破家臣的色彩，也被隋唐所繼承。

引起九卿職能變化的原因約有三個。

首先是九卿與尚書權責不清。尚書在逐漸形成爲權力中心的過程中，不可避免的要與九卿產生摩擦。在整個魏晉南北朝時期，就尚書與九卿的存廢問題有過好幾次討論，而且九卿也曾一度合併廢罷，但始終不能廢一存一，始終是兩者並存，表明二者關係亟待理清，但總的傾向仍是尚書諸官對九卿職權的侵奪。

其次是門下省與九卿的分工。漢代九卿有很濃重的家臣色彩，即除掌管國家事務之外，還掌管大量的宮廷事務。但是魏晉南北朝時期，九卿職能的一大轉變就是漸漸脫離宮廷事務的管理而轉向專管國務，即完成了其從家臣到朝臣的轉變。究其轉變的原因，很重要的一點就是門下省對於宮廷事務的管理。至隋煬帝分門下置殿內省，專管皇帝事務，可以說，對魏晉南北朝時期九卿掌管宮廷事務方面的職能做了一個總結，也使九卿家臣的色彩大爲減低。

第三是時代的因素。這以魏晉南北朝時期的光祿與衛尉職能的變化最爲明顯。光祿與衛尉本來都職司宮廷護衛，但到了唐代卻完全沒有了這種職能。這種轉變發生在漢魏之際。當時曹操獨攬大權，但並不敢突破大義名分，爲了能使自己的官僚系統實際掌管國政，他新設了很多職官來控制權力。在這

個過程中，爲了保護自身的安全，建立了以親兵爲主的護衛組織，後來發展成爲領、護軍系統，而在許昌職司保衛漢帝的光祿、衛尉自然在曹操削弱之列。曹操新設的護衛系統爲後代所繼承，剝奪了原光祿、衛尉的職能。這並不是兩卿本身發展的結果，而是人爲的因素。

漢代九卿制度歷經魏晉南北朝時期到隋唐做了一個總結，原來的「三公九卿」體制變成了「三省六部」體制。唐代九卿不再參與政務的制定，退出了行政中樞的行列，變成了一個負責具體執行的事務機關。

目　次

緒論 1
第一章　九卿分論一：太常、衛尉 15
　第一節　太常 15
　　一、魏晉時期：人選與職掌 16
　　二、南北朝時期：望重而權輕 30
　　三、屬官的演變 36
　　四、國子學的演變對於太常教育職能的影響 46
　　五、祠部尚書的設立與太常系統的關係 53
　　六、小結 59
　第二節　衛尉 60
　　一、魏晉：宿衛職能的削弱 60
　　二、南朝：採漢晉制度 61
　　三、北朝：採晉、宋、齊制度 64
　　四、餘論：隋唐時期守衛職能的徹底廢除 64
第二章　九卿分論二：光祿、廷尉 67
　第一節　光祿 67
　　一、魏晉：屬官的調整與職能的轉變 69
　　二、南朝：文官化道路 78
　　三、北朝：太官職掌的轉變 80
　　四、餘論：隋唐繼承北朝 82
　第二節　廷尉 84
　　一、三國時期：曹魏大尚書掌刑理 85

二、兩晉時期：掌刑尚書的幾次調整與廷尉職不可缺 ···········88

三、南朝時期：都官尚書的設立及與廷尉的關係 ···········95

四、北朝時期：仿劉宋制度與推行周制 ···········100

五、餘論：隋代的調整 ···········106

第三章　九卿分論三：司農與太府、鴻臚 ···········109

　第一節　司農與太府 ···········109

　　一、魏晉南北朝的度支尚書 ···········112

　　二、魏晉南北朝的大司農 ···········120

　　三、南北朝時期太府的創設 ···········127

　　四、餘論：隋唐財政機構的整合 ···········137

　第二節　鴻臚 ···········144

　　一、魏晉南朝：屬官的變化與職能的延續 ···········146

　　二、北朝：機構的增設 ···········149

　　三、餘論：隋唐繼承漢代舊制 ···········151

第四章　九卿分論四：太僕、宗正、少府 ···········153

　第一節　太僕 ···········153

　　一、魏晉時期：職官的增減 ···········155

　　二、南朝：宋齊不置與蕭梁重設 ···········160

　　三、十六國北朝：延續漢魏舊制與採南朝制度 ···········163

　　四、餘論：隋唐時期的馬之分與車之分 ···········165

　第二節　宗正 ···········169

　　一、三國時期：延續漢代舊規 ···········171

　　二、兩晉時期：宗師的設置與宗正的廢罷 ···········173

　　三、南朝：宗正的重置 ···········183

　　四、北朝：宗師與宗正 ···········186

　　五、餘論：從魏晉南北朝到隋唐 ···········194

　第三節　少府 ···········198

　　一、魏晉：所部職官的調整 ···········199

　　二、劉宋：少府職掌的突破 ···········204

　　三、蕭梁：採晉宋制度、加強天子之府的性質 ···········208

　　四、北朝：少府改爲太府 ···········210

　　　五、餘論：隋唐帝國的選擇──少府所轄機構及其職能 ·············· 213
第五章　九卿綜論 ··· 217
　第一節　從家臣到朝臣 ··· 217
　第二節　九卿在官僚系統內的地位及其變化 ························· 227
　　一、九卿作爲中央要官的地位 ····································· 227
　　二、九卿的固定化過程 ··· 230
　　三、尚書與九卿的關係 ··· 236
結　語 ··· 239
主要參考文獻 ··· 245
後　記 ··· 255

第十冊　中國中古時期五胡王朝的建國體系研究

作者簡介

　　李椿浩，韓國人，2001 年 7 月畢業於北京師範大學歷史學院博士研究生，專業研究方向爲中國古代史（魏晉南北朝史）。在從 2001 年 9 月至 2009 年 8 月間先後工作於陝西師範大學歷史文化學院、湖南師範大學歷史文化學院。從 2009 年 9 月至今，作爲外籍教授在湛江師範學院歷史系工作。先後在中國與韓國發表了《十六國時期的「勤王」及其政治功能》、《試論羌族後秦之安定地區的地位及其變遷》、《匈奴漢國的中央官職特點》、《北魏「坐收淮北」及其對北朝的影響》、《五胡時期慕容前燕的建國及其發展》、《四世紀初河西地區張氏政權的出現及其特點》等學術論文十多篇。主要研究方向爲五胡十六國、北朝的政治史，民族史。

提　要

　　在傳統時期，一個王朝經過何種途徑得以建國，是瞭解這一王朝的政權性質最基本的、最關鍵的因素之一。之所以有如此的想法，是因爲任何一個王朝的建國都無不經過精心準備實現。尤其是，對於中古時期五胡王朝這種只有二三十年的短命王朝，它們的建國方式就更加值得我們格外關注。雖然現存資料嚴重缺乏，但五胡中以開國君主爲首的核心人員爲了建立王朝、建設國家想方設法提出合適的方案。這一點是可以確定的。就廣義而言，建國

體系意味著一個爲建國而聚集的核心人員超越地方割據或脫離部落聯盟而採取的實質措施，也涉及到他們爲加強有效統治所舉行的一系列政策及與此有關的政治行爲。作爲向來逐水草而居的胡人不是在草原之地，而是在農耕之地要建國，不僅關於如何掌握建國理念或正統名分，而且就如何培育軍事力量或核心集團都是分析探討十六國時期的歷史特點不可缺少的內容。與此同時，建國後才能頭的新階層在和君主間的種種關係中顯示出其王朝的政治特點，且爲統治眾多胡人而採取的措施帶來五胡王朝的時代特色。本書主要選取表現出各自特點有異且鮮明的王朝，即前燕、冉魏、西燕、後秦、北燕以及大單于的任職與單于臺的設置等事情來進行探討。

目　次

序一　黎虎
序二　朴漢濟
第一章　緒論 ··· 1
第二章　建國理念的「適應」程度：慕容前燕的建國與「勤王」旗幟 ···29
　第一節　棘城時代前期與「勤王」的出現 ·······················29
　　一、慕容鮮卑對漢文化的衝擊及其內部氛圍 ·················30
　　二、慕容鮮卑與段部、宇文部間的對峙與生存危機 ·········33
　第二節　棘城時代後期與「勤王」的運用 ·······················37
　　一、對內之「國富兵強」······································38
　　二、對外之「國富兵強」······································43
　第三節　龍城時代與「勤王」的廢止 ·····························50
　　一、稱燕王與王國之官的設置 ·································50
　　二、新都龍城的營建與遷都 ···································52
　　三、對胡漢人統治方式的變化 ·································54
第三章　十六國歷史潮流中的「異端」現象：冉魏王朝的興亡與胡漢關係
　　··57
　第一節　「徙胡之舉」與中原的紛亂 ·····························57
　　一、「徙胡之舉」及其相關的問題 ·····························57
　　二、後趙石氏的倒行逆施與胡、漢人的回應 ·················59
　第二節　「殺胡之令」與冉魏的建國 ·····························63

一、「殺胡之令」的頒佈及其相關的問題 ·················· 63

二、冉魏的建國與胡漢關係 ···························· 68

第三節 「輕胡之事」與冉魏的滅亡 ···················· 73

一、「輕胡之事」的表現之一 ——陶醉於對後趙的勝利之中 ·· 75

二、「輕胡之事」的表現之二 ——「自古無胡人為天子者」 ·· 76

第四章 確保正統名分的全過程：慕容鮮卑的「復燕」與西燕的興亡 ·· 79

第一節 慕容鮮卑的「復燕」與西燕繼於前燕的正統 ·········· 79

一、原前燕主慕容暐對慕容泓、慕容沖的認識 ············ 80

二、慕容泓、慕容沖對原前燕主慕容暐的理解 ············ 85

三、慕容垂的「復燕」與後燕是否前燕的後身王朝 ········ 93

第二節 慕容永長子政權的出現及其特點——慕容鮮卑的「東歸」及
與後燕間的對峙 ······························ 96

一、慕容鮮卑的「東歸」與長子政權的出現 ············ 96

二、長子政權的性質及其特點 ······················ 101

第五章 核心集團與名分有無：羌族後秦的建國與「大營」 ········ 107

第一節 姚萇的「反苻」起兵與「大營」的設置 ············ 107

一、軍政統帥部——「大營」 ······················ 109

二、「大營」與「諸營」 ·························· 114

第二節 後秦的建國及其發展 ······················ 122

一、「以安定為根本」與「大營」 ·················· 122

二、軍事征戰及其影響 ·························· 126

第六章 無絕對君權與「結謀者」：北燕王朝的建國與「結謀者」 ···· 135

第一節 高雲稱天王與「結謀者」 ···················· 135

一、「結謀者」的「反慕容熙」起兵與北燕的建國 ········ 136

二、高雲的大定百官與加強君權 ·················· 140

三、高雲被殺與馮氏政權的出現 ·················· 144

第二節 馮跋稱天王與「結謀者」 ···················· 147

一、馮跋的大定百官與「結謀者」的反抗 ·············· 147

二、馮跋加強君權及其背景 ······················ 154

第七章 統治胡人與地域：大單于、單于臺的意義 ············ 161

第一節 大單于的任職及其相關的問題 ················ 161

第二節　單于臺的設置 ··· 171

　　一、匈奴漢‧前趙 ··· 174

　　二、後趙 ·· 176

　　三、後燕 ·· 177

第三節　單于臺的組織及其轄區 ·· 178

　　一、匈奴漢 ··· 180

　　二、前趙 ·· 181

　　三、後趙 ·· 182

　　四、前秦 ·· 183

　　五、後燕 ·· 183

　　六、北燕 ·· 186

第八章　結論 ··· 187

參考文獻 ··· 201

後　記 ·· 217

第十一冊　北朝時期釀酒、飲酒及對社會的影響研究

作者簡介

王萌，男，漢族，內蒙古包頭市人。現任職於內蒙古大學歷史與旅遊文化學院歷史系，從事秦漢史、魏晉南北朝史研究。2007 年考入吉林大學古籍研究所，師從張鶴泉先生研習秦漢史，2009 年 6 月畢業，獲中國古代史碩士學位。同年 8 月，師從碩導恩師研治魏晉南北朝史，2012 年 6 月畢業，獲中國古代史博士學位。在《史學集刊》、《吉林大學社會科學學報》、《劍南文學》等期刊上聯名或者單獨發表學術論文 4 篇。

提　要

本書是對北朝時期釀酒、飲酒及對社會的影響的專題研究。

首先，北朝時期的製麴、釀酒技術，無論是從酒麴質量（微生物菌種的培養）、釀酒工藝的發展程度（糖化、發酵階段酒麴的有效利用）方面而言，還是從提高酒精度數方面而論，都是遠超越於前代的，並對唐宋的製麴、釀酒工藝產生重要影響。可以說北朝的製麴、釀酒技術在中國古代釀酒科技史

上扮演承前啓後的角色。其次，北朝時期釀酒、飲酒與當時社會經濟、文化、生活、政治方面之間的聯繫是不可忽視的。釀酒業的發展，涉及到經濟利益、消耗糧食的問題，所以，當時國家制定相關政策對釀酒業進行管理，以此增加國家財政收入、調節糧食消費方向、保障民生。佛教信仰因素、中國古代傳統禮儀中的禁忌、等級尊卑觀念，在一定程度上影響、約束著人們的飲酒行爲；酒還豐富了士人創作詩歌的取材，表明飲酒與社會文化之間的相互能動作用、影響。當時社會各個階層的日常生活與飲酒、用酒也是緊密相連的。除此之外，統治者通過適合時宜的賜酒、賜宴達到自己的政治目的。

目　次

序　張鶴泉 ……………………………………………………………………… 1
前言 …………………………………………………………………………… 1
第一章　北朝時期酒的種類及製麴、釀酒技術 ………………………… 11
　第一節　酒的種類 ……………………………………………………… 11
　　一、糧食酒 …………………………………………………………… 11
　　二、植物調製酒 ……………………………………………………… 16
　　三、水果酒 …………………………………………………………… 17
　　四、藥酒 ……………………………………………………………… 18
　第二節　酒麴的製作技術——以《齊民要術》爲中心的探討 ……… 19
　　一、酒麴的種類 ……………………………………………………… 20
　　二、酒麴中所含微生物 ……………………………………………… 22
　　三、製麴工藝 ………………………………………………………… 23
　第三節　釀酒技術——以《齊民要術》爲中心的探討 ……………… 32
　　一、釀造用水 ………………………………………………………… 32
　　二、浸酒麴 …………………………………………………………… 34
　　三、原料米的加工 …………………………………………………… 36
　　四、投飯 ……………………………………………………………… 39
　　五、溫度控制 ………………………………………………………… 43
　　六、釀酒的後期處理 ………………………………………………… 46
　第四節　不同類型糧食酒的釀造 ……………………………………… 48
　　一、用第二種神麴釀造黍米酒工藝 ………………………………… 48

二、（笨麴）秦州春酒釀造工藝 ⋯⋯⋯⋯⋯⋯⋯⋯ 51

三、（笨麴）穄米酎酒釀造工藝 ⋯⋯⋯⋯⋯⋯⋯⋯ 54

四、女麴酒釀造工藝 ⋯⋯⋯⋯⋯⋯⋯⋯⋯⋯⋯ 57

第五節　關於北朝時期的高度酒及有無蒸餾酒的探討 ⋯⋯ 59

一、關於北朝時期的高度酒 ⋯⋯⋯⋯⋯⋯⋯⋯ 59

二、關於北朝時期有無蒸餾酒的探討 ⋯⋯⋯⋯ 60

第六節　綜論北朝時期製麴、釀酒技術的進步 ⋯⋯⋯⋯ 62

一、製麴技術的進步 ⋯⋯⋯⋯⋯⋯⋯⋯⋯⋯ 62

二、釀酒技術進步的表現 ⋯⋯⋯⋯⋯⋯⋯⋯ 65

第二章　酒的生產與國家對酒業的管理 ⋯⋯⋯⋯⋯⋯⋯ 85

第一節　酒的生產 ⋯⋯⋯⋯⋯⋯⋯⋯⋯⋯⋯⋯⋯ 85

一、官營釀酒業 ⋯⋯⋯⋯⋯⋯⋯⋯⋯⋯⋯⋯ 85

二、民間釀酒業 ⋯⋯⋯⋯⋯⋯⋯⋯⋯⋯⋯⋯ 86

第二節　國家對酒業的管理 ⋯⋯⋯⋯⋯⋯⋯⋯⋯⋯ 88

一、酒禁 ⋯⋯⋯⋯⋯⋯⋯⋯⋯⋯⋯⋯⋯⋯⋯ 88

二、榷酒 ⋯⋯⋯⋯⋯⋯⋯⋯⋯⋯⋯⋯⋯⋯⋯ 93

三、稅酒 ⋯⋯⋯⋯⋯⋯⋯⋯⋯⋯⋯⋯⋯⋯⋯ 94

第三節　主管酒務的官員 ⋯⋯⋯⋯⋯⋯⋯⋯⋯⋯⋯ 95

第三章　北朝時期飲酒的特點 ⋯⋯⋯⋯⋯⋯⋯⋯⋯⋯⋯ 99

第一節　尚飲形成風氣 ⋯⋯⋯⋯⋯⋯⋯⋯⋯⋯⋯⋯ 99

一、飲酒的社會階層廣泛 ⋯⋯⋯⋯⋯⋯⋯⋯ 99

二、豪飲風氣盛行 ⋯⋯⋯⋯⋯⋯⋯⋯⋯⋯ 105

三、尚飲之風形成的原因 ⋯⋯⋯⋯⋯⋯⋯⋯ 105

第二節　飲酒方式的多樣化 ⋯⋯⋯⋯⋯⋯⋯⋯⋯⋯ 107

一、壓榨之後飲用 ⋯⋯⋯⋯⋯⋯⋯⋯⋯⋯ 107

二、飲用濁酒 ⋯⋯⋯⋯⋯⋯⋯⋯⋯⋯⋯⋯ 108

三、加熱飲用 ⋯⋯⋯⋯⋯⋯⋯⋯⋯⋯⋯⋯ 109

第三節　飲酒器具的考究 ⋯⋯⋯⋯⋯⋯⋯⋯⋯⋯⋯ 109

一、酒杯 ⋯⋯⋯⋯⋯⋯⋯⋯⋯⋯⋯⋯⋯⋯ 109

二、酒碗 ⋯⋯⋯⋯⋯⋯⋯⋯⋯⋯⋯⋯⋯⋯ 115

三、酒壺 ⋯⋯⋯⋯⋯⋯⋯⋯⋯⋯⋯⋯⋯⋯ 116

　　四、其他酒具 ……………………………………………………………… 119

　第四節　飲酒活動的頻繁 ………………………………………………… 125

　　一、日常飲酒 ……………………………………………………………… 125

　　二、節日飲酒 ……………………………………………………………… 128

　　三、統治者的賜宴 ………………………………………………………… 130

第四章　飲酒娛樂活動、酒宴禮儀及飲酒禁忌 ……………………………… 139

　第一節　飲酒娛樂活動 …………………………………………………… 139

　　一、賦詩 …………………………………………………………………… 139

　　二、歌樂與舞蹈 …………………………………………………………… 140

　　三、百戲 …………………………………………………………………… 142

　　四、文字酒令 ……………………………………………………………… 143

　第二節　酒宴禮儀 ………………………………………………………… 143

　　一、酒宴中的座次安排 …………………………………………………… 144

　　二、酒宴中的座位朝向與座位高低及酌酒儀式 ……………………… 145

　第三節　飲酒禁忌 ………………………………………………………… 146

　　一、服喪活動期間的禁忌 ………………………………………………… 146

　　二、佛教信仰禁忌 ………………………………………………………… 148

第五章　酒與北朝國家的施政及禮儀活動 …………………………………… 153

　第一節　酒與北朝國家統治者的施政 …………………………………… 153

　　一、以酒賞賜朝臣，密切君臣關係 …………………………………… 153

　　二、以酒獎賞軍隊將士，鼓舞軍心 …………………………………… 154

　　三、賜天下大酺，籠絡民心 …………………………………………… 155

　　四、賜酒宴於外國國主與使者，開展外交活動 ……………………… 156

　　五、縱酒無度對統治者施政的影響 …………………………………… 158

　第二節　賜酒宴與地方官員對轄地的治理 ……………………………… 160

　第三節　酒與北朝國家的禮儀活動 ……………………………………… 160

　　一、酒與祭祀 ……………………………………………………………… 160

　　二、養老禮 ………………………………………………………………… 163

　　三、成婚禮 ………………………………………………………………… 164

　　四、冠禮 …………………………………………………………………… 165

第六章　酒與社會生活 ………………………………………………………… 167

第一節　飲酒與社會中的慶賀活動⋯⋯⋯⋯⋯⋯⋯⋯⋯⋯167

　　一、婚聘與婚慶⋯⋯⋯⋯⋯⋯⋯⋯⋯⋯⋯⋯⋯⋯⋯167

　　二、生子⋯⋯⋯⋯⋯⋯⋯⋯⋯⋯⋯⋯⋯⋯⋯⋯⋯⋯168

　　三、新居竣工⋯⋯⋯⋯⋯⋯⋯⋯⋯⋯⋯⋯⋯⋯⋯⋯168

　　四、慶賀陞遷⋯⋯⋯⋯⋯⋯⋯⋯⋯⋯⋯⋯⋯⋯⋯⋯168

第二節　飲酒與人際交往⋯⋯⋯⋯⋯⋯⋯⋯⋯⋯⋯⋯⋯169

第三節　酒對疾病的治療⋯⋯⋯⋯⋯⋯⋯⋯⋯⋯⋯⋯⋯171

第四節　酒與飲食加工⋯⋯⋯⋯⋯⋯⋯⋯⋯⋯⋯⋯⋯⋯173

第五節　酒與民間祭祀活動⋯⋯⋯⋯⋯⋯⋯⋯⋯⋯⋯⋯174

　　一、祭祀祖先⋯⋯⋯⋯⋯⋯⋯⋯⋯⋯⋯⋯⋯⋯⋯⋯174

　　二、對其他亡故之人的祭祀⋯⋯⋯⋯⋯⋯⋯⋯⋯⋯175

　　三、祭祀麴神⋯⋯⋯⋯⋯⋯⋯⋯⋯⋯⋯⋯⋯⋯⋯⋯175

　　四、節日祭祀⋯⋯⋯⋯⋯⋯⋯⋯⋯⋯⋯⋯⋯⋯⋯⋯175

第七章　酒與士人的詩歌創作⋯⋯⋯⋯⋯⋯⋯⋯⋯⋯⋯177

　　一、鍾愛美酒⋯⋯⋯⋯⋯⋯⋯⋯⋯⋯⋯⋯⋯⋯⋯⋯177

　　二、稱頌美酒⋯⋯⋯⋯⋯⋯⋯⋯⋯⋯⋯⋯⋯⋯⋯⋯178

　　三、借酒抒情⋯⋯⋯⋯⋯⋯⋯⋯⋯⋯⋯⋯⋯⋯⋯⋯179

　　四、對至交友誼的描寫⋯⋯⋯⋯⋯⋯⋯⋯⋯⋯⋯⋯181

結　語⋯⋯⋯⋯⋯⋯⋯⋯⋯⋯⋯⋯⋯⋯⋯⋯⋯⋯⋯⋯⋯185

參考文獻⋯⋯⋯⋯⋯⋯⋯⋯⋯⋯⋯⋯⋯⋯⋯⋯⋯⋯⋯⋯189

後　記⋯⋯⋯⋯⋯⋯⋯⋯⋯⋯⋯⋯⋯⋯⋯⋯⋯⋯⋯⋯⋯203

第十二冊　《世說新語》與佛教

作者簡介

　　戴麗琴（1973.9～2011.10），女，湖北麻城人，中國古典文獻學博士，圖書館學博士後。1992 年 9 月～1996 年 6 月，就讀湖北大學文學院，獲文學學士學位；2004 年 9 月～2005 年 6 月於華中師範大學文學院攻讀教育碩士，獲教育碩士學位；2005 年 9 月～2010 年 6 月，華中師範大學文學院碩博連讀，獲文學博士學位；2010 年 10 月～2011 年 10 月，在南開大學信息資源管理系從事博士後研究。2011 年 10 月，於南開大學去世。主要從事中國古典文獻學

和圖書館學研究。在《文獻》、《中國文化研究》、《史學史研究》、《南京師範大學文學院學報》等刊物發表學術論文 10 餘篇。攻讀碩士前，曾在武漢市第五中學、第七十五中學任教，為中學一級教師。

提　要

　　本書屬佛教文化視野下的《世說新語》文獻學研究。佛教對《世說新語》的影響是多方面、多層次的，本書考察該書的編撰者劉義慶的佛教傾向，並分析其對書中的佛教書寫的影響；考證《世說新語》所載佛教徒事跡，力求對書中佛教徒的人數及其事跡有更可信的結論；考證《世說新語》所載名士近佛事跡，全面爬梳書中的名士事跡與佛教的關聯；考證《世說新語》所載佛教經論典籍，對書中所涉及的四部經論的產生背景、作品內容、版本流傳和社會影響等作了全面考察；追溯《世說新語》的詞彙、故事與佛教文化的淵源，以探討東晉佛教文化對中土文化的滲透、影響。《世說新語》對佛教中國化、中國佛教化之研究皆有獨特的價值。

目　次

緒論 ………………………………………………………………………………… 1
第一章　劉義慶的佛教傾向與《世說新語》的佛教書寫 ……………………… 11
　　一、劉義慶生平簡介 ……………………………………………………… 11
　　二、劉義慶的佛教事跡 …………………………………………………… 13
　　三、劉義慶的佛教傾向與《世說新語》的佛教書寫 …………………… 18
第二章　《世說新語》所載佛教徒事跡考 ……………………………………… 23
　　一、支遁事跡考 …………………………………………………………… 24
　　二、其他僧人事跡考 ……………………………………………………… 50
第三章　《世說新語》所載名士近佛事跡考 …………………………………… 79
　　一、東晉穆帝永和七年前的名士近佛事跡考 …………………………… 80
　　二、東晉穆帝永和七年至升平五年間的名士近佛事跡考 ……………… 94
　　三、東晉哀帝至安帝間的名士近佛事跡考 ……………………………… 103
第四章　《世說新語》所涉佛教經論文獻考 …………………………………… 115
　　一、《小品》考 …………………………………………………………… 115
　　二、《維摩詰經》考 ……………………………………………………… 121
　　三、《阿毗曇心論》考 …………………………………………………… 130

四、支遁《即色論》考 ··· 134

第五章 《世說新語》詞彙、故事與佛教文化 ··················· 141

一、《世說新語》詞彙與佛教文化 ······························· 141

二、《世說新語》故事與佛教文化 ······························· 164

結 語 ··· 189

參考文獻 ··· 193

附 錄

附錄一：《世說新語》與佛教相關者之佚文 ················ 215

附錄二：《世說新語》劉孝標注與佛教（初稿） ·········· 219

附錄三：未刊論文（其一） ······································· 236

附錄四：生前詩選（六首） ······································· 246

後 記 ··· 249

附 記 ··· 255

第十三冊 陳翔唐史研究文存

作者簡介

陳翔（1979.11.11～2012.10.21），福建南安人。安康學院政治與歷史系講師（去世後追評爲副教授）、武漢大學歷史學博士、中國唐史學會、早期中國史研究會會員。2003 年 6 月，畢業於福建師範大學社會歷史學院，獲歷史學學士學位；2006 年 6 月，畢業於陝西師範大學歷史文化學院，師從杜文玉教授，獲歷史學碩士學位；2010 年 6 月，畢業於武漢大學中國三至九世紀研究所，師從朱雷教授，獲歷史學博士學位。2012 年 10 月，逝世於安康學院政治與歷史系講師崗位上，鞠躬盡瘁！

提 要

本書爲陳翔博士生前關於唐代政治、軍事等方面的論文之匯集，包括碩士論文《關於唐代澤潞鎮的幾個問題》、博士論文《唐代中央與地方關係研究——以三類地方官爲中心》及其他單篇論文和書評。內容包括：第一，對澤潞鎮的考察，弄清了關於澤潞鎮的建置·沿革·擴建及地位、與唐中央政府的關係、在中晚唐歷史上的軍事地位等問題，並在此基礎上對張正田《「中原」

邊緣：唐代昭義軍研究》一書學術價值予以評價；第二，對唐代安史之亂的
平定與河北藩鎮的重建問題進行新的討論，揭示了唐代宗末期對藩鎮的強硬
政策和僕固懷恩的樹黨自固之心；第三，對唐代中央與地方關係的研究，特
別是從三類地方官在整個唐代的發展變化出發，即「京官兼任之地方官」、「帶
京銜之地方官」、「州縣攝官」，通過大量統計，揭示出唐代中央集權體制逐步
消解；第四，通過對地方官的統計，拾遺、訂正了郁賢皓《唐刺史考全編》，
並對賴瑞和《唐代中層文官》一書學術價值予以評價；第五，通過對史料的
抉微，揭示玄武門之變前後，唐高祖對秦王李世民的獎勵、慰勞完全是秉公
而為，太子與秦王的矛盾起於劉黑闥再反之時，高祖與秦王關係的變化發生
在楊文幹事件之後，秦王政變成功存在極大偶然性；第六，對唐代「踏歌」
習俗、皇后籍貫地理分佈的考察；第八，對唐代清正廉潔之陝西人的普及性
介紹。

目　次

序一　朱雷
序二　杜文玉
上　編　唐代中央與地方關係研究──以三類地方官為對象 ……………… 1
第一章　緒論 ………………………………………………………………… 3
　第一節　選題緣起與研究對象 …………………………………………… 3
　第二節　學術史回顧 ……………………………………………………… 4
　　一、唐代京官兼任之地方官問題的學術史回顧 ……………………… 5
　　二、唐代帶京銜之地方官問題的學術史回顧 ………………………… 6
　　三、唐代州縣「攝」官問題的學術史回顧 …………………………… 13
　第三節　本文的結構與研究思路 ………………………………………… 19
第二章　唐代京官兼任之地方官 …………………………………………… 23
　第一節　京官兼任之地方官與帶京銜之地方官的區分 ………………… 23
　　一、「京官兼任之地方官」的書寫習慣 ……………………………… 24
　　二、「帶京銜之地方官」的書寫習慣 ………………………………… 26
　第二節　唐前期京官兼任之地方官 ……………………………………… 29
　第三節　唐後期京官兼任之地方官 ……………………………………… 34
　小結 ………………………………………………………………………… 38

第三章　唐代帶京銜之地方官 ……………………………………… 39

　第一節　唐前期帶京銜之地方官 ………………………………… 39

　第二節　唐後期帶京銜之地方官 ………………………………… 48

　　一、唐後期帶京銜之地方官的類型 …………………………… 48

　　二、唐後期帶京銜之地方官的特點 …………………………… 62

　　三、唐後期地方官帶京銜的意義、作用與功能 ……………… 67

　　四、帶京銜之變質 ……………………………………………… 73

　小結 ………………………………………………………………… 74

第四章　唐代州縣「攝」官 ………………………………………… 75

　第一節　唐代州縣攝官者的身份及其變化 ……………………… 75

　第二節　唐代中央政府關於幕職官差攝州縣的政策及其變化 … 88

　　一、差攝州刺史 ………………………………………………… 93

　　二、差攝令、錄 ………………………………………………… 98

　　三、差攝州判司、縣尉、簿、丞 …………………………… 99

　第三節　唐代州縣攝官的特點 ………………………………… 101

　　一、州縣攝官的任命方式 …………………………………… 102

　　二、攝官身份 ………………………………………………… 104

　　三、攝官奏正機會 …………………………………………… 105

　　四、攝官待遇 ………………………………………………… 105

　小結 ……………………………………………………………… 107

第五章　餘論 ……………………………………………………… 109

下　編 ……………………………………………………………… 149

關於唐代澤潞鎮的幾個問題 …………………………………… 151

緒論 ………………………………………………………………… 151

　一、澤潞鎮的建置、沿革、擴建及地位 …………………… 154

　　（一）澤潞鎮的建置 ………………………………………… 155

　　（二）澤潞鎮的沿革 ………………………………………… 161

　　（三）澤潞鎮的擴建 ………………………………………… 166

　　（四）澤潞鎮的地位及其變化 ……………………………… 171

　二、澤潞鎮與唐中央政府的關係 …………………………… 177

　　（一）澤潞節度使考 ………………………………………… 177

（二）唐中央政府對澤潞鎮的控制 190

（三）澤潞鎮對待唐中央政府的態度 193

三、澤潞鎮在中晚唐史上的作用 197

結語 203

再論安史之亂的平定與河北藩鎮重建 205

引言 205

一、唐朝軍隊在安史叛亂平定中的作用 206

二、僕固懷恩與河北藩鎮的重建 211

三、戰後唐朝中央政府與河北的關係 214

餘論 218

玄武門事變新論 221

唐代「踏歌」習俗 229

《唐刺史考全編》拾遺、訂正 233

唐代皇后籍貫的地理分佈 247

清正廉潔的唐代陝西人 253

一、韓思復：直言匡正，行善爲民 253

二、楊瑒：剛強正直 257

三、韓休：剛正無私 260

四、一代名臣：顏眞卿 262

五、許孟容：剛正直言，不畏強權 266

書評：賴瑞和《唐代中層文官》 271

書評：張正田《「中原」邊緣——唐代昭義軍研究》 281

參考文獻 291

博之殤——《陳翔唐史研究文存》跋（陳創） 307

整理後記 313

第十四冊　唐五代時期淮南地區經濟發展之研究

作者簡介

朱祖德，台北市人，祖籍湖北省黃陂縣，1965 年生於台北市。1991 年畢業於淡江大學歷史學系；1997 年獲中國文化大學史學研究所碩士學位；2005

年獲中國文化大學史學研究所博士。現爲環球科技大學通識教育中心助理教授，曾任 96 年度教育部人文社會學科學術強化創新計畫「經典文獻史料研讀教學」——三國志研讀會計劃主持人並曾先後擔任「近代歷史文化與社會變遷」課程負責人及社會學科領域召集人。主要學術專長爲隋唐代五代史、區域經濟史及中古經濟史等領域。著有《唐五代兩浙地區經濟發展之研究》，目前已發表有關區域經濟史、城市經濟研究及中西交通史等方面學術性論文二十篇。

提　要

　　壹、「唐代淮南地區戶口的分佈與變遷」，淮南地區因擁有良好的農業基礎，因此在隋代統一南北後，戶口有相當的增長。到了唐代，淮南地區戶口在唐玄宗天寶年間，達到唐代戶口數的第一個高點。但在天寶十一載時，淮南西部仍有許多州郡的戶口，低於隋大業年間的數字。或與淮西地區經濟的發展，不如淮南東部發達有關。安史之亂後，淮南地區的戶口仍然存在不均衡發展的現象。以揚州爲首的淮東諸州，因在經濟上均有相當的發展，人口也有相當程度的增長。在此情形下，據估計淮南東部七州的元和戶數，甚至超越天寶十一載時的戶數。

　　貳、「唐五代淮南地區的農業發展」，淮南地區是唐代主要的農業生產地區之一。淮南地區以平原和盆地爲主要地形，大部分地區地勢相當平坦，並且境內河川縱橫，使得農業灌溉十分便利，故農業經濟有相當的發展。淮南地區得天獨厚的處於南北交流的關鍵位置，使其農業技術的發展方面，居於江淮地區之首。淮南地區因區域整體開發較早，且接受北方先進的耕作技術的時間，較江淮其他地區爲早，因此唐代特別是安史之亂後，包括淮南在內的江淮地區逐漸成爲唐政府的賦稅淵藪。

　　參、「唐代淮南地區的經濟發展——以敦博第 58 號敦煌石室寫本爲核心」，淮南地區是唐代重要的農業生產地區，同時亦擁有技術相當進步的手工業；淮南地區因有農業和手工業等方面的堅實基礎，加以得天獨厚的地理位置，使其在商業貿易方面亦相當地發達，而成爲唐政府所倚重的經濟地區。本篇乃以敦煌博物館藏第 58 號敦煌石室寫本所載淮南部分資料爲核心，來探討淮南地區的公廨本錢、物產及人口等方面的情形，並對唐代淮南地區整體經濟實力的提升，作進一步的探究。

　　肆、「唐代淮南地區的交通運輸」，唐代淮南地區位於淮河和長江之間，處於唐帝國的心臟地帶，因而交通運輸均十分便捷。淮南地區的揚州，則因位於大運河和長江的交處，因此成爲淮南乃至於整江淮地區的交通樞紐。淮南地區除了有大運河貫穿其間外，且有長江和淮河，分別流經南境及北境。加以境內的大小河川、湖泊密佈，且大多可通航，故水上交通不僅便捷，且載運量也相當大。淮南地區的路上交通方面，亦因其地理位置處於江、淮之間，而成爲自古以來南北交通的重要孔道。本篇擬對淮南地區的地理形勢、區域交通，淮南的國內交通，以及海外交通等範疇進行論述。期能對有唐一代，淮南地區的水、陸交通運輸的發展，與其對整體江淮地區的區域經濟，乃至於唐帝國的貢獻及影響，有進一步的瞭解。

　　伍、「唐代手工業發展對自然生態的影響——以淮南地區爲中心之研究」，唐代的淮南地區，經濟發展十分快速。其中各式手工業更是蓬勃發展，以揚州及壽州等地的手工業最爲著名。唐代淮南地區的手工業，以其高超的技術、創新性及多樣化的產品，而受到當時宮廷及人們的喜愛。然而這些著名的手工業，不但使用了大量的木材或樹皮等作爲製造原料，並且有相當部分的手工業在製程中，使用木炭（或木柴）作爲燃料，對森林造成了相當嚴重的破壞，部分地區的森林甚至面臨消失的命運，對於自然生態環境產生不可磨滅的負面影響。

　　陸、「唐代揚州手工業析論」，唐代揚州的城市經濟相當地發達，包括擁有四通八達的水陸交通網絡和多元且大規模的手工業，以及商業貿易的繁盛等因素，促使揚州在中晚唐時期成爲當時最大經濟都會。本篇旨在對唐代揚州的手工業及其發展加以探究，並對揚州的礦藏資源及揚州手工業發達的背景因素等進行了探討。揚州的手工業以製銅業、鑄錢業、金銀製造業、軍器業、造船業、製鹽業、製茶業、紡織業、木器業及製帽業等較爲重要，本篇主要以上述手工業爲探討對象，並結合文獻及考古報告等資料加以探究。

　　柒、「唐代揚州的商業貿易」，唐代揚州因位於大運河和長江的交會點，而擁有優越的地理位置，交通十分便捷，加上隋代以來的經濟發展，而有相當基礎，中晚唐時期揚州遂成爲全國第一大經濟都會。揚州的經濟發展快速的原因，除有擁有良好的農業基礎、發達的手工業及便捷的水陸交通外，商業貿易的興盛，是使得揚州在唐中晚期一躍成爲全國最大經濟都會的主要因

素之一。唐代揚州因擁有大運河和長江這兩條水運動脈，作為它的運輸和商業貿易的主要通道，因此大運河和長江所流經的廣大地區，也就順理成章的成為揚州腹地。在這廣袤的區域中有許多來自各地的物產，均集中於揚州進行交易和交換，對揚州的商業貿易和繁榮有極大的助益。而揚州作為江淮地區的中心城市，揚州自身的經濟發展和繁榮，從而帶動了其腹地及相鄰地區的經濟發展。

目 次

壹、唐代淮南地區戶口的分佈與變遷 ……………………………………1
　　一、前言 ………………………………………………………………1
　　二、隋末至盛唐淮南地區戶口的變化 ………………………………2
　　三、安史亂後淮南地區人口的變遷及原因探究 ……………………10
　　四、由州縣等第的上升來看淮南地區的戶口變動 …………………18
　　五、結論 ………………………………………………………………22
貳、唐五代淮南地區的農業發展 …………………………………………25
　　一、前言 ………………………………………………………………25
　　二、淮南地區的地理條件和唐以前的農業發展 ……………………26
　　三、耕作技術的進步和水利設施的興修 ……………………………32
　　四、經濟作物的生產及加工 …………………………………………42
　　五、結論 ………………………………………………………………47
參、唐代淮南地區的經濟發展——以敦博第58號敦煌石室寫本為核心 …51
　　一、前言 ………………………………………………………………51
　　二、地志中的公廨本錢 ………………………………………………52
　　三、地志中的土貢資料 ………………………………………………59
　　四、地志中的鄉數 ……………………………………………………62
　　五、結論 ………………………………………………………………64
肆、唐代淮南地區的交通運輸 ……………………………………………65
　　一、前言 ………………………………………………………………65
　　二、淮南地區的地理形勢 ……………………………………………66
　　三、淮南地區的區域交通 ……………………………………………70
　　四、淮南地區的國內交通 ……………………………………………84

　　　　五、淮南地區的海外交通 ····················· 91

　　　　六、結論 ······································ 96

伍、唐代手工業發展對自然生態的影響──以淮南地區為中心之研究 ······ 99

　　　　一、前言 ······································ 99

　　　　二、研究回顧 ································· 101

　　　　三、經濟開發及人口增長對生態的影響 ········· 105

　　　　四、手工業發展及對自然環境的影響 ··········· 108

　　　　五、結論 ····································· 123

陸、唐代揚州手工業析論 ································· 125

　　　　一、前言 ····································· 125

　　　　二、揚州的礦產 ······························· 126

　　　　三、揚州的手工業 ··························· 128

　　　　四、揚州手工業發達的背景因素 ··············· 150

　　　　五、結論 ····································· 153

柒、唐代揚州的商業貿易 ································· 155

　　　　一、前言 ····································· 155

　　　　二、唐代揚州繁榮的景況 ····················· 160

　　　　三、國內貿易 ······························· 166

　　　　四、國際貿易 ······························· 185

　　　　五、唐代揚州的貿易網絡 ····················· 191

　　　　六、結論 ····································· 196

附錄　試論唐代廣州在中西交通史上的地位 ··············· 199

　　　　一、前言 ····································· 199

　　　　二、廣州的地理位置及其經濟條件 ············· 199

　　　　三、交通及運輸佈局 ························· 210

　　　　四、廣州商業貿易的繁榮 ····················· 213

　　　　五、胡商群集廣州的原因 ····················· 223

　　　　六、結語 ····································· 225

參考書目 ··· 227

後　記 ··· 263

第十五、十六、十七冊　五代史研究

作者簡介

　　曾國富，漢族，1962 年生，廣東信宜人。1984 年畢業於中山大學歷史系，歷史學學士。1986 年 9 月至 1988 年 2 月，在江西大學（今南昌大學）歷史系中國古代史助教班進修壹年半。1996 年 12 月被評聘爲歷史學副教授。在湛江師範學院從事《中國古代史》、《史學概論》、《中國教育史》、《廣東地方史》等課程的教學和中國古代史（五代十國段）、廣東地方史的研究。在《中國史研究》、《中國史研究動態》、《民族研究》、《孔子研究》、《宗教學研究》、《黑龍江民族叢刊》、《學術研究》、《廣東社會科學》、《廣西社會科學》等學術刊物上發表史學論文 80 餘篇，其中五代十國史論文 50 餘篇，參編《新國學三十講》、《中外歷史與文化概論》等教材 3 部。

提　要

　　本書是作者 20 多年來在五代十國史研究方面取得成果的其中一部分。

　　五代時期吳越國締造者錢鏐推行崇道政策，道教對吳越國軍事、政治、文化都有重要的影響。五代是一個軍事叛亂頻繁發生的歷史時期，誘發這一時期軍事叛亂頻繁發生的原因，既有表面層次諸因素，更有深刻的制度性根源。唐末五代，儒家忠義思想對軍人（將士）有著重要的影響。歷代封建統治者無不積極倡導忠義思想，大力表彰忠義行爲，其目的正在於爲廣大將帥、大臣、士卒、民眾樹立忠義的榜樣。五代是個戰亂的時代，也是重武輕文，儒學式微的時代；但儒士卻在五代歷史上有重要的貢獻。唐末五代將帥身後的女性，是當時社會的一個特殊群體，透過唐末五代將帥身後女性的生存狀態，可以窺見封建時代婦女的地位及其命運。五代是個多「盜賊」的時代，「盜賊」雖有破壞社會秩序的一面，同時也有打擊封建統治、保家衛國的一面。

　　此外，本書論文對五代賄賂問題、北方民族關係問題、南方九國的保境安民政策、南漢國「弭兵息民」政策、南漢與後唐宦官擅權、契丹南侵、統治者奢侈生活、儒學對唐末五代北方民族將帥的影響、南方高僧輩出等問題，都作了深入的論述。

目　次

上　冊

一、道教與五代吳越國歷史 …………………………………………… 1

二、略論五代軍事叛亂 ………………………………………………… 13

三、儒家忠義思想對唐末五代軍人的影響 ………………………… 27

四、儒士與五代歷史 …………………………………………………… 39

五、唐末五代將帥身後的女性 ……………………………………… 57

六、唐末五代時期北方民族將帥行事述論 ………………………… 69

七、五代「盜賊」簡論 ………………………………………………… 87

八、五代后妃與政治 ………………………………………………… 101

九、五代賄賂問題初探 ……………………………………………… 111

十、五代時期北方民族關係略論 …………………………………… 125

十一、五代時期後宮女性的來源及其命運 ……………………… 145

十二、五代時期南方九國的保境安民政策 ……………………… 157

十三、五代時期南漢國「弭兵息民」政策探析 ………………… 173

中　冊

十四、五代時期南漢與後唐宦官擅權之比較 …………………… 187

十五、五代時期契丹南侵的促動與制約因素 …………………… 199

十六、五代時期統治者奢侈生活述論 …………………………… 213

十七、五代時期統治者對忠義思想的倡導 ……………………… 231

十八、儒學對唐末五代北方民族將帥的影響 …………………… 239

十九、五代時期南方高僧輩出探析 ……………………………… 255

二十、五代時期僧侶的政治與公益文化活動 …………………… 267

二十一、五代吳越國崇佛的原因及其影響 ……………………… 279

二十二、儒學對五代吳越國歷史的影響 ………………………… 295

二十三、論五代時期中原王朝對契丹的民族政策 ……………… 309

二十四、論南越國與南漢國歷史的異同 ………………………… 321

二十五、論南漢宦官專政 ………………………………………… 333

二十六、略論五代後唐「小康」之局 …………………………… 345

二十七、五代南平史三題 ………………………………………… 361

二十八、後唐莊宗失政及其歷史教訓 …………………………… 371

二十九、士人的任廢與南漢的興衰⋯⋯⋯⋯⋯⋯⋯⋯⋯383

下　冊

三　十、後周高平之戰述論⋯⋯⋯⋯⋯⋯⋯⋯⋯⋯⋯389

三十一、吳越國統治者的重民思想及利民施政⋯⋯⋯⋯397

三十二、錢鏐與傳統宗教⋯⋯⋯⋯⋯⋯⋯⋯⋯⋯⋯⋯413

三十三、前車之覆，後車之鑒──五代後唐莊宗、明宗政治得失之

　　　　比較⋯⋯⋯⋯⋯⋯⋯⋯⋯⋯⋯⋯⋯⋯⋯⋯425

三十四、試析五代晉王李存勗滅後梁的條件⋯⋯⋯⋯⋯439

三十五、五代吳越國王錢鏐略論⋯⋯⋯⋯⋯⋯⋯⋯⋯⋯449

三十六、五代時期割據政權中道士受寵現象探因⋯⋯⋯⋯459

三十七、南漢國主劉龑簡論⋯⋯⋯⋯⋯⋯⋯⋯⋯⋯⋯⋯467

三十八、略論南漢四主⋯⋯⋯⋯⋯⋯⋯⋯⋯⋯⋯⋯⋯⋯473

三十九、孟知祥爲什麼能割據兩川？⋯⋯⋯⋯⋯⋯⋯⋯479

四　十、晉人在五代史上的貢獻⋯⋯⋯⋯⋯⋯⋯⋯⋯⋯487

四十一、北漢局促河東的原因及其割據的條件⋯⋯⋯⋯497

四十二、後唐對蜀戰爭淺析⋯⋯⋯⋯⋯⋯⋯⋯⋯⋯⋯⋯507

四十三、五代後漢速亡探因⋯⋯⋯⋯⋯⋯⋯⋯⋯⋯⋯⋯517

四十四、論劉知遠⋯⋯⋯⋯⋯⋯⋯⋯⋯⋯⋯⋯⋯⋯⋯⋯531

四十五、五代時期燕人行事述略⋯⋯⋯⋯⋯⋯⋯⋯⋯⋯541

四十六、略論五代名將李存勗⋯⋯⋯⋯⋯⋯⋯⋯⋯⋯⋯559

四十七、略論耶律阿保機⋯⋯⋯⋯⋯⋯⋯⋯⋯⋯⋯⋯⋯565

第十八、十九冊　晤恩法師的行實與天台分宗之研究

作者簡介

　　吳世英博士，香港珠海大學中國歷史所博士。民國87年9月於中國文化大學觀光系就讀，後入研究所進修，91年6月畢業。旋在大華技術學院、景文科技大學、中國科技大學任教，已升等爲助理教授。國畫方面，曾跟陳柏梁學習花鳥，在王壽家習字與文人畫作。專長在空服、遊遊、國際禮儀與宗教。編撰的作品，有《藝術與生活美學》、《生活美學與文化創意》與《台灣宗教信仰的特質與發展的趨勢──以佛教與民間信仰爲主要論述》。

提 要

天台宗從陳隋之際智者大師開創以來，歷經灌頂而至湛然，五世以付授相傳，在禪教與止觀方面樹立了獨特的風格，也影響到佛教其他宗派的發展。此宗派是深具中國化的特色，隋唐之後佛教其他宗派紛紛成立，下至唐武宗滅佛，依經教與寺院的教下諸宗遭受到嚴重的打擊，而氣勢頓衰。在法難之後的復教之時，唯有律宗較獲得重視，而不依經教與寺院的禪門與淨土信仰**轉趨繁盛**。天台宗因為有其止觀之學與禪講的習慣，使其命脈能夠在吳越地區延續下去，所以在晚唐到宋初之際有了復甦的現象。

天台宗在吳越地區的發展如同其境內，所以本文以晤恩法師與天台分宗為主題，上溯到智者之教法，下探到南宋初年的天台宗發展的態勢，以及佛教其他宗派法緣的遷流狀況。在「緒論」上首先討論前人的研究及其局限性、研究上的方向與可以探究的問題。第二章「天台宗的起源與師承」，則從時代背景與歷史的潮流談起，分「天台宗的起源」、「流派與師弟」、「天台宗的傳承」、「中晚唐的佛教發展」等四節，以探究天台宗在晚唐宋初所面臨到的問題。第三章「晤恩及其會下學人」：從晤恩法師的生平、參學、行化過程，以探究其在天台宗發展上的重要性。至於其會下學人，因為在宋初引發所謂的山家、山外之諍論，乃被後世自稱為山家正統的學人貶抑為山外宗。本文從諸多史料中，考證出他們行化上的一些輪廓，以他們所居住過寺院為主軸加以考察，重現歷史的面貌，以添補前人在敘述這段過程的不足之處，並彰顯晤恩法師及其會下學人對於天台宗的貢獻。

第四章「天台宗的分燈行化」：分「從上所傳宗風」、「會昌法難前後的僧行」、「五代宋初的宗教形勢」等三節，來看其法緣、宗匠、流派以及教內外問題。第五章「山家、山外的諍論」，包括「諍論的背景」、「直接的原因」、「引發的諍端」、「諍論後的現象」等四節來加以討論。第六章「天台分宗的影響」，以「祖師的地位」、「行化的地緣」、「教界的形勢」等三單元來討論。第七章「天台宗發展上的特質」，以「祖庭與別子」、「止觀與義學」、「法器與道法」、「正統與旁枝」、「行化與形勢」等五個單元來討論。

晚唐之後的天台宗有許多流派，到了宋初在山家、山外分宗並流之下，出現了許多特質。透過天台宗的山家、山外之爭，他們的教法為世人所認知，而有一時的繁興。但山家宗持續的排斥山外學說，其發展上的內、外部問題，使其法緣到了南宋因為禪門與淨土信仰的興發，而逐漸趨於沒落。本文在第

八章「結論」部份則首先簡述天台宗的特質，以及其在晚唐宋初的發展概況。再次，談論晤恩法師及其會下學人在天台教史的成就。最後，敘述天台宗的流派，以及山家、山外分宗並流，以及天台教史的建立對兩宗的影響。

目 次

上 冊

序一　賴序

序二　吳序

第一章　緒論⋯⋯⋯⋯⋯⋯⋯⋯⋯⋯⋯⋯⋯⋯⋯⋯⋯⋯⋯⋯1

　第一節　研究動機說明⋯⋯⋯⋯⋯⋯⋯⋯⋯⋯⋯⋯⋯⋯⋯1

　第二節　前人研究回顧⋯⋯⋯⋯⋯⋯⋯⋯⋯⋯⋯⋯⋯⋯⋯5

　第三節　問題與研究理路⋯⋯⋯⋯⋯⋯⋯⋯⋯⋯⋯⋯⋯18

第二章　天台宗的起源與師承⋯⋯⋯⋯⋯⋯⋯⋯⋯⋯⋯⋯31

　第一節　天台宗的起源⋯⋯⋯⋯⋯⋯⋯⋯⋯⋯⋯⋯⋯⋯32

　第二節　流派與師弟⋯⋯⋯⋯⋯⋯⋯⋯⋯⋯⋯⋯⋯⋯⋯52

　第三節　天台宗的傳承⋯⋯⋯⋯⋯⋯⋯⋯⋯⋯⋯⋯⋯⋯56

　　一、傳法的系統⋯⋯⋯⋯⋯⋯⋯⋯⋯⋯⋯⋯⋯⋯⋯⋯58

　　二、山家的師資⋯⋯⋯⋯⋯⋯⋯⋯⋯⋯⋯⋯⋯⋯⋯⋯68

　第四節　中晚唐佛教的發展⋯⋯⋯⋯⋯⋯⋯⋯⋯⋯⋯⋯78

　　一、宗派的法緣⋯⋯⋯⋯⋯⋯⋯⋯⋯⋯⋯⋯⋯⋯⋯⋯79

　　二、義理的轉變⋯⋯⋯⋯⋯⋯⋯⋯⋯⋯⋯⋯⋯⋯⋯⋯88

　　三、宗風的問題⋯⋯⋯⋯⋯⋯⋯⋯⋯⋯⋯⋯⋯⋯⋯⋯90

第三章　晤恩的行實及其系下學人⋯⋯⋯⋯⋯⋯⋯⋯⋯101

　第一節　時代的環境⋯⋯⋯⋯⋯⋯⋯⋯⋯⋯⋯⋯⋯⋯104

　　一、王法與佛法⋯⋯⋯⋯⋯⋯⋯⋯⋯⋯⋯⋯⋯⋯⋯105

　　二、宗派的情勢⋯⋯⋯⋯⋯⋯⋯⋯⋯⋯⋯⋯⋯⋯⋯110

　　三、山家的意識⋯⋯⋯⋯⋯⋯⋯⋯⋯⋯⋯⋯⋯⋯⋯122

　第二節　晤恩的學養及師友⋯⋯⋯⋯⋯⋯⋯⋯⋯⋯⋯126

　　一、與律宗關係⋯⋯⋯⋯⋯⋯⋯⋯⋯⋯⋯⋯⋯⋯⋯128

　　二、與台教的關係⋯⋯⋯⋯⋯⋯⋯⋯⋯⋯⋯⋯⋯⋯133

　　三、與禪宗、華嚴的關係⋯⋯⋯⋯⋯⋯⋯⋯⋯⋯⋯138

　　四、與淨土的關係 ……………………………………………140

　第三節　山外派學人與道場 ……………………………………144

　　一、慈光院系 …………………………………………………148

　　二、雍熙寺系 …………………………………………………151

　　三、靈光寺系 …………………………………………………153

　　四、奉先寺系 …………………………………………………160

　　五、梵天寺系 …………………………………………………164

　　六、石壁寺系 …………………………………………………174

　　七、開化寺系 …………………………………………………178

　　八、孤山瑪瑙院系 ……………………………………………181

　　九、越州等慈、隆教、永福院系 ……………………………197

　第四節　晤恩的歷史地位 ………………………………………200

　　一、學派的氣勢 ………………………………………………201

　　二、義學的創發 ………………………………………………203

　　三、祖道的發揚 ………………………………………………206

　　四、法緣的遷流 ………………………………………………211

下　冊

第四章　天台宗的分燈行化 ………………………………………233

　第一節　從上所傳宗風 …………………………………………234

　第二節　會昌法難前後的僧行 …………………………………242

　第三節　五代宋初的宗教形勢 …………………………………249

　　一、吳越地區的佛法 …………………………………………250

　　二、法緣與宗匠 ………………………………………………257

　　三、教內的問題 ………………………………………………260

　　四、天台宗的流派 ……………………………………………264

第五章　山家山外的諍論 …………………………………………297

　第一節　諍論的背景 ……………………………………………300

　第二節　直接的原因 ……………………………………………304

　　一、教法與觀行 ………………………………………………305

　　二、正宗與嫡庶 ………………………………………………307

　　三、風尚與更化 ………………………………………………312

第三節　引發的諍端 ……………………………………………… 314

　一、諍論的過程 ………………………………………………… 315

　二、諍論的意義 ………………………………………………… 324

第四節　諍論後的現象 …………………………………………… 332

　一、學派的流轉 ………………………………………………… 333

　二、知禮的功業 ………………………………………………… 359

　三、天台宗內部課題 …………………………………………… 361

第六章　天台分宗的影響 ………………………………………… 373

第一節　祖師的地位 ……………………………………………… 374

　一、玄燭與皓端 ………………………………………………… 374

　二、志因與晤恩 ………………………………………………… 375

　三、義寂與義通 ………………………………………………… 378

　四、知禮與遵式 ………………………………………………… 381

第二節　行化的地緣 ……………………………………………… 388

　一、山外宗 ……………………………………………………… 389

　二、山家宗 ……………………………………………………… 394

第三節　教界的形勢 ……………………………………………… 402

　一、法眼宗 ……………………………………………………… 403

　二、潙仰宗 ……………………………………………………… 412

　三、天台宗 ……………………………………………………… 413

　四、雲門宗 ……………………………………………………… 414

　五、臨濟宗 ……………………………………………………… 424

　六、曹洞宗 ……………………………………………………… 436

第七章　天台宗發展上的特質 …………………………………… 443

第一節　祖庭與別子 ……………………………………………… 443

第二節　止觀與義學 ……………………………………………… 446

第三節　法器與道法 ……………………………………………… 448

　一、鑪拂的授受 ………………………………………………… 448

　二、義學的發展 ………………………………………………… 451

第四節　正統與旁枝 ……………………………………………… 454

第五節　行化與形勢 ……………………………………………… 460

第八章　結論 …………………………………………………………………465

參考書目 …………………………………………………………………………481

第二十冊　遼金夏元史研究

作者簡介

　　蔣武雄，1952 年生。1974 年畢業於東海大學歷史學系；1978 年畢業於政治大學邊政研究所；1986 年畢業於中國文化大學史學研究所博士班；現爲東吳大學歷史學系教授。主要研究領域爲中國災荒救濟史、中國古人生活史、中國邊疆民族史、宋遼金元史、明史。先後在《東方雜誌》、《中華文化復興月刊》、《中國邊政》、《中國歷史學會史學集刊》、《空大人文學報》、《東吳歷史學報》、《中國中古史研究》、《玄奘佛學研究》、《史匯》、《中央日報長河版》等刊物發表歷史學術論文一百二十餘篇。

提　要

　　遼、金、夏、元四個朝代，雖然是由契丹、女眞、黨項、蒙古等不同民族所建立，但是其在中國歷史的發展上，均扮演了很重要的角色，值得我們予以深入探討。因此筆者在本書中論述遼代一些人物的事蹟、寺院經濟、千人邑、《三朝北盟會編》在研究宋遼金夏史事的史料價值、蒙古用兵對金夏結盟的影響，以及蒙元帝國初期與漢地文化的接觸等重要史實。全書計九章、五十五節。

　　第一章：耶律阿保機諸弟叛亂之始末——論述遼太祖耶律阿保機在即帝位之後，其諸弟前後三次叛亂，以及耶律阿保機平亂和判刑的經過。

　　第二章：遼穆宗嗜獵、嗜酒、嗜殺的探討——論述遼穆宗嗜獵、嗜酒、嗜殺的情形、原因，以及遼臣對其偏差行爲的反應。

　　第三章：耶律休哥與遼宋戰爭——論述遼將耶律休哥在對宋諸戰役中的傑出表現。

　　第四章：遼代佛教寺院經濟初探——論述遼代佛教寺院增建頗多，以及其經濟力量和主要來源。

　　第五章：遼代千人邑的探討——論述遼代佛教千人邑的涵義、成員、功能和種類。

第六章：從碑銘探討遼代修建寺院與經費來源——論述遼代修建寺院的盛況，包括重修、重建、擴建、創建等，以及其修建寺院的各項經費來源。

第七章：《三朝北盟會編》的編纂與史料價值——論述徐夢莘編纂《三朝北盟會編》的目的、取材範圍與態度，以及該書在研究宋遼金夏史事的史料價值。

第八章：蒙古用兵對金夏結盟的影響——論述蒙古興起前金夏結盟的演變、蒙古興起後對夏用兵導致金夏結盟破裂，以及夏與蒙古、金和戰的演變。

第九章：論蒙元帝國初期與漢地文化之關係——論述蒙古帝國成吉思汗、窩闊臺汗時期與漢地文化的接觸、元帝國世祖、仁宗時期對漢地文化的推崇，以及其對禮樂制度的重視與制作。

目　次

自　序
第一章　耶律阿保機諸弟叛亂之始末 …………………………………… 1
　　一、前言 ……………………………………………………………… 3
　　二、耶律阿保機即帝位之經過 ……………………………………… 4
　　三、耶律轄底與耶律阿保機諸弟叛亂之關係 ……………………… 5
　　四、耶律阿保機諸弟簡介及叛亂事實 ……………………………… 6
　　五、耶律阿保機平定諸弟叛亂之經過 ……………………………… 7
　　六、耶律阿保機對諸弟叛黨之判刑 ………………………………… 10
　　七、結論 ……………………………………………………………… 13
第二章　遼穆宗嗜獵、嗜酒、嗜殺的探討 …………………………… 17
　　一、前言 ……………………………………………………………… 19
　　二、遼穆宗的嗜獵 …………………………………………………… 19
　　三、遼穆宗的嗜酒 …………………………………………………… 21
　　四、遼穆宗的嗜殺與被殺 …………………………………………… 22
　　五、遼穆宗嗜獵、嗜酒、嗜殺的可能原因 ………………………… 24
　　六、遼臣對遼穆宗偏差行為的反應 ………………………………… 24
　　七、結論 ……………………………………………………………… 26
第三章　耶律休哥與遼宋戰爭 ………………………………………… 29
　　一、前言 ……………………………………………………………… 31

二、耶律休哥與高梁河之役 ⋯⋯⋯⋯⋯⋯⋯⋯⋯⋯⋯⋯⋯⋯⋯⋯ 32

三、耶律休哥與滿城之役 ⋯⋯⋯⋯⋯⋯⋯⋯⋯⋯⋯⋯⋯⋯⋯⋯⋯ 35

四、耶律休哥與瓦橋關之役 ⋯⋯⋯⋯⋯⋯⋯⋯⋯⋯⋯⋯⋯⋯⋯⋯ 37

五、耶律休哥與岐溝關之役 ⋯⋯⋯⋯⋯⋯⋯⋯⋯⋯⋯⋯⋯⋯⋯⋯ 38

六、耶律休哥與君子館之役 ⋯⋯⋯⋯⋯⋯⋯⋯⋯⋯⋯⋯⋯⋯⋯⋯ 42

七、耶律休哥與徐河之役 ⋯⋯⋯⋯⋯⋯⋯⋯⋯⋯⋯⋯⋯⋯⋯⋯⋯ 44

八、結論 ⋯⋯⋯⋯⋯⋯⋯⋯⋯⋯⋯⋯⋯⋯⋯⋯⋯⋯⋯⋯⋯⋯⋯⋯ 46

第四章　遼代佛教寺院經濟初探 ⋯⋯⋯⋯⋯⋯⋯⋯⋯⋯⋯⋯⋯⋯⋯⋯ 49

一、前言 ⋯⋯⋯⋯⋯⋯⋯⋯⋯⋯⋯⋯⋯⋯⋯⋯⋯⋯⋯⋯⋯⋯⋯⋯ 51

二、遼代佛教寺院的增建 ⋯⋯⋯⋯⋯⋯⋯⋯⋯⋯⋯⋯⋯⋯⋯⋯⋯ 51

三、遼代佛教寺院的經濟力量 ⋯⋯⋯⋯⋯⋯⋯⋯⋯⋯⋯⋯⋯⋯⋯ 54

四、遼代佛教寺院經濟的主要來源 ⋯⋯⋯⋯⋯⋯⋯⋯⋯⋯⋯⋯⋯ 56

五、結論 ⋯⋯⋯⋯⋯⋯⋯⋯⋯⋯⋯⋯⋯⋯⋯⋯⋯⋯⋯⋯⋯⋯⋯⋯ 62

第五章　遼代千人邑的探討 ⋯⋯⋯⋯⋯⋯⋯⋯⋯⋯⋯⋯⋯⋯⋯⋯⋯⋯ 65

一、前言 ⋯⋯⋯⋯⋯⋯⋯⋯⋯⋯⋯⋯⋯⋯⋯⋯⋯⋯⋯⋯⋯⋯⋯⋯ 67

二、遼代千人邑釋義 ⋯⋯⋯⋯⋯⋯⋯⋯⋯⋯⋯⋯⋯⋯⋯⋯⋯⋯⋯ 67

三、遼代千人邑的成員 ⋯⋯⋯⋯⋯⋯⋯⋯⋯⋯⋯⋯⋯⋯⋯⋯⋯⋯ 69

四、遼代千人邑的功能與種類 ⋯⋯⋯⋯⋯⋯⋯⋯⋯⋯⋯⋯⋯⋯⋯ 71

五、結論 ⋯⋯⋯⋯⋯⋯⋯⋯⋯⋯⋯⋯⋯⋯⋯⋯⋯⋯⋯⋯⋯⋯⋯⋯ 74

第六章　從碑銘探討遼代修建寺院與經費來源 ⋯⋯⋯⋯⋯⋯⋯⋯⋯⋯ 75

一、前言 ⋯⋯⋯⋯⋯⋯⋯⋯⋯⋯⋯⋯⋯⋯⋯⋯⋯⋯⋯⋯⋯⋯⋯⋯ 77

二、遼代修建寺院的盛況 ⋯⋯⋯⋯⋯⋯⋯⋯⋯⋯⋯⋯⋯⋯⋯⋯⋯ 78

三、遼代修建寺院的經費來源 ⋯⋯⋯⋯⋯⋯⋯⋯⋯⋯⋯⋯⋯⋯⋯ 84

四、結論 ⋯⋯⋯⋯⋯⋯⋯⋯⋯⋯⋯⋯⋯⋯⋯⋯⋯⋯⋯⋯⋯⋯⋯⋯ 90

第七章　《三朝北盟會編》的編纂與史料價值 ⋯⋯⋯⋯⋯⋯⋯⋯⋯⋯ 93

一、前言 ⋯⋯⋯⋯⋯⋯⋯⋯⋯⋯⋯⋯⋯⋯⋯⋯⋯⋯⋯⋯⋯⋯⋯⋯ 95

二、編纂《會編》的目的 ⋯⋯⋯⋯⋯⋯⋯⋯⋯⋯⋯⋯⋯⋯⋯⋯⋯ 95

三、《會編》的取材範圍與態度 ⋯⋯⋯⋯⋯⋯⋯⋯⋯⋯⋯⋯⋯⋯ 98

四、《會編》的史料價值 ⋯⋯⋯⋯⋯⋯⋯⋯⋯⋯⋯⋯⋯⋯⋯⋯ 100

五、結論 ⋯⋯⋯⋯⋯⋯⋯⋯⋯⋯⋯⋯⋯⋯⋯⋯⋯⋯⋯⋯⋯⋯⋯ 102

第八章　蒙古用兵對金夏結盟的影響 ⋯⋯⋯⋯⋯⋯⋯⋯⋯⋯⋯⋯⋯ 105

一、前言 ⋯⋯⋯⋯⋯⋯⋯⋯⋯⋯⋯⋯⋯⋯⋯⋯⋯⋯ 107

二、蒙古興起前金夏結盟的演變 ⋯⋯⋯⋯⋯⋯⋯⋯⋯ 107

三、蒙古興起後對夏用兵導致金夏結盟破裂 ⋯⋯⋯⋯ 110

四、蒙夏聯兵攻金與蒙夏關係不穩 ⋯⋯⋯⋯⋯⋯⋯⋯ 113

五、蒙古攻夏與金夏再度結盟 ⋯⋯⋯⋯⋯⋯⋯⋯⋯⋯ 115

六、蒙古滅夏 ⋯⋯⋯⋯⋯⋯⋯⋯⋯⋯⋯⋯⋯⋯⋯⋯ 116

七、結論 ⋯⋯⋯⋯⋯⋯⋯⋯⋯⋯⋯⋯⋯⋯⋯⋯⋯⋯ 118

第九章　論蒙元帝國初期與漢地文化之關係 ⋯⋯⋯⋯⋯ 121

一、前言 ⋯⋯⋯⋯⋯⋯⋯⋯⋯⋯⋯⋯⋯⋯⋯⋯⋯⋯ 123

二、成吉思汗與漢地文化之接觸 ⋯⋯⋯⋯⋯⋯⋯⋯⋯ 124

三、窩濶臺汗與漢地文化之接觸 ⋯⋯⋯⋯⋯⋯⋯⋯⋯ 126

四、忽必烈汗之推崇漢地文化 ⋯⋯⋯⋯⋯⋯⋯⋯⋯⋯ 128

五、元仁宗對漢地文化之尊崇 ⋯⋯⋯⋯⋯⋯⋯⋯⋯⋯ 133

六、蒙元帝國對禮樂制度之重視與制作 ⋯⋯⋯⋯⋯⋯ 134

七、結論 ⋯⋯⋯⋯⋯⋯⋯⋯⋯⋯⋯⋯⋯⋯⋯⋯⋯⋯ 136

遼與五代外交研究

作者簡介

　　蔣武雄，1952 年生。1974 年畢業於東海大學歷史學系；1978 年畢業於政治大學邊政研究所；1986 年畢業於中國文化大學史學研究所博士班；現為東吳大學歷史學系教授。主要研究領域為中國災荒救濟史、中國古人生活史、中國邊疆民族史、宋遼金元史、明史。先後在《東方雜誌》、《中華文化復興月刊》、《中國邊政》、《中國歷史學會史學集刊》、《空大人文學報》、《東吳歷史學報》、《中國中古史研究》、《玄奘佛學研究》、《史匯》、《中央日報長河版》等刊物發表歷史學術論文一百二十餘篇。

提　要

　　遼與五代在中國歷史上的互動，除了曾以其強勢之姿，對五代政權的轉移頗有介入之外，也在外交方面以上國或對等的地位與五代進行交往。因此該時期外交局勢的演變、層次的問題、使節的任務，以及交聘的禮物等，都

值得我們做深入的探討。筆者遂以《遼與五代外交研究》爲題，論述以上的
史實。全書計五章、三十六節。

　　第一章：遼與後梁外交幾個問題的探討——論述遼太祖與朱全忠的交
往，對後梁建國初期的影響，以及兩國在外交上的層次、冊命、使節任務、
禮物等問題。

　　第二章：遼與後唐外交幾個問題的探討——論述遼與後唐建國前後的外
交、遼藉與後唐外交擴張勢力、遼耶律倍奔赴後唐後雙方的外交、遼與後唐外
交絕裂對後唐滅亡的影響，以及兩國在外交上的層次、使節任務、禮物等問題。

　　第三章：遼與後晉外交幾個問題的探討——論述遼與後晉建國前後的外
交、安重榮事件對兩國外交的影響、遼與後晉交惡造成後晉滅亡，以及兩國
在外交上的層次、使節任務、禮物等問題。

　　第四章：遼與後漢後周外交幾個問題的探討——論述遼與後漢建國前後
的交往、後周與北漢競相拉攏遼，以及遼與後周在外交上的層次、使節任務、
禮物等問題。

　　第五章：遼與北漢外交幾個問題的探討——論述北漢爲求生存與後周競
相拉攏遼、遼扣留北漢使節事件，以及兩國在外交上的層次、使節任務、禮
物等問題。

目　次

自　序
第一章　遼與後梁外交幾個問題的探討 ·· 1
　　一、前言 ··· 3
　　二、耶律阿保機與朱全忠交往對後梁建國的影響 ······················· 4
　　三、遼與後梁外交的層次問題 ·· 6
　　四、遼遣使至後梁求冊命 ··· 8
　　五、遼與後梁交聘使節任務與禮物 ··· 10
　　六、結論 ··· 13
第二章　遼與後唐外交幾個問題的探討 ··· 15
　　一、前言 ··· 17
　　二、遼與後唐建國前後的外交 ·· 17
　　三、遼藉與後唐交好擴張勢力 ·· 20

四、遼與後唐外交的層次問題⋯⋯⋯⋯⋯⋯⋯⋯⋯22

五、遼與後唐交聘的使節任務⋯⋯⋯⋯⋯⋯⋯⋯24

六、遼與後唐交聘的禮物⋯⋯⋯⋯⋯⋯⋯⋯⋯⋯27

七、遼耶律倍奔赴後唐後雙方的外交⋯⋯⋯⋯⋯30

八、遼與後唐外交絕裂對後唐滅亡的影響⋯⋯⋯34

九、結論⋯⋯⋯⋯⋯⋯⋯⋯⋯⋯⋯⋯⋯⋯⋯⋯36

第三章　遼與後晉外交幾個問題的探討⋯⋯⋯⋯⋯39

一、前言⋯⋯⋯⋯⋯⋯⋯⋯⋯⋯⋯⋯⋯⋯⋯⋯41

二、遼與後晉建國前的外交⋯⋯⋯⋯⋯⋯⋯⋯⋯41

三、遼與後晉建國後的外交⋯⋯⋯⋯⋯⋯⋯⋯⋯43

四、安重榮事件⋯⋯⋯⋯⋯⋯⋯⋯⋯⋯⋯⋯⋯47

五、遼與後晉外交的層次問題⋯⋯⋯⋯⋯⋯⋯⋯51

六、遼與後晉交聘的使節任務⋯⋯⋯⋯⋯⋯⋯⋯53

七、遼與後晉交聘的禮物⋯⋯⋯⋯⋯⋯⋯⋯⋯⋯57

八、遼與後晉交惡造成後晉滅亡⋯⋯⋯⋯⋯⋯⋯58

九、結論⋯⋯⋯⋯⋯⋯⋯⋯⋯⋯⋯⋯⋯⋯⋯⋯60

第四章　遼與後漢後周外交幾個問題的探討⋯⋯⋯63

一、前言⋯⋯⋯⋯⋯⋯⋯⋯⋯⋯⋯⋯⋯⋯⋯⋯65

二、後漢建國前後與遼的交往⋯⋯⋯⋯⋯⋯⋯⋯65

三、後周與北漢競相拉攏遼⋯⋯⋯⋯⋯⋯⋯⋯⋯68

四、遼與後周外交的層次問題⋯⋯⋯⋯⋯⋯⋯⋯70

五、遼與後周交聘的使節任務和禮物⋯⋯⋯⋯⋯72

六、結論⋯⋯⋯⋯⋯⋯⋯⋯⋯⋯⋯⋯⋯⋯⋯⋯73

第五章　遼與北漢外交幾個問題的探討⋯⋯⋯⋯⋯75

一、前言⋯⋯⋯⋯⋯⋯⋯⋯⋯⋯⋯⋯⋯⋯⋯⋯77

二、北漢與後周競相拉攏遼⋯⋯⋯⋯⋯⋯⋯⋯⋯78

三、遼與北漢外交的層次和禮物⋯⋯⋯⋯⋯⋯⋯80

四、遼與北漢交聘的使節任務⋯⋯⋯⋯⋯⋯⋯⋯82

五、遼扣留北漢使節事件⋯⋯⋯⋯⋯⋯⋯⋯⋯⋯85

六、結論⋯⋯⋯⋯⋯⋯⋯⋯⋯⋯⋯⋯⋯⋯⋯⋯87

徵引書目⋯⋯⋯⋯⋯⋯⋯⋯⋯⋯⋯⋯⋯⋯⋯⋯⋯89

第二一冊 馬可波羅與元初社會

作者簡介

申友良（1964～），男，籍貫湖南邵陽。歷史學副教授，現任職於湛江師範學院歷史系。1996 年博士畢業於南京大學，師從陳得芝教授。1998 年又到中央民族大學博士後流動站師從王鍾翰教授和陳連開教授。主要研究專長中國古代史、中國民族史、中西文化交流、廣東地方史等方面，特別是在中國古代北方少數民族研究、中國古代遼金元時期歷史研究以及馬可·波羅研究等方面已經取得了初步的成果。先後出版專著《中國北族王朝初探》、《中國北方民族及其政權研究》、《馬可波羅時代》、《報王黃世仲》、《馬可波羅遊記的困惑》等 5 部，合著《文物鑒定指南》、《新中國的民族關係概論》、《中國歷史地名大辭典》等 3 部，發表學術論文 60 多篇。

提　要

對於元初社會狀況的認識，學術界存在諸多不同的觀點和聲音。到底真實的元初的社會狀況是怎樣的呢？由於文獻材料的匱乏，無法完整地復原當時的實況。

元朝在古代社會中是一個特殊的朝代，它是第一個由少數民族建立的大一統的專制王朝，也是中國古代王朝中疆域最遼闊的朝代，它的統治者是依靠武力征服大半個世界的遊牧民族，所有這些與以往中國的統治者有很大的差別。在元代，中國的士大夫們失去了以往優越的社會地位，中國傳統政治受到了前所未有的衝擊；在社會風俗方面，由於蒙古人是統治階級，它的到來必然社會生活方面注入新的元素，民的生活習慣、生活方式會和蒙古人相互融合；在經濟方面帶來的變革尤明顯和重要，由於遊牧民族特有的「重商主義」使得統治者對商業格外的重視，使得商業的地位變得尤重要。

《馬可·波羅遊記》一書從一個外國人的視角出發，詳細記載了當時元初的社會、政治、經濟、軍事、文化等方面的情況，這種視角對於中國學術界關於元初社會狀況的研究，無疑具有相當高的借鑒意義和參考價值的。

目　次

第 一 章　從《馬可·波羅遊記》看元初的社會變遷 ……………………… 1
第 二 章　從《馬可·波羅遊記》看元初的社會風俗 ……………………… 11

第 三 章　從《馬可‧波羅遊記》看元初的市民生活 ················ 21

第 四 章　從《馬可‧波羅遊記》看元初的商業狀況 ················ 29

第 五 章　《馬可‧波羅遊記》對商人的描寫及經濟思想 ············ 39

第 六 章　從《馬可‧波羅遊記》看元初的城市 ···················· 49

第 七 章　從《馬可‧波羅遊記》看元初上都的娛樂 ················ 59

第 八 章　從《馬可‧波羅遊記》看元初的政治 ···················· 67

第 九 章　從《馬可‧波羅遊記》看元初的社會救濟 ················ 75

第 十 章　從《馬可‧波羅遊記》看元初的思想 ···················· 85

第十一章　從《馬可‧波羅遊記》看元初的軍事制度 ················ 93

第十二章　從《馬可‧波羅遊記》看元初的親征 ···················· 101

第十三章　從《馬可‧波羅遊記》看元初的科技 ···················· 111

第十四章　從《馬可‧波羅遊記》看元初的宗教 ···················· 123

第十五章　從《馬可‧波羅遊記》看元初的商業繁榮 ················ 131

第十六章　馬可‧波羅來華的原因——從歐洲和意大利的時代背景 ·· 143

第十七章　馬可‧波羅為什麼能夠來中國？ ························ 151

第十八章　馬可‧波羅為什麼來中國？ ···························· 161

第十九章　從《馬可‧波羅遊記》看絲綢之路 ······················ 169

第二十章　從《馬可‧波羅遊記》看元初的中國文化 ················ 177

第二一章　蒙元時期中意物質文化交流 ···························· 187

第二二章　蒙元時期與意大利的外交 ······························ 195

第二二冊　何夢瑤研究

作者簡介

　　荀鐵軍，江西省金溪縣人，1967 年出生。先後就讀於江西醫學院、華南師範大學、暨南大學，中國古代史博士，研究方向為明清史。在《讀書》、《文藝評論》、《古籍整理研究學刊》、《中國醫學倫理學》、《南京中醫藥大學學報》、《安徽中醫學院學報》、《華南師範大學學報》、《南方日報》等發表論文多篇。

提　要

　　何夢瑤（1693～1764），清康乾之際廣東南海縣人。幼年啟蒙於宗族私塾，

13 歲求學於佛山心性書院。成人後以教書、行醫爲業。29 歲入惠士奇門下學習六載，成爲「惠門八子」之一。38 歲成進士，遂宦遊廣西、遼陽近 20 年，歷任知縣、知州，恪盡職守，仕途平淡，但精於醫學，懸壺濟世。58 歲辭官回鄉，歷任廣東三大書院山長，延續惠門之風。他一生交友廣泛，弟子眾多，著述涵蓋醫學、詩詞、算學、易學、音律等多領域，是清代廣東學術史上較有影響力的人物。

　　本文從社會文化史角度，研究和考證何夢瑤的成長際遇、仕宦沈浮、行醫生涯、社會交遊、學術活動等史實，分析康乾之際廣東士人群體組織與建構的途徑、形式與內涵，以及廣東士人文化與經濟社會的互動，揭示王朝國家權威與儒家正統文化對廣東社會與文化的影響。

目　次

自　序

緒論 1

第一章　何夢瑤生活的社會環境 9

　第一節　康乾盛世下的珠三角社會 9

　第二節　何夢瑤的早期經歷 17

　　一、生卒年與字號考 17

　　二、何夢瑤的家與鄉 22

　　三、青少年教育 25

第二章　何夢瑤與廣東惠門 31

　第一節　惠士奇與康雍之際廣東士風 31

　　一、惠士奇督學廣東 31

　　二、增廣學額 36

　　三、惠士奇與廣東士人 38

　第二節　惠門網絡 45

　　一、惠門的形成及特點 45

　　二、惠門四子、惠門八子與南海明珠 54

　第三節　何夢瑤在惠門中的交往 64

　　一、南海何從瞻北斗 64

　　二、相齒弟與兄 69

三、強拉揚雲說六鋒 77

四、艱難憶故交 79

五、立雪同絳幬 82

第三章　官宦與交往 89

第一節　仕途經歷 93

一、署理義寧與陽朔 93

二、實授岑溪知縣 95

三、調任思恩縣 96

四、遷遼陽知州 97

第二節　清廉爲官恪守職責 100

一、清正廉潔，生活窘困 100

二、實政除弊，治獄明愼 103

三、諭釋仇殺，消弭賊亂 106

四、編志重教，捐修公益 110

第三節　官宦交往 113

一、同年交往 113

二、同僚交往 119

第四章　醫學承繼及影響 129

第一節　醫學承繼 129

一、醫學著述的存佚情況 129

二、《醫碥》與《證治準繩》的淵源 131

第二節　教醫療疾 139

第三節　醫學思想及影響 142

一、主要醫學思想 143

二、以歌訣傳播醫學知識 144

三、對後世醫學的影響 145

第五章　書院交往與學術 151

第一節　書院山長的交往 151

一、廣州兩大書院 152

二、何夢瑤與杭世駿 156

三、士商交往 163

四、何夢瑤與張汝霖、汪後來⋯⋯⋯⋯⋯⋯⋯⋯ 168

五、何夢瑤與福增格⋯⋯⋯⋯⋯⋯⋯⋯⋯⋯⋯ 177

六、執教端溪書院⋯⋯⋯⋯⋯⋯⋯⋯⋯⋯⋯⋯ 180

七、何夢瑤與吳繩年⋯⋯⋯⋯⋯⋯⋯⋯⋯⋯⋯ 182

第二節　潛心著述弘揚學術⋯⋯⋯⋯⋯⋯⋯⋯⋯ 185

一、何夢瑤之詩論⋯⋯⋯⋯⋯⋯⋯⋯⋯⋯⋯⋯ 186

二、刪繁舉要，大易易知⋯⋯⋯⋯⋯⋯⋯⋯⋯ 196

三、以《算迪》，闡《精蘊》⋯⋯⋯⋯⋯⋯⋯⋯ 200

四、以《賡和》，闡音律⋯⋯⋯⋯⋯⋯⋯⋯⋯⋯ 205

結　語⋯⋯⋯⋯⋯⋯⋯⋯⋯⋯⋯⋯⋯⋯⋯⋯⋯⋯⋯⋯⋯ 213

附　錄⋯⋯⋯⋯⋯⋯⋯⋯⋯⋯⋯⋯⋯⋯⋯⋯⋯⋯⋯⋯⋯ 219

附錄一　何夢瑤年譜⋯⋯⋯⋯⋯⋯⋯⋯⋯⋯⋯⋯ 219

附錄二　何夢瑤交往人物表⋯⋯⋯⋯⋯⋯⋯⋯⋯ 245

附錄三　何夢瑤畫像⋯⋯⋯⋯⋯⋯⋯⋯⋯⋯⋯⋯ 261

附錄四　何氏大宗祠⋯⋯⋯⋯⋯⋯⋯⋯⋯⋯⋯⋯ 262

參考文獻⋯⋯⋯⋯⋯⋯⋯⋯⋯⋯⋯⋯⋯⋯⋯⋯⋯⋯⋯⋯ 263

後　記⋯⋯⋯⋯⋯⋯⋯⋯⋯⋯⋯⋯⋯⋯⋯⋯⋯⋯⋯⋯⋯ 281

第二三冊　清末東北新政研究

作者簡介

郭豔波：（1972～），女，漢族。吉林德惠人。2001 年考取吉林大學文學院歷史系研究生，師從李書源教授，致力於中國近現代歷史的研究學習，主要研究方向為晚清變革歷史的研究，2007 年 12 月畢業並取得歷史學博士學位。現為中央司法警官學院公共課教學部講師，並擔任形勢與政策教研室的負責人，主要從事中國近現代歷史和形勢與政策兩門課程的一線教學工作及相關科學研究工作。先後在《北華大學學報》、《法制與社會》等多家刊物上發表論文 10 餘篇，主持或參與了多項不同級別的科研專案。

提　要

關於清末在東北推行新政的問題，二十世紀八九十年代以來，備受學者關

注。但迄今為止，尚缺乏對清末東北新政各個方面具體措施的綜合性的分析與論述，因而立足於清末特殊的國內外環境，對東北的各項新政措施進行深入討論和分析，將有助於我們對東北新政做出客觀的論斷。

本文在對二十世紀初期的國內外情況加以剖析的基礎上，從新政方針的制定到全面付諸實踐，以及先後任職東三省的趙爾巽、徐世昌、錫良在各方面新政措施推行時所發揮的重要作用予以辯證分析，對清末東北新政進行總體性評價。內憂外患的時代背景下，清政府力圖自保、順應歷史發展趨勢而推行的變革，雖然有諸多的消極局限，但其政治、經濟、軍事、文化等方面措施的客觀歷史作用是不容抹煞的，所以我們說，清末東北推行的這次新政變革，在一定程度上是一場具有資產階級性質的改革，也是清末全國新政的一個重要組成部分，不僅推動了東北近代化的步伐，也加速了中國現代化的歷程。

目　次

導　論 ……………………………………………………………………… 1
　　一、選題思考 …………………………………………………………… 1
　　二、清末東北新政的國內研究現狀及分析 …………………………… 2
　　三、清末東北新政的國外研究現狀 …………………………………… 12
　　四、選題主旨、寫作思路、研究方法與意義 ………………………… 14
第一章　清末東北新政的醞釀 …………………………………………… 21
　第一節　內外交困的東北政局 ………………………………………… 21
　　一、強敵爭奪加劇，東北成為日俄的角鬥場 ……………………… 21
　　二、國內危機加劇，清王朝無法照舊統治下去 …………………… 25
　第二節　東北新政的醞釀 ……………………………………………… 32
　　一、新政決策群體變革觀念的轉變 ………………………………… 32
　　二、新政參與群體參與意識的提高 ………………………………… 35
第二章　政治改革與清末東北政治近代化 ……………………………… 37
　第一節　東北政治體制改革的前奏 …………………………………… 37
　　一、清初旗民管理體制的確立 ……………………………………… 37
　　二、光緒初年管理體制的調整 ……………………………………… 38
　　三、趙爾巽時期調整官制的嘗試 …………………………………… 40
　第二節　官制改革的全面展開 ………………………………………… 42

一、行政官制改革的全面展開 ……………………………………………… 43

二、司法管理機構的專門化 ………………………………………………… 50

三、地方行政官制變革 ……………………………………………………… 56

第三節　整飭吏治 …………………………………………………………… 60

一、嚴懲貪官污吏 …………………………………………………………… 60

二、裁撤冗官冗吏 …………………………………………………………… 61

三、約束官吏，嚴肅官紀 …………………………………………………… 62

四、革除各項陋規和苛捐雜稅 ……………………………………………… 63

五、加俸養廉 ………………………………………………………………… 64

第四節　籌辦東北地方自治 ………………………………………………… 65

一、東三省自治機構的籌設 ………………………………………………… 66

二、東北自治機關的活動 …………………………………………………… 72

三、地方自治運動之評價 …………………………………………………… 80

小結 …………………………………………………………………………… 83

第三章　經濟改革與清末東北經濟近代化 ………………………………… 87

第一節　發展實業 …………………………………………………………… 87

一、農業新政的推行 ………………………………………………………… 88

二、工業的發展 ……………………………………………………………… 100

三、礦山的開採 ……………………………………………………………… 106

四、交通、電訊事業的發展 ………………………………………………… 110

第二節　振興商務 …………………………………………………………… 116

一、設立商務專管機構——商會 …………………………………………… 116

二、興商舉措 ………………………………………………………………… 118

三、商業繁榮的表現 ………………………………………………………… 120

第三節　整頓財政　完善金融 ……………………………………………… 122

一、整頓財政，釐定稅收 …………………………………………………… 123

二、完善金融機構 …………………………………………………………… 129

三、改革幣制 ………………………………………………………………… 131

小結 …………………………………………………………………………… 134

第四章　籌軍建警與清末東北軍警近代化 ………………………………… 139

第一節　籌建新軍 …………………………………………………………… 140

一、軍隊籌練機構的成立……………………………………………………140

二、軍事人才的培養…………………………………………………………142

三、陸軍編組建制……………………………………………………………146

四、軍隊內部建設……………………………………………………………151

五、軍隊附屬機關建立………………………………………………………153

六、充實軍備…………………………………………………………………154

第二節　創設警政……………………………………………………………155

一、警察管理機構的設立……………………………………………………156

二、各級警察的設立…………………………………………………………157

三、其他警務設施的設立……………………………………………………161

四、警務人才的培養…………………………………………………………162

小結……………………………………………………………………………164

第五章　教育改革與清末東北教育近代化…………………………………167

第一節　清末東北新政時期教育機構的設立及運作………………………168

一、調整教育行政管理機構…………………………………………………168

二、設立教育宣講機構………………………………………………………171

三、建立教育研究機構………………………………………………………172

四、新式教育機構的運作……………………………………………………173

第二節　清末東北新政時期新式教育的推行………………………………177

一、創辦新式學堂……………………………………………………………177

二、派遣留學生………………………………………………………………184

三、其他教育輔助設施的設立………………………………………………186

小結……………………………………………………………………………189

結　語…………………………………………………………………………193

一、清末東北新政推動了東北地區近代化的發展…………………………193

二、清末東北新政推動了東北地區城市的近代化…………………………194

三、清末東北新政帶動了近代東北社會的變遷……………………………197

參考文獻………………………………………………………………………201

後　記…………………………………………………………………………213

第二四冊　晚清政府以東北問題爲中心運作的聯美制日政策研究

作者簡介

劉冬梅（1970 年 11 月生），女，吉林省九台人，吉林大學歷史學博士，現爲海南大學社會科學研究中心副研究員。

提　要

日俄戰爭後，圍繞東北問題，1905～1911 年，清政府開始制定並運作聯美制日政策。本書首次全面、系統地勾畫了清政府爲應對東北危機而運作的一系列聯美制日外交活動的全貌：新法計劃、唐紹儀使美、錦璦計劃、幣制改革與實業借款計劃等，並客觀地評價和分析了這一政策及其失敗原因。

本著述突破了以往對清政府外交政策研究的客觀描述狀態及簡單辨明歷史是非的研究階段，進行了細緻的、技術性的研究；同時沒有就外交論外交，而是把它置於 20 世紀初晚清政治的國內外大背景中去考察，注重對隱藏在對外政策後面的國家利益、特別是經濟利益的揭示，以期對中外關係史研究中的薄弱環節做出補充。

目　次

前言 ……………………………………………………………………………… 1
第一章　遠東巴爾幹的形成 …………………………………………………… 11
　　一、日俄等列強在中國東北的角逐 ……………………………………… 11
　　二、日俄戰後中國東北的危殆局面與列強爭奪的進一步加劇 ………… 22
第二章　清政府聯美制日政策的確立 ………………………………………… 33
　　一、利用矛盾——清政府挽救東北危機的思謀 ………………………… 33
　　二、政策評估——聯美的可能性與可行性 ……………………………… 41
第三章　新法計劃 ……………………………………………………………… 53
　　一、源起 …………………………………………………………………… 53
　　二、遇挫 …………………………………………………………………… 59
第四章　唐紹儀使美 …………………………………………………………… 67
　　一、專使大臣 ……………………………………………………………… 67
　　二、功敗垂成 ……………………………………………………………… 74

第五章　錦璦計劃與諾克斯計劃 ··· 85

　　一、錦璦計劃 ·· 85

　　二、金元外交與諾克斯計劃 ·· 90

　　三、日俄聯手 ·· 96

第六章　聯美制日政策的最後失敗 ·· 101

　　一、清政府最後一搏：幣制改革與實業借款的提出 ··· 101

　　二、四國銀行團成立：清政府對美單獨借款失敗 ··· 105

　　三、六國銀行團成立：聯美制日政策的徹底失敗 ··· 111

第七章　結語：以夷制夷──清政府聯美制日政策評析 ··· 117

參考文獻 ··· 127

附錄：著述摘要 ·· 135

後　記 ··· 139

第二五冊　晚清紳士與政治整合研究：以知識權利化整合模式爲路徑

作者簡介

　　郭劍鳴，1967 年生，江西吉水縣人，政治學博士，現任浙江財經大學教授、研究生處處長，博士生導師。1992 年畢業於上海復旦大學國際政治系。主要研究中國歷史政治與政府。發表《從傳統知識轉型到傳統政治轉型的邏輯：以晚清譯書業爲例》、《晚清災疫政治》等論文與著作 60 餘篇部。

提　要

　　政治整合是政治發展研究的一個基本課題。整合危機和認同危機被認爲是後發型國家政治發政治整合是政治發展研究的一個基本課題。整合危機和認同危機被認爲是後發型國家政治發展中面臨的嚴峻挑戰。如何提升後發型國家的政治整合力是發展政治學研究的一個核心問題。根據歷史唯物主義的觀點，一種政治形態的整合力首先取決於該政治形態的性質，但政治性質的變遷並不能自然而然地帶來政治整合力的提升，還必須建構一個能最大限度地聚集政治資源的政治整合模式。而政治性質的變遷最終會體現到政治合法性模式的轉型和國家與社會關係形態的變遷上來，他們是政治整合模式選擇

的決定性因素。因此，研究政治整合問題需要從該政治形態所建基的政治合法性模式和國家與社會關係模式入手。這是本文的基本理論預設。

探索傳統政治向現代政治轉型中的政治整合模式理論是本文研究的目的。爲此，本文選取具有鮮明危機性和轉型性特徵的晚清政治作爲研究對象。通過比較紳士在晚清應對不同性質的政治危機謀求政治整合過程中的獨特作用，分析其資源基礎、角色變化和背後的政治文化與政治制度變遷，系統地歸納出中國傳統政治整合的獨特模式——知識權力化，並進一步析出中國傳統政治的政治合法性模式——解釋性政治合法性，以及國家與社會關係的模式——基於紳士爲中介的官紳民關係。在此基礎上，將中國傳統的知識權力化政治整合模式同解釋性政治合法性模式以及基於紳士爲中介的官紳民關係模式有機地聯繫起來，形成本文的邏輯理路。

知識權力化是本文的核心概念。它是自隋唐確立科舉制度以來，逐漸形成的中國傳統政治整合模式。知識權力化政治整合模式是一個集核心理念（道統）、核心知識（儒學經典）、核心制度（科舉制）和核心群體（紳士）於一體的系統。它在中國傳統政治整合中發揮作用是基於這樣的機理運行的：其一，中國傳統政治合法性模式是解釋性的合法性；其二，傳統中國朝廷與社會的關係是以士人群體爲中介的基礎上展開的；其三，分散的小農經濟不可能支撐龐大的官僚管理機構，嚴重制約著朝廷的整合力和管理力；其四，由於土地兼並盛行，皇權一直受到地方豪族的威脅。也就是說，不論是從建構合法性來源、應對分散化的管理，還是從化解地方威脅，或者將朝廷的影響力向基層社會滲透，朝廷都需要幫手。這個幫手既要有理論解說力、社會教化力、管理公共事務的能力，還要有抗衡大土地所有者的能力。在傳統中國的諸階層中，士人自然是充當這個幫手的最佳群體。因爲他們是道統、禮制和知識的產兒，有勝任上述責任的素質，其地位因不源於財富而具有不定性，不構成對皇權的威脅。因此，根據掌握經典知識而制度化地向社會配置公共權力，便理所當然地成爲朝廷整合社會的選擇。

受路徑依賴的支配，知識權力化模式具有明顯的報酬遞增和自我強化的特性，晚清政治整合的主導模式依然是知識權力化的。不過，晚清社會的變遷已嚴重地破壞了知識權力化模式的政治生態。這主要表現爲，內憂外患耗損了朝廷的整合資源，動搖了傳統知識的權威，引發了傳統政治知識的危機，最終瓦解了解釋性政治合法性的根基，並推動它向有效性政治合法性模式轉

型；同時，以傳統知識為支撐的紳士的權威受到新興階層和傳教士的挑戰，士人不能一如既往地承擔朝廷與社會的中介。尤其是，知識權力化模式有其自身致命的弱點和特定的適應空間。那就是將權力與知識捆綁起來，極大地限制了配以權力的知識的範圍，扼殺了知識階層的創新力，這在相對封閉的政治生態裏或許可以延續，但晚清已成中西方政治競爭之勢。知識危機和政治主體與知識階層創新力的枯竭預示著晚清沿用知識權力化政治整合模式的風險和失敗。

本文在研究思路上，跳出了傳統的財富——權力決定論，通過歷史分析，確證了中國傳統政治生活中經典知識與權力的密切互動關係，推進了知識政治學的研究深度。這一進路在馬克斯‧韋伯、巴林頓‧摩爾、舍勒、卡爾‧A‧魏特夫等人著述中影約可見。正如韋伯說，那種從經濟權力析出政治權力的辦法過於誇張，進而混淆了「經濟的」、「由經濟決定的」以及「與經濟有關的」各種因素。從知識的視角來解讀政治、權力，將有助於政治學範式的轉型。

在研究方法上，本文著眼於從歷史中發現政治問題，是從歷史的角度來揣摩政治的理性，但不是歷史學的論文。所以在研究線路上的安排不是「歷史——歷史」，也不是「政治——政治」，而是「政治——歷史——政治」。也就是，先做政治學理論上的假設，接著從歷史事實中對所假定的理論進行分析和驗證；最後在對理論與經驗的綜合中抽象出具有一般意義的權力配置理論和政治整合模式。既然不是歷史學的論文，也就不把注意力放在新史料的挖掘和考證上，而是側重於用政治學理論對已有史料的梳理。力求實現思辨與驗證的統一。

本文的核心觀點是：政治整合模式必須以政治合法性模式和國家與社會關係模式為基礎，政治合法性模式和國家與社會關係模式的轉型對政治整合模式的建構和選擇具有支配作用。這是轉型國家政治整合進程中必須遵循的內在規律。正如歷史揭示的那樣，知識權力化政治整合模式是與解釋性政治合法性，以及以士人為中介的朝廷與社會關係模式相匹配的。在這一特定的政治生態裏，知識權力化整合模式有效地動員了朝野的各種資源，較為成功地應對了一個個傳統危機。但當封閉的政治環境打破後，異質危機凸現，原來的政治合法性模式、朝廷與社會關係模式都面臨轉型的壓力，知識權力化政治整合模式也走到了盡頭。

目　次

導　言 ……………………………………………………………………… 1
第一章　晚清知識權力化政治整合模式的基礎 ………………………… 29
　第一節　小農經濟：知識與權力組合的經濟基礎 …………………… 30
　　一、兩種前現代經濟與政治模式 …………………………………… 30
　　二、小農經濟、晚清財政與官僚體制 ……………………………… 35
　第二節　儒學文化：知識與權力組合的意識形態 …………………… 39
　　一、儒學政治意識形態與士人的權力 ……………………………… 39
　　二、晚清學術、知識與政治的互動 ………………………………… 43
　第三節　官僚政治：知識與權力組合的制度安排 …………………… 47
　　一、嚴正途之選 ……………………………………………………… 48
　　二、優待紳士 ………………………………………………………… 51
　　三、夯實崇儒氛圍 …………………………………………………… 54
　　四、將學額調整作爲政治整合的一種手段 ………………………… 58
第二章　救荒中的政治整合：晚清紳士的善舉與知識權力化的鞏固 … 59
　第一節　晚清的災疫及其引發的儒學知識與道統問題 ……………… 59
　　一、晚清的災疫 ……………………………………………………… 59
　　二、晚清的災疫觀：儒學知識與道統危機的一個側面 …………… 64
　第二節　晚清災疫對官僚管理體系的考驗 …………………………… 70
　　一、災疫與晚清的財政危機 ………………………………………… 71
　　二、災疫與晚清官僚行政組織的救災效率 ………………………… 75
　　三、災疫與儒生階層的貧困化 ……………………………………… 80
　第三節　寓教化於救濟：紳士在政治整合中夯實知識權力化的根基 … 82
　　一、整合民心：災疫觀的政治化與儒學化 ………………………… 83
　　二、官紳民整合：紳士救民助官的善舉 …………………………… 89
　　三、知識權力化：官紳民整合的歸宿 ……………………………… 98
　小結 …………………………………………………………………… 100
第三章　安內中的政治整合：朝廷對紳士的依賴與知識權力化的膨脹 … 103
　第一節　太平天國運動中的知識權力化問題 ………………………… 103
　　一、知識與權力關係梗阻：落榜文人走上反體制之路 …………… 104
　　二、太平天國的知識權力化努力 …………………………………… 107

三、「無知識的政權」：太平天國遊離於農村之外 ……………… 111

第二節　依賴紳士：晚清政府的安內整合戰略 …………………… 117

一、學術轉向：喚起紳士的道義與知識潛質 …………………… 117

二、制度安排：國家壟斷性權力向紳士開放 …………………… 120

第三節　政治整合的代價：知識權力化膨脹 ……………………… 132

一、地方名流恃勇挾國 …………………………………………… 132

二、團練局的政府化 ……………………………………………… 137

三、團練局對鄉裡組織的替代 …………………………………… 140

小結 ………………………………………………………………… 144

第四章　攘外中的政治整合：晚清紳士的分化與知識權力化的解體 … 147

第一節　外來衝擊對傳統政治合法性模式及其核心知識的解構 … 147

一、外來衝擊破壞傳統政治合法性的模式 ……………………… 147

二、外來衝擊消解經典知識對政治合法性的解釋權 …………… 152

第二節　外來衝擊與紳士的轉型：政治整合的核心結構坍塌 …… 158

一、傳教士對紳士權威及傳統政治整合結構的衝擊 …………… 158

二、紳士在攘外問題上的軟化：傳統知識與傳統政治拆分 …… 165

三、紳士的轉型與政治整合核心結構的解體 …………………… 170

第三節　重條約廢科舉：知識權力化的政治整合模式被徹底解制 … 177

一、條約制度破壞晚清政治整合的制度基礎 …………………… 178

二、科舉制被廢：知識權力化的基本制度潰決 ………………… 185

小結 ………………………………………………………………… 196

結　語 ………………………………………………………………… 199

參考文獻 ……………………………………………………………… 203

後　記 ………………………………………………………………… 215

第二六、二七冊　分合與互動：清代廣東墟市經濟地理（1644～1911）

作者簡介

　　湯苑芳，暨南大學歷史地理學博士。主要從事嶺南港澳歷史地理研究，代表作爲：《從元詩看元代酒文化》、《自然環境與清代嶺南少數民族頭飾文化

的演變及特色——以〈皇清職貢圖〉爲中心》、《民國廣州河涌治理對當今水環境整治的借鑒》、《廣州西關地域變遷考——論近代城市化過程中的人水關係》等。

提　要

　　清代廣東墟市自成系統，與環境互動互應。清代廣東墟市系統，在時間維上呈現：「生長壯大（清前期）——全盛（清中期）——枯榮共存（清後期）」的演化軌。在此過程中，墟市系統分化舊組分，整合新內容，在保型演化中成功轉型，湧現時代新特性。

　　清代廣東墟市系統，在空間上分珠江流域、韓江流域、廣東南路三個子系統。有清一代，廣東墟市經濟最發達者位於珠三角、南肇慶府、西海岸及瓊州府北部。若從動態角度考察，清代廣東墟市經濟發達區之空間演化具有三大特點：面積擴大；連片發展；趨海態勢。

　　清代廣東墟市，獨具粵地特色，形成墟市群落。此群落包含鎮層次、墟市層次、季節性層次、層間經濟體（街）等結構。清代廣東墟市群落的演替序列有量變與質變兩系列。量變系列包括：墟市通過子母市的形式進行增殖、獨立墟市向墟市群落發展。質變系列則包括：墟向市過渡、墟市向鎮過渡。在鎮形成後，其範圍內的墟與市仍然存續與演化，故鎮整合墟市，而非取代墟市。清末廣東大鎮主要有巡檢司鎮及墟市鎮兩種，其與巡檢司及墟市淵源頗深。

　　清代廣東墟市與物流相生共榮。運輸環節頗具特色，運輸路線甚怪異。

　　清代廣東墟市網絡發達，城鄉物資交換，中外物流通，外來商業文化隨之滲入廣東鄉村。

目　次

上　冊

緒論 ……………………………………………………………………………… 1
第一章　清代廣東墟市的生存發展環境 …………………………………… 39
　第一節　自然環境 ………………………………………………………… 39
　第二節　社會條件 ………………………………………………………… 42
　　一、政區劃分 …………………………………………………………… 42
　　二、交通發展 …………………………………………………………… 43
　　三、人口流動 …………………………………………………………… 45

四、商業傳統 ……………………………………………………… 47

五、特殊因素 ……………………………………………………… 50

第三節　產業狀況 ………………………………………………… 53

一、農業 …………………………………………………………… 54

二、手工業 ………………………………………………………… 63

三、礦業 …………………………………………………………… 77

四、產業組合 ……………………………………………………… 78

小結 ………………………………………………………………… 85

第二章　清代廣東墟市在時間上的演化 ………………………… 91

第一節　清代廣東墟市發展的總體大勢 ………………………… 91

第二節　清前期廣東墟市共同發展階段：欣欣向榮，齊頭並進 … 106

第三節　清中期廣東墟市整體轉型階段：物極必反，盛極而衰 … 108

第四節　清後期廣東墟市盛衰分異階段：差異演化，適者生存 … 113

一、清代廣東墟市舊系統的衰落 ………………………………… 113

二、清代廣東墟市舊系統的調整 ………………………………… 119

三、清代廣東墟市新系統的形成 ………………………………… 140

小結 ………………………………………………………………… 161

第三章　清代廣東墟市在空間上的分立 ………………………… 165

第一節　清代廣東墟市包括三大子系統 ………………………… 165

一、清代廣東墟市的三大子系統的劃分 ………………………… 166

二、清代廣東墟市子系統的墟市數量表 ………………………… 168

第二節　清代廣東墟市三大子系統的演化 ……………………… 180

一、清前期子系統發展狀況比較 ………………………………… 181

二、清前期縣域墟市經濟發達區 ………………………………… 187

三、清中期縣域墟市經濟發達區 ………………………………… 188

四、清後期縣域墟市經濟發達區 ………………………………… 189

五、清代廣東墟市空間演化特點 ………………………………… 190

六、清代廣東三大墟市發達區分析 ……………………………… 210

七、各具特色的墟市子系統分佈格局 …………………………… 233

第三節　清末羅定墟市——山區墟市的繁榮 …………………… 239

一、多種多樣的墟市形態 ………………………………………… 243

二、趨於複雜的墟市結構 ························ 243

三、處寬谷要衝的墟市區位 ···················· 247

四、沿陸路發展的生長態勢 ···················· 249

五、錯落有致的墟市網絡 ······················ 251

六、外重內輕的墟市格局 ······················ 255

小結 ·· 257

下　冊

第四章　清代廣東墟市群落的結構與演替 ············ 261

第一節　清代廣東墟市類型 ···················· 261

一、民間墟市與官方墟市 ···················· 261

二、綜合墟市與專業墟市 ···················· 263

三、傳統市場與新興市場 ···················· 263

四、平地墟市與山區墟市 ···················· 264

五、沿海墟市和內陸墟市 ···················· 265

六、大陸墟市與島嶼墟市 ···················· 265

七、熱帶墟市與亞熱帶墟市 ·················· 266

八、經濟型墟市與政治型墟市 ················ 266

第二節　清代廣東墟市群落的個體特徵 ············ 268

一、交彙區特色 ···························· 268

二、丘陵區特色 ···························· 270

三、江海區特色 ···························· 271

第三節　清代廣東墟市群落的結構 ················ 273

一、基本層次 ······························ 273

二、特殊層次 ······························ 274

第四節　清代廣東墟市群落的演替 ················ 279

一、演替類型 ······························ 279

二、演替序列 ······························ 281

小結 ·· 323

第五章　清代廣東墟市與物流 ···················· 327

第一節　清代廣東物流概況 ···················· 327

一、清代廣東物流類型 ······················ 327

二、清代廣東物流環節 ……………………………………… 332

第二節　清代廣東運輸物流 …………………………………… 335

一、運輸工具 ……………………………………………… 335

二、運輸路線 ……………………………………………… 336

三、路線選擇 ……………………………………………… 365

四、物流與墟市 …………………………………………… 370

第三節　物流影響下的廣東墟市演化──以大埔縣為典型 …… 372

一、清代大埔縣墟市經濟的形成與特點 ………………… 373

二、清代大埔縣核心墟市的發展與局限 ………………… 380

第四節　清代廣東商業文化的互動變化 ……………………… 392

一、城市商業文化的興旺發達 …………………………… 393

二、城市商業文化的傳播途徑 …………………………… 397

三、城市商業文化的鄉村輻射 …………………………… 399

小結 ……………………………………………………………… 402

結　語 …………………………………………………………… 407

參考文獻 ………………………………………………………… 415

後　記 …………………………………………………………… 429

第二八、二九冊　南京政府時期留學教育研究

作者簡介

　　孔繁嶺（孔凡嶺），男，山東曲阜人。1982 年 1 月畢業於山東大學歷史系。曲阜師範大學歷史文化學院教授，曾中國近現代史教研室主任、中國近現代史碩士生導師、歷史教學論碩士生導師，校「關鍵崗」和「161 人才工程」人員。主要研究方向中國近現代思想文化史和留學教育史。著作有《中國近代留學史稿》、《中國近代評孔思潮研究》、《20 世紀儒學大系・孔子研究》、《中國倫理範疇・善》、《中國現代史專題研究》、《中國現代政治思想史論》（二人首位）、《百川歸海　紅二方面軍長征史》（二人首位），主編《中國當代史稿》等。在《中共黨史研究》、《近代史研究》、《抗日戰爭研究》、《歷史檔案》、《歷史教學》、澳洲《漢聲》等國內外多家刊物上發表論文上百篇。主持國家、省、廳級課題 6 項，參與國家級和橫向課題各 1 項。國外曾獲徵文比賽冠軍獎，

國內獲省、廳級獎多次。

提　要

　　南京政府時期（1927～1949）的留學教育，佔主導地位的是國民政府的留學教育；其次是淪陷區奴化留日教育；另外還有中共不正規的特殊留蘇教育。南京政府建立不久，對留學教育進行了整頓，促使了中國留學教育的發展。留美、留日、留德、留英、留法都出現了興盛情景。中央和地方政府繼續向美、英和西歐各國派遣官費留學生，每年有 100 人左右，最多時達千人。自費留學的人數也日益增長。除佔主導地位的國民政府的留學教育外，中共留蘇教育亦仍在進行之中。抗戰爆發後，正常發展的中國留學教育被打亂，國外留學人員紛紛回國，留日學生政府停止派遣。抗戰後期，國民政府採取較積極的留學政策，並注意出國留學人員質量，1943 年大致恢復到 1937 年的水平。戰時，約有 1500 名學子被派赴海外，主要前往美英。與此同時，淪陷區各政權積極推行留日奴化教育，連同臺灣，約有 1.8 萬人前往敵國。再加上滯留海外未歸的 2500 人，共約兩萬餘名。抗戰勝利後，因當時國內外形勢的影響，造成了短暫的留學熱尤其是留美熱，但不久內戰蔓延，留學教育又由盛而衰。南京政府期的留學教育除培養了多科學巨匠外，還湧現出不少政治偉人、軍事天才、文化精英及外交家。

目　次

上　冊
前言 ··· 1
上編　整頓下的發展（1927～1937）··························· 5
第一章　留學教育的整頓 ····································· 7
　一、嚴格選派標準 ··· 7
　二、加強留學生管理 ······································ 11
　三、採取不同的派遣途徑 ································· 14
第二章　留美教育的發展 ···································· 23
　一、由下滑到發展的歷程 ································· 23
　二、留美學生的內部構成 ································· 26
　三、留美生的學習生活 ···································· 29

　　四、留美學生對中國及世界科技的影響 ································· 36

　　五、國民黨政界要人 ··· 45

第三章　起伏不定的留日潮 ··· 49

　　一、兩起兩伏的歷程 ··· 49

　　二、留日學生概況 ··· 54

　　三、留日學生的管理 ··· 58

　　四、留日生的愛國反日鬥爭 ··· 61

　　五、留日名人 ··· 65

第四章　留德教育的興盛 ··· 71

　　一、發展歷程 ··· 71

　　二、留德途徑 ··· 76

　　三、學習生活概況 ··· 78

　　四、留德學生的影響 ··· 84

　　五、留德學生之特點 ··· 93

第五章　留英教育的進展 ··· 95

　　一、平穩的留英教育歷程 ··· 95

　　二、中國學子在英所受學術之影響 ····································· 98

　　三、留英名人及其貢獻 ·· 103

　　四、留英教育的特點 ·· 111

第六章　留法教育及其特點 ·· 115

　　一、留法教育之特點 ·· 115

　　二、自然科學界群星燦爛 ·· 118

　　三、社會科學中名家薈萃 ·· 123

第七章　國民黨黨員留學 ·· 135

　　一、國民黨黨員留學議案的確立 ······································ 135

　　二、國民黨黨員留學生的考選 ·· 139

　　三、國民黨對黨員留學生的管理 ······································ 146

　　四、留學黨員的概況及其特點 ·· 152

第八章　中共留蘇教育 ·· 165

　　一、中共留蘇學校及其演變 ·· 165

　　二、中共留蘇教育的特點 ·· 172

下　冊
下編　戰火中的波折（1937～1949）⋯⋯⋯⋯⋯179
第九章　留學生投身抗戰⋯⋯⋯⋯⋯⋯⋯⋯⋯181
　　一、抗戰初期的回國潮⋯⋯⋯⋯⋯⋯⋯181
　　二、投身抗戰，爲國效力⋯⋯⋯⋯⋯⋯183
第十章　國民政府的留學歐美教育⋯⋯⋯⋯⋯193
　　一、留學政策的演變⋯⋯⋯⋯⋯⋯⋯⋯193
　　二、戰時留學歐美教育概觀⋯⋯⋯⋯⋯199
　　三、歐美生的海外留學生活⋯⋯⋯⋯⋯202
　　四、抗戰期間出國留學的名人⋯⋯⋯⋯206
第十一章　偽政權下的奴化留日教育⋯⋯⋯⋯217
　　一、偽滿留日教育⋯⋯⋯⋯⋯⋯⋯⋯⋯217
　　二、關內偽政權留日教育⋯⋯⋯⋯⋯⋯225
　　三、奴化留日教育的特點⋯⋯⋯⋯⋯⋯228
　　四、戰後留日生的召回和甄審⋯⋯⋯⋯232
第十二章　中共特殊留蘇學生⋯⋯⋯⋯⋯⋯⋯235
　　一、療養學習的軍政幹部⋯⋯⋯⋯⋯⋯235
　　二、就讀於蘇的高幹烈士子女⋯⋯⋯⋯247
　　三、「4821」留蘇青年⋯⋯⋯⋯⋯⋯⋯257
第十三章　戰後留美熱的興起⋯⋯⋯⋯⋯⋯⋯269
　　一、戰後中國留美熱形成之原因⋯⋯⋯269
　　二、中國學子留美途徑⋯⋯⋯⋯⋯⋯⋯273
　　三、留美生的學習生活⋯⋯⋯⋯⋯⋯⋯277
第十四章　其他國家的中國學子⋯⋯⋯⋯⋯⋯283
　　一、比利時⋯⋯⋯⋯⋯⋯⋯⋯⋯⋯⋯⋯283
　　二、加拿大、瑞士、奧地利⋯⋯⋯⋯⋯290
　　三、意大利、埃及、印度⋯⋯⋯⋯⋯⋯307
　　四、菲律賓、荷蘭、丹麥、澳大利亞、瑞典等⋯⋯322
第十五章　海外學子的滯留與回歸⋯⋯⋯⋯⋯333
　　一、留學生的滯留⋯⋯⋯⋯⋯⋯⋯⋯⋯333

二、留學生的回歸 ··· 340

結束語 ··· 359

主要參考文獻 ·· 367

第三十冊　民國初期的無政府主義運動（1912～1931）

作者簡介

　　洪德先，1955 年生，東海大學歷史系學士、台灣師範大學歷史研究所碩士、博士。碩士論文爲《辛亥革命時期的無政府主義運動》，博士論文爲《民國初期的無政府主義運動（1912-1931）》。曾任勤益工商專科學校講師、銘傳大學講師、副教授。曾授中國通史、中國現代史、台灣開發史、台灣近代史、世界通史等課程。於中國現代史、台灣開發史領域，著有論文多篇。

提　要

　　中國無政府主義運動萌芽於辛亥革命時期，民國建立以後，由於時空環境變動，無政府主義運動也呈現截然不同的面貌及影響。其後於五四運動時期，馬克思主義派在中國逐漸興起，馬克思主義派爲求能立足於中國，遂採取聯合無政府主義派的策略。但因兩派理論與利益均存有強烈的衝突，最後終於決裂而致對立。後來國民黨實行聯俄容共路線，掌握時代主導，無政府主義運動的發展益發困難。迨北伐完成，國民政府施行〈訓政綱領〉，限制其他黨派與思想的活動，再加上無政府主義局限於本身理論的浪漫與不切實際，以致整體運動走向衰落。

目　次

第一章　緒論 ··· 1
第二章　無政府主義的來源 ·· 7
　第一節　傳統中國的無政府主義思想 ··· 7
　第二節　西方社會主義的東來 ··· 10
第三章　民國初建時的社會主義思潮與運動（1912～1913）············· 19
　第一節　新環境下的社會主義 ··· 19
　第二節　從中國社會黨到社會黨 ··· 22
　第三節　無政府主義者的轉向 ··· 34

第四章　無政府主義運動的再出發（1913～1915）·········47
　　第一節　承先啓後的劉師復·········47
　　第二節　劉師復的思想與主張·········58
第五章　五四運動前後的無政府主義運動（1915～1923）·········71
　　第一節　五四運動前後的社會主義思潮·········72
　　第二節　五四運動前後的無政府主義運動·········76
　　第三節　五四時期無政府主義的流派·········89
第六章　無政府主義與馬克思主義的合分（1915～1923）·········105
　　第一節　無政府主義與早期的馬克思主義者·········105
　　第二節　兩派的合與分·········110
　　第三節　無政府主義派與馬克思主義派的論戰·········114
第七章　烏托邦的幻滅──無政府主義的沒落（1924～1931）·········127
　　第一節　理論的浪漫與發展的局限──無政府主義運動的由盛而衰
　　　　　　（1924～1927）·········127
　　第二節　無政府主義與國民革命·········134
　　第三節　無政府主義運動的尾聲·········139
第八章　結論·········145
徵引書目·········153
附錄一　中國無政府主義社團表（1912～1931）·········163
附錄二　中國無政府主義書刊表（1912～1931）·········169
附錄三　歷年無政府主義書刊、社團的發行及成立之統計表·········179
附錄四　民初具有無政府主義傾向者的背景資料·········181
附錄五　早期國人對無政府主義的初步認識·········183
附錄六　近代日本社會主義之興起及其對中國之影響·········193

第三一冊　司馬遷《史記》義利觀研究

作者簡介

　　晉鈺琪，臺灣高雄市人，國立臺灣師範大學國文研究所碩士，現任台北市立松山家商國文教師。

提　要

　　本論文以「司馬遷《史記》義利觀研究」爲題，針對《史記》百三十篇進行司馬遷義利觀的分析與探討，全文共六章（含參考文獻），凡二十三萬七千餘言。

　　第一章　概論歷史上對司馬遷義利觀的討論與批評，並論述研究司馬遷義利觀之動機與目的、範圍與材料和方法與步驟，並對已有之相關研究文獻進行剖析與分類。

　　第二章　先秦義利觀探析，重點在回溯先秦儒家、墨家、道家、法家的義利觀點，一方面對先秦義利觀稍作爬梳，另一方面對司馬遷《史記》義利觀之內容找出承繼淵源。

　　第三章　司馬遷義利觀的基礎，著重分析司馬遷之自身經歷、先代思維和時代風氣等內容，爲司馬遷義利觀形成的原因，提出相應的內、外緣因素。

　　第四章　司馬遷義利觀之開展，以司馬遷受到先秦諸子義利觀的薰陶，和家庭、社會、文化的影響爲基礎，整理建構出《史記》中司馬遷獨具一格的義利觀點——義利並重、斥責勢利、稱揚有義、義以爲上。

　　第五章　司馬遷義利觀對後世的影響，嘗試延伸司馬遷義利觀的討論範圍，從政治、經濟、修養、文學四方面看司馬遷《史記》義利觀對後世的啓迪與影響。

　　第六章　對本論文作出結論，確立司馬遷《史記》義利觀之內容與架構，總結司馬遷《史記》義利觀的地位與價值。

目　次

第一章　緒論 …………………………………………………………… 1
第二章　先秦義利觀探析 ……………………………………………… 19
　第一節　儒家的義利觀 ……………………………………………… 20
　　一、孔子的義利觀 ………………………………………………… 20
　　二、孟子的義利觀 ………………………………………………… 23
　　三、荀子的義利觀 ………………………………………………… 25
　第二節　墨家的義利觀 ……………………………………………… 28
　　一、利即是義 ……………………………………………………… 29
　　二、義利並重 ……………………………………………………… 31

　　　三、義以爲上 ……………………………………………… 32

　　第三節　道家的義利觀 ……………………………………… 37

　　　一、老子的義利觀 …………………………………………… 37

　　　二、莊子的義利觀 …………………………………………… 41

　　第四節　法家的義利觀 ……………………………………… 46

　　　一、先利後義 ……………………………………………… 47

　　　二、以法制利 ……………………………………………… 49

　　　三、去私立公 ……………………………………………… 51

第三章　司馬遷義利觀的基礎 ………………………………… 55

　　第一節　生命體驗的積累 …………………………………… 55

　　　一、家學淵源 ……………………………………………… 55

　　　二、學風浸染 ……………………………………………… 58

　　　三、仕途經歷 ……………………………………………… 62

　　第二節　戰國士風的承繼 …………………………………… 66

　　　一、平治天下，以爲己任 ………………………………… 67

　　　二、及時立功，肯定自我 ………………………………… 70

　　　三、捨身報恩，慷慨任俠 ………………………………… 73

　　第三節　時代風氣的影響 …………………………………… 77

　　　一、逐利輕義 ……………………………………………… 77

　　　二、虛飾仁義 ……………………………………………… 80

　　　三、欣慕豪俠 ……………………………………………… 84

第四章　司馬遷義利觀之開展 ………………………………… 89

　　第一節　義利並重 …………………………………………… 89

　　　一、義者宜也 ……………………………………………… 89

　　　二、利即是義 ……………………………………………… 97

　　　三、鼓勵求富 ……………………………………………… 100

　　第二節　斥責勢利 …………………………………………… 105

　　　一、鳥盡弓藏 ……………………………………………… 106

　　　二、偷合取容 ……………………………………………… 112

　　　三、以利相交 ……………………………………………… 124

　　第三節　稱揚有義 …………………………………………… 130

　　一、爲臣以忠 ……………………………………………………… 131

　　二、相交以信 ……………………………………………………… 142

　　三、仗義任俠 ……………………………………………………… 146

　第四節　義以爲上 ………………………………………………… 152

　　一、捨利取義 ……………………………………………………… 152

　　二、捨死取義 ……………………………………………………… 157

　　三、捨生取義 ……………………………………………………… 164

第五章　司馬遷義利觀對後世之影響 …………………………… 179

　第一節　政治方面 ………………………………………………… 179

　　一、提供德政範例 ………………………………………………… 180

　　二、形成諍諫文化 ………………………………………………… 183

　第二節　經濟方面 ………………………………………………… 188

　　一、正視人生之欲 ………………………………………………… 188

　　二、促進經濟發展 ………………………………………………… 191

　第三節　修養方面 ………………………………………………… 196

　　一、主動求取利益 ………………………………………………… 197

　　二、傾心治國益世 ………………………………………………… 201

　第四節　文學方面 ………………………………………………… 204

　　一、深化諷刺文學 ………………………………………………… 204

　　二、啓迪俠義文學 ………………………………………………… 209

第六章　結論 ………………………………………………………… 215

參考文獻 ……………………………………………………………… 219

第三二冊　王船山史論研究——以政治爲核心的探索

作者簡介

　　劉毅鳴，1980 年生，台灣桃園人。高雄師範大學國文系學士，台灣師範大學國文系碩士，中央大學中文系博士。碩士論文爲《唐君毅的修養工夫論：以「人生之路」爲核心》，博士論文爲《王船山史論研究：以政治爲核心的探索》。現任中央大學中文系兼任講師，講授「儒學與人生」課程，並發表多篇學術著作於各大期刊、會議論文集。

提　要

　　船山是明末清初三大儒之一，在明朝滅亡、滿清入主中國的變局下，他極力從歷史經驗中探索亡國的原因，希望找出政治上的長治久安之道，而成就其《讀通鑑論》、《宋論》兩鉅著。本論文從船山的心性工夫論及歷史哲學等哲學理論開始談起，試圖描繪出船山心中理想的政治型態之藍圖。

　　「制度」與「人」是政治的兩大關鍵要素。就政治制度來說，船山以道德爲朝代創建乃至長治久安的關鍵因素。「道德」並非狹義地從心性上說，而是君主能否順應客觀時勢之理。此「理」關鍵處在於保民、愛民，因此船山論郡縣、隋唐三省制、以詩賦取士、立法宜寬、經濟自由、獎勵農業等，往往是站在對百姓有實際助益的角度著眼。就執政者來說，船山繼承儒家「德治」觀念，以人的品德爲政治良窳之根本。能夠有剛直的操守，信守道德原則，不慕虛榮浮華，而又謙遜寬容的君子，才能擔當起重任。這樣的君子必然知所進退，不會爲了一時的功業而盲目出仕，毀傷名節。即使退隱，君子也能投身教化事業，爲道德理想的延續而奮鬥。君子執政以「簡」爲最高原則，把握住國家發展的大方向，細節則充分信任、授權給下屬處理。肯定既有制度的合理性，採取漸進改革，減少改革的風險。

　　就政治活動的外圍領域——倫常教化與學術文化來說，家庭倫理爲政治倫理的基礎。政治上的君臣關係，是以「名義」維繫。船山發揮孔子「正名」思想，認爲「名」非虛名，而是義的象徵，可發揮穩定局勢的積極作用。政府對人民的教化，並非上位者持教條要求下位者，而是上位者盡力完成分內之事，建立良善的環境，使百姓易於從事自我修養。在學術文化上，船山堅守「華夷之辨」，強調族群的純正性。華夷是以文化爲主要區分標準，兼及其他。政治上華夏民族的團結，比效忠一家一姓更重要。對於儒家以外的學說，如佛道、陰陽家等，船山認爲或過於消極，或爲了統治者開脫罪名，或爲了謀求權位，總之皆是以利欲爲出發點，不足以做爲治國的骨幹。

目　次

第一章　緒論 …………………………………………………………………… 1
第二章　船山的心性工夫論 …………………………………………………… 15
　第一節　船山的心性論 ……………………………………………………… 16
　（一）心的覺知能力 ………………………………………………………… 16

（二）對朱子「以氣言心」的批評 ……………………………… 18

（三）對孟子「求放心」與「孺子入井」的解釋 ………………… 18

（四）性日生而日成 ……………………………………………… 20

第二節　船山的工夫論 …………………………………………… 21

（一）格物致知是對道德原理的思考、應用 …………………… 21

（二）格物是「規矩」，致知是「巧」 ………………………… 23

（三）知行並進，相輔相成 ……………………………………… 24

第三章　船山的歷史哲學 ………………………………………… 27

第一節　理勢不二的歷史觀 ……………………………………… 28

第二節　道德判斷與歷史判斷的兼擇 …………………………… 31

（一）天假其私以行其大公 ……………………………………… 32

（二）「大德者必受命」的合理性 ……………………………… 34

第四章　船山對政治制度的省察 ………………………………… 43

第一節　政權之建立與轉移 ……………………………………… 43

（一）政權的建立──道統優先於治統 ………………………… 45

（二）君位傳承的依據──傳賢與傳子 ………………………… 47

（三）大臣在傳位過程中扮演的角色 …………………………… 51

（四）新君如何建立威望 ………………………………………… 53

（五）不合乎制度的權力轉移 …………………………………… 54

第二節　封建與郡縣 ……………………………………………… 56

（一）封建之弊與郡縣之利 ……………………………………… 58

（二）郡縣制下治理地方之道 …………………………………… 61

第三節　中央政府 ………………………………………………… 64

（一）文武分立，以文統武 ……………………………………… 64

（二）宰相制度 …………………………………………………… 65

（三）皇帝、宰相與諫官 ………………………………………… 69

第四節　人才選拔與考核 ………………………………………… 71

（一）基本原則 …………………………………………………… 71

（二）選拔方式 …………………………………………………… 72

（三）考核方式 …………………………………………………… 78

第五節　法律思想 ………………………………………………… 79

（一）法律的制訂 …………………………………………………… 80

（二）法律的裁決 …………………………………………………… 85

第六節　經濟思想 ……………………………………………………… 87

（一）租稅 …………………………………………………………… 87

（二）貨幣 …………………………………………………………… 91

（三）土地政策 ……………………………………………………… 92

第七節　軍事思想 ……………………………………………………… 94

（一）平時嚴格訓練 ………………………………………………… 95

（二）戰時以逸待勞 ………………………………………………… 97

第五章　政治活動中道德實踐的作用 ………………………………… 103

第一節　義利之辨：論君子 …………………………………………… 103

（一）言語上 ………………………………………………………… 104

（二）行爲上 ………………………………………………………… 106

第二節　義利之辨：論小人 …………………………………………… 107

（一）趨利 …………………………………………………………… 108

（二）避害 …………………………………………………………… 134

第三節　出處進退的選擇 ……………………………………………… 138

（一）出仕的判斷原則 ……………………………………………… 139

（二）錯誤的出仕 …………………………………………………… 140

（三）出仕的權變 …………………………………………………… 147

（四）隱士風範 ……………………………………………………… 149

第四節　治國的原則 …………………………………………………… 152

（一）德治先於法治 ………………………………………………… 153

（二）治國之道在「簡」 …………………………………………… 155

（三）分層負責 ……………………………………………………… 157

（四）漸進改革 ……………………………………………………… 162

第五節　進諫的藝術 …………………………………………………… 163

（一）進諫者的身分 ………………………………………………… 164

（二）進諫的對象 …………………………………………………… 166

（三）進諫的內容 …………………………………………………… 166

（四）進諫的心態 …………………………………………………… 169

第六章　政治活動中的倫理與教化 ························173

　第一節　家庭倫理 ····································174

　　（一）父子 ······································174

　　（二）夫婦 ······································176

　　（三）兄弟 ······································178

　第二節　名義與教化 ································179

　　（一）正名以求實 ································180

　　（二）以賞罰行教化 ······························186

　第三節　禮樂精神 ··································192

　　（一）禮的精神 ··································192

　　（二）樂的精神 ··································196

第七章　政治活動中的文化與學術 ····················199

　第一節　華夷之辨 ··································200

　　（一）民族的凝聚 ································201

　　（二）對外戰略 ··································209

　第二節　佛道及陰陽家思想 ··························213

　　（一）道家 ······································214

　　（二）佛教 ······································216

　　（三）陰陽家 ····································221

第八章　結論 ··225

　第一節　研究成果簡述 ······························227

　第二節　船山與梨洲政治思想之比較 ··················236

　第三節　船山史論的思想特色與限制 ··················241

參考文獻 ··247

第三三冊　章學誠的歷史哲學與文本詮釋思想

作者簡介

　　周建剛，1971 年生，江蘇蘇州人。2008 年畢業於蘇州大學哲學系，獲哲學博士學位，專業為中國哲學。目前供職於湖南省社會科學院哲學研究所，任中國哲學史研究室主任，副研究員。出版專著《周敦頤研究著作述要》（湖

南大學出版社，2009 年出版）；主持國家社科基金項目 1 項、湖南省社科基金項目 2 項；在《哲學研究》、《江西社會科學》、《船山學刊》等刊物發表中國哲學史研究論文 10 餘篇。

提　要

　　章學誠的「歷史哲學思想」論述了「道」在歷史進程中的逐步展開，歷史變動的最終原因爲「理勢」。從「理勢」的觀點來看，古今本爲一體，歷史學的知識不僅是「藏往」而且是「知來」，因此對歷史的理解和認識貴在「心知其意」。「史義論」是章學誠歷史認識方法的核心。最後章學誠探討了各種「史體」的演變，主張以一種靈活變動的方式書寫歷史。

　　章學誠的「文本詮釋思想」是由其歷史哲學衍生出來的。章學誠主張在歷史書寫中要透露出作者主體的「別識心裁」。章學誠的「文本詮釋思想」就建立在「別識心裁」的基礎上。在現代哲學解釋學的視野下，章學誠的「文本詮釋思想」體現了「存在論」的特徵。

　　章學誠的「考據學批判」則從「衡論戴震」和「六經皆史」兩個角度出發，對清代考據學方法和原則進行批判。章學誠指出戴震的學術能「見古人之大體，進窺天地之純」，但「心術未醇」，對考據學的方法過分誇大。「六經皆史」則批判了清代考據學「經學明道」的思想原則，開闢了以史釋經、史學明道的學術路向。

　　從清中期思想史的變動趨勢來看，章學誠雖然是考據學的批評者，但其思想方法則是清代考據學理論的「會通」和「綜合」。在這一意義上，章學誠實爲清中期思想史承前啓後的人物。

目　次

第一章　序論──章學誠的思想結構 ··· 1
第二章　章學誠研究史的回顧和評述 ··· 9
　第一節　清末民初的章學誠思想傳播及其著作、注本情況 ············ 9
　第二節　內藤湖南和胡適的兩種《章實齋年譜》 ·························· 12
　第三節　錢穆的《中國近三百年學術史》 ································· 14
　第四節　余英時的《論戴震與章學誠》 ···································· 16
　第五節　倪德衛的《章學誠的生平與思想》 ······························ 18

第六節　山口久和的《章學誠的知識論》 ⋯⋯⋯⋯⋯⋯ 21

第七節　朱敬武的《章學誠的歷史文化哲學》 ⋯⋯⋯ 24

第三章　章學誠「文史校讎學」的基本概念 ⋯⋯⋯⋯⋯ 27

第一節　校讎心法 ⋯⋯⋯⋯⋯⋯⋯⋯⋯⋯⋯⋯⋯⋯⋯ 27

第二節　史意文心 ⋯⋯⋯⋯⋯⋯⋯⋯⋯⋯⋯⋯⋯⋯⋯ 31

第三節　史德文德 ⋯⋯⋯⋯⋯⋯⋯⋯⋯⋯⋯⋯⋯⋯⋯ 34

第四節　圓神方智 ⋯⋯⋯⋯⋯⋯⋯⋯⋯⋯⋯⋯⋯⋯⋯ 41

第四章　章學誠的歷史哲學思想 ⋯⋯⋯⋯⋯⋯⋯⋯⋯⋯ 49

第一節　理勢論：歷史是什麼 ⋯⋯⋯⋯⋯⋯⋯⋯⋯⋯ 49

1、章學誠的歷史意識 ⋯⋯⋯⋯⋯⋯⋯⋯⋯⋯⋯⋯ 49

2、道在歷史中的展開：不得不然之勢 ⋯⋯⋯⋯ 50

3、當代史的意義：歷史是活著的過去 ⋯⋯⋯⋯ 53

第二節　史義論：如何認識歷史 ⋯⋯⋯⋯⋯⋯⋯⋯⋯ 58

1、章學誠的「史學」觀念 ⋯⋯⋯⋯⋯⋯⋯⋯⋯⋯ 58

2、史義說的根源：史之大原本乎《春秋》 ⋯⋯ 59

3、史義說的現代闡釋：歷史認識的途徑是「思想的重演」 ⋯ 63

第三節　史體論：如何表述歷史 ⋯⋯⋯⋯⋯⋯⋯⋯⋯ 67

1、從《尚書》到《通鑑紀事本末》：史體演變的過程 ⋯ 67

2、「撰述」與「記注」的區分 ⋯⋯⋯⋯⋯⋯⋯⋯ 73

第五章　章學誠的文本詮釋思想 ⋯⋯⋯⋯⋯⋯⋯⋯⋯⋯ 79

第一節　章學誠的語言觀 ⋯⋯⋯⋯⋯⋯⋯⋯⋯⋯⋯⋯ 79

1、章學誠與清代考據學在語言觀上的差異 ⋯⋯ 79

2、言與意：語言的歷史情景 ⋯⋯⋯⋯⋯⋯⋯⋯ 82

3、象與辭：語言的象徵維度 ⋯⋯⋯⋯⋯⋯⋯⋯ 85

4、章學誠語言觀的歷史淵源和時代意義 ⋯⋯⋯ 88

第二節　章學誠的知識人格論 ⋯⋯⋯⋯⋯⋯⋯⋯⋯⋯ 91

1、兩種知識活動：眞知與僞學 ⋯⋯⋯⋯⋯⋯⋯ 91

2、天質之良：知識的主觀傾向 ⋯⋯⋯⋯⋯⋯⋯ 93

3、質性論：知識的人格特徵 ⋯⋯⋯⋯⋯⋯⋯⋯ 96

第三節　章學誠的詮釋學思想特徵 ⋯⋯⋯⋯⋯⋯⋯⋯ 101

1、別識心裁：章學誠文本詮釋思想的中心概念 ································· 101
2、章學誠文本詮釋思想的內容 ··· 103
3、清代考據學的文本詮釋思想：作爲章學誠的參照物 ················· 106
4、存在論的詮釋方法：章學誠文本詮釋思想的特徵 ····················· 110

第六章　章學誠的考據學批判 ··· 115

第一節　《朱陸篇》與《浙東學術》──衡論戴震 ······················· 115
1、章學誠與戴震的交往史跡 ··· 115
2、章學誠批評戴震的具體內容 ·· 122
3、關於「浙東學派」的問題 ··· 132

第二節　六經皆史──解構經學 ··· 137
1、「六經皆史」說的形成 ·· 137
2、對於「六經皆史」的不同理解 ··· 139
3、「六經皆史」對經學的解構 ·· 142

第七章　章學誠與清代思想史的諸問題 ··· 151

第一節　章學誠與「漢宋之爭」 ··· 151
1、「虛理」與「實事」：漢宋之爭的思想內涵 ·························· 151
2、「因事寓理」：章學誠在漢宋之爭中的立場 ·························· 155
3、「以班、馬之業明程、朱之道」：章學誠對漢宋之爭的超越 ····· 159

第二節　章學誠與「今古文經學之爭」 ·· 162
1、今古文經學之爭的歷史背景 ·· 162
2、章學誠與古文經學 ··· 162
3、章學誠與今文經學 ··· 164
4、今古文經學之爭背景下的章學誠思想底蘊 ···························· 168

第三節　章學誠與乾嘉考據學的內在轉向 ···································· 171
1、從「經世」到「考據」：經學的自我脫魅 ··························· 171
2、乾嘉考據學的自我反省和內在轉向 ····································· 175
3、性靈與風氣：章學誠對考據學的批評 ·································· 177

第八章　結語 ··· 185

參考文獻 ·· 189

第三四冊　余英時史學思想研究

作者簡介

路則權，山東汶上人，中國孔子研究院助理研究員，歷史學博士。主要從事儒學及傳統文化、海外中國學的研究。近年來在《史學月刊》、《孔子研究》《中華文化論壇》、《求是學刊》、《中國社會科學報》、《中國圖書評論》、《華夏文化》等刊物發表論文二十餘篇。主持研究生創新項目兩項，目前參與2012年國家社科基金專案「多維視角下傳統史學與現代新史學關係研究」，孔子研究院與奧地利孔子學院合作的《孔子這樣說》，主持民政部《中國殯葬史》子課題《中國殯葬史・秦漢卷》。

提　要

余英時（1930），當代美籍華裔史學家。代表作有《漢代貿易與擴張》、《方以智晚節考》、《論戴震與章學誠》、《歷史與思想》、《士與中國文化》、《朱熹的歷史世界》等。

余英時的史學思想的形成與現代中國社會有密切的聯繫，同時也受西方文化的影響。其「中國情懷」是他史學思想的立足點。余英時通過對漢代經濟史、思想史、清代思想史及宋代政治文化史的研究，形成了獨具特色的史學思想。

歷史觀上，余英時堅持人文主義多元進化史觀，這是他的史學思想的核心。他所主張的歷史人文性決定了其進化觀的獨特性。他否認歷史有規律或通則。與此相一致，在歷史發展動力上，他堅持多因論，反對決定論。他一方面承認思想文化、經濟、政治、地理等因素在歷史發展中各起作用，另一方面又對思想文化的重要性有更多的論述。在歷史與現實關係上，他贊同由現實而研究歷史，研究歷史反過來關照現實的，但同時又認為兩者是不同的，應當有一定的距離。

余英時認為史學是人文科學。他認為史學有兩個層次：哲學層次和史學層次。在主體和客體關係問題上，他堅持主客統一論，希望能化解兩者的矛盾。他主張運用「同情的瞭解」來達到主客的統一。

余英時在史學方法上主張「史學有法但無定法」，針對不同的歷史研究物件，選擇不同的研究方法。在具體的史學實踐中，他主要運用比較方法、內在理路、心理分析、想像、典範等方法。其中，中西比較是余英時治史的基

本立足點。

　　余英時的史學思想有理想化的傾向。他的人文主義史學觀帶有「唯人文主義的」的傾向，但其魅力在於多元性、豐富性和啓發性，認真總結和反思他的史學思想將有益於中國當代史學的發展。

目　次

前言 ……………………………………………………………………………… 1
第一章　余英時的「中國情懷」………………………………………………… 9
　第一節　「傳統文化」的內在參與 …………………………………………… 9
　第二節　「儒學情結」的師承傳遞 …………………………………………… 11
　第三節　「中國情懷」的域外發展 …………………………………………… 12
第二章　余英時的學術交友 …………………………………………………… 15
　第一節　余英時和早期留美學人 …………………………………………… 15
　第二節　余英時和同輩學人 ………………………………………………… 18
　第三節　余英時和弟子們 …………………………………………………… 22
第三章　余英時的歷史理論 …………………………………………………… 25
　第一節　人文主義多元史觀 ………………………………………………… 25
　第二節　歷史發展多因論 …………………………………………………… 30
　第三節　歷史與現實關係的互動 …………………………………………… 39
第四章　余英時的史學理論 …………………………………………………… 43
　第一節　史學中的主客統一論 ……………………………………………… 43
　第二節　「通古今之變」的史學目的論 ……………………………………… 49
　第三節　史學與哲學、社會科學的關係 …………………………………… 51
　第四節　中國史學的幾點認識 ……………………………………………… 54
第五章　余英時的史學方法論 ………………………………………………… 59
　第一節　「史無定法」的史學方法論 ………………………………………… 59
　第二節　西方方法學在中國史學中的運用 ………………………………… 64
　第三節　比較方法的運用 …………………………………………………… 67
　第四節　內在理路和互動研究 ……………………………………………… 72
　第五節　典範 ………………………………………………………………… 75
　第六節　想像和理想型 ……………………………………………………… 77

第七節　心理分析和重演論 ……………………………………………………… 80

第六章　余英時學術著述論略 …………………………………………………… 87

第一節　漢代思想史 ……………………………………………………………… 87

第二節　漢代經濟社會史 ………………………………………………………… 90

第三節　清代思想轉型 …………………………………………………………… 95

第四節　宋代政治文化史 ………………………………………………………… 99

結　　語 …………………………………………………………………………… 115

附錄一：余英時的儒家人文主義歷史觀及其理論價值與困境 ……………… 125

附錄二：美國華裔學者儒家思想史解釋論析 ………………………………… 143

第三五冊　歷史時期京津地區城市體系演變研究

作者簡介

　　陳喜波，男，漢族，吉林省梨樹縣人，1971 年 10 月生。2006 年畢業於北京大學城市與環境學院歷史地理學專業，獲理學博士學位。主要研究方向為區域與城市歷史地理，曾參與國家自然科學基金、國家社會科學基金等多項國家級和省部級研究課題，發表學術論文 20 餘篇。目前在北京物資學院從事教學科研工作。

提　要

　　京津地區歷史悠久，區域城市體系很早出現並逐漸發展。優越的地理區位、相對獨立的自然環境以及曲折的發展歷程使區域城市體系呈現出獨具特色的發展道路與演化模式。從時間演變來看，京津地區的城市體系在發展時序上呈現出明顯的節律性。京津地區城市體系形成於戰國中後期，初步奠定了區域城市體系發展的基本骨架。秦漢至北朝時期是京津地區城市體系的整合發展階段，表現為中心城市從遊移狀態到最終確立，城市等級規模變動頻繁，職能組合結構較為鬆散，此時山前地帶城市發展最為活躍；隋至金時期是京津地區城市體系的持續發展階段，表現為中心城市極化式發展，並成為支配區域城市體系發展的主導力量，城市等級規模變動較大，職能組合結構日益緊密，此時近海地帶城市發展最為活躍；元明清時期是京津地區城市體系穩定發展階段，表現為中心城市發展持續穩定，城市等級規模變動相對較

少，職能組合結構日益合理，此時瀕海地帶城市發展最爲活躍。清代中後期以來，區域城市體系由單中心格局向雙中心格局轉變，各中心城市與其周邊城市群聯繫日益緊密，在空間上形成雙「點－環」分佈結構。從空間佈局演變來看，京津地區城市體系表現爲由山前地帶向近海地帶，再由近海地帶向瀕海地帶梯度推移的發展規律。

目　次

第一章　緒論……………………………………………………………………1
　　一、研究背景與意義…………………………………………………………1
　　二、研究內容與方法…………………………………………………………3
　　三、研究地域範圍和時間界定………………………………………………5
　　四、相關概念及說明…………………………………………………………8
　　五、區域自然和人文地理概況………………………………………………11
第二章　京津地區城市的早期發展和城市體系的初步形成……………………17
　　第一節　京津地區城市的早期發展………………………………………17
　　第二節　西周分封與京津地區城市地理分佈格局………………………24
　　第三節　燕國統一與京津地區城市體系的初步形成……………………29
　　第四節　區域城市體系的空間分佈結構特徵……………………………35
第三章　秦漢至北朝時期京津地區城市體系的發展演變………………………37
　　第一節　中心城市的確立與發展：從相對中心到絕對中心……………37
　　第二節　郡（州）縣城市的曲折發展與等級規模變化…………………39
　　第三節　區域城市體系職能組合結構的演變特徵………………………51
　　第四節　以山前地帶城市活躍發展爲主的空間演變特徵………………54
第四章　隋至金時期京津地區城市體系的發展演變……………………………59
　　第一節　中心城市的極化式發展：從邊疆重鎮到王朝都城……………59
　　第二節　州（郡）縣城市的持續發展與等級規模變化…………………65
　　第三節　區域城市體系職能組合結構的演變特徵………………………84
　　第四節　以近海地帶城市活躍發展爲主的空間演變特徵………………95
第五章　元明清時期京津地區城市體系的發展演變（元明時代）……………99
　　第一節　區域中心城市的穩定發展………………………………………99
　　第二節　州縣城市的穩定發展與等級規模變化…………………………108

第三節　區域城市體系職能組合結構的演變特徵 ……………………… 136

第六章　元明清時期京津地區城市體系的發展演變（清代）………… 165

第一節　天津城市的極化式發展與區域雙中心城市並立的格局 ……… 165

第二節　州縣城市的相對衰落與等級規模變化 ………………………… 175

第三節　區域城市體系職能組合結構的演變特徵 ……………………… 204

第四節　以瀕海地帶城市活躍發展爲主的空間演變特徵 ……………… 225

第七章　京津地區城市體系演變規律及特點 …………………………… 233

第一節　京津地區城市體系的發展分期及其演變規律 ………………… 233

第二節　京津地區城市體系職能結構演變特點 ………………………… 237

第三節　京津地區城市體系的空間布局演變規律 ……………………… 241

第四節　區域交通因素對京津地區城市體系的影響 …………………… 247

參考文獻 ……………………………………………………………………… 255

青銅時代江淮、鄂東南
和贛鄱地區中原化進程研究(上)

趙東升　著

作者簡介

趙東升，男，1978 年 9 月出生，山東茌平人。2000 年畢業於廈門大學歷史系，獲學士學位；2003 年南京大學歷史系碩士學位。同年任職於南京博物院考古研究所，從事考古的發掘與研究工作。2004 ～ 2006 年參加國家水下考古資質培訓，並參與了多項水下考古工作。2006 年重入南京大學深造考古學博士學位，2009 年畢業留校任教，從此開始了考古學的教學、發掘與研究工作，尤關注長江中下游地區國家文明形成階段和青銅時代的考古問題，已發表相關研究論文20 餘篇，參加或主持田野考古發掘項目 30 多項。

提　　要

　　本書以長江中下游的江淮之間、鄂東南和贛鄱地區青銅時代文化格局為研究對象，目的是復原三地在不同時期與中原王朝的政治文化關係以及接受中原的禮制傳統而逐漸中原化的發展進程。

　　其步驟是，首先通過對各遺址內涵的分析，初步建立起三地各時期考古學文化的框架，並對考古學文化的總體格局進行探討，重點關注其文化因素的變遷過程和模式及其與中原文化的關係。其次利用文獻和銘文材料，並結合考古學文化的變遷情況對三地的人群族屬和勢力集團以及它們的變遷進行分析辯證。最終達到認識在長江中下游地區經略的不同目的、模式和影響範圍與程度的目的。

　　全書內容分為兩篇，第一篇分析各地的考古學文化格局，第二篇利用第一篇的結果，並結合文獻和銘文資料分析各地勢力集團的變遷及其與中原王朝的互動關係。

　　第一篇分為三章，分別論述了三地的文化格局，對三地文化格局的論述採用了同樣的步驟和方法。即首先對典型遺址進行分析，重點在於認識它們內涵的變遷和遺存分期，並盡可能將各期的相對時代限定在一個較細緻的範圍內。其次利用中原文化的分期框架，對各時期三地的文化格局，包括文化分區、文化分期、文化的時空變遷等，以及與中原文化的互動關係進行較詳細的闡述。

　　第二篇分為四章，第一至第三章重點在於利用第一篇的研究成果，結合文獻和銘文材料對各地的社會文化背景、各勢力集團及其變遷進行詳細的分析和論述，從而為文化和政治之間建立起聯繫。第四章即把三地的考古學文化、各勢力集團及其與中原文化和王朝的關係和變遷進行整合，並擴展至對三地周邊的長江中下游地區與中原王朝的關係變遷。由此得出三代王朝在長江中下游地區不同的經略步驟和模式，以及影響範圍和程度。

　　通過分析，我們認為三地與中原王朝的關係密切，雖然在中原王朝涉足以前它們的文化、社會發展階段相對落後于中原地區，尤其是在偏南的贛鄱地區，但中原王朝在三地的經略促進了三地的文化和社會發展，使得它們經歷了大致相同的階段，這也是我們得以可以利用中原文化的分期框架對他們進行研究的基礎所在。

從考古學文化和文獻資料上看，夏王朝以前中原腹地及周邊具有四大勢力集團，即華夏、東夷、苗蠻和百越集團，長江中下游地區處於四大勢力集團的中介地帶，又擁有關係王朝興亡的豐富的銅礦資源作為依託，其中的苗蠻、東夷又都曾經具有覬覦中原王朝權威的實力，因此，三代王朝對此三地都給予了足夠的重視，它們對長江中下游地區的經略主要就是表現在與這些集團之間的制約與反制約的互動關係上。同時，由於社會發展階段和各王朝所面臨的社會問題的不同，中原王朝在三地的經略也是具有不同的目的和採用了不同的模式和步驟的，其影響範圍和程度也存在明顯的不同。

夏王朝以前華夏集團與東夷集團之間「輪流坐莊」，它們之間應該存在一種較深遠的利益聯盟關係，東夷集團甚至還參加了夏王朝的創立和早期發展。而與南方的苗蠻集團之間早在新石器時代就已經表現出格格不入的態勢，夏王朝繼續對它們進行討伐，甚至一直遠達贛鄱地區，之後苗蠻集團就再也沒能恢復元氣，逐漸融合到南方的百越集團之中。而對於東夷集團，則主要表現為一種融合和共處的關係。

經過夏王朝的經略，商人勢力比較順利的進入鄂東南地區，並在稍後向南和東方擴展，將此地的銅礦資源作為其經略的重要目的。而贛鄱地區，在夏王朝時期還處於新石器時代末期階段，隨著夏王朝和苗蠻以及商王朝勢力的介入，它們迅速完成了從新石器時代向青銅時代的過渡，並可能建立了與商王朝對抗的勢力集團。對於江淮之間地區，商人通過沿淮河支流的北線和沿長江水道的西線自然接收了夏人原在此地的勢力範圍。但在商王朝中晚期，隨著王朝勢力的衰弱，地方勢力逐漸發展壯大，在南方，商王朝通過改變統治方式和改變運輸路線以便獲取銅礦資源的前提下，主要力量放在對東方的經略上，並最終在與夷人的爭奪和內外交困中覆亡。

周人作為商王朝最重要的方國之一，在商代末期就已經將勢力伸展到長江中下游地區，只是由於這些地方商人積數百年之功創立的基礎一時無法徹底根除，同時又必須繼續獲取到這裏的銅資源，周人不得不採取較為柔和的統治策略，這也造成了地方勢力的更大發展，銅資源也逐漸不能輕易獲取。江淮南部地區商人勢力本就薄弱，夷人勢力在與夏商西周王朝的爭奪中也已分散弱小，銅礦資源的發現使得周人將經略的重點轉向這裏。但是殘餘夷人勢力聯合壯大使得周人在整個西周中後期都處於與它們的糾葛之中。周王朝晚期，地方分封勢力逐漸壯大，它們在南方的經略逐漸取代了王朝力量，並在更大的範圍內實現了華夏民族的融合。

本成果得到南京大學人文基金項目
「吳文化格局及與周邊文化的互動關係研究」
的資金支持，特此致謝

上　冊

緒　論 ……………………………………………………………… 1

第一節　研究的時空範圍 ……………………………………… 3

一、時間範圍與分期體系 ………………………………… 3

二、空間範圍與分區 ……………………………………… 6

第二節　研究目的和研究方法 ……………………………… 7

**第一篇　江淮之間、鄂東南和贛鄱地區青銅時代
文化格局** ………………………………………… 13

第一章　江淮之間 …………………………………………… 15

第一節　典型遺址的分期 …………………………………… 20

第二節　二里頭文化時期的分期與分區 ………………… 39

一、文化分期 ……………………………………………… 39

二、文化分區 ……………………………………………… 47

三、時空變遷及與二里頭文化的互動 ………………… 49

第三節　商時期文化的分期與分區 ……………………… 55

一、文化分期 ……………………………………………… 55

二、文化分區 ……………………………………………… 63

三、時空變遷及與商文化的互動 ……………………… 65

第四節　西周時期文化的分期與分區 …………………… 69

一、文化分期 ……………………………………………… 69

二、文化變遷及與西周文化的互動 …………………… 77

第二章　鄂東南地區 ………………………………………… 81

第一節　典型遺址的分期 …………………………………… 86

第二節　二里頭文化時期的文化面貌 ………………… 110

一、文化分期 …………………………………………… 112

二、文化的時空變遷及與二里頭文化的互動 … 114

第三節　商時期文化的分期與分區 …………………… 116

一、文化分區 …………………………………………… 116

二、文化分期及與商文化的互動 …………………… 118

第四節　西周時期文化的分期與分區 ………………… 124

一、文化分組 …………………………………………… 124

二、文化的時空變遷 ………………………………… 129

第三章　贛鄱地區 ………………………………………… 133

第一節　典型遺址的分期 ………………………………… 137

第二節　二里頭文化時期的分期與分區‧‧‧‧‧‧‧‧‧‧163
　　第三節　商時期文化的分期與分區‧‧‧‧‧‧‧‧‧‧‧167
　　　一、吳城文化‧‧‧‧‧‧‧‧‧‧‧‧‧‧‧‧‧170
　　　二、萬年文化‧‧‧‧‧‧‧‧‧‧‧‧‧‧‧‧‧182
　　第四節　西周時期文化的分期與分區‧‧‧‧‧‧‧‧‧‧187

下　冊
第二篇　夏商西周王朝對江淮、鄂東南和贛鄱
　　　　地區經略方式的比較研究‧‧‧‧‧‧‧‧‧195
第一章　江淮之間地區的文化與社會背景‧‧‧‧‧‧‧‧197
　　第一節　夏代的文化及勢力集團的變遷‧‧‧‧‧‧‧‧197
　　第二節　商代的文化及勢力集團的變遷‧‧‧‧‧‧‧‧201
　　第三節　西周時期的文化及勢力集團的變遷‧‧‧‧‧‧203

第二章　鄂東南地區的文化與社會背景‧‧‧‧‧‧‧‧‧215
　　第一節　鄂東南地區文化的變遷及特點‧‧‧‧‧‧‧‧215
　　第二節　鄂東南地區勢力集團的變遷‧‧‧‧‧‧‧‧‧221

第三章　贛鄱地區的文化與社會背景‧‧‧‧‧‧‧‧‧‧231
　　第一節　贛鄱地區文化的變遷及特點‧‧‧‧‧‧‧‧‧231
　　第二節　贛鄱地區勢力集團的變遷‧‧‧‧‧‧‧‧‧‧239

第四章　夏商西周王朝對江淮之間、鄂東南和
　　　　贛鄱地區經略的時間和地域差異‧‧‧‧‧‧243
　　第一節　夏王朝對長江中下游的影響‧‧‧‧‧‧‧‧‧243
　　第二節　商王朝對長江中下游的控制‧‧‧‧‧‧‧‧‧246
　　第三節　西周王朝對長江中下游的分封及擴張‧‧‧‧‧257

結　語‧‧‧‧‧‧‧‧‧‧‧‧‧‧‧‧‧‧‧‧‧‧273

參考文獻‧‧‧‧‧‧‧‧‧‧‧‧‧‧‧‧‧‧‧‧277

附　圖‧‧‧‧‧‧‧‧‧‧‧‧‧‧‧‧‧‧‧‧‧‧283

附　表‧‧‧‧‧‧‧‧‧‧‧‧‧‧‧‧‧‧‧‧‧‧363
　　附表一　江淮之間夏商西周時期遺址及銅器
　　　　　　統計表‧‧‧‧‧‧‧‧‧‧‧‧‧‧‧‧365
　　附表二　鄂東南夏商西周時期遺址及銅器統
　　　　　　計表‧‧‧‧‧‧‧‧‧‧‧‧‧‧‧‧‧377
　　附表三　贛鄱地區夏商西周時期遺址及銅器
　　　　　　統計表‧‧‧‧‧‧‧‧‧‧‧‧‧‧‧‧385

附圖目次

圖 1.1　本書所涉及空間範圍及分區示意圖 ⋯⋯ 283
圖 1.2　三代時期重要交通路線示意圖 ⋯⋯⋯⋯ 284
圖 1.1.1　江淮之間地形地貌及分區圖 ⋯⋯⋯⋯ 284
圖 1.1.2　壽縣鬥雞臺遺址器物分期圖 ⋯⋯⋯⋯ 285
圖 1.1.3　壽縣青蓮寺遺址器物分期圖 ⋯⋯⋯⋯ 287
圖 1.1.4　含山大城墩遺址器物分期圖 ⋯⋯⋯⋯ 289
圖 1.1.5　肥東古城吳大墩遺址器物分期圖 ⋯⋯ 293
圖 1.1.6　泗水尹家城遺址岳石文化器物分期圖 ⋯ 296
圖 1.1.7　肥西塘崗遺址和尹家城遺址岳石文化
　　　　 早期器物對比圖 ⋯⋯⋯⋯⋯⋯⋯⋯⋯ 296
圖 1.1.8　肥西塘崗遺址西周時期器物圖 ⋯⋯⋯ 296
圖 1.1.9　六安堰墩遺址器物分期圖 ⋯⋯⋯⋯⋯ 297
圖 1.1.10　樅陽湯家墩遺址器物分期圖 ⋯⋯⋯⋯ 297
圖 1.1.11　江浦曹王塍子和儀征甘草山遺址器物
　　　　　分期圖 ⋯⋯⋯⋯⋯⋯⋯⋯⋯⋯⋯⋯ 298
圖 1.1.12　江浦蔣城子遺址器物分期圖 ⋯⋯⋯⋯ 299
圖 1.1.13　岳石文化早晚期器物對比圖 ⋯⋯⋯⋯ 300
圖 1.1.14　高郵周邶墩遺址器物圖 ⋯⋯⋯⋯⋯⋯ 301
圖 1.1.15　潛山薛家崗遺址第一段器物圖 ⋯⋯⋯ 302
圖 1.1.16　六安西古城遺址器物圖 ⋯⋯⋯⋯⋯⋯ 302
圖 1.1.17　六安眾德寺遺址器物分段圖 ⋯⋯⋯⋯ 303
圖 1.1.18　壽縣繡鞋墩遺址器物圖 ⋯⋯⋯⋯⋯⋯ 303
圖 1.1.19　鹽城龍崗商墓器物圖 ⋯⋯⋯⋯⋯⋯⋯ 304
圖 1.1.20　江淮東部地區海岸線的變遷示意圖 ⋯⋯ 304
圖 1.1.21　鬥雞臺文化分期圖 ⋯⋯⋯⋯⋯⋯⋯⋯ 305
圖 1.1.22　鬥雞臺文化與河南龍山文化、二里頭
　　　　　文化和岳石文化器物對比圖 ⋯⋯⋯⋯ 305
圖 1.1.23　薛家崗遺址、盤龍城遺址和大城墩遺址
　　　　　二里頭文化因素對比圖 ⋯⋯⋯⋯⋯⋯ 306
圖 1.1.24　鬥雞臺文化諸類型器物圖 ⋯⋯⋯⋯⋯ 307
圖 1.1.25　江淮之間二里頭文化早、晚期遺存分佈
　　　　　及分區圖 ⋯⋯⋯⋯⋯⋯⋯⋯⋯⋯⋯⋯ 308
圖 1.1.26　江淮之間中部商文化分期圖 ⋯⋯⋯⋯ 310
圖 1.1.27　江淮之間中部商文化與中原商文化銅器
　　　　　對比圖 ⋯⋯⋯⋯⋯⋯⋯⋯⋯⋯⋯⋯ 310

圖 1.1.28　江淮之間西部薛家崗商遺存分期圖 ……… 311
圖 1.1.29　大城墩類型、盤龍城類型、吳城類型、
　　　　　　薛家崗商遺存、中原商文化器物對比圖 311
圖 1.1.30　江淮之間中部商文化諸類型器物圖 ……… 312
圖 1.1.31　江淮之間商時期遺存分佈及分區圖 ……… 313
圖 1.1.32　江淮之間北部淮河流域區西周時期器物
　　　　　　分期圖 …………………………………… 315
圖 1.1.33　江淮之間西部長江流域區西周時期器物
　　　　　　分期圖 …………………………………… 315
圖 1.1.34　何郢遺址器物分期與文化因素分組圖 …… 316
圖 1.1.35　江淮之間南部滁河流域區西周時期器物
　　　　　　分期圖 …………………………………… 316
圖 1.1.36　姜堰天目山遺址器物分期圖 ……………… 317
圖 1.1.37　江淮之間西周時期遺存分佈及分區圖 …… 318
圖 1.2.1　鄂東南地區地形地貌及分區圖 …………… 319
圖 1.2.2　盤龍城一期與二里頭文化器物對比圖 …… 320
圖 1.2.3　盤龍城二期器物圖 ………………………… 320
圖 1.2.4　盤龍城遺址器物及與中原商文化的對比
　　　　　　圖 ………………………………………… 321
圖 1.2.5　盤龍城遺址文化因素分析圖 ……………… 321
圖 1.2.6　黃陂魯臺山遺址器物圖 …………………… 324
圖 1.2.7　新洲香爐山遺址商代器物及與其他遺址
　　　　　　對比圖 …………………………………… 325
圖 1.2.8　新洲香爐山遺址西周時期器物圖 ………… 325
圖 1.2.9　紅安金盆遺址器物圖 ……………………… 326
圖 1.2.10　麻城吊尖遺址器物分期圖 ………………… 326
圖 1.2.11　羅田廟山崗遺址器物分期圖 …………… 327
圖 1.2.12　蘄春毛家咀遺址器物圖 ………………… 327
圖 1.2.13　羅山天湖墓地、長安馬王村先周 H18
　　　　　　和張家坡西周早期居址與毛家嘴相同
　　　　　　器物圖 …………………………………… 328
圖 1.2.14　蘄春新屋灣窖藏銅器圖 ………………… 329
圖 1.2.15　黃梅意生寺器物分期及與其他遺址對比
　　　　　　圖 ………………………………………… 329
圖 1.2.16　鄂東南長江南岸礦業遺址分佈圖 ……… 330
圖 1.2.17　大冶銅綠山礦冶遺址西周中晚期器物圖 330
圖 1.2.18　大冶五里界城周圍遺址器物演化圖 …… 331

圖 1.2.19　陽新大路鋪及和尙堖遺址器物分期圖 ⋯⋯ 331
圖 1.2.20　鄂東南及鄰近地區夏商時期遺存分佈圖 332
圖 1.2.21　鄂東南地區西周時期文化因素分析圖 ⋯⋯ 333
圖 1.2.22　鄂東南地區西周時期遺存分佈圖 ⋯⋯⋯⋯ 335
圖 1.3.1　　贛鄱地區地形地貌及分區圖 ⋯⋯⋯⋯⋯ 337
圖 1.3.2　　樟樹築衛城遺址器物分期圖 ⋯⋯⋯⋯⋯ 338
圖 1.3.3　　萍鄉禁山下遺址器物分期圖 ⋯⋯⋯⋯⋯ 339
圖 1.3.4　　吳城城址功能分區圖 ⋯⋯⋯⋯⋯⋯⋯⋯ 340
圖 1.3.5　　吳城、大洋洲和牛城同類器物對比圖 ⋯ 340
圖 1.3.6　　新餘趙家山和拾年山遺址器物分期圖 ⋯ 341
圖 1.3.7　　九江神墩遺址器物分期圖 ⋯⋯⋯⋯⋯⋯ 341
圖 1.3.8　　九江龍王嶺遺址第一期器物及與中原
　　　　　　文化對比圖 ⋯⋯⋯⋯⋯⋯⋯⋯⋯⋯⋯ 342
圖 1.3.9　　瑞昌銅嶺銅礦遺址器物分期圖 ⋯⋯⋯⋯ 342
圖 1.3.10　瑞昌檀樹嘴遺址器物分期圖 ⋯⋯⋯⋯⋯ 343
圖 1.3.11　德安石灰山遺址器物分期圖 ⋯⋯⋯⋯⋯ 344
圖 1.3.12　德安陳家墩遺址器物圖 ⋯⋯⋯⋯⋯⋯⋯ 345
圖 1.3.13　廣豐社山頭遺址二里頭文化因素圖 ⋯⋯ 345
圖 1.3.14　廣豐社山頭遺址器物分期圖 ⋯⋯⋯⋯⋯ 346
圖 1.3.15　鷹潭角山窯址與盤龍城遺址尊對比圖 ⋯ 347
圖 1.3.16　角山窯址器物分期圖 ⋯⋯⋯⋯⋯⋯⋯⋯ 348
圖 1.3.17　齋山、蕭家山和送嫁山諸地點與角山
　　　　　　窯址器物分期圖 ⋯⋯⋯⋯⋯⋯⋯⋯⋯ 348
圖 1.3.18　萬年蕭家山、送嫁山墓葬及齋山、蕭家
　　　　　　山遺址器物圖 ⋯⋯⋯⋯⋯⋯⋯⋯⋯⋯ 349
圖 1.3.19　婺源茅坦莊遺址器物圖 ⋯⋯⋯⋯⋯⋯⋯ 349
圖 1.3.20　都昌小張家遺址器物圖 ⋯⋯⋯⋯⋯⋯⋯ 350
圖 1.3.21　彭澤團山遺址商代器物圖 ⋯⋯⋯⋯⋯⋯ 350
圖 1.3.22　贛鄱地區二里頭文化因素遺址點位置圖 351
圖 1.3.23　贛鄱地區新石器時代末期二里頭文化
　　　　　　因素器物圖 ⋯⋯⋯⋯⋯⋯⋯⋯⋯⋯⋯ 352
圖 1.3.24　吳城文化第一、二期器物圖 ⋯⋯⋯⋯⋯ 352
圖 1.3.25　贛鄱地區商時期遺址分佈及分區圖 ⋯⋯ 353
圖 1.3.26　吳城文化文化因素分析圖 ⋯⋯⋯⋯⋯⋯ 354
圖 1.3.27　牛城類型器物圖 ⋯⋯⋯⋯⋯⋯⋯⋯⋯⋯ 358
圖 1.3.28　萬年文化文化因素分析圖 ⋯⋯⋯⋯⋯⋯ 358
圖 1.3.29　南昌鄧家山遺址器物圖 ⋯⋯⋯⋯⋯⋯⋯ 359

圖 1.3.30　贛鄱地區西周時期遺址分佈及分區圖 ···· 360
圖 1.3.31　九江磨盤墩和樟樹樊城堆西周中晚期
　　　　　器物圖 ··· 361
圖 2.4.1　夏代長江中下游政治地圖 ·················· 362
圖 2.4.2　商代長江中下游政治地圖 ·················· 362
圖 2.4.3　西周時期長江中下游政治地圖 ··········· 363

表格目次

表 1.1　　本書採用的夏文化分期 ························· 4
表 1.2　　各家殷商文化分期對應關係表 ·············· 5
表 1.3　　本書採用的西周文化分期 ····················· 6
表 1.1.1　鬥雞臺遺址地層單位分期表 ················ 21
表 1.1.2　鬥雞臺遺址陶質、陶色、紋飾統計表 ···· 21
表 1.1.3　青蓮寺遺址各組文化內涵對比表 ·········· 24
表 1.1.4　鬥雞臺、青蓮寺遺址陶器紋飾對照表 ···· 25
表 1.1.5　含山大城墩遺址分期表 ······················ 25
表 1.1.6　含山大城墩遺址各段文化內涵對比表 ···· 26
表 1.1.7　肥東古城吳大墩遺址各期文化內涵對
　　　　　比表 ··· 28
表 1.1.8　堰墩遺址地層單位分段表 ··················· 30
表 1.1.9　樅陽湯家墩遺址地層單位分組表 ·········· 31
表 1.1.10　江淮地區夏商西周時期遺存分期對應
　　　　　關係表 ·· 37
表 1.1.11　何郢遺址各陶器群分期統計表（復原器）
　　　　　·· 74
表 1.2.1　盤龍城遺址本書分期與原報告分期
　　　　　對比表 ·· 92
表 1.2.2　魯臺山遺址遺迹年代劃分意見對比表 ···· 95
表 1.2.3　鄂東南地區夏商西周時期遺存分期對
　　　　　應關係表 ····································· 109
表 1.3.1　贛鄱地區北部夏商西周時期遺存分期
　　　　　對應關係表 ·································· 162
表 1.3.2　吳城文化各典型遺址分期對應關係表 ··· 171
表 1.3.3　萬年文化典型遺址分期對應關係表 ······ 183
表 1.3.4　萬年文化和吳城文化特徵對比表 ········· 185
表 1.3.5　贛鄱地區西周時期各遺址對應關係表 ··· 189

緒　論

　　考古發現證實，長江中下游、江淮流域區都是中國古代文明的發源地之一。在新石器時代晚期，這裏就形成了幾個相對集中、富有地方特徵的文化圈及相應的文化體系，對周邊文化的演進乃至中原文明的形成都起到了重要的推動作用。歷史推演到青銅時代，中原地區的強勢文化開始向長江流域擴張，在與地方文化的互動之中，一方面有力地促進了當地的文明化進程，另一方面中原文化也從地方文化中汲取到自己所缺少的因素，在勢力擴張的過程中，互相促進，地方文化逐漸的被融合，直接促成了秦漢時期以中原文明為中心的中華大一統的形成。

　　長江中下游和江淮流域的青銅時代文化來源已久，經歷了漫長的發展過程，自始至終都同中原文化保持了密切的聯繫，相互都有影響。但是總的看來，中原對它的影響是居主導地位的。在夏商周文化的影響下，本地區的諸原有文化產生了質變，先後使用了青銅器，從而促進了原始社會的解體而進入文明時代，同時也加速了民族文化的融合過程。

　　中原強勢文化向東南地區的擴張，在不同的王朝、對不同的地域是通過不同的模式進行的，其影響程度及結果也不相同，這其中也當隱含著不同的原因。中原王朝文化對邊遠地區的進取模式，還有著持續性和開創性的特點，每一個新的模式都可能在前一個文化中找到淵源，並結合新的形勢進行適當的改進。

　　二里頭文化影響範圍之內的考古學文化，在二里頭文化的影響下發生了巨大變化，或退出了原先的分佈地域而進入了新的發展階段，或在原先分佈

地域內產生了新的文化,在長江中下游和江淮流域地區諸文化中均可見到二里頭文化影響的痕迹。中原商文化在二里崗時期曾大規模向長江中下游地區擴張,直接促成了長江流域商代青銅文明的產生和發展。殷墟時期,中原的青銅文化發展到一個新的高峰。由於商王朝疆域的內縮及對周邊控制力量的減弱,促使長江流域的青銅文化迅速發展,並使區域性文化中心得以形成。此時,南方青銅文化明顯承襲二里崗時期所形成的一些傳統,同時又接受了以安陽殷墟為中心的中原晚商文化的新因素。長江中下游地區和江淮流域各支青銅文化在中原商王朝禮制文化的強烈影響下,不僅進行著物質文化的融合與統一,而且還是思想觀念上的融合與統一,為西周集中統一的政治格局的形成奠定了文化基礎。西周時期是東南區文明重新整合的時期,到西周晚期,隨著分封制下的地方諸侯國的勢力鞏固及擴張,一個以中原為政治核心的文明體系漸趨形成。隨著中原先進文化的傳播,在意識形態領域,長江中下游地區的部族已開始採用中原商周的禮儀制度作為社會的整合手段,以規範社會的等級秩序和社會的正常運轉。東南地區在商周時期的文明化進程既體現出中央王朝與邊疆地區的文化與其政體性質及生活形態之間錯綜複雜的關係,也反映它們主要通過與中央王朝的文化交往和聯盟以及行政隸屬關係而被納入文明社會的發展框架中。

目前,學術界對東南地區青銅時代古代文化的研究雖然比較活躍,但所涉內容多是分散的或是局部性的,缺乏從宏觀角度進行系統的、整體性的綜合研究。傳世的文獻記載也較缺乏,使得人們對於夏商西周時期東南諸族群與中原夏、商、西周王朝之間的關係存在較多的爭議。雖然學界通過對百年來發現的甲骨、金文材料的研究,得出了一些新的重要的認識,取得了一些突破性的進展,但是由於甲骨、金文的記載同樣十分簡略,而且多集中於戰爭的記載,所以,要想更多的、更深入的瞭解東南地區諸族群及其與中原王朝之間的關係還得依賴考古學。

近三十年來,長江中下游和江淮流域考古工作得到了全面開展,獲得了數量較多的考古資料,考古學文化譜系大體上得以建立。這為我們從考古學的角度,並結合傳世文獻、甲骨、金文及關於環境變遷、古代礦產資源的研究成果,盡可能全面的研究這一地區青銅時代文化的演進過程及其與夏商西周王朝文化的互動關係提供了可能。

本書以東南地區青銅時代考古學文化為研究對象,從對陶器、青銅器等文化因素的發展、演變及與中原文化的對比研究作為切入點,選取長江中下

游和江淮流域地區的鄂東南、贛鄱地區北部和江淮之間這樣三個既相互獨立，又相互關聯，並受中原文化的影響較深，對於中原王朝的生存和發展具有重要地位的地區爲研究區域，力圖在較大區域內對中原文化與地方文化的互動進行宏觀的對比，並嘗試去揭示文化互動背後的政治和文化背景。

第一節　研究的時空範圍

一、時間範圍與分期體系

本書所研究的時間範圍是夏商西周時期。由於東周時期各地方分封勢力開始穩定後的擴張時期，在各分封區域實行各自不同的統治策略，中原王朝文化和勢力的擴張也就更多的借助於這些分封在各地的封國進行，從而中原王朝文化的傳入出現了多元化的狀況，這已經超出了我們研究的目標，因此不列入我們討論的時間範圍之內。

本書採用的分期體系是以中原夏、商、西周文化的分期爲標尺。

（1）夏　代

關於夏文化和二里頭文化之間的對應關係，學界有長期的爭論，本書所說的夏文化就是指的二里頭文化〔註 1〕。以二里頭文化爲代表的文化就是夏朝時期夏民族創造的文化。二里頭文化分成四期的意見已被多數學者接受〔註 2〕，本書亦採用四期的劃分方法，並將二里頭文化一、二期稱爲夏代早

〔註 1〕 學界對夏文化的討論，觀點多種多樣，文章甚多此不一一列舉，具體情況可參看《中國考古學·夏商卷》的相關章節（中國社會科學院考古研究所編：《中國考古學·夏商卷》，中國社會科學出版社，2003 年）。隨著考古發現的增多以及研究的深入，越來越多的學者開始接受二里頭文化一至四期都是夏文化的認識。但是，關於早期夏文化，學界還沒有形成比較一致的看法。一種意見認爲二里頭文化就是整個夏文化，也就是說二里頭文化一期就是早期夏文化（這種觀點以鄒衡先生爲代表，參見鄒衡：《試論夏文化》，《夏商周考古學論文集》第 95～182 頁，文物出版社，1980 年；《關於夏文化的上限問題——與李伯謙先生商榷》，《考古與文物》，1999 年 5 期）；另一種意見認爲二里頭文化一期不是最早的夏文化，二里頭文化一至四期是「后羿代夏」後至夏桀時的遺存（這種觀點是以李伯謙先生爲代表，參見李伯謙：《二里頭類型的文化性質與族屬問題》，《文物》，1986 年 6 期；《關於早期夏文化——從夏商周王朝更迭與考古學文化變遷的關係談起》，《中原文物》，2000 年 1 期）。

〔註 2〕 中國社會科學院考古研究所編著：《偃師二里頭～1959 年～1978 年考古發掘報告》第 28～33 頁，中國大百科全書出版社，1999 年。

期，三、四期稱爲夏代晚期。夏商周斷代工程將夏代始年確定爲公元前 2070
年〔註3〕，而學界一般把二里頭文化的絕對年代估定在公元前 1900～前 1500
年〔註4〕。這個絕對年代已經被學界廣泛採用了 20 多年。在這裏，我們採用
根據夏商周斷代工程以及近年來的各項研究成果所推定的年代，即從公元前
19 世紀中葉至前 16 世紀中葉，約 300 多年的時間〔註5〕，見表 1.1。

表 1.1　本書採用的夏文化分期

夏文化（約前 19 世紀中葉～前 16 世紀中葉）			
夏 文 化 早 期		夏 文 化 晚 期	
一期	二期	三期	四期

（2）商　代

　　20 世紀 80 年代，鄒衡先生將整個殷商文化分爲三期七段十四組。三期即
先商期、早商期和晚商期，其中先商期占一段兩組，早商期占三段六組，晚商
期占三段六組。先商期的絕對年代確定屬成湯滅夏以前，早商期的絕對年代爲
自成湯滅夏前後至武丁以前，晚商期的絕對年代相當於武丁至武庚〔註6〕。後
來包括很多學者在內都對殷商文化的分期提出了自己的看法〔註7〕，但從總體
上看，大同小異。隨著近年來鄭州小雙橋遺址、安陽洹北商城遺址和邢臺東先
賢遺址的發掘，眾多學者提出了中商時代的概念〔註8〕，從而將鄒衡先生的早

〔註3〕　夏商周斷代工程專家組：《夏商周代斷代工程 1996～2000 年階段成果報告（簡
　　　　本）》第 63～64 頁，世界圖書出版公司，2000 年。
〔註4〕　仇士華、蔡蓮珍、冼自強、薄官成：《有關所謂「夏文化」的碳十四年代測定
　　　　的初步報告》，《考古》，1983 年 10 期。
〔註5〕　中國社會科學院考古研究所編：《中國考古學·夏商卷》第 81 頁，中國社會
　　　　科學出版社，2003 年。
〔註6〕　鄒衡：《試論夏文化》；《試論殷墟文化分期》，《夏商周考古學論文集》第 105
　　　　～117 頁；第 58～76 頁，文物出版社，1980 年版。
〔註7〕　安金槐：《關於鄭州商代二里崗期陶器分期問題的再探討》，《華夏考古》，1988
　　　　年 4 期；王立新：《早商文化研究》，高等教育出版社，1998 年；中國社會科
　　　　學院考古研究所編著：《殷墟的發現與研究》第 25～26 頁，科學出版社，1994
　　　　年；中國社會科學院考古研究所編著：《中國考古學·夏商卷》，中國社會科
　　　　學出版社，2002 年。
〔註8〕　唐際根：《中商文化研究》，《考古學報》，1999 年 4 期；唐際根：《商王朝考
　　　　古學編年的建立》，《中原文物》，2002 年 6 期；孫華、孫慶偉：《夏商周考
　　　　古》，《中國考古學年鑒》第 31～32 頁，1997 年；中國社會科學院考古研究
　　　　所編：《中國考古學·夏商卷》，中國社會科學出版社，2003 年；王震中：

商、晚商文化的殷商文化的分期體系改變爲早商、中商、晚商文化的分期體系。我們以鄒衡先生的研究爲基礎，結合近些年來的研究成果，採用《中國考古學·夏商卷》中早、中、晚商的劃分方案（表1.2）。商文化對東南地區的文化影響可以明顯的看出分爲三個階段，這分別同早、中、晚商論者所提供的分期框架相符，因此這個劃分有利於我們對東南地區青銅時代文化和中原文化之間互動關係的研究，我們在進行典型遺址的分期乃至區域文化的綜合分期時，都將以此作爲參照。

表1.2　各家殷商文化分期對應關係表

	先商		早商						晚商		
	第一段		第二段		第三段		第四段		第五段	第六段	第七段
鄒衡	第I組（澗溝下層）	第II組（二里崗下層C1H9）	第III組（二里崗下層C1H17）	第IV組（二里崗下層C1H2乙）	第V組（二里崗上層C1H1）	第VI組（白家莊上層）	第VII組（臺西商代中層）	第VIII組（殷墟一期）	第IX、X組（殷墟二期）	第XI、XII組（殷墟三期）	第XIII、XIV組（殷墟四期）
安陽隊								一期	二期	三期	四期
								早段　晚段	早段　晚段		
安金槐			二里崗下層一期	二里崗下層二期	二里崗上層一期	二里崗上層二期					
王立新			早商一期		早商二期		早商三期				
			1組	2組	3組	4組	5組	6組			
			二里崗下層偏早	二里崗下層偏晚	二里崗上層偏早，臺西1組（早期居址）	白家莊上層，二里崗上層偏晚	臺西2組（第一期墓葬）	殷墟一期臺西3組（第二期墓葬和晚期居址）			

《「中商文化」概念的意義及其相關問題》，《考古與文物》，2006年1期；據《史記·殷本紀》等文獻記載，商朝從仲丁至盤庚，國內政局動蕩不定，出現「九世之亂」，都城屢次遷移。從歷史學的視角來看，這段時期確實可以單獨劃分成一個獨立的階段。從考古學文化面貌上看，這段時期內的考古遺存與二里崗時期和殷墟時期的遺存都有些不同。由此來看，提出「中商文化」的概念無論是在完善商文化的分期體系還是在歷史學研究上都有其重要意義。因此本書也同意早、中、晚商文化的劃分。

夏商卷與本書分期	早　商			中　商			晚　商			
	一期（二里崗下層C1H9、電校H6）	二期（二里崗下層C1H17）	三期（二里崗上層C1H2乙、北二七路M1、銘功路M2、臺西早期居址）	一期（白家莊上層、小雙橋）	二期（1997年洹北商城早期遺存、臺西早期墓葬）	三期（1997年洹北商城晚期遺存、臺西晚期墓葬和晚期居址）	一期	二期	三期	四期

（3）西　周

關於西周文化的分期，雖然各主要遺址的分期有所不同〔註9〕，大體上都可分為早、中、晚三期。本書亦採用早、中、晚三期的分期結果，見表1.3。

表1.3　本書採用的西周文化分期

西周文化（約前11世紀中葉～前771年）					
早　期（武王～穆王前期）（約前11世紀中葉～10世紀中葉）		中　期（穆王後期～厲王前期）（約前10世紀中葉～前9世紀中葉）		晚　期（厲王後期～幽王）（約前9世紀中葉～前771年）	
早段（武王～昭王前期）	晚段（昭王後期～穆王前期）	早段（穆王後期～恭王前期）	晚段（恭王後期～厲王前期）	早段（厲王後期～宣王前期）	晚段（宣王後期～幽王）

二、空間範圍與分區

本書研究的空間範圍是青銅時代中原王朝視角下的東南和南方地區，與現在自然地理區劃不完全相同。具體來說包括現在行政區劃的安徽省和江蘇省的淮河以南地區，江西省的北部和湖北省的東南部地區。自然地理區劃上

〔註9〕　目前關於西周文化的分期，典型遺址有豐鎬、天馬―曲村、琉璃河等。（參見中國科學院考古研究所：《灃西發掘報告》，文物出版社，1962年；中國社會科學院考古研究所豐鎬工作隊：《1997年灃西發掘報告》，《考古學報》，2000年2期；中國社會科學院考古研究所編著：《張家坡西周墓地》，中國大百科全書出版社，1999年；北京市文物研究所：《琉璃河西周燕國墓地1973～1977》，文物出版社，1995年；北京大學考古學系商周組（鄒衡主編）：《天馬――曲村1980～1989》，科學出版社，2000年等。

大致包括江淮之間地區、江漢平原東部、贛鄱北部丘陵區等（圖 1.1），根據
自然地理確定的分區大致與我們通過考古學文化所確定的分區一致，這些區
域即相互獨立，在各自的區域範圍內考古學文化具有一定的繼承性，並最終
歸於統一；同時各區域內的考古學文化又存在一定的聯繫，有的聯繫還比較
密切。根據密切的程度，我們以長江爲界把研究地區分爲南北兩個大的區域。
北區包括江淮之間地區和江漢平原東部地區；南區包括贛鄱丘陵區。研究的
區域看似分散，但相互之間有著密切的關係，對於全面的表現中原王朝文化
擴展的延續性和關聯性有一定意義。在涉及到文化的繼續擴展上，有時的討
論範圍也會稍微偏離，最遠涉及到寧鎭地區、太湖流域和浙閩地區，但最終
的落腳點都會回到這個區域。

　　區域的劃分既考慮到了地理區域的劃分，也考慮到了不同文化區的劃
分，但同時在很大程度上也是爲了論述的方便。因此第一篇和第二篇的側重
點不一致，第一篇是以自然地理區劃爲基礎，按人爲劃定的區域進行文化的
分析，這種劃分雖然有利於考古學文化的敘述，但很可能不適合當時文化分
佈的眞實情況，因此第二篇則主要以時代爲標準，結合歷史文獻，將在某一
時期聯繫較緊密的文化區進行整合，以彌補人爲分割文化區的不足。

第二節　研究目的和研究方法

　　至少目前，誰也不能否認，中原地區是青銅時代文化最先進的地區，無
論是政治制度、經濟形態、軍事實力等都比周邊地區具有絕對的優勢。周邊
地區在青銅文化的發展過程中都或多或少的受到中原王朝勢力的影響甚至是
直接促成了其文明化的進程。除中原以外的其它地區雖然有的在新石器時代
晚期也創造了燦爛的文明形式，但終究沒有發展延續下來。只有中原地區發
展了延續的文明形式。

　　但是以上的觀點只能算是根據歷史發展情況得出的較爲合理的推測，我
們並不能據此就認爲東南地區的青銅時代文明完全是在中原王朝文明的控制
下才產生的，它們也一定有其特殊性，並且很可能與中原王朝發生過制約與
反制約的糾葛。因此，雖然本書的落腳點是中原王朝文明與東南地區青銅時
代文明的互動關係，並且偏重於中原文明對於地方文明形成與發展的重要推
動和制約作用，但對於地方文化給予同樣的重視是十分必要的。

　　對於互動關係的研究其立足點就是對文化現象的對比，其中對考古學文

化的研究將是整個研究的出發點和分析基礎。對考古學文化分期和分佈範圍的推定，即對於人類活動的時間和空間變化的研究。空間上的關聯性必須被限定在一個時間軸（即考古學的相對年代分期表）上才有意義。任何一種考古學文化或類型都不可能自始至終都處於一個固定的地區，任何一個文化或類型也只能代表某一階段或某一時期，其基本價值表現的是該文化某一發展階段的局部特徵而不是全部。假如無視空間和時間的相對變化關係來考察文化以及研究文化間的互動關係，所得到的僅僅是一個將空間和時間壓縮在一起的混合現象。同樣，若首先人為的設定一個文化類型的空間範圍，然後再去探討該類型的時間變化，也容易以偏蓋全，產生認識上的偏差。因此，從方法論上來說，只有首先從文化分期入手，建立比較詳細的分期系統，然後比較相同時期文化關係，從而劃分出不同地方類型的分佈範圍，才能達到瞭解人類集團活動之目的。本書正是依據上面的步驟來審視不同地區的文化現象的變遷及與中原文化的互動關係的。

從本書的架構來看，我們是從考古學文化的諸現象中提煉出政治方面的意義，從目前的研究來看，這樣的途徑對於王朝政治的研究來說證據似乎嫌的有些薄弱，畢竟，在王朝時期，政治方面的某些動作和策略在文化上可能並不能表現出來，抑或不能全面客觀的表現，這涉及到政治與文化複雜關係的問題。況且文化的變遷也同族屬的變遷、環境的變遷、社會階級構成的變遷等各方面有著密切的關係。但是，那種在一個跨越龐大的地理區域的政治體系中發生的，並且歷經一個較長時段後發展成為一種普遍趨勢的變化，應該會對物質文化有所影響。因此，本書的研究方法和目的並不是從政治學意義上去詳細探討中原王朝在東南方的經略以及它們的政治制度、統治策略等，而主要還是從分析考古學文化時空變遷的角度去探討東南地區青銅時代文化格局的變遷，而文化格局的變遷總不會是無緣無故的，這其中中原王朝文化到底起了一種什麼樣的作用，而東南地區的青銅文化又在中原王朝的形成、擴張和中華大一統局面的形成過程中扮演了什麼樣的角色，都是我們所探討的方面。

江淮之間、鄂東南和贛鄱地區作為中原王朝與江南之間的過渡地帶，是中原王朝重點關注的地區，一方面被中原王朝重點經略，另一方面又是作為文化的走廊地帶而存在，因此文化複雜性高。同時各種文化勢力在此交彙，又有豐富的資源作為依託，因此東夷、苗蠻、百越這三大勢力集團與以中原

王朝爲代表的華夏集團在此展開長時間的爭奪。在三代歷史上，這些地區因爲受到中原王朝的持續關注而表現出較強烈的文化變遷和族群變遷，搞清楚這些變遷身後的歷史背景以及在中原文明大一統過程中所起的作用正是我們研究的目的。

以長時段的視角考察一個大的文化區域內文明演進狀況及其方式，無疑是考古學研究的長處之一。經過考古工作者的多年努力，到目前爲止，人們對中原夏商西周文明的演進狀況和模式的把握相對較多，相對較爲清楚，但是對東南地區夏商西周時期的文明演進狀況和模式卻不甚清楚。所以，夏商西周時期的東南地區的文明進程狀況及其模式是本書一個重要研究內容。當然對區域內文明進程的考察是以對該區域內諸考古學文化類型及其源流譜系研究爲基礎的。東南地區在不同時期的考古學文化格局是什麼樣的？夏商西周時期的東南地區青銅文化是如何在這個地區演進發展的？整個東南地區的青銅文化的演進是否同步，演進模式是否相同，或是存在地域性的差異？這種演進發展模式是漸進式的還是斷裂性的，抑或二者都有？如果存在斷裂性，那造成這種斷裂性的動因又是什麼？憑藉目前的考古資料，要把這些問題都做出滿意的回答無疑是困難的，但是，就已有的資料盡可能對這些問題進行探索是十分有必要的，至少可以爲今後的研究打下基礎。

任何考古學文化或文化系統都不是在封閉中產生、發展的，它們都必然和周邊文化存在交流，無論這種交流是以什麼樣的方式進行的。而且只有在這種交流中不斷的吸收、繼承新的文化因素、拋棄不利於社會發展的因素，各文化才會繼續向前發展，新的文化才能誕生。所以，進行兩個考古學文化或文化系統之間的互動研究，就具有十分重大的學術意義。在進行這種文化互動研究中，考古學文化因素分析法無疑是最主要的研究方法。

關於考古學研究中的文化因素分析方法，學界存在廣泛的討論，這些討論無疑推動了考古學研究的深入。但是，筆者認爲，目前學界對於文化因素分析方法的認識與實踐依然還有深入討論的必要。首先就是對文化因素性質的判斷，其次就是文化因素影響的廣度和深度的問題。關於前者，主要是一種共時性的研究，就是同時出現的文化因素屬於特殊還是一般，屬於專人所用還是普通對象，這前後當然代表了不同的文化等級的傳遞。關於後者，如果某一個文化因素不光出現在某一個階段，同時他又出現在以後的階段，並且還能看出序列演化，那麼說明這種文化因素已經被完全接受，如果這樣的

因素越多，則說明影響力、接受程度也就越大。

外來文化因素的存在自然是文化交流的結果，考古發現的都是實物遺存，但是這並不是說兩個文化或文化系統之間的交流僅僅是物質層面上的，同時也包括技術、信息、信仰等非物質層面上的，甚至在非物質層面上的交流更重要，即使考古發現的實物遺存，它也不僅僅代表一件實物而已，還具有一定的象徵意義，不同質地、類型、組合的實物遺存所象徵的意義是不一樣的。比如青銅器是判明文化屬性重要的東西，如果一個地方集中出土了青銅器，那麼這個地區無疑對於中原王朝來說是相當重要的，而與中原王朝的具體關係（比如是屬於政治版圖，還是附庸區），則要具體問題具體分析了。由於距離的遠近、文化傳統上的親疏等等原因，各東南地區青銅文化對中原文化因素的接受程度肯定會有所差異，盡可能對這些青銅文化中發現的不同質地、類型、組合的中原式器物進行詳細分析，找出其背後象徵的含義，進而考察夏商西周文化對東南地區文化滲透的層級性就成為本書研究的又一個重要內容。

另外，屬於同一個考古學文化的各遺址由於其所處地理位置、聚落大小、等級是有差異的，所以，各遺址所能接觸的外來文化在種類、數量上都是有區別的，這種區別的研究為討論文化擴張、傳播的路線提供了線索，這些在文化因素的分析中是需要引起注意的。

關於中原王朝與東南地區的青銅時代文化的互動關係，在文獻中的記載並不多，不同地區也存在明顯的數量差異，而金文資料的較多發現，在一定程度上彌補了文獻的不足。金文相對於古本書獻來說，可靠性更強，因此，結合歷史文獻，充分利用這些金文資料對考古學文化進行分析無疑是本書最重要的研究方法。

對考古學文化互動關係的研究，在考古學上需要遵循以下幾個步驟：

首先，必須確定其分期和年代，不同期的文化一般是不能進行比較、不能進行所謂互動關係研究的。

第二，考古學文化之間的互動關係不是固定不變的，必須以發展的觀點看待考古學文化之間的互動。

第三，考古學文化的構成是十分複雜的，必須在對考古學文化各自做過文化因素分析的前提下才能進行互動關係研究，這樣才能看到不同文化因素的來源，從而進一步追索其不同的傳播途徑和不同的傳播特點。

　　第四，在社會已發生分層的情況下，必須對其綜合反映的考古學文化進行社會結構解析的基礎上進行互動關係研究，這樣才能更加深入地揭示其互動關係的實質。

　　對於隱藏在考古學文化中的國別、族屬的研究，難點就在於政治隸屬關係往往與考古學文化的歸屬並不對應。一個考古學文化的族屬容易確定，但對於這個族屬的統治階級到底是誰卻不能僅僅以考古學文化來確定。這就對我們研究各地區與中原王朝的互動關係增加了困難。比如商王朝的勢力擴展雖然是以強大的軍力作為前提，但終究商部族不可能處處都有分佈，現在的研究表明，商王朝在王畿外的統治策略往往是設立軍事據點，除了軍事據點內及外圍少數的遺址以商文化因素為主體之外，其它大部分都是以當地文化因素為主體。而到了西周時期，由於商王朝曾經影響的區域已非常廣泛，周人不僅面對地方勢力的力量，還得防備商遺民的反撲，在將商遺民盡量趕往偏遠地區的同時，僅僅依靠建立軍事據點的方式已不能滿足形勢變化的需要，因此，它們採取了分封——比軍事據點更為有力的策略來統轄地方。但這樣也就造成了我們更難從文化內涵上去判明地方勢力的歸屬。因為實行分封制度的西周王朝仍然處於早期國家的聯邦或邦聯性鬆散結構階段，控制力有限，各諸侯國都是有相當大獨立性的政治實體，因此，要想在臣屬於西周政權的各個地方都找到占主體地位的宗周文化，或許並不現實。也就是說，同一個考古學文化可能有不同的政治歸屬，同一個政治勢力也可能擁有不同的考古學文化。我們採取的方法是通過對中心遺址，尤其是那些具有軍事據點性質的遺址或城址的考古學文化歸屬的確定，把所有此類文化歸屬的遺址統一分析，根據自然地理情況、文化發展狀況、青銅器的出土情況、文化的擴展方向等各方面的綜合分析，確定任兩處軍事據點之間是否也應該歸屬於同樣的政治勢力統治，一般來說，任何兩處距離較近的軍事據點之間，往往應該是歸屬於同一個政治勢力集團的。這其中，對於文獻材料、銘文材料的瞭解就顯得非常必要。

第 一 篇

江淮之間、鄂東南和贛鄱地區
青銅時代文化格局

第一章　江淮之間

　　江淮大地延袤廣漠，主幹支流縱橫交錯，湖泊塘汊星羅棋佈，猶如人體的經脈相互聯串，循環往復。《史記・河渠書》云「於楚……東方則鴻溝江淮之間」，這同《漢書》所稱之「東方則通江淮之間」是同一層意思，指的是那個南通長江，北連淮河的江淮水系。在這個水系裏，淝水、施水是兩條最主要的自然河道，通過它，往南可接巢湖，經柵水（裕溪河）直達長江，向北經壽縣而入淮河，同時跨淮後又與汝、穎、渦、夏肥諸水相連，組成更廣寬的水網，甚至同黃河水系也有一定的歷史關係〔註1〕。

　　江淮地區處於中原和東南地區之間，是連接兩地的交通要道，也是古代南、北方文化交流、傳播、碰撞的重要地區，這一地區的古代文化既有自身的地域特點，又具有一定的兼蓄性。但由於史籍闕如，長久以來，人們對於此區域的古代文化僅限於甲骨文和金文中關於戰爭的少許記載，而關於記載中的一些具體問題卻仁智互見，主要表現在文字辨認的紛紜、地名落實的困難、內容史實的異解和年代考訂的多岐等〔註2〕。因此探討此區域夏、商、西周時期的考古學文化類型、源流及與中原文化的關係，彌補江淮地區上古史的缺失，具有重要的意義。

　　在地理區劃上，江淮地區大致分為江淮西部、江淮中部和江淮東部三個大區〔註3〕。中部以江淮分水嶺為界又可以分為南北兩個小區，這兩個小區有

〔註1〕　金家年：《江淮水道疏證》，《安徽史學》，1984年3期。
〔註2〕　黃盛璋：《淮夷新考》，《文物研究》第五輯，黃山書社，1989年。
〔註3〕　京杭運河既作為一條河流存在，同時也是地勢的自然分界線，以西為江淮地區低山丘陵和沿淮平原區，較適宜人類居住；以東則為裏下河低窪區，在古

一定的自然地理分割，文化面貌在不同的的時期表現出不同的變化，我們在研究時分別以江淮中部淮河流域區和長江流域區命名之（圖 1.1.1）。

關於安徽江淮地區夏商西周時期文化遺存的探索，早在 20 世紀 30 年代就開始了。1934 年冬，前中央研究院歷史語言研究所王湘、李景聃先生在壽縣進行史前遺址的調查，發現古文化遺址 12 處，其中在魏家郢子、彭家郢子、張飛臺、楊林集、斗雞臺、古城子等遺址內，採集到捏窩紋鼎足、錐狀鬲足、假腹豆、凸箍紋甗、深腹罐等一批夏商時期的文化遺物〔註4〕。20 世紀 50～60 年代，隨著治淮工程和農田建設，調查和發現了一批夏商西周時期的遺址，比較重要的有嘉山泊崗、肥東大陳頭、大城墩〔註5〕等遺址。在肥東大陳墩和大城頭還發現了商代窖穴。嘉山泊崗還出土了一批青銅器，計有斝、爵、觚、罍等 4 件。20 世紀 70～80 年代中期，發現夏商西周時期遺址數百處，經過試掘或發掘的遺址有 20 多處，比較重要的有：1972 年試掘滁州來安頓丘商周遺址，出土商代文物有石器、陶器、蚌器和卜甲，典型器有圓錐足陶鬲和圓底繩紋陶尊。1972 年，試掘肥西縣大墩子遺址，出土文物中有夏商時期的石鏟、陶鬲、陶斝、陶盆、陶假腹豆等，青銅器有斝、鈴、戈等。1975 年，含山孫家崗遺址試掘，發現商代晚期遺物一批，遺跡有竈、窖穴和墓葬。1984 年又在孫家崗遺址上採集到銅爵和銅戈各 1 件，1989 年在孫家崗附近的孫戚村出土銅戈和銅觚各 1 件，研究者將這些銅器定為商代早期～春秋。1979 到 1984 年安徽省文物考古研究所對含山大城墩遺址先後進行了四次發掘，發現有相當於新石器時代及夏、商、周各個不同時期的文化堆積層，初步樹立了江淮地區古文化的年代標尺。1982 年北京大學考古專業部分學生發掘了壽縣鬥雞臺、眾德寺、青蓮寺、霍邱繡鞋墩、六安西古城等遺址，更加豐富了夏商西周時期這一地區的考古材料。1988～1989 年發掘了樅陽縣湯家墩商周遺址，包含有新石器時代晚期、夏、商、周各個時代的文化遺存或遺物，此地還曾經出土商代晚期銅方彝 1 件。1999 年，發掘了六安堰墩的西周早中期遺址和廬江縣大神墩西周中晚期遺址。2001 年發掘了肥西陡崗新石器時代晚期和商代遺址，包含有較多的山東龍山和商文化因素。2004 年發掘了霍邱縣後花園

代不太適合人類居住，受中原文化的影響也較少。霍山山脈西接大別山，東南一直延伸至巢湖以南，《爾雅·釋山》稱霍山為南嶽。此山對山南的安慶地區和山北的大部分地區文化的交流形成阻隔，因而霍山以南的潛山縣、太湖縣、安慶市等地夏商西周時期的文化面貌另具特色。

〔註 4〕 王湘：《安徽壽縣史前遺址調查報告》，《中國考古學報》第二冊，1947 年。

〔註 5〕 安徽省博物館：《安徽新石器時代遺址的調查》，《考古學報》，1957 年 1 期。

西周遺址和六安市廟臺西周中晚期遺址。2005 年發掘了霍山縣戴家院西周遺址，發現西周時期祭壇一座，還有鑄造銅器的石範，以及鳥形把手盤口盉等。2006 年發掘了肥西塘崗遺址，發現了新石器時代、商周時代遺存，此外 1985 年秋肥東吳大墩遺址，1986 年巢湖市大城墩遺址和 1987 年秋霍邱洪墩寺遺址也含有這個時期的文化遺物，其中巢湖大城墩遺址的西周時期文化層厚達 4 米。除此還有一些各地、市、縣文物普查發現的零星材料。例如六安縣普查發現的磬墩子、高華墩、常廟墩子、潭墩、謝後大墩子、毛狗墩子、陳墩子等遺址，皆採集有這個時期的方格紋、繩紋陶片、尖錐狀鬲足、乳袋狀鬲足等遺物〔註6〕。此外，本地區也進行了幾次較大規模的考古調查，包括 1981 年對廬江、樅陽兩縣古文化遺址的調查，發現了樅陽浮山、小北墩、楊家墩、饒家墩、柏阪、大墩和廬江朱家神墩等商周時期遺存或遺物。1985 年，對肥東和肥西地區的調查，發現了烏龜灘、單大墩、師古墩等商周時期的遺址。還在淮南市發現了大孤墩、青風嶺等 8 處商周時期遺址〔註7〕。

　　1979 年春，當時的安徽省文物工作隊開始試掘潛山薛家崗新石器時代遺址，至 1982 年秋先後進行了五次發掘，此後在 2000 年又進行了第六次發掘，在其上層發現了相當於二里頭文化中晚期的遺存，地層單位為 H25〔註8〕，在 T48 中的 K2、H30、H35、H37 中也都出有與二里頭文化中晚期類似的文化遺物〔註9〕。1985 年發掘了嶽西縣祠堂崗、鼓墩新石器時代及商周遺址，含有龍山、二里頭和商周時期的文化遺存，這裏的商周遺存不同於中原和江淮之間其他地域的商周文化，可能是土著，說明商周文化均沒有深入到這個地區。1997 年發掘了安慶市張四墩遺址，發現了西周中晚期的遺存。2005 年發掘了安慶市棋盤山兩周之際——春秋時代遺址。此外，懷寧縣跑馬墩、百林山、太湖王家墩、沈店神墩、芭茅神墩、饒家墩、紀龍嘴、黃山等遺址也發現了此時期的遺存或遺物。

　　滁河流域的夏商西周青銅文化的考古發現和研究最早可以追溯到 20 世紀 30 年代。1930 年冬天，儀徵破山口一座西周時期的青銅器大墓被盜掘，出土了 100 多件青銅容器和兵器，此墓經 1959 年南京博物院的重新發掘，確認為

〔註6〕　何長風：《安徽江淮地區夏時期文化初析》，《文物研究》第四期，1988 年。
〔註7〕　何長風：《淮南市古文化遺址調查》，《文物研究》第七期，1991 年。
〔註8〕　楊德標、楊立新：《安徽江淮地區的商周文化》，《中國考古學會第四次年會論文集》，文物出版社，1985 年。
〔註9〕　安徽省文物考古研究所：《潛山薛家崗》第 518 頁，文物出版社，2004 年。

西周晚期的豎穴土坑墓。1961 年南京博物院對儀徵——六合丘陵地區作了一次大規模的考古調查，發現了儀徵縣甘草山、江浦縣曹王塍子、蔣城子，六合縣羊角山等商周時期文化遺址 34 處〔註10〕。此外，在江淮東部地區還進行了多次調查，發現了一大批相當於夏商西周時代的文化遺址或遺存〔註 11〕。此後於 1982 年發掘了甘草山遺址，這是第一次在長江以北的蜀崗地區發掘青銅時代的文化遺址。1983 年，發掘了曹王塍子遺址，這是第一次在滁河下游地區發掘的青銅時代文化遺存。1983 年，發掘了蔣城子遺址。1991～1992 年發掘了江浦縣牛頭崗新石器時代至西周時期遺址，包含有新石器時代晚期、夏、商、西周晚期的遺存，其中夏代器物有折腹盆、尊形器；商代有素面淺襠鬲、素面大袋足甗、繩紋高襠尖足鬲等。1995 年，又發掘了儀徵神墩遺址。以上四處地點的發現，對於認識江北地區這一時期的文化面貌是非常重要的。

甘草山遺址分為四層堆積，其中，第 3、4 層堆積和最下面的灰坑為西周到春秋階段的堆積。3、4 兩層所出陶器以夾砂和泥質紅陶為主，比例高達 72% 以上。器形主要有鬲、鼎、罐、盆、鉢、器蓋。泥質灰陶比例約為 12%，黑皮陶占 8%，器形有豆、盆、罐、鉢、器蓋等。印紋硬陶占 7%，器形有甕、罐、鉢、小盞。原始瓷所佔比例不足 1%，器形有豆、碗、鉢。這幾種不同性質的陶器在不同層位之間也存在差別，時代越早夾砂和泥質紅陶的比例越高，印紋硬陶和原始瓷則相對很少。

曹王塍子遺址堆積分為 4 層，其中，第 4 層是西周文化層。陶器夾砂紅陶占 48%，夾砂灰陶占 40%，泥質紅陶、灰陶、黑陶的比例較小，幾何形印紋陶只占 2%。器形有鬲、罐、盆、甗、豆、鉢、甕等。

蔣城子遺址堆積厚達 4 米，分為 8 個層次，出土物可分為 4 期，第 1 期年代相當於西周早期，陶器以夾砂紅褐陶和泥質紅陶為主，夾砂灰陶、泥質灰陶、黑陶均少見，沒有發現印紋硬陶和原始瓷，器形有繩紋聯襠鬲、繩紋

〔註10〕南京博物院：《江蘇儀六地區湖熟文化遺址調查》，《考古》，1962 年 3 期。

〔註11〕尹煥章、趙青芳：《淮陰地區考古調查》，《考古》，1963 年 1 期；尹煥章、張正祥：《洪澤湖周圍的考古調查》，《考古》，1964 年 5 期；南京博物院：《江蘇射陽湖周圍考古調查》，《考古》，1964 年 1 期；陳達祚、朱江：《邗城遺址與邗溝流經區域文化遺存的發現》，《文物》，1973 年 12 期；尹增淮、裴安年：《江蘇洪澤縣考古調查簡報》，《東南文化》，1992 年 1 期；周煜、黃炳煜：《天目山、單塘河古遺址調查簡報》，《東南文化》，1987 年 3 期；江蘇泗陽考古隊：《淮陰泗陽縣考古調查》，《東南文化》，1988 年 1 期；淮陰市博物館、宿遷市圖書館：《宿遷市駱馬湖以東的考古調查》，《東南文化》，1990 年 4 期。

甗、素面甗、圓腹平底盆、高圈足簋、粗柄豆等。第 2 期年代相當於西周晚
期，陶器仍以夾砂紅陶爲多，泥質灰陶、黑陶更少，出現少量印紋硬陶和原
始瓷。器形有繩紋聯襠鬲、素面鬲、繩紋甗、盆、簋、豆、罐、原始瓷碗等。

蔣城子遺址距曹王塍子遺址不遠，兩者的年代和文化面貌基本相同。

神墩遺址地層堆積可分爲西周早期、西周中晚期、春秋中晚期等幾個時
期。西周早期的陶器以夾砂灰褐陶、泥質紅褐陶爲主，泥質黑皮陶也比較常
見，器形有素面鬲、簋式豆、粗柄豆、罐等。西周中晚期的陶器仍然以夾砂
和泥質的紅褐陶爲主，印紋硬陶少見，原始瓷基本不見，器類有素面袋足分
襠鬲、繩紋連襠鬲、素面甗、盆、缸、罐等。

20 世紀 80 年代，對江淮東部地區進行了大規模的考古調查，在泗洪縣趙
莊遺址、盱眙縣六郎墩遺址、沭陽萬北遺址進行了科學發掘。出土了大量的
商周遺存。1987 和 1988 年沭陽萬北遺址發現了相當於夏代的文化遺存和 11
座商代中晚期的豎穴土坑墓，隨葬品中陶器有鬲、罐、簋、豆、甌等，並隨
葬有青銅戈、矛等兵器以及鏟、鐯等生產工具，有的墓葬還發現有殉人。1982
年發掘的趙莊遺址也發現了商代文化層，出土有陶鬲、鼎和石鏟、蚌鐮、骨
錐等遺物。1986 年發掘的六郎墩遺址主要爲西周時期的文化遺存，出土有鬲、
甗、罐、簋、盆、豆、缽、尊等遺物，同時也發現有岳石文化遺存。1995 年，
在鹽城市龍崗中心校園內發現了一座商代晚期的墓葬，具有較強的中原商文
化的特徵。1993 年發掘的高郵周邶墩遺址也發現了大量的相當於夏代的岳石
文化遺物。

以上我們是以自然地理的劃分作爲敘述的基礎，主要是考慮到敘述的方
便和與中原文化的密切程度。實際上，自然地域的劃分雖然在一定的時空範
圍內很大程度上影響著人們的生產生活，有時甚至會起到決定性的作用，但
從一個長時段來說，卻不總是起到相同的作用。具體到江淮之間，在夏、商
和西周時期這裏的地域分區與文化分區之間的對應關係應該各不相同，這裏
面既有中原王朝統治策略變遷的影響，也是文化融合的步伐加快、地方勢力
重新整合、文化取向變化的結果。關於文化區域的劃分，共有兩種劃分意見，
一種籠統的將江淮之間劃歸一個文化區，有的將整個江淮之間一起對比，並
沒有分區〔註 12〕；另一種意見認爲它們至少應該是代表了不同的文化類型，

〔註 12〕何長風：《安徽江淮地區夏時期文化初析》，《文物研究》第四期，1988 年；楊
　　　　立新：《安徽淮河流域夏商時期古代文化》，《文物研究》第五期，1989 年；張

各文化類型之間存在時空的變遷〔註13〕。

經過多年的發掘和研究，已經逐步明確，相當於中原夏商時代的文化，江淮西部地區比江淮東部地區與中原地區的關係更為密切。這一方面是因為江淮東部地區地理地勢不太適合人類的生產生活，是夏商王朝刻意捨棄的地區；另一方面，也可能是因為此地的文化影響力主要來自東夷地區，且具有較長時間的文化傳統。因此，夏、商時期，中原的二里頭文化、商文化曾相繼沿渦河、穎河等通道南下影響至江淮西部地區，而江淮東部地區此時主要是在東夷勢力的控制之下，中原因素鮮見。東夷勢力的強大，也曾深刻的影響到江淮地區西部，但比江淮地區東部要弱的多。

第一節　典型遺址的分期

1、壽縣鬥雞臺遺址

鬥雞臺遺址位於安徽省六安市壽縣縣城西南 13.6 公里，西距穎河與淮河本流交彙點正陽關 10 餘公里，為一高出周圍地面 3～4 米的長方形土墩，面積約 1 萬平方米。1982 年對此遺址進行了發掘，開探方兩個，其中 T1 共分 9層，T2 分 8 層。根據此次發掘的情況，初步劃分出新石器時代晚期和青銅時代的文化堆積以及年代相當於各個時期的地層單位和遺迹。因為江淮之間的新石器時代晚期文化同中原地區和山東地區的同時代文化有比較密切的關係，可能與青銅時代文化的形成關係也較重要，而這會直接影響到我們下文對於文化之間互動關係的研究，因此在這裏我們也會對當地的龍山時代晚期文化有一個基本的表述。

鬥雞臺遺址發掘面積不大，但堆積比較複雜。除 T2 缺第⑨層外，其它各層均一一對應。根據各小層和遺迹間的疊壓打破關係，結合出土陶器的比較分析，我們可將鬥雞臺遺址分為 5 組，其中第一組包括 T1⑦～⑨層、T2⑦、⑧層；第二組包括 T1 和 T2 的⑤～⑥層；第三組包括 T1 和 T2 的④層和 T1中開口於④層下的 H2；第四組包括 T1 和 T2 的③層；第五組包括 T1 和 T2的②層和 T1①層下的 H1（表 1.1.1）。

敬國：《略論江淮地區夏商周文化分期及族屬》，《文物研究》第三期，1988 年。

〔註13〕宮希成：《夏商時期安徽江淮地區的考古學文化》，《東南文化》，1991 年 2 期；
王迅：《東夷文化與淮夷文化研究》第 68～69 頁，北京大學出版社，1994 年；
宮希成：《安徽淮河流域西周時期文化試析》，《東南文化》，1999 年 5 期。

表 1.1.1　鬥雞臺遺址地層單位分期表

單位 分組	T1	T2	遺迹
一組（一段）	⑦～⑨	⑦、⑧	
二組（二段）	⑤、⑥	⑤、⑥	
三組（三段）	④	④	H2
四組（四段）	③	③	
五組（五段）	②	②	H1

　　從陶質陶色的變化來看，第一組以夾砂黑灰陶爲主，其次是夾砂褐陶和紅陶，泥質陶罕見；第二組仍以夾砂陶爲主，夾砂黑灰褐陶較多，泥質陶的比例有所增加；第三組泥質陶比例繼續增加，夾砂黑陶比例繼續減少，而夾砂灰陶比例繼續增加，其它陶色比例變化不大；第四組以夾砂的黑、褐、紅陶爲主，泥質褐陶和黑陶較多，而灰陶的比例大幅減少；第五組以夾砂黑褐陶爲主，次爲夾砂灰、紅陶，泥質陶罕見，其中較多的是黑陶。

　　陶器紋飾在五組中也有明顯差異。五組中的繩紋比例明顯逐漸增加，而籃紋比例逐漸減少直至消失。第一組中亦有 4%的磨光黑陶和 3%的大方格紋以及少量的弦紋；第二組中新出現少量附加堆紋和指窩紋等，也有少量的磨光陶，方格紋有所增加；第三組素面磨光陶增多，繩紋多爲細繩紋，弦紋、附加堆紋和指窩紋繼續存在，新出現了拍印和刻劃的雲雷紋、雙圈連珠紋和刷痕等。各主要紋飾的比例同第二組變化不大；第四組素面和繩紋大幅增加，並多爲較粗的繩紋，籃紋基本消失，磨光陶數量增至 10%，除少量的弦紋和附加堆紋外，其它紋飾少見；第五組器表裝飾更加單純，繩紋比例占器表裝飾的大部分，並且主要爲粗繩紋，其它仍僅見弦紋和附加堆紋（表 1.1.2）。

表 1.1.2　鬥雞臺遺址陶質、陶色、紋飾統計表

分類 組段	陶質（%）		陶色（%）				紋飾（%）			
	夾砂	泥質	黑	灰	紅	褐	素面	繩紋	籃紋	其它
一組（一段）	98.8	1.2	45.5	39.2	5.5	9.8	32.13	19.16	40.47	8.24
二組（二段）	88	12	37	30.5	7	25.5	34.81	22.94	25.07	17.18
三組（三段）	82.5	17.5	24.5	39.5	11.5	24.5	30.39	25.78	21.59	22.26
四組（四段）	80	20	37	11	17	35	49	41		10
五組（五段）	97.5	2.5	41.8	21.6	12.5	24.1	26	64		10

從陶器總體特徵上分析，第一組三足、平底內凹器較多，三足均為實足，跟部按窩紋較多見，袋足僅見鬶足一種，造型規整、棱角分明；第二組實心三足和平底內凹器仍較多，出現少量平底器，指窩紋更加盛行，並出現子母口器和器表飾突棱的作風；第三組實心三足器仍然較多，平底內凹器少見，平底器增多，指窩紋形式多樣，子母口器和器表飾突棱的作風較盛行；第四組以三袋足器和平底器為多，厚胎突棱的作風仍較多見；第五組袋足器盛行，圈足器較多見。

五組單位中的陶器種類也明顯不同。第一組單位主要有錐狀或側扁三角形足鼎、深垂腹罐、雞冠耳盆、三矮足蛋形甕、細柄淺腹豆及缽等，細高柄杯、高領罐也較具特色；第二組以鼎、罐最多，是主要的炊器和盛器，盆形和鬲式鼎較具特色，深腹罐的最大腹徑偏中上，並新出現花邊裝飾，其次有雞冠耳盆、三瓦足盤、豆、甗、鬶、觚形杯和尊形器等；第三組主要器類與第二組大同小異，但其子母口器、突棱尊形器、襠部和腰際堆貼繩切紋的甗等富有特色。第四組可辨器形有罐、鬲、甗、豆、盆、缸、爵等，尖錐狀高實足尖的鬲足、帶突棱的碗形豆較具特色；第五組器形較單純，以鬲、罐為大宗，另有甗、盆、豆、簋等器形，鬲足以深袋足為多見，也見少量柱狀實足尖。

即便是同類器物，在五組單位中的形態也不盡相同。

從以上對五組地層單位中陶器變化的分析來看，很清楚的可以分為五段，每一組單位對應一段。但段與段之間的關係並不相同：二、三段之間的關係有較多的一致性，雖然二段有較多的延續自一段的文化特徵，但從器形、紋飾、陶質、陶色等方面總體來看，仍然是屬於不同的兩段，比如泥質陶器的大量增加，籃紋裝飾的大量減少，以及罐類等深腹器最大腹徑的不同，新的文化因素如突棱裝飾和尊形器的出現等等；其它第四段和第五段均表現出諸多不同的文化因素，比如第四段鬲的大量出現，繩紋的大量增加和籃紋的絕迹，第五段泥質陶極少，繩紋裝飾占絕大多數等等方面均表示它們代表了不同的文化（圖1.1.2）。

一段的深腹罐、矮足罐形鼎、雞冠耳盆、侈口夾砂罐等以及較多的繩紋、籃紋和方格紋的比例等均與河南龍山文化晚期的面貌相似〔註14〕，因此本期

〔註14〕中國社會科學院考古研究所河南二隊：《河南密縣新砦遺址的試掘》，《考古》，1981年5期；河南省文物考古研究所編著：《禹縣瓦店》，世界圖書出

年代相當於新石器時代晚期，晚期可能跨入二里頭文化一期。

二段的雞冠耳深腹盆、平底深腹罐、圓腹罐均與二里頭文化早期同類器物相似，有明顯領部的子母口罐與岳石文化的前期相似，說明此段的年代應約當二里頭文化的早期，大致相當於二里頭文化二期。

三段是第二段的自然延續和發展，是同一文化的不同發展階段，其寬肩小口甕和平折沿深腹盆等與二里頭文化三期的同類器相似，同時子母口罐、平底尊形器又與岳石文化晚期遺存相同，此段大致相當於二里頭文化第三期。

四段與第三段年代基本銜接，其淺盤豆、頸部飾附加堆紋的深腹罐、碗形豆和半月形穿孔石刀等器物與岳石文化晚期的同類器相同，因此此段的年代基本相當於二里頭文化第四期。從對分佈在本地的商時期遺存的分析，本段的晚段年代可能已經進入早商，承接早商晚段開始出現於本地的商文化皖西類型。

根據陝西豐鎬遺址所發掘的居址和墓葬的分期情況，第五段中的尖錐狀高實足跟鬲足、大袋足矮錐狀鬲足和錐柱狀鬲足並存，淺盤敞口豆、敞口淺腹盆等特征和器物大致與西周文化早期相似。

2、壽縣青蓮寺遺址

青蓮寺遺址位於壽縣縣城南 28 公里，東 12 公里為瓦埠湖，為一高出地表 3～4 米的土墩，總面積約 6 萬平方米。1982 年發掘了兩個探方。地層分為 8 層，除耕土外，T1 的其餘各層文化內涵一致，都屬於新石器時代；T2 文化內涵較複雜，包括了新石器時代、青銅時代和鐵器時代初期等多個時代的堆積。這裏我們根據地層疊壓關係和出土物，將 T2 除耕土層的其它 7 層分為六組，這裏重點介紹屬於青銅時代的第二～第五組（表 1.1.3）。

由表 1.1.3 和圖 1.1.3 中可以看出，青蓮寺遺址中的四組特徵明顯，除第四組和第五組演化特徵明顯外，其它各組主要文化因素均具有獨立的不同於其它組別的特徵。因此我們把以上四組看作四段，三、四段合併為一期，是為三期，也即三個大的文化階段。

第一段出土的侈口夾砂罐、側三角形鼎足、侈口盆等與鬥雞臺遺址 T1、T2 第一組所出同類器物形態相同，年代也應一致，都相當於新石器時代晚期

版公司，2004 年。

至二里頭文化一期。

　　第二段的陶器多與鬥雞臺遺址第三段所出者接近，但又不完全相同。尤其是紋飾上表現的更為明顯。根據鬥雞臺遺址的陶片統計，其 T1、T2 第⑥層、第⑤層、第④層的籃紋比例是逐層減少，繩紋比例逐層增加。青蓮寺 T2 第⑥層的籃紋陶片又少於鬥雞臺 T1、T2 第④層，繩紋則多於後者，且數據相差的較大，如表 1.1.4 所示。因此青蓮寺 T2 第⑥層的時代應晚於鬥雞臺遺址的第三段，大致與鬥雞臺遺址第四段時代相當，其晚段的時間也可能已經進入了早商一期。

表 1.1.3　青蓮寺遺址各組文化內涵對比表

組別\內容	包含單位	主要特徵		
		陶質、陶色	紋飾	典型器類
二組（一段）	T2⑦	夾砂灰陶為主，占45%；夾砂黑陶和紅褐陶各占21%和11%；泥質陶中黑陶最多，占全陶片的10%	除素面外，主要為籃紋，有少量繩紋、大小方格紋、弦紋、附加堆紋和雞冠耳等	側裝三角形扁足盆形鼎、矮足罐形鼎、短沿粗陶缸、平折沿深腹罐、小口高領甕等
三組（二段）	T2⑥	夾砂褐、紅陶為主，各約占30%；泥質黑陶和夾砂灰陶各約占17%和21%；其餘有泥質紅陶、灰陶、夾砂黑陶等	主要飾繩紋，占64%，次為素面，占26%，有少量籃紋、繩切堆紋、弦紋、方格紋等	側裝三角形扁足較厚，足尖有按窩；缸、罐和盆的口沿及腹部多飾附加堆繩紋或突棱；斜壁大敞口甗、蘑菇紐器蓋、凹底觚形杯、尖錐狀高實足跟鬲足等
四組（三段）	T2⑤ T2④	夾砂灰陶為主，約占51%；夾砂紅褐陶和黑陶各占27%和9%；其餘有泥質灰陶、紅陶和黑陶等	主要飾繩紋，占67%，次為素面；有少量附加堆紋和指窩紋等	以鬲、罐為大宗，鬲足有矮錐狀、錐柱狀和柱狀等；折腹淺盤豆；凹圓底鼓腹罐；盆、罐和甕等類器上的附加堆繩紋較多見
五組（四段）	T2③a T2③b	夾砂灰陶為主，約占60%；夾砂紅褐陶和黑陶各占25%和9%；其餘有泥質灰陶、紅陶和黑陶	絕大部分飾繩紋，占94%，素面、附加堆紋、弦紋和指窩紋較少	鬲、罐為大宗，矮錐狀鬲足不見，流行錐柱狀和柱狀；矮聯襠素面鬲；折腹高圈足無柄豆等

　　三段與鬥雞臺遺存的第五段內涵相同，但繩紋比例和器形特徵略有差

異，應稍晚於鬥雞臺遺址。第四段與第三段有明顯的演化關係，其直壁素面
鬲、斂口缽、柱狀實足鬲、淺盤豆、折腹豆等具有西周晚期同類文化的特徵，
因此青蓮寺遺址的第三和第四段分別相當於西周中期和晚期。

表 1.1.4　鬥雞臺、青蓮寺遺址陶器紋飾對照表

遺　址	層　位	紋　飾　（％）			
		素　面	籃　紋	繩　紋	其　它
鬥雞臺	第⑦～⑨層	32.13	40.47	19.16	8.24
	第⑤～⑥層	34.81	25.07	22.94	17.18
	第④層	30.39	21.59	25.78	22.26
青蓮寺	T2 第⑥層	25.47	3.77	64.15	6.61

3、含山大城墩遺址

　　大城墩遺址位於含山縣城西北約 15 公里，為一高出周圍平地約 3～6 米
的長方形臺地，面積約 2 萬平方米。1979～1982 年進行的三次發掘發現自二
里頭文化時期至西周時期的 8 層文化堆積，發掘者將其分為六期。1984 年又
進行了第四次發掘，發現了前三次發掘未見的新石器時代堆積，研究者將其
分為五期，其中一、二期為新石器時代遺存，三期同於前三次發掘的一期，
四期同於前三次發掘的二、三期，五期同於前三次發掘的四、五、六期。我
們根據發掘及研究的情況，結合本書所研究的目的，將四次發掘進行合併分
期，由於受到資料發表的限制，有些地層和遺迹單位無法進行排列對比，故
從略（表 1.1.5）。

表 1.1.5　含山大城墩遺址分期表

本書分期		相當於前三次發掘的分期及所包含的地層和遺迹	相當於第四次發掘的分期及所包含的地層和遺迹
一期	一段		第二期。T17⑪、⑩；T23⑯、⑮、⑭a、⑭b、⑬
二期	二段	第一期。T1⑥、T4⑥、T5⑧	第三期。T17⑨、T18⑰
三期	三段		第四期。T17⑧、T18⑯～⑭
	四段	第二期。T1⑤、T3⑤b、T4⑤、T5⑦	第四期。T17⑦、T17⑥、T18⑬～⑩、T23⑪～⑩、Y1
	五段	第三期。T3⑤a、T5⑥	第四期。T23⑨、T23⑧
	六段	第四期。T1④、T4④、T5～T8⑤	第五期。T17⑤b

四期	七段	第五期。T3④、T5～T8④	第五期。T17⑤a、T17④、T23⑤～②
	八段	第六期 T1③、T3～T8③	第五期。M12、T17③

　　從表 1.1.5 和表 1.1.6 的對比中我們可以看出，大城墩遺址的青銅時代遺存大致可以分爲四期八段（圖 1.1.4）。

　　一段相當於新石器時代晚期。

　　第二段的盉、細體觚、盆形鼎、罐形鼎、瓦足鼎、深腹罐、帶指窩的側扁三角形鼎足、花邊口沿罐均可在二里頭文化中找到同類器。其中盉和觚在二里頭文化中首先出現在二期，它們體型均較瘦削，觚有的在下腹部有一周凸棱，近底部的弧曲比較大，明顯外撇，形成比較大的平底〔註 15〕，盉（或鬹）袋足瘦長，這些均同於二里頭文化二期晚段的特徵。但同時小口折肩甕、瓦足盆、高柄豆等又與二里頭文化三期的同類器相同，說明大城墩二段的時期跨越了二里頭文化二期晚段到三期的階段。

表 1.1.6　含山大城墩遺址各段文化內涵對比表

分段	內容	主　要　特　徵		
		陶質、陶色	紋飾	典型器類
一期	一段	以夾砂灰陶爲主，其次是紅陶和黑陶。陶器火候較高，質較硬，胎較薄。黑陶一般胎薄發亮近似蛋殼陶。	紋飾主要是籃紋，其次是斜方格紋。	鼎的口部多以平折沿爲主，足側扁三角形，有的飾按窩。個別器物口部出現疊唇。平底器爲主，有的器底飾以花邊。羊角形鋬手。還有一把青銅刀。
二期	二段	以夾砂灰陶爲主，次爲黃褐陶和磨光黑陶，還有少量的紅陶和極少量的灰白陶、印紋硬陶。夾砂陶中往往也夾有蚌末。	凸、凹弦紋和細繩紋爲主。紋飾細密而較淺。次爲附加堆紋、雲雷紋和籃紋；另有素面磨光和鏤孔裝飾。	以三足器爲主，其次是圈足器、平底器和圓底器。鼎爲主要的炊器，釜和罐較多。鼎足以扁三角形和扁圓錐形爲主，足上有對稱按窩，足尖有手捏痕。豆分爲淺盤和深盤折腹，柄上常見圓形鏤孔和模印的雲雷紋。有瓦足器。製作不太規整，除有一部分器物的口沿、柄和底座經慢輪修整比較規整外，其餘爲手製和模製。

〔註 15〕中國社會科學院考古研究所：《二里頭陶器集粹》第 33、74、80、162 號器，中國社會科學出版社，1995 年。

三期	三段	以夾砂紅陶爲主，其次爲夾砂灰陶，有少量的磨光黑陶和極少的印紋硬陶	以細繩紋爲主，有少量的粗繩紋、弦紋、附加堆紋、素面等。	鬲足爲圓錐形瘦長實足，足下端較尖，袋足較小較淺，分襠，口沿作卷沿小方唇，胎較薄，腹飾細繩紋。寬斜沿盆口沿一般卷緣，小方唇。罐深腹，體瘦長，侈口，圓肩，平底。
	四段	以夾砂灰陶爲主，其次是泥質灰陶和黃褐陶，少量的泥質和夾砂紅陶，有極少的硬陶和原始瓷。陶器的胎一般較薄。	紋飾以繩紋爲主，印痕較深；其次是弦紋和附加堆紋，素面的極少。另有素面磨光和鏤孔裝飾。	不見鼎，鬲爲主要炊器，鬲分襠較高，圓錐形實足根，根較高；豆爲假腹，豆柄上多裝飾鏤孔。罐底內凹，大口尊敞口。其次還有雙耳罍、月牙形雙足器、甕、直口缸、大口尊和小口圓肩尊等也較具特色。陶器一般的製法都是輪模合用，口部多爲輪製，腹部多爲模製。
	五段	以夾砂灰陶爲主，其次是泥質灰陶和泥質紅陶，有少量黃褐陶。硬陶和原始瓷的比例增高。	主要是繩紋，其次是弦紋和附加堆紋。硬陶紋飾有方格紋、席紋和編織紋等。	仍不見鼎，鬲爲主要炊器，分襠變矮，錐狀實足根。製法主要是輪模合製，口部輪製，足和鋬都是手製粘接的，少量的平底器爲輪製。豆爲佳腹，粗柄上多裝飾凹弦紋。雲雷紋硬陶尊、大口尊、折沿和高領甕、坩堝等較具特色。
	六段	以夾砂灰陶爲主，夾砂黃褐陶和泥質灰陶次之。燒製火候不高，少數器物陶色不純。硬陶和原始瓷數量明顯增多。	紋飾以繩紋爲主，占軟陶器的絕大部分，繩紋的印痕較淺。硬陶紋飾包括回紋、雲雷紋、席紋等。	除口沿以外，其餘多爲模製和手製。器耳、足、把一般是製成後再安裝的。鬲除仍然存在少量的分襠袋足，但襠部變矮以外，主要以癟襠鬲爲主，空袋足較深，錐狀實足根較矮。淺盤高柄豆、盆形圓底釜，盆形簋等較具特色。
四期	七段	以夾砂紅陶爲主，其次是夾砂灰陶和泥質灰陶。一般較爲粗糙，胎質較厚。印紋硬陶和原始瓷的數量大增。	繩紋爲主，弦紋、附加堆紋較多。印紋陶的紋飾主要有方格紋、席紋、葉脈紋、幾何紋、折線紋等。	製法仍以手製和模製爲主，少數口部輪製。器物較大。鬲主要是癟襠，體近扁方，三個矮圓錐狀足，足根略平。典型器物有大口淺盤矮柄喇叭形圈足豆、碗形原始瓷豆、大口深腹盆、大口淺腹小平底盆、硬陶聳肩甕等。
	八段	以夾砂紅陶爲主，其次是夾砂灰陶和泥質灰陶。印紋硬陶和原始青瓷顯著增多。	以繩紋爲主，其次是附加堆紋和絃紋。	製法仍以模製和手製爲主，製作粗糙。鬲仍爲主要炊器，多爲癟襠，鬲足多爲圓柱狀平底，有的足根刮削成多邊形。喇叭形圈足折壁淺腹豆、盅式碗、平底盆、

三段的陶器鬲、罐等與二里崗下層文化第二期相似；四段的陶器高領高尖錐狀實足跟的鬲、小口折肩鼓腹甕、深腹罐、撇口大口尊、假圈足曲柄鏤

孔豆等與偃師商城第三期晚段、二里崗上層文化第二期以及白家莊上層文化類似；五段與第四段緊密銜接，其錐狀實足大袋足分襠鬲、假腹豆、大口尊等與人民公園期文化相同。六段與五段時代銜接，從其鬲、圈足較高的簋、高圈足淺盤豆、卷沿深腹盆等看與殷墟三期遺存相似。但文化特徵出現了較大的變化，地方特徵逐漸濃厚。因此，三期四段的年代分別相當於早商二期、中商一、二期、中商三期和晚商一～三期。

七段的錐足聯襠近方體鬲、細柄豆、矮圈足簋等與陝西灃西出土的西周早期器物相同，但有些器物與六段仍然具有較明顯的演化關係，比如 T4④：3 和 T1④：2 兩件鬲分別於 T3④：17 和 T4④：20 兩件鬲相同，自新石器時代晚期以來即已經源源不斷流傳來的東夷文化因素比如素面鬲、素面甗、圈足簋等也迅速擴展。說明本段的年代相當於西周早期。八段的柱狀平底鬲足、原始瓷折腹碗、原始瓷折腹豆、斂口鉢等與中原和寧鎮地區西周晚期的同類器相似，年代亦應相當。因此四期二段的年代分別相當於西周早期和西周晚期。

4、肥東古城吳大墩遺址

肥東古城吳大墩遺址位於縣城東北 50 公里，為一高出周圍平地約 2 米的長方形臺地，面積約 4.4 萬平方米。發掘者將青銅時代文化分為 5 期（表 1.1.7），在各期的主要特徵上均與含山大城墩遺址內涵一致，有較強的可比性，第一期時代大致與大城墩第二段的時代相當，但從甗比大城墩更細長，足底更顯大來看，時代可能略早於大城墩遺址。第二期的器物與大城墩第四段相同，時代大致在早中商之際。第三到第五期與中原宗周文化的關係較密切，大致分別處於西周早、中、晚期（圖 1.1.5）。

表 1.1.7 肥東古城吳大墩遺址各期文化內涵對比表

內容\ 分期	包含的層位單位	主　要　特　徵		
		陶質、陶色	紋　飾	典型器類
第一期	T2⑧	夾砂灰陶為主，占 89.2%；其次是泥質磨光黑陶，占 10.2%；還有少量的紅陶和褐色陶。	以素面為主，占 51%；中繩紋占 26.7%；粗繩紋占 2.5%；弦紋、方格紋、附加堆紋、間斷繩紋和籃紋分別占 6.5%、2%、5.5%、4.5%和 1%。	罐形側扁足帶把鼎、細高柄淺盤豆、甗形杯等。

第二期	T1、T2⑦	泥質黑陶爲主，占39.2%；夾砂紅陶占33.3%；夾砂灰陶占27.2%。	以中繩紋爲主，占34.5%；素面占30.9%；粗繩紋占14.2%；間斷繩紋、附加堆紋和絃紋分別占8.3%、7.1%和4.7%。	尖錐狀高實足根分襠鬲、大口尊、粗柄豆等。
第三期	T1、T2⑥、T3⑧～⑥	夾砂灰陶爲主，占72.5%；夾砂紅陶占12.8%；泥質黑陶占14.6%。	以中繩紋爲主，占38.4%；素面占34.8%；粗繩紋、間斷繩紋、附加堆紋、弦紋、指窩紋分別占13.8%、7.8%、4%、0.7%和0.7%。	矮錐狀或平尖足聯襠或癟襠鬲、高束柄淺盤折腹豆、小口高領甕、矮圈足簋等。
第四期	T1、T2、T3⑤、④和F1、H3、H9～H11	夾砂紅陶爲主，占68.2%；泥質黑陶占17.6%；夾砂灰陶占13.8%；印紋硬陶占0.4%。	以中繩紋爲主，占50.3%；素面占31.2%；粗繩紋占13.7%；弦紋和附加堆紋各占1.5%，印紋陶占3.3%。	矮體圓椎形實足根癟襠鬲，鬲足多數二次包製、開始出現素面鬲、斂口鉢、原始青瓷高圈足碗、小口甕等，還出有鑄造箭鏃的陶範。
第五期	T1～T3③、②和H1、H2、H5、H7	以夾砂紅陶爲主，占71%；其次是夾砂灰陶占37.5%；泥質黑陶僅占6.1%。	中繩紋爲主，素面次之；有少量粗繩紋、附加堆紋、指窩紋和印紋陶等。	印紋硬陶的數量明顯增多；高實足平根鬲，口沿平折；盆沿平折；素面鬲較多，出現疙瘩鬲足；淺盤高柄豆等。

5、肥西塘崗遺址

塘崗遺址位於肥西縣城北 21.5 公里，處於淝河南岸一片島形崗地上。2005
年發掘出了較豐富的新石器時代晚期和夏商周時代的遺存，其中文化層僅存
在新石器時代晚期的，夏商周時代的遺存只保存在一些灰坑、灰溝和房址之
中。發掘者將此遺址文化遺存分爲三期，第一期爲「新石器時代中期偏晚」
期遺存；第二期爲「新石器時代晚期偏晚」期遺存；第三期爲「商、周時期」。
排除新石器時代的文化堆積，爲方便起見，我們將青銅時代遺存劃分爲早晚
兩期。

早期相當於岳石文化時期，沒有發現文化層，僅有少量的房屋基址和灰
坑，文化遺存屬於較典型的岳石文化，幾乎每件器物都可以在尹家城岳石文
化遺存中找到同類。《中國考古學・夏商卷》中將尹家城岳石文化遺存在原報
告的基礎上分爲四期（圖 1.1.6）〔註16〕，即早晚各分爲兩期，塘崗遺址中的

〔註16〕中國社會科學院考古研究所編：《中國考古學・夏商卷》第 445 頁，中國社會

岳石文化遺存較早的相當於尹家城第一期，器物較少，代表性器物特徵有大口斜腹罐、折腹豆、圈足尊等；較晚的相當於第二期，器物較多，代表性器物有中口罐、碗、鼎、平底尊等。不見相當於尹家城晚期的遺物。時代大約相當於二里頭文化第二期早段。總體器物特徵上，較早和較晚的時代相差不遠（圖 1.1.7）。

　　晚期遺物集中出土於坑、溝等遺迹中。以夾砂灰陶鬲、盆、罐以及泥質灰陶缽、盤、盂等為主，夾砂器表面的各類繩紋裝飾，具有西周時期遺物器表的裝飾特性（圖 1.1.8）。從其平根足鬲的造型判斷，這一時期大致相當於西周中晚期。

6、六安堰墩遺址

　　堰墩遺址位於六安市區東 22 公里，處於大別山東麓的江淮分水嶺區域，是一處面積約 3600 平方米的臺地。2000～2001 年進行了發掘。發掘者認為堰墩遺址雖然文化堆積深厚，經歷了較長的發展過程，但仍為聯繫緊密的同一性質的考古學文化。同時也發現在鬲等器物上存在著明顯的演化過程，應存在著分期的可能。通過與周邊同時期文化的對比分析，筆者認為堰墩遺址青銅時代遺存大致可以分為三段，分別代表了早、中、晚三期（表 1.1.8）。第一段的矮柱足癟襠鬲、矮錐足癟弧襠鬲、淺盤粗柄豆、折腹簋等，二期的折腹罐、錐足聯襠鬲、折腹罐、折腹豆和束腰甗等，三期的帶耳罐、高柱足聯襠鬲、蹄足素面鬲、餅形鈕器蓋、帶把盉、折腹原始瓷豆、帶把鬲、斂口缽等分別具有西周早、中、晚期文化遺存的風格（圖 1.1.9）。

表 1.1.8　堰墩遺址地層單位分段表

分組　　單位	所　包　含　的　地　層　單　位
第一段	F3、T609⑬、T1006⑧、T907⑩、T606⑦
第二段	T906⑤～⑧、T907⑨、T407⑨
第三段	T407⑤～⑦、T408⑤、T506②、T604⑥、T605⑤、T607⑤、T706③、T707②、③、T708⑦、T806④

7、樅陽湯家墩遺址

　　樅陽湯家墩遺址位於樅陽縣城東北約 45 公里，為一高出地面約 3 米的臺

科學出版社，2003 年。

地，處於長江沖積平原與大別山——霍山餘脈交界地帶，面積約 6700 平方米。
1989 年發掘了 8 個探方，發現了較豐富的青銅時代文化堆積。發掘者將所有
的遺存分爲兩期，通過對遺物的進一步分析，筆者認爲還可以進一步分期。8
個探方都存在各小層間互相疊壓的層位關係，再加上一些灰坑、柱洞等與地
層之間的疊壓或打破關係，結合出土陶器的比較分析，可將其分爲三組，列
表如下（表 1.1.9）：

表 1.1.9　樅陽湯家墩遺址地層單位分組表

單位 分組	T1	T2	T3	T4	T5	T6	T7	T8	遺迹
第一組	⑧	⑦	⑧	⑥	⑩-⑧	⑩-⑧	⑦	⑧	H5、D1~16
第二組	⑦-⑥	⑥-⑤	⑦-⑥	⑤	⑦-⑥	⑦-⑥	⑥-⑤	⑦-⑥	H1-H4
第三組	⑤-③	④-③	⑤-③	④-③	⑤-③	⑤-③	④-③	⑤-③	

　　三組特徵各不相同，具體來說，第一組以短斜沿高襠鬲、高領鬲、斜腹
甗、折沿甕、圓肩矮圈足簋、斂口高柄豆、斝等爲代表；而第二組典型器物
有短折沿鬲、素面折肩鬲、鼓腹甗、折肩罐、寬平沿素面甕、寬平沿斂口豆
等。第一組夾砂紅陶略少於夾砂黑陶，而第二組相反；繩紋所佔比例第二組
略高於第一組，素面陶的比例第一組高於第二組；第三期中繩紋比例占絕大
部分，出現柱狀鬲足高弧襠鬲，印紋陶和原始瓷器第三組比前兩組明顯增多，
並出現了拍印複雜的米篩紋、席紋等紋飾，可以看出，以上所分三組明顯的
可以分爲三段。第三段與第二段之間具有較多的共性，器物也具有明顯的連
續性，應是緊密銜接、連續發展的同一期中的兩段，而第一段無論從鬲的形
制，還是器類來看，均與後兩段不同，因此，我們可以把湯家墩青銅時代遺
存可以分成兩期三段（圖 1.1.10）。第一段爲商代晚期；第二段和第三段分別
相當於西周中期和西周晚期。

8、江浦曹王塍子和蔣城子遺址

　　這兩處遺址均位於長江以北的滁河流域，隔江與寧鎮地區相對，地貌特
徵一致，外觀均爲臺形土墩，分別高出周圍地表 5 米，5~8 米。現存面積分
別爲 16,000 和 6,000 平方米。

　　曹王塍子遺址於 1983 年發掘了兩個探方，共分 8 個自然文化層，將其分
爲兩個大的時期，即西周時期和春秋時期，各包含 3 層。相當於西周時期的 3

層文化遺存沒有太大的變化，根據出土遺物的特徵，比如高柱狀鬲足、矮體折沿聯襠鬲、斂口缽、折腹豆等，它們大致均相當於西周晚期（圖1.1.11）。

蔣城子遺址於1983年進行了發掘，發現了豐富的西周時期文化堆積。我們依據發掘者的分期將其分爲前段和後段。前段以矮錐柱狀卷沿鬲、高圈足簋、高領圓肩罐、素面甗等爲代表，時代大致相當於西周前期；後段以素面鬲、折沿近平袋足鬲、粗繩紋折腹甗、腰部有稀疏按窩紋的甗、矮圈足簋、斂口缽、原始瓷折腹圈足豆、原始瓷碗等爲代表，時代大致相當於西周後期。前段以T106的⑧A、⑧B、⑦和T201的⑩、⑨、⑧、⑦爲代表，陶器型制有AI、AII式鬲，AI與B型的甗，AIa、AIb、AII、AIII與CI、CII的盆，I式簋，AI、AII式的豆和I式罍等；後段以T106的⑥、⑤層和T201的⑥、⑤層爲代表，陶器型制有AIII、AIV與BI、BII式的鬲，AII與腰部有稀疏按窩紋的甗，AIV與CIII式的盆，II式簋，AIII與BI、BII式的豆，AI、AII式的缽，AI、AII式的罐和AI式原始瓷碗等（圖1.1.12）。

9、儀徵甘草山遺址

甘草山遺址1982年進行發掘，地層共分4層，相當於青銅時代的文化堆積是第4層和下面的灰坑。灰坑內的遺存與第四層存在較大區別，第四層陶器也可以分出兩段。因此我們將其分成三段。第一段以H2爲代表，主要陶器器形有細繩紋尖錐狀實足分襠短頸鬲、平折沿淺盤高柄圈足豆等，紋飾只有梯格紋和細繩紋兩種，短頸鬲在含山大城墩遺址中也有發現，可能它們之間有一定的聯繫，時代爲商代晚期。第二段主要器物有高弧襠空尖錐狀足鬲、折沿盆、圓腹罐、高圈足斂口豆，時代爲西周早期。第三段主要器物有斂口缽、原始瓷折腹豆等，時代相當於西周中晚期（圖1.1.11）。

10、高郵周邶墩遺址

周邶墩遺址發掘者認爲有三類文化遺存存在，第一類是來源於豫東南地區龍山時代王油坊類型的南蕩遺存；第二類遺存是來源於魯東南地區岳石文化的尹家城類型。他們都是以後寧鎮地區點將臺文化的重要來源。第三類遺存與寧鎮地區的春秋時代文化趨同，應該是吳文化向長江以北擴展的結果。而第二類遺存同時也深刻的影響著江淮之間的廣大地區。第二類遺存中存在幾組地層單位的疊壓打破關係，發掘者雖然看出存在進行分期的可能性，但限於發掘材料的缺乏，發掘報告中並沒有進行更詳細的分期。近年來，在江

淮之間新發現了肥西塘崗等幾處包含有較典型的岳石文化遺存的地點，爲我
們對江淮地區分佈的岳石文化遺存提供了新的對比材料，使我們有可能對這
些岳石文化遺存進行重新的對比分析。第二類遺存中雖然有兩組層位關係：
H3、H4打破T0421、T0521第③層；H10打破T0911、T1011、T1212第②層，
②層下開口有H12。但是通過綜合對比與泗水尹家城和兖州西吳寺典型岳石文
化的遺物，我們發現這些遺存單位中既有相當於尹家城類型早期的遺物，也
有晚期的遺物共存。因此不能以遺迹爲單位進行分期。尹家城類型岳石文化
早期和晚期的典型特徵表現在：早期鼎足多三角形扁錐足，深腹略盆形；晚
期多圓錐狀足，深腹罐形，略呈尖圓底。子母口罐早期頸部較高，腹較深；
晚期頸部很短，甚至消失，腹變直，變淺，底變大。甗早期襠部或腰部光素
無裝飾，晚期多飾附加堆紋；早期深腹罐體較瘦長，腹較直，晚期大口，斜
腹較甚，小平底；早期平底尊敞口或略直口，晚期則斂口；早期蘑菇鈕器蓋
多截首尖錐形，晚期多尖錐形；早期可見圈足尊、折腹盆、盤形鈕器蓋、折
腹蓋豆和假腹豆等，晚期則不見，但新出現盉、小口罐、鬲和斝等新器類（圖
1.1.13）〔註17〕。時代自二里頭文化二期一直延續到二里崗上層文化第一期。
周邺墩遺址中所包含的第二類文化遺存與魯南地區尹家城類型的岳石文化無
論在器類、紋飾還是形制上都非常相似。僅指器物而言，周邺墩遺址中的岳
石文化遺存可以分爲早期和晚期兩個階段，分別相當於尹家城報告中的早晚
兩期，早期的代表性特徵如：圈足尊盛行，平底尊敞口，流行截首蘑菇鈕器
蓋，深腹大口罐斜腹，高領罐領部較短，略直，似子母口，流行盤形鈕器蓋，
三足器中的鼎、甗、盤等器物足部流行三角形側扁足等。早期的器物特徵與
肥西塘崗岳石文化遺存的特徵相同，時代大致相當或略晚，大約相當於二里
頭文化第二期。晚期遺存的年代則大約相當於二里頭文化晚期（圖1.1.14）。

11、潛山薛家崗遺址

薛家崗遺址夏商周時期文化遺存較爲豐富，是薛家崗遺址的一個重要文
化內涵。文化堆積以地層爲主，並發現了48個灰坑，此外還有1座墓葬、2
座房址及1個紅燒土坑等，其中前五次發掘的只有一大層該時期的地層，其
它多爲灰坑，灰坑間的疊壓打破關係並不多見，完整器形也較少，並且遺物

〔註17〕山東大學歷史系考古專業教研室：《泗水尹家城》第241～243頁，文物出版
社，1990年版。

多有混雜情況。第六次發掘的該時期的遺存雖然有多層堆積，但主要屬於周代，夏、商時期的遺存很少，雖然也存在幾組疊壓打破關係的遺迹單位，但所含遺物均較少，可供對比的材料更少，往往也存在不同期別的器物相互混雜的情況，不能進行細緻的分期。我們根據出土遺物的對比和地層遺迹疊壓打破的情況，將具有典型分期意義的幾組單位進行初步分析。大致可以分為六個階段的文化遺存：

第一階段：以 H25、H30、K2 等為代表。陶器多為紅色、土黃色夾砂陶，也有少量的飲食器為泥質陶。紋飾以繩紋為主，其次為附加堆紋、凹弦紋、籃紋、鏤孔、網紋、乳丁紋等。製法以輪製為主，兼有模製和手製。器形規整，陶胎厚薄均勻。代表性器類有深腹罐、鼎式鬲、斝、豆等。此階段大致相當於中原地區的二里頭文化中晚期（圖 1.1.15）。

第二階段：以 H28、H31、H37 等為代表。陶器多為夾砂紅陶，其次為夾砂灰陶，黑陶最少。素面較多，紋飾以細繩紋居多，其次為粗繩紋、籃紋。前段的深腹罐、斝仍在流行，新出現鬲等。本階段相當於中原商文化早期。

第三階段：以 M152、H15、H20、H35、T34③層、T38③層、T44③b 層等為代表。陶器以夾砂灰、黑陶居多，紅褐陶，灰黃陶次之。少量泥質黑、灰陶。紋飾以細繩紋和中繩紋較多，少量粗繩紋、附加堆紋。製法以輪製，模製為主，也有手製。新出現缸、缽、簋、鳥形器、碗、甗、甗形盉及少量印紋陶。本階段相當於中原商文化中期。

第四階段：以 H11、H38 等為代表。陶器中夾砂灰、黑陶的數量增多，紅陶次之；泥質陶數量較少。紋飾以繩紋、抹斷繩紋最多，另外還有拍印的方格紋、刻劃紋、葉脈紋、雷紋、網紋、回紋等。本階段相當於中原商文化晚期（圖 1.1.28）。

第五階段：以 T49、T50⑨、⑩層為代表。主要器類包括矮錐狀足鬲、圓腹罐、矮柄豆、附耳甗形器等，時代約相當於西周早期。

第六階段：以其它大部分灰坑為代表。代表性器類有柱狀足弧襠或平襠鬲、折肩罐等。時代約相當於西周中期（第五、六段見圖 1.1.33）。

12、安慶張四墩遺址

青銅時代的文化遺存主要包括第③和第④層以及 H1、H2、H5、H6 等。經過分析，這些遺存可以分為兩期，H5 和 H6 為二期，其它為一期。

第一期的陶器以夾砂灰陶和紅褐陶最多，輪製爲主，素面陶較多，紋飾流行弦斷繩紋，並有少量附加堆紋、弦紋等。器類包括鬲、甗、罐、豆等。時代約相當於西周中晚期。

第二期的器物組合及其形態基本同於一期，但繩紋陶的數量已超過素面陶，弦斷繩紋不再流行，而多見中繩紋。時代約相當於西周晚期。

張四墩遺址中也包含有部分商代早期的遺物，比如高領寬沿鬲和假圈足豆等，和西周早期的遺物，比如鼎式鬲、圓腹罐等。因爲沒有具體的地層關係可供參考，不便進行具體的分期。從器物形態上看，其商代早期和西周早期的遺物與薛家崗遺址相同。

13、懷寧跑馬墩遺址

跑馬墩遺址地層堆積關係簡單，根據各文化層出土的陶片及陶器特徵，可以分爲兩期。

第一期以⑤、⑥、⑦層和H2爲代表。以夾砂黑皮陶爲主。鼎爲圓錐形短足無紋飾；甗形器較流行，足圓柱形平足；鬲侈口尖唇飾繩紋；印紋陶少見；罐、壺多流行圈足，盛行鳥形耳；紋飾方面流行細繩紋，缸、罐等在器物口沿內外都壓印著規整的斜繩紋。代表性器物群有圓錐形足鼎、圈足缽、豆、盤、圈足罐等。時代大約相當於商代晚期，有的可能可以延伸到商周之際。

第二期以②、③、④層和H1爲代表。以夾砂紅陶爲主。鼎足錐狀較長且有繩紋；甗形器少見；鬲多折口方唇，有的有圓窩紋；印紋硬陶明顯增多；罐、壺的圈足和平底並行，環耳盛行。代表性器物群有細柄缽形豆、環耳壺、圈足碗、平底罐以及圓錐狀平尖實足繩紋鬲等。本期時代大致爲西周中期。

14、太湖王家墩遺址

王家墩遺址文化堆積包含有新石器時代和青銅時代兩個階段。青銅時代遺存爲第②層。主要遺存特點是平底器盛行，乳釘狀、圓柱狀平足鬲以及貼耳、半環狀立耳最具特徵。紋飾上繩紋和間斷繩紋特別流行。印紋硬陶的拍印紋飾有勾連雷紋、葉脈紋、網格紋和蕉葉紋等。年代大致相當於西周中晚期。

15、其它遺址的分期

其它經過發掘並有資料公佈的遺址還有六安西古城、眾德寺、城都、霍邱扁擔崗、繡鞋墩、含山孫家崗、樅陽湯家墩、肥西大墩子、廬江大神墩等。

　　六安西古城遺址地層共包括 7 層，青銅時代遺存可分爲 3 段，一段包括第⑤、④層，二段包括第③、②層，三段包括第①b 層。時代分別相當於龍山文化晚期～二里頭文化早期、西周中期和晚期（圖 1.1.16）。

　　六安眾德寺遺址地層分爲 13 層，青銅時代遺存可分爲 5 段，一段包括⑪層、二段包括⑩層，三段包括⑨、⑧層，四段包括⑦、⑥層和 M1，五段包括⑤～②層和 M2。時代分別相當於早商二期、早中商之際、中商三期、西周中期和西周晚期。發現了西周中晚期的豎穴土坑墓葬，說明這裏與寧鎮地區西周時期不屬於同一個文化系統（圖 1.1.17）。

　　六安城都遺址包含有龍山文化晚期～二里頭文化早期的文化堆積。

　　霍邱扁擔崗遺址包含有西周晚期的文化堆積。

　　繡鞋墩遺址地層分爲 6 層，可分爲 4 段，一段包括第⑥層，二段包括第⑤層，三段包括④a、④b 層，四段包括第③、②層。時代分別相當於商代中期偏晚、西周早、中、晚期（圖 1.1.18）。

　　含山孫家崗遺址包含有商代晚期和西周晚期的遺物。商代晚期的有陶鬲、陶斝等，與含山大城墩遺址第六段的時代相當，大致爲晚商早期。西周晚期的有錐柱狀鬲足、缽等。

　　肥西大墩子遺址文化層分爲下、中和上層，發掘者將其分爲三期，分別相當於二里頭文化三期、商代早期和西周早期。

　　廬江大神墩遺址包含有西周中期偏晚和西周晚期的遺存。我們把其稱爲前後兩期。前期主要包括第④～⑥層，後期包括第③、②層。包含物均以夾砂紅陶爲主，但夾砂灰陶的比例後期多於前期。前期的鬲斜折沿或卷沿，扁體，聯襠，矮錐足或足根平齊；後期的鬲多平折沿，截首圓椎形足，有的足根部成獸蹄形平面；後期還出現角狀把手甗形盉等。

　　鹽城龍崗發現的是一座相當於商代時期的墓葬。從出土的陶器的組合及造型看均具有明顯的商文化特徵（圖 1.1.19），如夾砂陶飾繩紋、鬲、深腹罐、折肩罐、深腹盆、假腹豆、壺圈足上飾一對鏤孔的特徵等。其出土的尊形器、半月形雙孔石刀則具有東夷文化的特徵。其他器物則不見於中原或東夷文化中，當是具有特色的地方特徵。假腹豆在中原地區主要流行於早商三期至晚商一期，並且龍崗的兩種假腹豆與薛家崗遺址第三階段和大城墩遺址第五段以及中原臺西遺址的晚期居址的同類器相同，大致相當於中商文化偏晚的階段。但其大袋足無實足尖的鬲、折肩罐的造型又與大城墩遺址第六段相同，後者的時代大致相當於晚商早期。因此，鹽城龍崗這座商墓的時代大致處於

中商晚期至晚商早期階段。

　　其它經過試掘或發掘的遺址還有六安廟臺、城墩、匡大墩、金陂塘；霍邱後花園、洪墩寺、王郢、堰臺；合肥煙大古堆；肥東大陳墩、大城頭、烏龜灘；肥西陡崗、單大墩、師古墩；滁州何郢〔註18〕、來安頓丘、濮家墩；含山清溪中學〔註19〕、半湖董城；巢湖廟集大城墩、槐林神墩；樅陽浮山；霍山趙士灣、戴家院；淮南大孤墩、青風嶺、江浦轉田村、牛頭崗、儀徵神墩；懷寧百林山，安慶沈店神墩、祠墩、芭茅神墩、饒家墩、紀龍嘴、黃山、嶽西祠堂崗、鼓墩遺址等等，它們的遺存年代見附表一。

　　由於地域的臨近，位置的重要，江淮之間在夏商西周時期均同中原地區的文化存在或多或少的交往，這些交往在文化遺存中的表現比較明顯，因此我們有可能通過出土物與中原地區文化遺存的分析對比大致判定出這一地區文化遺存的相對年代。同時江淮地區東部的文化遺存與蘇北山東地區的文化接近，而後者的研究成果已經比較豐富，我們也有可能做出較為合理的相對年代的判斷。江淮西部文化遺存的可比性雖然不強，但由於處於鄂東南、贛東北等廣大長江中下游文化的輻射範圍之內，文化遺存難免會有周圍文化的烙印，為我們初步判斷其年代提供了條件。我們把經過發掘的各遺址進行比較列成表1.1.10，此表所列分期基本可代表江淮地區文化遺存的分期。

表 1.1.10　江淮地區夏商西周時期遺存分期對應關係表

分期 / 遺址		龍山~二里頭文化時期		商文化時期			西周文化時期		
		早期	晚期	早期	中期	晚期	早期	中期	晚期
江淮之間地區中部	鬥雞臺	一段二段	三段	四段			五段		
	青蓮寺	一段		二段				三段	四段
	大城墩		二段	三段四段五段六段			七段		八段
	吳大墩		一期	二期			三期	四期	五期
	塘崗	一段二段							三段

〔註18〕宮希成：《安徽滁州市何郢遺址發掘的主要收穫》，《北京大學古代文明研究通訊》，2002年12月第十五期。

〔註19〕張敬國：《略論江淮地區夏商周文化分期及族屬》，《文物研究》第三期，黃山書社，1988年。

地區	遺址								
	堰墩						一期	二期	三期
	曹王塍子								✓
	蔣城子						前段		後段
	甘草山					一段	二段	三　段	
	牛頭崗		✓	✓			✓	✓	✓
	神墩						✓	✓	✓
	西古城	一段						二段	三段
	眾德寺			一段	二段			三段	四段
	繡鞋墩				一段		二段	三段	四段
	孫家崗					✓			✓
	大墩子		一期	二期			三期		
	廟臺			✓			✓	✓	✓
	城墩					✓	✓	✓	✓
	煙大古堆					✓	✓		
	何郢					✓	✓		
	濮家墩						✓	✓	✓
	巢湖大城墩			✓			✓	✓	✓
江淮東部	天目山						✓	✓	✓
	周邶墩	早期	晚期						
	六郎墩	✓	✓				✓	✓	✓
	萬北	✓	✓			✓			
江淮之間地區西部	薛家崗		一段	二段	三段	四段	五段	六段	
	張四墩			✓				一期	二期
	跑馬墩					一期		二期	
	王家墩							✓	
	百林山			✓				✓	
	巴茅神墩					✓		✓	✓
	嶽西鼓墩		✓					✓	✓
	湯家墩					一段		二段	三段
	大神墩							前期	後期
	趙士灣								✓
	戴家院						✓	✓	✓

第二節　二里頭文化時期的分期與分區

一、文化分期

依據自然地理的分野和文化主體的不同，我們把江淮地區分為江淮東部區、江淮中部區和江淮西部區三個部分（圖 1.1.1）。

1、江淮東部區

二里頭文化時期是中國大陸高海面、高海侵的時期，其最大海侵線曾經一直西達今洪澤湖東岸一帶（圖 1.1.20），因此在江淮東部地區剩餘的適合人類長期居住的地域並不大。在新石器時代晚期、末期，甚至是夏商時期，這裏僅可作為文化的中介地帶。目前這塊地區發現的相當於二里頭文化時期遺存僅有高郵周邶墩、盱眙六郎墩等少數遺址。由於這片地方與岳石文化的分佈區域毗鄰，而遠離二里頭文化分佈區，因此在文化歸屬上也應該屬於岳石文化，基本不見二里頭文化或其它文化因素的遺存。

江淮東部地區岳石文化的遺存發現較少，那麼其與分佈位置偏北的岳石文化蘇北類型有何關係。

蘇北類型是王迅先生命名的，範圍主要包括蘇北黃淮地區，遺址有銅山丘灣、灌雲大伊山、贛榆下廟墩、青墩寺等，主要是位於今蘇北地區的遺址〔註20〕。再早，嚴文明先生將沂沭河流域內，包括魯南臨沂和蘇北區域統一命名為土城類型〔註21〕。隨著發掘和研究的深入，近年來發掘的連雲港藤花落、梁王城、沭陽萬北等遺址都發現了較為豐富的岳石文化遺存，為蘇北地區的岳石文化增添了新的內容。同時，在更南的高郵周邶墩和盱眙六郎墩遺址中也發現了較典型的岳石文化遺存。據此，有學者提出原來的土城類型範圍更大，南近抵長江北岸，北與尹家城類型為鄰。不僅包括了原魯南的岳石文化遺存，而且後來發現的周邶墩遺址、沭陽萬北遺址都應包括在內，因此統一命名為萬北類型〔註22〕。

但是我們也應該注意到，當初所命名的土城類型或蘇北類型主要分佈於沂沭河流域，而周邶墩第二類遺存的文化面貌與分佈於汶泗河流域的尹家城

〔註20〕王迅：《東夷文化與淮夷文化研究》第 40 頁，北京大學出版社，1994 年。
〔註21〕嚴文明：《東夷文化的探索》，《文物》，1989 年 9 期。
〔註22〕中國社會科學院考古研究所編著：《中國考古學・夏商卷》第 453 頁，中國社會科學出版社，2003 年版。

類型具有較多的共性〔註23〕，但同時也存在明顯的不同〔註24〕，因此，我們贊同張敏先生提出的它是作爲岳石文化和點將臺文化之間的過渡遺存而存在的，暫時仍將其稱爲周邶墩第二類文化遺存，它應該還包括盱眙六郎墩遺址等。

　　從上文對周邶墩第二類遺存的分期可以看出，它延續的時間可能較長，既有相當於岳石文化尹家城類型早期的遺存，也有岳石文化晚期的遺存。只是由於周邶墩遺址材料的限制，對於其發展階段和內涵均還不能進行細緻的分析。但是，周邶墩遺址作爲岳石文化尹家城類型南播的一處重要的中介地的地位不會改變。張敏先生將周邶墩第二類文化遺存的相對時代定爲岳石文化晚期，即公元前1700年左右，認爲是在商文化東進的過程中岳石文化被迫南遷江淮東部地區而形成的，並且對點將臺文化的產生和發展產生了重要影響。既然我們認爲周邶墩第二類文化遺存既包含有岳石文化早期的遺存，也包含岳石文化晚期的因素，其開始年代可能比張敏先生推測的要早一些（魯西地區岳石文化的年代爲公元前1900～前1600年），那麼對於尹家城類型南播的原因可能就得進行重新的考慮。這一點基於五方面的考慮，一是點將臺文化的最終年代還沒有確定，其文化因素存在的時空變遷也不清晰，因此，對於其文化重要組成部分的岳石文化因素開始介入點將臺文化的時間也不確定，這樣我們就不能從點將臺文化的發展過程角度上去探討周邶墩第二類文化遺存的開始時間了。第二，如果周邶墩第二類文化遺存的形成時間眞是在商王朝開始東擴戰略以後，甚至是先商文化時期，那麼，它斷不會對點將臺文化產生影響，因爲點將臺文化大約在公元前1600年就消亡了。第三，周邶墩第二類文化遺存的文化面貌確實存在有相當於岳石文化早期的因素，但時代也不會太早，因爲有不少器物類型都延續自尹家城類型。第四，從周邊地區來看，鬥雞臺文化早期中已經存在岳石文化因素，甚至在巢湖西岸也發現了與岳石文化有很大共性的塘崗遺存，說明岳石文化到達江淮地區的時間可能並不晚。第五，蘇北地區的岳石文化遺址大多未經正式發掘，難以全面瞭

〔註23〕比如都有少量繩紋裝飾，都多尊形器，盒、蘑菇鈕或盤形鈕器蓋等。碗形豆、卷沿折腹盆、大口罐、中口罐、腰和襠部飾附加堆紋的袋足鬲、素面高等也都具有相似的特徵。

〔註24〕比如周邶墩遺址存在少量的印紋硬陶，主要器形中的鼎式鬲、匜、鬶、鏤孔無沿弧腹豆均不見於尹家城類型，也不見於其它類型，在點將臺文化中較多見。

解其特徵，對於判斷蘇北類型和周邶墩第二類遺存之間的關係還存在相當大的困難，對於尹家城類型的南播路線也不清楚。但這些均不影響我們對於二里頭文化與江淮東部地區文化關係的判斷。可以肯定，江淮東部地區的文化歸屬應該是岳石文化，基本不見二里頭文化的因素，蘇北類型中少量的二里頭文化因素也可能是通過江淮中部傳播過來的。

2、江淮中部區

江淮中部區二里頭文化時期的文化遺存，都有著共同的文化特徵，那就是：陶器多夾砂黑灰陶和夾砂褐陶。素面陶較多，籃紋、繩紋、方格紋、附加堆紋較常見。都包含有河南龍山文化——二里頭文化因素、當地文化因素、山東龍山文化——岳石文化因素。常見陶器器類有平沿罐、短沿粗陶缸、側扁足和錐足盆形鼎、單把鼎、細柄淺盤豆、雞冠耳盆、子母口鼓腹罐等。鼎為主要炊器。石器中石鏟常見。根據約定俗成的觀點，我們稱其為鬥雞臺文化。

本區能夠看出演變軌迹的陶器主要有盆、觚形杯、側扁足鼎、細柄豆、平沿罐、深腹罐、短沿粗陶缸、尊形器等。根據鬥雞臺、青蓮寺、大城墩、吳大墩等遺址的地層關係，可將鬥雞臺文化綜合分為四期（圖1.1.21）。

第一期以鬥雞臺遺址T1⑦～⑨層和T2⑦、⑧層以及青蓮寺T2⑦層，西古城第一段和城都遺址為代表。陶器中多夾砂黑灰陶，紋飾以籃紋為主，次為素面，繩紋較少。有大方格紋、弦紋等。器類中鼎、罐、盆較多。罐形鼎垂腹侈口，鼎足矮短。平沿罐沿面有棱、槽，沿面較平齊，體型肥碩，凹底。深腹罐侈口，沿面上揚不高，垂腹，凹底。雞冠耳盆、甑作侈口。折腹盆寬斜沿，折腹不明顯。細柄豆柄中部較細。矮足罐形鼎、紅陶鬶、鬼臉形鼎足、鳥首形鼎足僅見於本期。

據本期的深腹罐、矮足罐形鼎、雞冠耳盆、侈口夾沙罐、紅陶鬶等器物形態，結合紋飾，器類的特徵判斷，本期年代應相當於河南龍山文化和山東龍山文化晚期，並可能一直延續到二里頭文化第一期時。相對於山東龍山文化來說，與河南龍山文化的關係更為密切些（圖1.1.22）。

第二期以鬥雞臺T1、T2⑤、⑥層和淮南市獐墩遺址等為代表。陶器中夾砂黑灰陶減少，夾砂褐陶增加。紋飾以素面為主，籃紋銳減，繩紋略增。仍有大方格紋、弦紋，新出現花邊裝飾。器形中鼎、罐、盆仍較多。花邊罐、短領尊、錐足繩紋鬲、子母口鼓腹罐、三足盤等器類出現。其中短領尊形器

直口，弧壁，子母口鼓腹罐有明顯頸部。本期罐形鼎鼎足以側扁梯形的為主，出現盆形鼎，侈口微鼓腹。平沿罐沿面棱、槽不分明，平沿微斜上。深腹罐沿面斜上，最大腹徑在中部。雞冠耳盆、甑為敞口、厚唇。折腹盆寬斜沿，折腹明顯，腹部內收較甚。新出現深腹盆，腹中部飾凸棱。細柄豆上端略細。甗腰部飾按窩，其餘部位素面。三足盤環狀足較矮。

　　值得注意的是屬於本期的鬥雞臺 T1⑤層層面還發現了一塊長方體青石，附近放置大量卜骨和牛、羊、鹿骨角，表明當時當地有著進行宗教活動的一定場所和方式。卜骨皆只灼不鑽。

　　從罐、盆、豆可以看出本期和第一期有明顯的文化繼承關係，但從鼎和鬲來看，也發生了不小的變異。本期的花邊罐、雞冠耳盆、甑等器都與二里頭文化二期的同類器物相似，有明顯領部的子母口罐（或尊形器）與岳石文化第一期者相似，凡此均說明本期年代應與二里頭文化二期大體相當（圖1.1.22）。

　　第三期以鬥雞臺遺址 T1、T2④層和 H2，大城墩 T1、T4⑥層、T5⑧層和T17⑨層、T18⑰層，以及肥東古城吳大墩 T2⑧層、肥西大墩子、巢湖廟集大城墩、半湖董城、含山清溪中學和江浦牛頭崗遺址的二里頭文化時期的遺存為代表。陶器中夾砂褐陶最多，夾沙黑灰陶略少。紋飾中仍以素面為主，繩紋較多，籃紋略少，出現了模糊不清的小方格紋、箍狀堆紋、拍印雲雷紋、菱形紋等。器類中除鼎、夾砂罐之外，盆、豆、甗也較多。寬肩甕、附加堆紋及繩紋甗、斜十字劃紋缸、觚形杯、爵為新出現的器類。盆形鼎和罐形鼎繼續存在，足由梯形逐漸演化為不規則三角形和翅形，鼎足多變厚。盆形鼎折腹，新出現錐狀足帶把罐形鼎。平沿罐沿面繼續上揚，體仍較肥，最大腹徑上移。尊形器微斂口，折壁。雞冠耳盆沿近平，腹較直。折腹盆折腹更加明顯。深腹盆中腹凸棱變成附加堆繩紋。短沿粗陶缸飾一周附加堆墳，斜直壁。有頸罐頸部較長。細柄豆上端急收，甚細。粗柄折腹豆體較矮胖，折腹較甚。三足盤瓦足變高，盤腹變深。

　　本期的寬肩甕、盆形鼎等陶器與二里頭文化三期同類器物形態相類。而肥西大墩子出土的銅鈴〔註 25〕，與二里頭二期晚段的同類器物形態相同，吳

〔註 25〕安徽省博物館：《遵循毛主席的指示，做好文物博物館工作》，《文物》，1978年 8 期；胡悅謙：《試探肥西縣大墩子商文化》，《安徽省考古學會會刊》第一輯；楊德標、楊立新：《安徽江淮地區的商周文化》，《中國考古學會第四次年

大墩和大城墩出土的細體觚、瘦長袋足的盉也均同於二里頭文化二期晚段的同類器（圖 1.1.22），說明本期的年代處於二里頭文化二期晚段到三期。此期江淮中部的鬥雞臺文化分佈東西貫通，西到肥西、六安，東抵滁河下游與長江的交彙處（圖 1.1.25），此期的岳石文化因素較弱。

第四期包括鬥雞臺 T1、T2③層和青蓮寺 T2 第⑥層以及霍丘縣馬家堌堆、樓城子、巢湖廟集大城墩、半湖董城等遺址。可以看出，本期含山大城墩遺址的二里頭時期的文化遺存不再繼續，僅在周邊的遺址中發現少量鬥雞臺文化的延續，可能說明鬥雞臺文化經過上期的極大繁榮後已逐漸走向衰弱，發展的重心轉向西部。本期陶器以夾砂褐陶爲主，夾砂黑灰陶較少。紋飾以繩紋爲主，素面次之，籃紋很少，出現了一些戳刺紋。器類中鼎足較厚，錐狀足較高。平沿罐口沿外側甚平，內側微凹，體較瘦。深腹罐體瘦長，斜沿上揚較高，頸部飾堆紋裝飾。尊形器領部較高，斂口，短沿粗陶缸斜壁外傾，飾多周附加堆紋。雞冠耳盆爲平沿。深腹盆敞口，侈沿，腹部堆紋裝飾寬厚。出現飾凸棱的碗形豆。鬲足爲圓錐形瘦長實足，足下端較尖，袋足較小較淺，分襠。口沿作卷沿小方唇，胎較薄，腹飾細繩紋。缸一種爲大口、圓唇、深腹，小平底，矮圈足；另一種爲敞口、腹飾附加堆紋。本期還有少量花底器、平底爵等。

根據淺盤豆、頸部飾附加堆紋的深腹罐、深腹盆、碗形豆、尊等的形制，均與岳石文化晚期的同類器物相似〔註 26〕，鬲足的形制接近二里頭文化第四期的同類器（圖 1.1.22）。因此，本期的年代大約相當於二里頭文化第四期。本期岳石文化的影響經過前期的衰弱後有所加強。

需要指出的是，岳石文化除了對鬥雞臺文化的發展過程施加影響之外，本身也創立了獨立的文化遺存，在江淮分水嶺南側的肥西塘崗遺址就可以見到較早期的岳石文化典型遺存，這類遺存不同於鬥雞臺文化，也不同於本地的新石器時代晚期文化，姑且我們可以稱之爲塘崗遺存，從鬥雞臺文化的第二期中就可以見到岳石文化的因素和塘崗遺存中有相當於岳石文化第一期的器物來看，岳石文化之初就已經開始與江淮地區建立了較密切的聯繫。塘崗遺存主要分佈在巢湖周邊地區，時代大約相當於二里頭文化一期到二期的早段，自二里頭文化二期晚段開始隨著二里頭文化因素的強勢介入，即宣告消

會論文集》，文物出版社，1985 年。
〔註 26〕山東大學歷史系考古教研室：《泗水尹家城》，文物出版社，1990 年。

亡。

本區的文化主要包括三種文化因素，即來自中原地區的河南龍山文化——二里頭文化因素，來自山東、蘇北的山東龍山文化——岳石文化因素和當地文化因素。

當地文化因素主要有側裝扁足的盆形鼎、罐形鼎、深腹罐、平沿罐、細柄豆、短沿粗陶缸、附加堆紋深腹盆等。以深腹罐為主要炊器雖然也是二里頭文化的主要特徵，但折沿、鼓腹、凹圓底的作風與二里頭文化明顯不同，表明它們的文化系統有所不同。細柄豆盤部仍沿襲龍山時代無沿、弧腹、淺盤的特點，與二里頭文化、岳石文化及先商文化都有明顯的區別。短沿粗陶缸敞口、斜直壁，唇外加貼邊形成短沿、方唇，與其它文化的缸類器物形態均有別。這些當地文化因素有的數量較多，有的數量雖然不多，但分佈比較普遍。其中有些器類如深腹罐、平沿罐、大口折壁盆等可在當地更早的文化中找到淵源。平沿罐和短沿粗陶缸的數量既較多，存續時間又很長，在本地區商時期文化遺存中仍有發現，可以作為當地文化傳統的代表。

陶器中的矮足罐形鼎、侈口夾砂罐、飾雞冠耳的深腹盆和甗、圓腹罐（有的帶有花邊）、箍狀堆紋鼎、錐狀足繩紋鬲、觚形杯、寬肩小口甕、箍狀堆紋缸等以及銅鈴，在鬥雞臺文化中發現較少，這些器形均與河南龍山文化——二里頭文化系統的同類器物類同，並且多見於鬥雞臺文化西部地區，顯然它們之間存在著密切的關係。鬥雞臺文化與二里頭文化的密切聯繫還表現在以下幾個方面：

這兩種文化的陶器紋飾都是籃紋、繩紋和方格紋並存，而且這三種紋飾都占一定的比例。器類中都有大量的鼎和夾砂罐，顯然都是以這兩種陶器為主要炊器的。鬲都很少見。兩種文化的卜骨都只灼不鑽。

以上情況表明，鬥雞臺文化中確實存在著一定數量的河南龍山文化因素和二里頭文化因素。並且，由於中原地區和安徽江淮地區某些相似文化因素出現或消失的順序大體一致（如侈口夾砂罐出現較早，鬲出現稍晚，銅鈴出現稍晚，矮足罐形鼎消失較早，早期陶器飾籃紋和方格紋的較多，晚期陶器飾繩紋的較多等），所以兩地文化發展的進程也是相近的。在生活方式、審美情趣、占卜方式等方面，鬥雞臺文化的使用者和河南龍山文化以至二里頭文化的使用者都存在一致性，這種一致性在二里頭文化時期達到最高，因此很有可能代表了一種文化傳統不同基礎上的文化附屬和政治聯盟關係。

另外，鬥雞臺文化中也存在著山東龍山文化的影響因素。一期遺存中，有少量紅陶鬶片、細密弦紋豆柄、鬼臉形鼎足、鳥首形鼎足等，均與山東龍山文化的某些典型陶器的局部相似。

在鬥雞臺文化二期以後的遺存中，出現了較多的岳石文化因素，包括陶器和石器。陶器有尊形器、子母口鼓腹罐、舌狀足三足罐、內壁飾凸棱的盤形豆、頸部飾堆紋的深腹罐、腹部飾凸棱的碗形豆、襠部和腰部飾附加堆紋的鬲等。石器有半月形雙孔石刀。這些器物一般數量不甚多。形態特徵與岳石文化的同類器物基本相同，有的器類的演變途徑也與岳石文化的相似。但岳石文化因素同二里頭文化因素是互為增減的，在三期二里頭文化因素最強盛時期，岳石文化因素相對很少。四期時又有所增加。

鬥雞臺文化中還有一定數量的印紋陶，其紋樣有雲雷紋、菱形紋、三角紋、同心圓圈紋、橫人字紋等。這些紋樣圖案相當精美，而且有其自身特點，應是自南方引入之後，又經過了自身的發展。吳大墩遺址出土有單把鼎，在鬥雞臺遺址中也出有羊角形單把，這種單把在點將臺文化和湖熟文化中是比較常見的。鬥雞臺文化中的錐足鼎、平沿罐等，則對寧鎮地區以江寧點將臺下層為代表的文化遺存和湖熟文化早期遺存產生了直接或間接影響〔註27〕。

在以上各種文化因素中，當地文化因素所佔比例較大，在此地形成了一套獨具特色的器物群，並且佔有優勢地位，是鬥雞臺文化的主要成分。二里頭文化因素和岳石文化因素也占一定的份量，河南龍山文化和山東龍山文化因素很少，而且僅見於鬥雞臺文化一期。因此，總體上看，江淮地區中部的文化在二里頭文化時期主要是鬥雞臺文化的分佈區。

雖然鬥雞臺文化中以當地的文化因素為主，但這種當地文化因素是在中原龍山文化和二里頭文化以及岳石文化的影響下產生的，並且即便是本地的文化因素也深深的打上了它們的烙印，大多數是對它們的文化因素的改進。與二里頭文化器物同形制、同進化過程，甚至在審美情趣、生活方式和宗教占卜方式都具有同一性。但同時，含有的佔有相當份量的岳石文化因素又說明了其文化的非單一接受性，說明了不能把本地的文化單純的歸屬於以上的某一個文化類型，而僅能將其作為一個單獨存在的又與以上文化都具有密切

〔註27〕寧鎮地區江寧點將臺下層出有與鬥雞臺文化錐足鼎相似的鼎片；句容城頭山②A層出有平沿罐，見鎮江市博物館：《江蘇句容城頭山遺址試掘簡報》，《考古》，1985年4期。

關係的地方文化。

3、江淮西部區

江淮西部區相當於二里頭文化時期的遺存以薛家崗遺址的某些遺迹和地層中的某些遺物爲主，另外也包括周邊幾處經過調查的遺址。

這些遺迹和遺物包括：第六次發掘的 T48 中的 K2 出土的一件泥質紅胎灰黃陶甗。H30 出土的側裝扁平根飾按窩的鼎足。H30 和 H35 中包含的錐狀根飾按窩的鼎足。H25、H37 和 T35③層出土的斝，H25、H35 和 T7②層出土的繩紋凹底或平底罐、高柄豆等。繩紋深腹罐一般爲敞口、束頸、深腹、腹部略鼓，底大多數爲凹底，也有少數爲平底，頸以下飾豎向中繩紋或交錯繩紋。斝均較高，口部有兩個立柱，有些口部還略微捏出流狀，器體中部一側有一寬鋬，下有 3 個圓錐狀空心足。爵腹部較直，中間稍內收，平底，三個錐狀足。一種陶豆爲淺盤、高柄，柄上部稍鼓凸（圖 1.1.15）。

通過與周邊同時期遺存的對比，這裏的高柄豆與盤龍城 PWZT83⑦：3 豆相似〔註28〕，與二里頭二號宮殿遺址出土的二期陶豆 Tl⑥：1，H4：1 等相似〔註29〕；鼎（圖 1.1.15～17）與盤龍城 PWZT20⑨：2 鼎近似〔註30〕，也與黃梅意生寺遺址相當於二里頭文化晚期的同類器（圖 1.2.15-T7⑥：5）幾乎完全相同；爵與二里頭二、三期陶爵形似〔註31〕；斝與盤龍城 PWZT25⑧：15 斝特點相似〔註32〕；深腹罐與盤龍城 79HP3TZ33⑨B：1 罐相似〔註33〕，與二里頭文化晚期的 VIIIT10⑦：21 圓腹罐特徵相似〔註34〕；斜直腹罐與盤龍城 79HP3TZ33⑨A：1 罐相似〔註35〕。以上盤龍城出土的器物均爲盤龍城遺址第一和第三期時，相當於二里頭文化二期之末～早商第一期（圖 1.1.23），它們

〔註28〕湖北省文物考古研究所編：《盤龍城——1963～1994 年考古發掘報告》第 483頁，文物出版社，2001 年。

〔註29〕中國社會科學院考古研究所洛陽發掘隊：《河南偃師二里頭遺址發掘簡報》，《考古》，1965 年 5 期。

〔註30〕同註28，第 83 頁。

〔註31〕中國社會科學院考古研究所二里頭工作隊：《1982 年秋偃師二里頭遺址九區發掘簡報》，《考古》，1985 年 12 期。

〔註32〕同註28，第 92 頁。

〔註33〕同註28，第 23 頁。

〔註34〕中國社會科學院考古研究所二里頭工作隊：《河南偃師二里頭遺址三、八區發掘簡報》，《考古》，1975 年 5 期。

〔註35〕同註28，第 23 頁

共同存在於同一個遺迹中，之間的界線無法區分〔註36〕，當是早商階段繼續
延續了二里頭文化時期的發展方向，主體文化特徵沒有改變而形成的現象。
這與盤龍城遺址中早商時期的文化和二里頭文化時期的文化分界明顯的情況
截然不同，當是存在有不同的歷史背景。

　　薛家崗遺存除了與中原二里頭文化和盤龍城早商遺存的相似特徵外，也
具有長江中下游地區同時代的文化特點，比如間斷繩紋的使用，鼎式鬲的流
行，三柱狀足淺盤小鼎（盤）等〔註37〕。

　　因此，薛家崗遺址的夏時期遺存既有較多中原地區的文化因素，也有大
量長江中下游地區的文化因素，同時還有部分具有小區域特點的文化因素，
體現了南北交融的文化特點，總體上看，屬於長江中下游地區爲主的南方文
化系統的因素佔有較大的比例，尤其是鼎式鬲這種器形是湖北黃陂盤龍城遺
址同時期文化中的典型器物，並且在其後的鄂東南地區廣泛流行，成爲當地
夏商周時期標型器物，在江淮地區西部其後的遺址中也有極大發展，因此，
我們可以說皖西南地區同鄂東南地區在二里頭文化時期基本上是屬於一個文
化區。這個文化區有獨具特色的器物群，有共同的二里頭文化的影響爲基礎，
與本地的土著文化系統都存在較大的缺環，可以看作是同一個文化區，由於
兩地目前可見的材料均較少，我們還不便以一個文化命名，暫時將皖西南地
區的稱爲薛家崗遺存，將鄂東南的稱爲盤龍城遺存。

　　根據以上情況，薛家崗遺存的年代大約相當於二里頭文化二期之末至早
商一期，結合對當地商時期文化的分析，可能一直繼續到早商一期之末。而
盤龍城遺存的時代爲二里頭文化中晚期。

二、文化分區

　　受材料的限制，江淮東部區和西部區二里頭文化時期的文化還不能進行
細緻的分區，江淮中部地區的文化面貌較豐富，發掘的遺址也比較典型，有
利於我們考察二里頭文化在此地發展的進程。

〔註36〕安徽省文物考古研究所：《潛山薛家崗》第 517～523 頁，文物出版社，2004
　　　　年。

〔註37〕鼎式鬲底部較寬而平、圓錐狀足，部分足與身結合處的内表面略凹等。此類
　　　　器物在鄂東、鄂東南以及贛北一帶都有較多的發現，延續時間也較長；三足
　　　　盤在贛東北的萬年文化中有發現。

從江淮中部鬥雞臺文化的總體面貌上可以把其分成兩個小區，即西部沿淮區和東部沿江區，兩者的分界並不明顯，大致以江淮分水嶺為界，西部屬於淮河流域區，東部屬於長江流域區，西部小區以鬥雞臺遺址為代表，命名為鬥雞臺類型，東部小區命名為巢湖類型。兩個小區內的文化各具有較大的共性，但兩個小區文化發生、發展的進程並不相同，導致它們之間文化內涵也有所區別。如總體上看，雖然兩個區域均以夾砂灰黑陶和夾砂褐陶為主，但巢湖地區有較多的夾砂紅陶。中原二里頭文化因素所佔的比例也不相同，越往南與二里頭文化因素的差別越大。在巢湖類型出現以前，巢湖地區還存在著較典型的岳石文化遺存〔註38〕。另外，鬥雞臺文化中的印紋陶因素大多都出自巢湖類型，鬥雞臺類型流行的側扁三角形鼎足和大口罐等在巢湖類型中基本不見，而巢湖類型流行的扁錐狀鼎足和深腹平底鼎、觚形杯、釜等在鬥雞臺類型中也基本未見〔註39〕。相對於不同因素來講，相同因素是主要的，比如都常見平沿罐、短沿粗陶缸、盆形鼎、單把鼎、三足盤、爵、觚等，且具有連續的演化過程。都以鼎為主要炊器，都具有二里頭文化典型的雞冠耳盆、岳石文化典型的子母口鼓腹罐等。紋飾上都以素面為主，常見籃紋、繩紋、方格紋和箍狀堆紋等（圖1.1.24）。

與以往不同的是，我們認為巢湖類型是鬥雞臺類型的派生類型，是二里頭文化在與岳石文化鬥爭的過程中，勢力逐漸東擴而形成的。相當於二里頭文化二期及以前的時期，巢湖類型分佈的區域內應該是岳石文化的分佈區（見下文）。

江淮東部地區是屬於岳石文化的周邨墩第二類文化遺存的分佈範圍，基本不見二里頭文化因素的存在。

江淮西部地區是薛家崗遺存的分佈範圍，它同樣也受到二里頭文化的影響，但與鬥雞臺文化中的二里頭文化因素有較大的差異，當與鬥雞臺文化中的二里頭文化因素有不同的來源。文化內涵中更多的是接受了鄂東南地區盤龍城遺存的因素，可能是二里頭文化經鄂東南地區才傳入這裏的。當是不同於鬥雞臺文化和二里頭文化的地方遺存。

〔註38〕安徽省文物考古研究所：《安徽肥西塘崗遺址發掘》，《東南文化》，2007年1期。

〔註39〕宮希成：《夏商時期安徽江淮地區的考古學文化》，《東南文化》，1991年2期。

三、時空變遷及與二里頭文化的互動

1、龍山文化時期

由於三個小區內二里頭文化時期的文化遺存與龍山時代的文化都有或多或少的聯繫，對於龍山時代文化的歸納也有益於我們更加全面的認識文化的動態演化過程，因此本節中我們加入對龍山時代文化的介紹。

江淮東部龍山時代的文化大致可歸屬三個文化傳統。一是山東龍山文化，一是良渚文化，一是來源於河南龍山文化王油坊類型的南蕩遺存，它們在江淮東部地區的擴展主要是在新石器時代晚期，因爲在距今 5500 年前後的全新世最高海面以後的 1000 年中，這裏不適合人類生存，是文化中斷的時期。直到距今 4500 年以後，才開始逐漸有人涉足，但亦是作爲文化走廊，延續時間都不長。

徐淮地區龍山文化時期的資料還比較缺乏。這裏受到海侵的影響較南部爲小，因此文化存在的時間也較長。從零星出土的器物看，丘灣出土的鳥首形鼎足，高皇廟出土的直筒杯、黑陶帶把罐、豆及「鬼臉式」鼎足，趙莊遺址出土的罐和盆，都屬典型龍山文化中、晚期的遺物〔註 40〕。淮河下游三角洲地區龍山文化時期的遺存以連雲港市朝陽遺址的 H1 爲代表〔註 41〕，另外，連雲港的藤花落、沭陽的臧墩、鐵家嶺〔註 42〕、贛榆的蘇青墩、青廟墩、劉莊〔註 43〕皆發現有同類遺存，陶系中灰陶比例較大，黑陶稀少，夾砂紅陶佔有相當的比例。陶器以輪製爲主，器形規整。陶器紋飾有籃紋、弦紋、繩紋、方格紋等。器形主要有盆形鼎、罐形鼎、折沿沿面內凹的侈口罐、白陶鬶、敞口斜腹盆、雙腹盆、高柄豆、筒形杯、罐形杯等。鼎類器中鼎足以鳥咀形常見，鬶的造型頸腹渾然一體，盆由平底、三足兩種，豆的把上常見凸棱。本區這一時期的遺物特點與山東汶、泗河流域的尹家城類型龍山文化內涵一致〔註 44〕。從目前情況看，以上兩個區域都應該屬於山東龍山文化的分佈區域。

良渚文化傳統的典型遺存以阜寧陸莊〔註 45〕爲代表，還包括阜寧胡莊、

〔註 40〕見鄒厚本主編：《江蘇考古五十年》第 68 頁，南京出版社，2000 年版。
〔註 41〕南京博物院發掘資料
〔註 42〕江蘇沭陽考古隊：《淮陰沭陽縣考古調查》，《東南文化》，1988 年 1 期。
〔註 43〕南京博物院：《江蘇邳海地區考古調查》，《考古》，1964 年 1 期。
〔註 44〕見鄒厚本主編：《江蘇考古五十年》第 71 頁，南京出版社，2000 年版。
〔註 45〕南京博物院考古研究所、鹽城市文管會、鹽城市博物館：《江蘇阜寧陸莊遺

停翅港、東圓，寶應水泗〔註46〕等遺址，主要沿東部的射陽河流域分佈。陶器以夾砂紅陶爲主，還有泥質黑陶和灰陶、夾砂黃白陶。器形主要有鼎、鬶、盉、缸、盆、盤、豆等。鼎爲盆形，足有三角形側扁足和截面呈 T 字形的足；鬶皆爲三個大空足或大袋足，頸前傾，出流，後有一寬扁鋬；缸厚胎、大口、寬沿、深腹、圓底；盉身呈扁球形，上有提梁，三圓錐足；盤較淺，大圈足；豆淺盤，高柄。另外還發現簡化獸面紋玉琮等。研究者認爲，這類遺存應該是良渚文化人群在良渚文化晚期（距今 4200 年或稍晚）原居地受到海侵影響後北上逃亡的暫時落腳地，這些人群以後繼續西行北上，並參與了中原王朝文化的創造過程。

　　河南龍山文化傳統的典型遺存以興化南蕩遺址〔註47〕、高郵周邶墩遺址第一類文化遺存〔註48〕和龍虬莊〔註49〕以及唐王墩等遺址爲代表，主要分佈在古邗溝以東的地區。陶器主要爲夾砂灰陶和泥質灰陶，泥質黑陶亦占一定比例。器形主要有鼎、甗、鬶、罐、杯、壺、豆、三足盤、盆、器蓋等。紋飾主要有繩紋、籃紋、方格紋、羽狀紋、梯格紋。鼎皆爲罐形，多爲三角形側扁足，飾繩紋；甗上部爲深腹盆形，下部爲三個筒形大袋足，有實足尖；鬶前有流，後有把，下爲三個大袋足加實足尖；豆多淺盤，高圈足；盆深腹，圓底，中部內凹，常飾籃紋；罐作高領、圓肩、圓底內凹，常飾籃紋或繩紋，並多有箍狀附加堆紋；三足盤爲淺盤加三個扁環環足。研究者將此類文化遺存稱爲「南蕩遺存」，認爲它是河南龍山文化王油坊類型的人群在豫東南地區與華夏集團的鬥爭失敗後向南遷徙的落腳點，這些人群以後繼續向南，並參與了點將臺文化的創立〔註50〕和太湖周邊青銅時代文化的建設〔註51〕。

　　　　址》，《東方文明之光──良渚文化發現 60 週年紀念文集》，海南國際新聞出版中心出版，1996 年 9 月。

〔註46〕南京博物院：《江蘇射陽湖周圍考古調查》，《考古》，1964 年 1 期。

〔註47〕南京博物院考古研究所等：《江蘇興化戴家舍南蕩遺址》，《文物》，1995 年 4期。

〔註48〕南京博物院考古研究所等：《江蘇高郵周邶墩遺址發掘報告》，《考古學報》1997年第 4 期。

〔註49〕龍?莊遺址考古隊：《龍?莊──江淮東部新石器時代遺址發掘報告》第四章第五節「南蕩文化遺存」，科學出版社，1999 年。

〔註50〕張敏、韓明芳：《江淮東部地區古文化的初步認識》，《中國考古學會第九次年會論文集（1993）》，文物出版社，1997 年；張敏：《寧鎮地區青銅文化研究》，高崇文、安田喜憲主編：《長江流域青銅文化研究》，科學出版社，2002 年。

〔註51〕拙作：《虞舜南巡狩和太湖東南部平原》，《南方文物》，2007 年 4 期。

　　江淮中部龍山時代的文化面貌較爲複雜，文化面貌也不甚清晰。主要以
壽縣鬥雞臺、青蓮寺、含山董城遺址，以及大城墩遺址二期文化、肥西古埂
遺址上層等爲代表，出土陶器以罐形鼎、豆、深腹罐、平底碗、黑陶杯等最
爲常見；鼎足以側扁足爲主，亦有丁字形和魚鰭形足；中晚期流行繩紋、方
格紋裝飾。從總體文化面貌上看，既有矮足鼎、單把三足杯、平折沿罐或鼎
等自身的特點，又含有河南龍山文化王油坊類型、山東龍山文化以及良渚文
化的因素。這一時期文化，雖然受到河南、山東以及江南較多文化的影響，
但仍保持著自身個性。與河南和山東以及江南文化的交流和影響，充分體現
了龍山時代江淮之間作爲文化傳播的中間地帶的重要性。這一地區龍山時代
末期開始，鬥雞臺文化鬥雞臺類型開始形成。龍山時代以至鬥雞臺文化第一
期時，本地的文化受到來自於河南和山東的龍山文化的影響，相比來說，與
河南龍山文化的關係更爲密切，但也保持著自己的文化傳統，由於發掘和研
究的限制，這一時期的文化性質尚需繼續探討。

　　江淮西部地區的地理位置較爲獨特，從南北向看，這裏處於自淮河中游
南下進入長江中游和贛江下游的交通走廊的位置；從東西向看，是長江中游、
下游之間交通的咽喉要道。若以長江爲紐帶來觀察，則以皖西南和江西九江
地區爲中心可將整個長江中游、下游和淮河、贛江流域緊密聯繫起來，形成
了東西方向上可溝通江漢平原與寧鎮丘陵、太湖平原，南北方向上可溝通黃
淮平原與贛北盆地乃至廣大的華南地區的一個十字軸心〔註52〕。處於以環太
湖爲中心的東南部、以鄱陽湖—珠江三角洲一線爲中軸的南方、以環洞庭湖
爲中心的西部、以山東爲中心的東方這樣四個大的文化區系的中間地帶。因
此，它的文化自新石器時代中期開始就與周邊文化建立了較爲廣泛的聯繫。
到了龍山時代的張四墩類型時期〔註53〕，文化分佈範圍更大，遺存更多，對
外的交流也更爲廣泛。張四墩類型的產生與整個淮河中下游和長江中下游之
間的大規模文化交流或衝突的背景有關，它是在薛家崗文化晚期受到淮河中
游大汶口文化的較大衝擊後，出現了衰變和變異，其後受西部石家河文化的
較大影響和東部良渚文化的影響而形成的。

〔註52〕朔知：《皖江區域考古的意義》，《文物研究》總第十四期，黃山書社，2005
　　　　年。
〔註53〕朔知：《皖西南新石器時代文化的變遷》，《南方文物》，2006年2期。

2、二里頭文化早期

這裏我們以鬥雞臺文化的發展進程為基礎論述江淮地區文化的時空變遷。

鬥雞臺文化第一期，即相當於龍山時代末期到二里頭文化第一期。

從目前材料來看，江淮地區這個時期的遺存僅發現於江淮中部的偏西部地區，也就是鬥雞臺文化鬥雞臺類型分佈的區域。如上所述，這一時期的文化表現出較強烈脫胎於土著文化和受到河南龍山文化以至二里頭文化影響的面貌。鬥雞臺文化應該主要是在河南龍山文化的影響之下，建立在本地文化傳統之上的文化遺存，從它的建立之初，就決定了它與二里頭文化之間有著千絲萬縷的聯繫。二里頭文化中的良渚文化因素就是經由江淮地區傳播至中原腹地的。夏部族很可能在龍山文化晚期時就已經與江淮之間建立了「盟友」關係，由此，我們認為傳說材料中所謂的「禹娶塗山」實不為虛說。

鬥雞臺文化第二期，即相當於二里頭文化第二期和岳石文化第一、二期。

相對於第一期來說，江淮地區文化首先在分佈的範圍上有所擴大，這種文化範圍的擴大並不是僅僅表現為鬥雞臺文化的分佈範圍，而是比較單純的岳石文化遺存在江淮地區的出現，它以肥西塘崗遺址為代表，文化面貌也與尹家城類型岳石文化相似，與周邨墩第二類文化遺存情況相同，大致是與周邨墩第二類文化遺存同時出現的。這個時期，江淮地區的文化呈現出中原文化和東夷文化東西對峙的局面。其對峙的區域大致就在巢湖西部地區。其次是表現在鬥雞臺文化與二里頭文化的關係更為密切，並且文化內涵中也增加了不少岳石文化的因素。反映出鬥雞臺文化在中原文化和東夷文化的對峙過程中所表現的交融，相比於岳石文化的影響來說，二里頭文化不論在陶器形態，還是在意識形態，宗教信仰方面都給予了鬥雞臺文化強大的影響。

岳石文化和二里頭文化在江淮中部地區分佈的格局說明，作為兩支不同性質、不同族屬的文化，都對這一地區投入了較多的關注，它們既共同對鬥雞臺文化施加影響，同時，也尋求在更大程度和範圍上的發展，二里頭文化牢牢控制了對沿淮地區鬥雞臺類型的主導權，而岳石文化要想取得更大的發展，只能繼續向南和向東。大致在本期的晚段，二里頭文化因素即開始深入到巢湖地區，塘崗遺存也隨之消亡。

江淮西部地區二里頭文化早期的文化內涵尚待繼續探索。（圖1.1.25-1）。

3、二里頭文化晚期

鬥雞臺文化第三期，即相當於二里頭文化第三期。

本期是鬥雞臺文化最爲繁盛的時期，除了前期的鬥雞臺類型之外，巢湖周邊地區的巢湖類型也開始發展壯大。二里頭文化不僅在器物形態和意識形態上，而且在生活方式、審美情趣、占卜方式以及對青銅禮器的使用和認知方面都對鬥雞臺文化施加著更爲強烈的影響，從二里頭文化因素分佈範圍的變遷來看，鬥雞臺文化的擴展很可能是在二里頭文化的推動之下實現的，巢湖類型中二里頭文化因素的比例更高。巢湖類型的形成過程同時也是岳石文化逐漸退出了巢湖地區的過程，塘崗遺存在巢湖地區僅存在於鬥雞臺文化第二期一個較短的時間內，到第二期晚段時即消亡，岳石文化發展的重心轉移到了江淮東部和江南寧鎮地區，開始對點將臺文化產生影響。甚至在更南的江淮地區西南部也發現了岳石文化因素，並有迹象表明它們還分佈在贛鄱地區的新石器時代末期文化中比如在這裏的廣豐社山頭遺址中就發現了少量岳石文化因素的凸棱器等〔註 54〕。不管如何，巢湖周邊地區的岳石文化勢力在此時是最弱的。二里頭文化在此地的強勢地位得以確立。

以上情況說明，二里頭文化向巢湖地區的繼續擴張，很可能是由二里頭文化與岳石文化的關係所導致的。鬥雞臺文化最強盛時，分佈範圍從沿淮地區一直到沿江地區，東西貫通，應該說這一時期二里頭文化在與岳石文化的較量中是佔據上風的。

鬥雞臺文化巢湖類型的延續時間並不長，在鬥雞臺文化第四期，即相當於二里頭文化第四期時，巢湖類型即告衰亡，作爲中心據點的大城墩遺址的鬥雞臺文化不再延續，文化發展出現了缺環。鬥雞臺文化的因素只是在周邊的遺址中有少量發現。此時，也許是因爲夏王朝內部出現了危機，也許是岳石文化勢力重新強大起來，鬥雞臺文化發展重心重新回到淮河流域區。

江淮東部地區在二里頭文化早晚期時基本上是屬於岳石文化周邨墩第二類遺存的控制範圍，這一地區由於自然條件的限制，迫使岳石文化人群必須向西擴展發展空間，在與鬥雞臺文化接觸並失敗之後，其向南跨過大江，對點將臺文化的發展和湖熟文化的形成都產生了重要的作用〔註55〕。

〔註54〕贛鄱地區的新石器時代末期文化相當於中原二里頭文化時期，見下文論述。
〔註55〕岳石文化跨江進入寧鎮地區可能經過了兩條線路，一條是西線，即經古中江

　　江淮西部地區在新石器時代晚期文化之後，出現了一定時期的缺環，一直到二里頭文化二期晚段時，出現了薛家崗遺存，薛家崗遺存中出現了較多的二里頭文化的因素。無論是二里頭文化的因素還是土著文化因素都與鄂東南地區盤龍城遺存具有較多的相似性，比如鼎式鬲是兩地獨有的文化因素，鼎、深腹罐、豆、爵等與二里頭文化相似的器形也與盤龍城遺存相同，說明兩地之間的文化關係較爲密切。近年來，在盤龍城遺址和薛家崗遺址的中間地帶，比如陽新大路鋪遺址中也發現了少量的二里頭文化遺存因素〔註56〕，黃梅意生寺遺址的第一期遺存也大致屬於二里頭文化中晚期，這些都填補了兩處地點之間的空白。與此同時，薛家崗遺存與江淮中部地區的鬥雞臺文化巢湖類型之間關係就顯得較爲疏遠（圖 1.1.23），說明薛家崗遺存的二里頭文化因素可能來源於長江中游，它與鬥雞臺文化之間並無聯繫（圖 1.1.25-2）。

　　也就是說，江淮地區的主體文化可以分爲三種，一爲鬥雞臺文化，由西向東發展，可以分爲西部淮河流域的鬥雞臺類型和東部長江流域的巢湖類型；二爲周邶墩第二類文化遺存，先向西後向南發展，早期分佈於江淮東部以及巢湖周邊地區，後期分佈於江淮東部和江南寧鎮地區；三爲薛家崗遺存，分佈在江淮西部地區，受到了來自鄂東南地區文化的強烈影響。其中的二里頭文化因素在江淮地區的傳播大致經歷了兩條路線：一爲自沿淮地區向巢湖周邊地區的由西向東的擴展。另一條即是自鄂東南向江淮之間西部的擴展。兩條路線在二里頭文化時期可能並未打通，因爲在盤龍城遺存、薛家崗遺存和大城墩類型中二里頭文化因素差別較大。江淮之間地區的二里頭文化因素一直延續到早商時期，在薛家崗遺存和鬥雞臺文化鬥雞臺類型中均不見相當於早商一期時的商文化因素，說明商文化向江淮地區的擴展最早是在早商二期時才開始的。

的路線：另一條是東線，它是在古邗溝一帶跨江而南下鎮江等地區的。近年來發掘的溧陽神墩遺址就包含有二里頭文化和岳石文化的因素，它位於古中江通道上，古中江起源於蕪湖，向北可通過巢湖與淮河連通，它是古代一條重要的交通路線（可參見：蒙文通：《古中江》，《古地甄微》第 23～25 頁，巴蜀書社，1998 年）。東線的鎮江馬迹山、斷山墩、點將臺、城頭山等遺址中也都發現過岳石文化因素。溧陽神墩遺址的發掘情況見田名利、趙東升等：《江蘇溧陽神墩遺址發掘馬家浜文化氏族墓地》，《中國文物報》，2006 年 10 月 27 日 2 版。發掘報告正在整理中。第二條路線的表述詳見田名利：《試論寧鎮地區的岳石文化因素》，《東南文化》，1996 年 1 期。

〔註56〕據發掘者馮夢龍先生見告。

第三節　商時期文化的分期與分區

一、文化分期

依據自然地理的分野和文化主體的不同，我們可以把江淮地區分爲江淮東部區、江淮中部區、江淮西部區和江淮西部大別山區四個部分，只是文化面貌和性質都較二里頭文化時期發生了較大的變化。

1、江淮東部區

商代文化曾經廣泛的影響到了蘇北地區，考古調查發現了不少商代文化遺址，如徐州銅山縣的高皇廟、丘灣、蔡丘、江莊、小洪山、古土墩和臺上，邳州的黃樓、金龍殿和崗子，睢寧縣的東澗營等，在連雲港市的九龍口〔註57〕、錦屏山的二澗、馬腰嶺、九龍口、東海房山釣魚臺、青湖、焦莊、贛榆下廟墩等也都發現有商代晚期遺存。經正式發掘發表的材料只有銅山丘灣、高皇廟、贛榆下廟墩的商代遺存。1957 年發掘的高皇廟遺址大約相當於商代晚期，但出土的陶器和卜骨的鑽鑿方式與中原殷墟所見的有較大不同。1965 年銅山丘灣遺址發現了著名的商代社祭遺迹。有人認爲是屬於商代東夷族的祭祀遺址〔註58〕。銅山丘灣商代遺存可以分爲早商和晚商兩期。蘇北地區的商代文化遺存中，有銅器和陶器。銅器有斜直口、圓肩、鼓腹高領鬲〔註59〕，三空足外撇，器身飾弦紋，與中原地區出土的同類鬲有很大不同。從銅鬲的腹與足交接處內凹、斜領等特徵看，與山東濰坊柿子行所出的素面鬲相似〔註60〕，二者可能有共同的淵源。陶器中商式典型陶器較少，主要有鬲、甗、簋等。商式變體陶器有寬邊鬲、抹去繩紋的平襠素面鬲，斜沿、器體瘦長的繩紋鬲，細柄盤形豆、大口繩紋罐、直頸鼓腹甕、折沿淺腹盆等都與典型商式陶器有很大的差異。有學者稱之爲丘灣類型商代文化遺存，與其北的山東地區的東夷文化傳統接近。說明商時期商文化勢力對此地發生了影響，但遠沒有東夷勢力的影響大，此地總體上仍屬於東夷文化區。

再往南，商時期的文化遺存只在泗洪趙莊、沭陽萬北和鹽城龍崗有所發現，且時代均爲商代晚期。這些遺存仍然表現出東夷文化與商文化混合的特

〔註57〕曾昭燏、尹煥章：《古代江蘇歷史上的兩個問題》，《江蘇省出土文物選集》，文物出版社，1963 年。

〔註58〕南京博物院：《江蘇銅山丘灣遺址的發掘》，《考古》，1973 年 2 期。

〔註59〕徐州師範學院歷史系藏。

〔註60〕王迅：《東夷文化與淮夷文化研究》第 30 頁，北京大學出版社，1994 年版。

徵〔註61〕。比如萬北遺址中發現了 11 座豎穴土坑墓，不僅隨葬有鬲、罐、簋、豆、觚等陶器，還有青銅戈、矛等兵器以及鏟、錛等生產工具，其中的 M20 還殉葬有人，腰坑裏殉葬有狗等。墓主人的頭向均朝向東，與山東地區夷人墓葬的頭向一致〔註62〕，隨葬品中多見的高圈足簋也是東夷文化的典型器物，與殷墟不同。況且殉人和設置腰坑的行爲也早就有學者論爲東夷人的風俗〔註63〕。另外，南京博物院收藏的一批採集自萬北遺址的商代撇足陶鬲，就與我們上段中提到的山東濰坊柿子行所出的素面鬲和徐州的銅鬲出於一源。1982 年發掘的趙莊遺址也與萬北遺址具有類似的特徵。而鹽城龍崗發現的大約屬商代晚期的墓葬，則具有較多的本地文化因素，具體性質還有待材料的豐富。這一地區發現的大量的商代晚期遺存中商文化和東夷文化因素並存的現象表明，商文化和東夷文化在商代晚期曾經對此地施加了較強烈的影響。

2、江淮中部區

江淮中部地區商時期的文化遺址主要有：含山大城墩、孫家崗、肥東吳大墩、肥西大墩子、陸崗、儀徵甘草山、江浦牛頭崗、六安眾德寺、繡鞋墩、廟臺、城墩、樅陽湯家墩、合肥煙大古堆、滁州何郢、頓丘等。

主要依據大城墩和眾德寺等遺址的地層疊壓關係和單位中出土的典型器物，將江淮中部的商文化分爲四期（圖 1.1.26）。

第一期包括含山大城墩 T17 第⑧層，T18 第⑯～⑭層和六安眾德寺遺址 T1⑪層等，近年來發掘的六安廟臺遺址距離眾德寺遺址不遠，在環形房基的墊土層中，也發現了少量與二里崗下層相接近的陶器殘片〔註64〕。陶質以夾砂紅陶爲主，其次爲夾砂灰陶，有少量的磨光黑陶和極少的印紋硬陶。紋飾以細繩紋爲主，有少量的粗繩紋、弦紋、附加堆紋、素面等。鬲爲寬卷沿，瘦長體，鬲足爲圓錐形瘦長實足，足下端較尖，袋足較小較淺，分襠，胎較薄，腹飾細繩紋。也有一種鬲扁體，口沿作卷沿小方唇，分襠，高實足尖。兩種鬲的襠部和足部作風與中原二里崗下層的同類器相同。寬斜沿盆口沿一般折沿，小方唇。罐深腹，體瘦長，侈口，圓肩，平底。缸一般斂口，外壁

〔註61〕 毛穎、張敏：《長江下游的徐舒和吳越》第 15 頁，湖北教育出版社，2005 年。
〔註62〕 山東大學歷史系考古專業教室：《泗水尹家城》，文物出版社，1990 年。
〔註63〕 王迅：《東夷文化與淮夷文化研究》第 152 頁，北京大學出版社，1994 年。
〔註64〕 張鍾雲：《安徽六安發現西周遺址》，《中國文物報》，2004 年 10 月 8 日 1 版。

口沿下裝飾 2 道附加堆紋，小平底或圈足。大口尊壁較直，無肩或肩部不明顯。在六安曾經徵集到一件屬於這一時期的弦紋斝〔註65〕，與鄭州黃河醫院二里崗下層墓葬（C8M32）出土的相同〔註66〕，均爲敞口、立柱較矮，束腰、鼓腹、平底，下附三個三棱錐狀足，腰部飾弦紋（圖 1.1.27）。早商特徵的銅器還見於六安出土的觚、大口尊，霍山佛子嶺出土的二里崗下層風格的斝，肥西出土的二里崗期的斝、爵、觚等。器物的總體特徵與偃師商城早商文化第二期的同類器物相同，時代也應大致相當。

第二期包括大城墩遺址 T1⑤、T3⑤b、T4⑤、T5⑦、T17⑦、T17⑥、T18⑬～⑩、T23⑪～⑩、Y1 和眾德寺遺址 T1⑩，洪墩寺遺址 T2③，吳大墩遺址T1、T2⑦以及大墩子中層和江浦牛頭崗的早商遺存等。陶質以夾砂灰陶爲主，其次是泥質灰陶和黃褐陶，少量的夾砂紅陶，極少的印紋硬陶。紋飾以繩紋爲主，其次是弦紋、素面、附加堆紋等。代表器形有鬲、罐、豆、大口尊、大口甕、二足器、直口缸、盆、簋等。鬲口沿翻緣方唇，分襠，袋足肥大，實足瘦長，足表面光滑不飾紋飾。豆平折沿，淺盤平底，假腹，圈足粗而高，最細部偏上，中部飾十字形鏤孔。罐侈口，折肩，最大徑在肩部，肩以下緩收，深腹，凹圜底腹飾繩紋及弦紋。大口尊，體瘦長，喇叭形大敞口，微肩。缸平沿直壁，小圈足。從鬲、豆、罐、大口尊的形制來看，時代大致相當於早商文化第三期至中商文化第二期。這一期是商文化在江淮中部地區興盛的時期。

另外，屬於商代早期的商式青銅器，目前基本都發現於江淮分水嶺西南端兩側，除了上面提到的斝和觚，還有含山孫家崗的爵、含山孫戚村的戈和觚等，證明了這塊區域應該分別是東西兩個小區形成和發展的中心區域。

江淮中部商文化第三期包括大城墩遺址 T3⑤a、T5⑥、T23⑨、T23⑧，繡鞋墩遺址 T1⑥，眾德寺遺址 T1⑨、T1⑧，以及泊崗遺址等。陶質以夾砂灰陶爲主，其次是泥質灰陶和泥質紅陶。有少量黃褐陶，印紋硬陶和原始瓷。紋飾中繩紋爲主，其次是弦紋、附加堆紋、方格紋、編織紋、雲雷紋等。代表性器形有鬲、豆、罐、甕、大口尊、缸、簋、盆、甗等。鬲口沿外折，小方唇，足由上期瘦長變爲略粗矮，袋足較深，器體近方形。豆淺圜腹，假圈

〔註65〕孟憲瑉、趙力華：《全國揀選文物展覽巡禮》，《文物》，1985 年 1 期；中國青銅器全集編輯委員會：《中國青銅器全集》夏商 1，文物出版社，1996 年版。
〔註66〕楊育彬等：《近幾年來在鄭州新發現的商代青銅器》，《中原文物》，1981 年 2期。

足。罐侈口，寬沿，方唇，高頸，斜肩。缸直口，寬沿，深腹，口沿有繩抹痕迹。甗腰部飾一周附加堆紋。大口尊敞口，短頸，肩略突，腹深細長，肩部飾鈕狀附加堆紋一周，腹上部飾寬方格紋，下部飾繩紋。硬陶尊，大口，斜折沿，圓唇，深腹，小平底，矮圈足，腹飾雲雷紋。本期的鬲、罐、豆、大口尊等的形制與中商文化第三期時代大致相當。

本期銅器目前發現有兩批，包括商式禮器斝、爵、斝、罍等。其年代又略有早晚之別。如出土於明光市泊崗的一組，爵爲扁腹，斝體短粗，紋飾結構較簡單，與殷墟 YM331 的同類器相同，年代相當於早商銅器分期中的第 VII 組。而肥西館驛糖坊出土的一組斝、爵、斝，斝略細高，爵腹變圓，器身瘦長，爵、斝的柱都較高，與殷墟 YM232 的同類器雷同，年代相當於早商銅器分期中的第 VIII 組，因而它們的年代稍晚〔註 67〕（圖 1.1.27）。不過，這些銅器又有著基本一致的時代特徵，如斝體與晚商的相比仍顯稍粗，爵、斝器身都分兩段，平底，主要紋飾都是饕餮紋，其結構正處於由簡到繁的過渡狀態。其時代也應稍早於晚商的時代，這與陶器所表現的時代特徵相同。這些典型的商式青銅禮器的出現表明本期時商文化處於繁榮的大發展時期。

江淮中部商文化第四期包括大城墩遺址 T1④、T4④、T5～T8⑤、T17⑤b、T17⑤a 等。其它遺址還有含山孫家崗、六安城墩、肥西陡崗、滁州卜家墩、來安頓丘等。本期的陶器陶質以夾砂灰陶爲主，其次是磨光黑陶，有少量的夾砂紅陶，印紋硬陶佔有一定的比例。紋飾以中繩紋爲主，其次是粗繩紋、弦紋、方格紋、附加堆紋等。代表器形有鬲、盆、豆、罐、簋、甗、甕等。鬲扁體或近方體，折沿或卷沿矮頸，分襠或聯襠大袋足，鬲足錐狀，實足較矮，腹、足通體飾繩紋。罐有圓肩和折肩二種，侈口，平底。簋敞口，方唇，深腹，圓底，高圈足。甗大口，折沿，方唇，細腰，有的飾指窩紋。時代大致相當於晚商文化第一至第三期。

屬於本期的銅器也有不少，主要見有六安市區出土的銅尊、壽縣的銅斝、肥西的「父丁」銘斝、「戈」銘爵、蚌埠的鼎和斝、明光的銅鬲以及鬥雞臺遺址的鏃等。這些銅器中既包括典型的商式，又出現了不同於商式器的南方文化傳統。說明了本期江淮中部的商文化在擴展的同時也發生著變異。

江淮中部商文化在晚商三期衰亡以後，晚商第四期時的遺存極少，目前

―――――――――――

〔註 67〕 早商銅器分期參見鄒衡：《夏商周考古學論文集》第 75 頁圖三和第 110 頁論述，文物出版社，1980 年。

可以確定的比如滁州何郢遺址的商文化因素、合肥煙大古堆遺址的商文化因素、儀徵甘草山 H2 等，都分佈在滁河北岸，且文化面貌都不典型。之所以存在文化面貌極度衰弱和文化區域由滁河南北變爲滁河北岸的情況，可能與當時的社會背景有密切關係（詳見下文）。

同任何文化一樣，江淮中部商時期的文化也不是孤立形成的，它包含有三種不同的文化來源。

第一類即是決定其文化性質的商文化因素。江淮中部商文化的陶器以灰陶爲主，外表多飾繩紋等情形，均同於二里崗類型。但夾砂陶遠多於泥質陶，紅褐陶所佔比例較高，有一定數量籃紋卻又與二里崗類型有別。器物組合與二里崗類型基本相同，但也有一定差別。以鬲爲主要炊器，併兼用深腹罐、甗等類同於二里崗類型。二里崗類型常見的直壁深腹盆、捏口罐、刻槽盆、平口甕等均不見或少見於江淮中部地區；而江淮中部地區的二足器、小口廣折肩甕等則不見於二里崗類型。器形上看，鬲、豆、簋、深腹盆、大口尊、小口甕、�斝、深腹罐、甗等都與二里崗類型相似，在數量上佔有絕對優勢，從而決定了江淮中部商文化的屬性。不過，這些器物同二里崗類型的同類器又多少有些差別，如鬲的高寬比例、口部特徵、外表紋飾等，大口尊不見特長頸、口徑遠大於肩徑等。江淮中部商文化中還有一些當地文化因素，其中有的是由鬥雞臺文化延續下來，如平沿罐、短沿粗陶缸等；有的可能是來自於岳石文化，如折腹飾凸棱的豆等。因此，江淮中部地區的商時期文化應該屬於商文化的範疇，是商文化實際控制的區域。

第二類爲當地文化因素，其主要來源於鬥雞臺文化。有陶器平沿罐和短沿粗陶缸。這兩種器物是鬥雞臺文化中的典型器型，在商時期文化中數量較少。江淮中部商文化中的夾砂灰陶的比例遠多於中原商文化，而泥質灰陶的比例卻比中原商文化少的多。飾籃紋和附加堆紋的陶片都比中原商文化多，這些也顯示了江淮中部商文化的地方特色。

第三類是來源於山東地區的岳石文化和岳石文化之後的東夷文化因素。這類文化因素較少，主要包括外壁凸棱的碗形豆，子母口的罐、高圈足簋等少數器類。

3、江淮西部區

在薛家崗、跑馬墩、百林山等遺址發現了商時期的地層及遺迹。發現商時期遺物的地點由太湖王家墩、安慶沈店神墩、張四墩、芭茅神墩等遺址。

　　綜合江淮西南部各遺址的地層關係和罐、豆、鼎、鬲、缽、盆、盉、甕、斝、爵等器物的演變過程，我們把此區的文化遺存分為三期（圖1.1.28）。

　　第一期代表性單位有：薛家崗遺址H28、H31，H37等，也見於張四墩遺址的部分遺物。陶器多為夾砂紅陶，其次為夾砂灰陶，黑陶最少。素面較多，紋飾以細繩紋居多，其次為粗繩紋、籃紋。代表性器物有矮體圓肩矮領甕，侈口深直腹凹圜底罐，假圈足豆、斜直壁盆形鼎、敞口高領鼎和瘦長體尖錐狀足鬲等。矮領甕與盤龍城三期PYWM6：5陶罐相似〔註68〕；盆形鼎與盤龍城三期採集小鼎P：075相似〔註69〕；高領鼎與樓子灣盤龍城五期PLWG2⑤：13相似〔註70〕；鬲與楊家嘴盤龍城五期PYZT3⑤：8折沿分襠鬲近似〔註71〕；薛家崗H28：10豆與濟南大辛莊採集的二里崗上層陶器類似〔註72〕；也和荊南寺遺址早商期T17④B：131豆相似〔註73〕；薛家崗H28：5豆與鄭州市北二七路M4：4出土的二里崗上層期陶豆相似〔註74〕。盤龍城三期的年代大致相當於二里崗下層第二期，盤龍城五期的年代大致相當於二里崗上層一期偏晚階段，鄭州市北二七路M4的年代相當於二里崗上層時期，因此本期的年代大致相當於早商文化第二期至中商文化第一期。可以看出，本期是與二里頭文化時期～早商一期的遺存相連續的，中間不存在缺環。但是，新的文化因素如分襠高尖錐足鬲和假腹豆的出現說明這裏已經由以前主要受到二里頭文化的影響而轉變成以受商文化的影響為主。

　　第二期遺存較前期豐富，代表性單位有：薛家崗M152、H15、H20、H35、T34③層、T38③層、T44③b層，百林山H2等。除上述遺址外，還見於桐城市丁家沖，安慶市芭茅神墩、祠墩等。陶器種類除第一期流行的以外，新出現的器形有缸、缽、簋、鳥形器、碗、甗、盉、高領罐、小口罐、少量原始瓷、印紋硬陶、青銅削、銅鏃等。陶器以夾砂灰、黑陶居多，紅褐陶，灰黃

〔註68〕湖北省文物考古研究所編著：《盤龍城——1963～1994年考古發掘報告》第222頁，文物出版社，2001年版。

〔註69〕同註68，第401頁。

〔註70〕同註68，第376頁。

〔註71〕同註68，第322頁。

〔註72〕王迅：《東夷文化與淮夷文化研究》第20頁圖3-26，北京大學出版社，1994年版。

〔註73〕荊州地區博物館等：《湖北江陵荊南寺遺址第一、二次發掘報告》圖11-16，《考古》，1989年8期。

〔註74〕鄭州市博物館：《鄭州商代遺址發掘簡報》圖14-1，《考古》，1986年4期。

陶次之，少量泥質黑、灰陶。紋飾以細繩紋和中繩紋較多，少量粗繩紋、附加堆紋。代表性器物有高體圓肩高領甕、高領罐、深弧腹罐、假圈足豆、侈口弧腹鼎、斜直壁盆形鼎、侈口高領鼎、錐狀足深袋足分襠鬲、角狀把手鼎式盉以及平底爵等。圓肩甕與盤龍城七期 PLZH10：6 相似〔註75〕；高領罐與鄭州市木材公司出土的白家莊期 00H4：1 相似〔註76〕；豆與德安石灰山二期豆相似〔註77〕；罐形鼎與鄭州二里崗 T17III 式鼎相似〔註78〕。薛家崗 H17：89 小盆形鼎與二里崗 H17 出土的 II 式鼎相同〔註79〕；盤龍城七期和石灰山二期的年代大致相當於二里崗上層二期，即中商文化第一期，白家莊期相當於中商文化前期，因此本期年代大約相當於中商文化第一、二期。可以看出，本期不僅仍然包含有盤龍城類型和中原文化因素，還出現了贛鄱地區、寧鎮地區和江淮之間地區的文化因素，說明文化複雜性逐漸增強。

　　第三期代表性單位有薛家崗 H11、H38，百林山 H1，跑馬墩 H2、⑤層和⑥層等，還見於太湖王家墩上層，安慶市芭茅神墩以及張四墩遺址的部分遺存等。前期流行的爵、斝、盆形鼎、假腹豆等在本期基本不見。其它器形雖仍存在，除少數有演化關係外，大多數都發生了變化。比如罐和甕等開始流行折肩，開始出現高弧襠鬲和附耳甗等，缽、壺、罐等多有圈足，亦有少量平底，新出現帶流罐等。印紋陶和原始瓷明顯增多，印紋陶主要為罐類，其次為豆和盆等。陶器中夾砂灰、黑陶的數量增多，紅陶次之；泥質陶數量較少。紋飾以繩紋、抹斷繩紋為多，另外還有拍印的方格紋、刻劃紋、葉脈紋、雷紋、網紋、回紋等。薛家崗出土的折肩甕與安陽殷墓出土的殷墟三期 I 式罐 M12：7 相似〔註80〕；跑馬墩出土的折肩甕與吳城文化第四期折肩罐相同〔註81〕；豆與含山孫家崗商代晚期圈足豆類似〔註82〕，與殷墟 204D 豆

〔註75〕同註 68，第 473 頁。

〔註76〕鄭州市文物考古研究所：《鄭州市木材公司 1997 及 2000 年商代遺址發掘簡報》，《鄭州文物考古與研究》第 577 頁，2003 年 1 輯。

〔註77〕彭明瀚：《吳城文化研究》第 32 頁，文物出版社，2005 年版。

〔註78〕河南省文化局文物工作隊：《鄭州二里崗》，圖版貳-3，科學出版社，1959 年版。

〔註79〕同註 78，圖版貳-1，科學出版社，1959 年版。

〔註80〕安陽市文物工作隊：《安陽市殷代墓葬發掘簡報》圖七-10，《華夏考古》，1995 年 1 期。

〔註81〕彭明瀚：《吳城文化研究》第 98 頁後附圖，文物出版社，2005 年版。

〔註82〕安徽省展覽博物館：《安徽含山縣孫家崗商代遺址調查與試掘》，《考古》，1977 年 3 期。

類似〔註83〕；鬲與江淮中部商文化第四期同類器相似。因此本期的年代大致為殷墟時期。本期文化複雜性繼續存在，與贛鄱地區和鄂東南地區的關係較前期加強，除了繼續保持盤龍城類型的特徵外，鄂東南地區的土著遺存也開始影響到這一地區。本地文化因素如盤口帶把鬲式盉繼續存在並發展。

本期相對於前兩期最大的不同點在於發現了不少的青銅器。有太湖的「父辛」銘爵、潛山的獸面紋鐃、樅陽方彝、廬江的獸面紋鐃以及舒城的「父辛」銘爵和瓿等。這些青銅器既包括中原商式，也有南方文化傳統。這些商式青銅器和融合中原鑄造技術的地方青銅器的出現，以及本期很少見到商文化陶器的情況說明商代晚期商文化與江淮西部的關係發生了變化，江淮西部已經由較低級的文化地區轉變為商文化重視的地區，下文將談到，這與晚商時期將江淮西部作為「南銅北運」的通道之一有關。

江淮西部地區發現的商時期的遺存較多，但大多缺乏典型的疊壓打破關係，有些單位中的遺物也存在早晚混雜的情況，因此以上的分期只是初步的，即便如此，它仍然代表了本地區商時代的物質文化演變。本地區的文化具有較強的一致性，自新石器時代始就與鄰近文化保持著密切的關係。中原王朝建立以後，中原文化因素雖大量介入，但並沒有改變這裏固有的文化性質，並且隨著中原商文化的向北退縮，在商代晚期，江淮西部的商時期文化還可能擴展到了巢湖西部地區。

商代江淮西部的文化可以分為三個來源：一是來源於中原的商文化，比如夾砂灰黑陶稍占多數，泥質陶較少。紋飾以繩紋為主。比如繩紋深腹罐、假腹豆、斝、爵、鬲等的造型均具有商文化的諸多因素（圖 1.1.29），但並不是簡單的模仿，而是與當地文化融合後產生的一種變體。

二是來源於長江中游和下游交界地帶的本地文化因素。夾砂紅、褐陶的比例大於夾砂灰、黑陶，泥質陶較少。具有鼎式鬲、鳥形器、盉等。其中最具特點的當為盉和鳥形器，盉的上部呈鉢形、鉢底有鏤孔、一側有把手，把手尾部上翹呈彎曲角狀，形制與毗鄰的舒城至銅陵一帶群舒故地出土的周代銅盉完全相同，考古界把其作為群舒的典型器之一。此地出土的大量陶盉不見於其它地區，應是周代銅盉的祖型。另一種鳥形器也僅見於此地區，應當是具有本地小區域特點的文化因素。至於鼎式鬲則廣泛分佈於長江中下游的

〔註83〕梁思永：《殷代陶器》，《考古》第 950 頁，1988 年 10 期。

鄂東、贛北一帶，其它地方少見。這類文化因素始終佔據著文化的主導地位，是決定文化性質的一類。

第三種文化因素包括少量的印紋硬陶器和原始瓷器，是商周時期長江中下游地區文化的重要組成因素。數量逐漸增加，但最終也不佔據文化的主導地位。

4、江淮西部大別山區

需要注意的是，江淮之間除了以上的三種文化遺存之外，在大別山區尚有一個不同於中原的同期文化，也有別於江淮之間其它同期文化的文化獨立區域。論者將其稱爲大別山土著遺存〔註84〕，其中鼓墩遺址中甚至發現了二里頭文化的因素，可能說明了薛家崗遺存在早商文化的驅使下逃亡深山的情形。由於本地域的材料多屬調查和採集，而經過試掘的材料又沒有發表，因此，在這裏我們還不能進行詳細的論述。

二、文化分區

根據以上的論述，我們大致可以將江淮西部商時期的文化遺存分爲四個部分，從與中原商文化關係由密到疏的程度來看，依次爲江淮中部的商文化、江淮西部的商時期文化、江淮東部的商時期遺存和大別山區的土著遺存。

江淮西部、江淮東部和大別山區的文化面貌比較單一，分佈區域也較小，暫不存在分區的必要。

江淮中部的鬥雞臺文化在偏西的鬥雞臺類型中一直延續到早商時期，偏東的巢湖類型消亡後，巢湖地區經過了一段時間的沉寂。兩區大約均從早商文化第二期開始受到中原地區商文化的強烈影響，並在本地形成一個以商文化爲主體的新的地方類型。這個地方類型的商文化具有共同的特徵：陶器以夾砂灰陶爲主，夾砂紅陶、褐陶也較多，器類以商式鬲、甗、盆、豆、罐（甕）、大口尊等爲主。還有一些平沿罐、短沿粗陶缸、高圈足甗等。銅器以商式禮器觚、爵、斝爲多見。房屋爲紅燒土墊築的地面建築。因此他們都應該屬於商文化。這個商文化地方類型的西部曾被歸入二里崗類型〔註85〕。後又被細

〔註84〕見《中國考古學年鑑》中對於嶽西縣鼓墩和祠堂墩遺址發掘的認識。中國考古學會編：《中國考古學年鑑1986》第129頁，文物出版社，1988年版。
〔註85〕鄒衡：《試論夏文化》，《夏商周考古學論文集》第123～125頁，文物出版社，1980年。

分爲「皖西類型」和「大城墩類型」〔註 86〕。後來又有學者將這兩個類型歸併爲「大城墩類型」〔註 87〕。考慮到兩地有江淮分水嶺作爲天然分界線，文化內涵中西部多商文化的典型器，而東部多商文化的變體器，銅器的分佈態勢也表明在東西部存在不同的發展中心。另外，更爲重要的是，商文化的來源方向可能存在不一致〔註 88〕，對鬥雞臺文化也存在一定的繼承關係，因此，我們仍將其分爲兩個類型，沿用王迅先生所劃分的皖西類型和大城墩類型的命名（圖 1.1.30）。

但與王迅先生不同的是，我們認爲兩個類型是以江淮分水嶺爲界的〔註 89〕，兩個類型在不同的時期分佈範圍也不同。兩個小區大約是在同一個時期形成的，文化雖都來源於商文化，但來源的途徑不同，這可能才是形成不同類型的根本原因。

江淮西部地區商時期的文化與二里頭文化時期的文化之間除了所接受的中原文化因素發生變遷之外，其根本的文化內涵存在較大的一致性，這指的是自二里頭文化時期即處於長江中下游之交的當地文化因素，包括附耳甗、罐形鼎、折肩罐、帶把盃等始終沒有被融合，並且在中原文化因素減弱的時候，迅速發展。尤其是商代晚期是它們大發展的時期，這與整個鄂東南地區大路鋪遺存的形成和發展基本上是同步的，但文化的內涵不盡相同。大路鋪遺存中較多的刻槽鬲足、刻槽鼎足、雙層包製鬲足等在江淮西部地區很少發現，而後者發現較多的帶把盃在鄂東南地區也較少發現。因此，江淮西部地區的夏商時期文化都是以當地文化因素爲主體，而接受了中原不同王朝的文化，此地商時期的文化遺存與二里頭文化時期的遺存具有一脈相承性，據此，我們將商時期分佈在江淮地區西部的文化命名爲薛家崗商遺存，它在商代早中期受到了中原商文化的強烈影響，商代後期除銅器外地方複雜性明顯增強。

〔註 86〕 王迅：《東夷文化和淮夷文化研究》第 65～69 頁，北京大學出版社，1994年。

〔註 87〕 王立新：《早商文化研究》第 185～190 頁，高等教育出版社，1994 年。

〔註 88〕 西部直接來源於中原，而東部可能是由中原商文化經盤龍城類型通過長江通道傳播而來的，詳見下。

〔註 89〕 王迅先生把肥西一帶的遺址歸入皖西類型，但在他所羅列的皖西類型的遺迹和遺物時，並沒有用肥西的材料，筆者認爲，肥西一帶文化遺迹較多，可能是六安以外的另一個文化中心，因此將其歸入大城墩類型。

三、時空變遷及與商文化的互動

　　結合江淮之間文化的發展進程和商文化因素的出現及變遷，大致可以將商文化對此地域的互動關係分為四個階段，即早商二期～中商二期是江淮之間商時期文化開始出現並穩步發展的時期；中商三期商文化的發展重心向江淮下游轉移，而江淮西部出現文化的衰弱；晚商文化一～三期商文化在江淮下游繼續擴展的同時，江淮西部地區也出現了不少的商式青銅器；晚商四期商文化的主要勢力在江淮西部地區基本消亡，在江淮中部也轉向了滁河以北，而在江淮東部的偏北地區有過較強烈的影響。

1、早商二期～中商二期

　　早商一期時，商文化還沒有影響江淮之間地區。江淮中部的鬥雞臺文化在偏西部的鬥雞臺類型範圍內一直延續到早商一期時，而偏東部巢湖類型範圍內自二里頭文化四期後目前也不見文化遺存的分佈。江淮西部此時仍然繼續二里頭文化時期的薛家崗遺存。

　　自早商二期開始，商文化開始影響江淮地區，在江淮中部繼承了鬥雞臺文化兩個小區的傳統，可分別以眾德寺和大城墩遺址為代表分為皖西淮河流域區和巢湖周邊長江流域區。兩個小區商文化形成之初，文化內涵不完全相同，皖西淮河流域區保留有與鬥雞臺文化相似的大口尊等器形，典型商式器物也多於巢湖周邊長江流域區，而長江流域區多見商文化的變體器，尤其是大口缸、折沿盆、深腹罐以及高領溜肩罐的造型特徵與盤龍城遺址的商文化較相似，與黃梅意生寺遺址的早商遺存也有一定的相似性（圖 1.1.29）。說明兩個地區的文化雖然都來自於中原，但可能有著不同的傳播路線，其中巢湖周邊長江流域區的商文化可能來自於長江中游的盤龍城類型，而沿淮地區的商文化應直接來自於中原。

　　自早商三期至中商二期，江淮中部商文化逐漸繁榮，兩個小區範圍均有擴大，均在原有的範圍內向東擴展，文化內涵也很豐富，但仍然存在不少的區別。西部沿淮地區當地文化因素佔有較大的比例，如高領鬲、卷沿侈口罐、平沿罐等。淺盤器、頸部飾附加堆紋的深腹平底罐等呈現出岳石文化早商時期的風格，二里崗期的文化特徵則體現在錐足鬲等器上。東部巢湖地區則受商文化的影響較為明顯，如瘦高體錐足鬲、假腹器、深腹罐、大口尊、簋等，地方特徵亦保存了下來，如缽形三足鬲、廣肩折沿罐、雙足筒形器、敞口折沿盆、寬體鬲、曲壁坩堝、鳥首鋬等，同時南方文化影響的勢頭亦有所增加，

比如印紋硬陶菱形紋鼓腹罐、雲雷紋尊等。但在文化面貌上這兩個小區比二里頭文化時期有了更多的共同點，文化同步性在逐漸增強。反應了兩個小區的聯繫在逐漸加強，而巢湖類型與長江中游和江南的聯繫也在繼續保持。

江淮西部地區，自早商二期開始與中原的商文化建立聯繫。這一地區作為長江中下游之間交流的重要的水上通道，含有不少周邊文化的因素也在情理之中。在這些文化因素中，與同時期盤龍城類型商文化的關係最為密切，並且盤龍城類型中的典型器——鼎式鬲在這裏的型式更為多樣，這些盤龍城類型的因素一直延續到盤龍城類型商文化的消亡。同時與鄂東南之角的黃梅意生寺遺址也有一定的相似性。更為重要的是，江淮西部商時期的文化表現出與巢湖周邊商文化更強烈的相似性，比如大口深腹罐、假腹豆形態基本一致。黃梅意生寺遺址與巢湖周邊商文化的關係也較密切。比如第一期中的折沿深腹鼎（圖1.2.15）與大城墩遺址中的「折沿深腹盆」〔註90〕如出一轍；第二期中的束頸鼓腹鬲、侈口溜肩中口罐與大城墩遺址的同類器也相同（圖1.1.4-4-1、2、15）。江淮西部與吳城類型鬲、深腹罐形態也基本一致，吳城類型的豆與大城墩遺址的豆幾乎完全一致（圖 1.1.29）。所有以上這些似乎都說明了盤龍城類型和吳城類型商文化通過江淮西部地區對巢湖周邊商文化施加了影響，並很可能是後者形成的直接起因，表明在早商時期長江中下游之間的長江水道是相通的。

江淮西部地區夏商文化與周邊文化都有較大的差異，不應歸屬於其中任何一個考古學文化。江淮西部文化遺存中所包含的中原二里頭文化和商文化的因素不是純粹的，它們是在融合了長江中游的文化因素後的繼續傳播，雖然大體上與中原二里頭文化和二里崗商文化的同類器型相同或相近，但這些器類卻是經過吸收改造了的器型，或在陶質上有所差別，屬於當地製作的產品。隨著地區間的交流日益頻繁，從第二期開始，不僅原來的臨近的鄂東南和江淮之間，而且包括江南寧鎮地區和贛鄱地區等廣大南方百越地區的土著文化因素都在此交彙，文化面貌日益複雜。促使江淮西部地區夏、商文化既具有地方文化特點，又兼具周邊文化元素。總體看來，該區域內夏代中晚期至商代二里崗下層一期時的文化遺物地方特點明顯，文化面貌相對單一，為方便敘述，我們將其稱為薛家崗遺存。自二里崗下層二期開始，地區間的交

〔註90〕此器很可能也是鼎，因為下部殘缺，不確定。見含山大城墩遺址第三段陶器圖-7。

流往來頻繁，薛家崗遺存的文化面貌發生變遷，文化面貌日益多樣化，分佈範圍也大大增加，我們將其稱爲薛家崗商遺存（圖 1.1.31-1）。

2、中商三期

中商三期時，商文化在江淮中部的勢力範圍繼續擴大，不僅皖西類型沿淮河向下游擴展至蘇皖交界地帶，巢湖類型也跨過滁河向東北發展，在嘉山泊崗發現的商代中晚期的青銅器墓葬說明商文化對這裏產生過較大影響。

但是商文化在江淮西部地區的影響此時卻處於低谷，這裏基本不見中商後期的商文化因素。相反，卻與鄂東南地區以及贛鄱地區的同時期文化建立了較密切的聯繫。商文化通過江淮西部與江淮中部地區的聯繫此時可能不再暢通（圖 1.1.31-1）。

3、晚商一～三期

晚商早期，江淮中部的商文化繼續發展，有證據表明，此時的商文化因素已分佈到江淮東部地區。比如在沭陽萬北發現有含有商文化因素的商代中晚期的墓葬、採集有中原風格的青銅鼎等，甚至在江淮東部的鹽城龍崗商代墓葬中也發現有商文化因素的假腹豆等〔註 91〕等。但是，必須指出的是，無論是萬北墓葬、還是龍崗墓葬中的出土物除了商文化因素外，還包括了東夷文化因素，比如萬北遺址的出土物分爲中原風格的繩紋陶和東夷風格的素面陶，龍崗墓葬中也出有岳石文化的半月形石刀等，說明中、晚商時期商文化向江淮東部地區的擴展是與東夷文化發生衝突的，它們共存於這一地區。

除了商文化在江淮東部地區的擴展外，此時的江淮西部地區也開始出現了不少的青銅器。正如上文所論，所發現的晚商時期的銅器，除了中原風格的外，也包括較多具有地方特徵的。比如：六安出土的大口折肩尊〔註 92〕、廬江和潛山出土的獸面紋大鐃等。其中銅尊是以長江爲軸線的長江中上游地區的典型器型，六安的尊既承接了中原殷墟早期銅尊的特點，又兼具南方大口尊的地方特色，它的出現將這類器物的流傳區域擴展到長江中下游地區，可能表明此時江淮北部地區的文化交流和文化面貌都發生著變化〔註 93〕。大鐃多出於長江以南的湖南、浙江、福建、江蘇等古越族分別區域，廬江、潛

〔註 91〕毛穎、張敏：《長江下游的徐舒和吳越》第 15 頁，湖北教育出版社，2005 年。

〔註 92〕安徽省皖西博物館：《安徽六安出土一件大型商代銅尊》，《文物》，2000 年 12 期。

〔註 93〕李勇、程紅：《安徽六安商代青銅尊淺釋》，《中原文物》，2004 年 5 期。

山等地出土的鐃與湖南出土的象紋大鐃相近,當是地方特徵的反映。而中原商式銅器也不少,有太湖的「父辛」銘爵、樅陽的方彝以及舒城的「父辛」銘爵和觚等。中原商式的銅器和地方特徵銅器的出現表明這一時期商文化也加強過對江淮西部的滲透。

以上江淮之間商文化因素主要在偏東部和偏西部繁榮的情況表明,此時期商文化的重點影響地區在江淮東部和江淮西部地區(圖1.1.31-2)。

4、晚商四期

這一時期,商文化所控制的的勢力範圍已經逐步退到淮河以北的地區,在淮北的阜陽、利辛、潁上、阜南等地出有大量的商式銅器。而江淮中部地區目前已報導的材料中可以確認爲晚商末期的遺存很少,晚商陶器也大多爲晚商早期。合肥煙大古堆、滁州何郢、儀徵甘草山發現的商末周初的商文化因素表明商文化已經逐步退到滁河以北地區。相反,地方文化因素和岳石文化因素卻大大增強。前期已經在巢湖西岸的廬江發現地方特徵的銅器來看,此時的薛家崗商遺存可能已經擴展到了巢湖西部。商末周初的商文化因素除了在滁河北岸的遺留外,在淮河下游也繼續存在,比如沭陽萬北就有屬於此時的商人墓葬,但分佈範圍已極有限,說明商人此時在江淮東部可能僅保留有少量的軍事據點(圖1.1.31-2)。

江淮地區的文化因素可以分爲中原商文化、東夷文化和地方文化特徵。在江淮中部地區,第一期時,已有商式陶器鬲、盆等。在第二期和第三期時,銅器全部與中原地區的商式同類器形態相同,商式陶器的種類、數量都比第一期增多,主要器形有翻緣方唇鬲、平沿直壁簋、假腹豆、深腹繩紋罐、大口尊、折沿深腹盆、甕等,這些陶器佔了全部陶器的絕大多數,形態多與中原地區早商二里崗上層至中商時期的同類陶器形態相同或相仿。第四期年代屬於晚商,鬲、豆、簋等與商文化同類陶器相似。江淮中部商時期的上述文化因素,大部分是典型商式器物,這類器物包括全部銅器和大部分陶器鬲、簋、盆、大口尊、甕、罐、甗等。但也有一些只能屬於商式器物的變體,如有頸的鬲、寬體鬲、斜壁假腹豆、粗體大口尊等,贛鄱地區的吳城文化中也有類似的因素存在,表明它們之間此時可能存在著聯繫。晚商第四期時,商文化在江淮中部的影響已大大減弱。

岳石文化因素在江淮中部商文化中的第一期所佔比例極小,第二～第三期時東夷文化因素繼續存在,但數量都不多,包括少量的圈足簋、矮凸棱子

母口器和折腹豆等。第四期時除圈足簋繼續延續外，還有折肩鬲、素面鬲等東夷文化因素或者東夷文化的變體因素也開始出現，說明本地區與東夷文化的交流開始增多，預示了一個新的文化階段即將到來。

江淮東部地區具有商文化和東夷文化的雙重文化歸屬，總體面貌上也難分伯仲，是東夷文化和商文化爭奪激烈的地區。

江淮西部地區在整個商文化時期鼎多鬲少，僅見少量商文化特徵的變異，該區主要是承襲發展了土著文化，如錐足平底鼎、尖錐足平底斝、盤口折肩袋足帶鋬及流的盉與鳥形壺等，與商文化的區別明顯。

第四節　西周時期文化的分期與分區

一、文化分期

根據自然地理的分野和文化傳統的傳承關係，我們把江淮之間地區分為江淮北部淮河流域區、南部滁河流域區、西部長江流域區和古邗溝以東的江淮東部地區。南部滁河流域區和西部長江流域區大致以肥西－巢湖一線為界。

1、江淮北部淮河流域區

北部淮河流域區的主要遺址包括霍邱繡鞋墩、洪墩寺、扁擔崗，六安眾德寺、西古城、堰墩〔註94〕，壽縣青蓮寺、鬥雞臺等遺址。

根據已發掘遺址的地層關係，並參考大量的調查材料，可以對陶器進行歸納分析。其中霍邱繡鞋墩遺址包含西周早、中、晚三期遺存，並且地層關係明確，三期緊密銜接，可為分期提供可靠的依據。初步將本小區西周時期的文化遺存分為三期（圖 1.1.32）。

西周早期，以霍邱繡鞋墩二段、壽縣鬥雞臺五段為代表。陶器以夾砂灰陶和夾砂紅褐陶為主，其次為夾砂黑陶，泥質陶數量較少，有灰、紅、黑三種。紋飾以繩紋為主，素面陶次之，還有少量的附加堆紋、捺窩紋和絃紋。器類有鬲、罐、豆、盆、簋、甗、碗、甕等，以鬲、罐數量最多。鬲多口折沿束頸，弧襠略瘤，錐足，通體飾繩紋。罐型式多樣，其中直領罐較典型，

〔註94〕堰墩遺址位於江淮分水嶺上，其西有堰墩河向北流入淮河，其文化內涵具有分水嶺南北的共同特色，相比之下，與壽縣區域的幾處遺址的文化面貌更為接近，而與巢湖區域遺址的差別較大，因此我們把此遺址也放入這個區域進行介紹。

侈口圓唇，圓鼓腹，凹圜底，頸以下飾繩紋。盆多爲敞口淺腹，亦飾繩紋。豆把較高，盤腹多飾凹弦紋，盤口沿較厚，方唇。

西周中期以霍邱繡鞋墩三段、六安眾德寺三段和壽縣青蓮寺三段爲代表。陶器以夾砂灰陶爲主，其次爲夾砂紅褐陶和夾砂黑陶，泥質陶有灰、紅、黑三種，數量極少。紋飾以繩紋爲大宗，素面陶次之，有少量附加堆紋、弦紋和捺窩紋。器類以鬲、罐爲主，還有盆、豆、甗、甕、簋、尊等。鬲爲折沿方唇，束頸，癟襠，袋足較深，有柱足和錐足兩種；罐侈口折沿，鼓腹，凹圈底；豆盤較淺；尊爲大口，頸較高，多飾附加堆紋。

西周晚期以繡鞋墩四段、眾德寺四段、青蓮寺四段爲代表。陶器以夾砂灰陶爲主，其次爲夾砂紅陶和夾砂黑陶，泥質陶極少。紋飾仍以繩紋數量最多，有少量附加堆紋、弦紋和捺窩紋。器類主要有鬲、罐、豆、盆、甗、缽、甕等，以鬲、罐數量最多。鬲侈口方唇，深袋足。鬲足多爲柱狀足，有些鬲足足端突出，似一疙瘩，應是將足端面蹾平時受力形成的。在青蓮寺遺址中出現了一種素面鬲，口徑 10、高 10.4 釐米，形體較小，手捏製，侈口補沿，腹壁近直，足內窩較淺，柱足。豆把較矮，豆盤中心明顯下凹。罐除凹圜底鼓腹罐外，新出現一種平底罐，短折沿，斜肩，下腹壁斜收，最大徑偏中上。缽均爲斂口，平底。

淮南市的部分遺址商文化遺物很少，從青風嶺遺址發現的方唇鬲口沿、假腹豆、素面錐狀鬲足分析，時代爲商代晚期。西周文化遺物採集較多，從部分鬲口沿、鬲足、罐、盆看，年代相當於西周中、晚期。其特征和風格與典型周文化有較密切關係〔註95〕。

在眾德寺和青蓮寺遺址發掘屬於中晚期的墓葬 5 座，均爲豎穴土坑墓，葬式爲仰身直肢，其中三座無隨葬品，另兩座各隨葬 2 件陶器，分別是鬲、罐和豆、罐。

江淮中部淮河流域區西周時期文化三期間文化面貌大體一致，沒有大的區別。陶器方面，均以夾砂灰陶爲主，夾砂紅褐陶和夾砂黑陶次之，泥質陶器只占極小的比例。紋飾以繩紋占絕大多數，素面陶次之，並有少量的附加堆紋、弦紋和捺窩紋等。陶器器類組合也基本相同，均以鬲、罐爲主，還有豆、盆、甗、甕、簋等。在器物形態特徵上，總的來說早、中、晚三期之間

〔註95〕何長風：《淮南市古文化遺址調查》，《文物研究》總第七輯，黃山書社，1991年。

也很接近，一些典型器物存在著明顯的演化軌迹，反映出本地區西周時期文化是一脈相承連續發展下來的。

從總體文化面貌上觀察，本地區西周時期陶器在陶質、陶色、紋飾方面均與中原地區西周文化具有相當大的共性，其主要器類組合鬲、罐、豆、甗、盆及其形制特徵與中原地區也基本相同，很少見到具有地方特點的文化特徵。僅晚期出現的素面鬲、折腹豆帶有江淮地區南部同時期文化的因素〔註96〕，因此，就目前已知的材料來看，安徽淮河流域西周時期文化應屬於中原周文化範疇〔註97〕。

2、江淮西部長江流域區

西部長江流域區的西周時期遺址主要包括盧江大神墩、樅陽湯家墩、潛山薛家崗，安慶棋盤山、張四墩、跑馬墩、百林山，太湖王家墩等。另外還有大量的遺址屬於調查材料（附表一）。

這一地區的文化面貌較爲單一，許多文化因素都具有一脈相承性，大多數遺物尤其是銅器都具有地方特徵，我們主要根據薛家崗、張四墩、跑馬墩、百林山、王家墩和大神墩的材料，將江淮西部西周時期的文化分爲早、中、晚三期（圖1.1.33）。

西周早期的遺存以薛家崗遺址T49、T50⑨、⑩層，以及跑馬墩、張四墩和百林山的部分遺物爲代表。夏商時代流行的鼎式鬲在本期仍然可見，腹更直，但數量已大量減少。商代流行的鼎式盉在本區域還未發現。豆敞口淺盤矮圈足。高領罐瘦長體，最大腹徑在中部。鬲聯襠、高領、侈沿、腹較直、足流行矮錐狀，也有少量敞口直腹鬲和侈口鼓腹鬲。罐侈口、鼓腹。硬陶和原始瓷較少。陶系以夾砂灰陶爲主，器表素面爲主，繩紋較多，也有少量方格紋、附加堆紋等。

西周中期的遺存以薛家崗遺址的大部分灰坑和跑馬墩②層、張四墩H1、H2、樅陽湯家墩第二段和大神墩、王家墩晚期遺存中的部分遺物爲代表。高領罐圓肩，最大腹徑靠上部。淺盤豆豆腹變深、圈足變高，並出現折腹豆。鬲流行聯襠折沿、鼓腹、矮扁體、三足內收，足流行矮錐狀和柱狀平足，也有少量的侈口折沿折肩鬲。罐侈口，折肩微卷較窄。甗折腰，腰部裝飾寬帶

〔註96〕尤其是眾德寺遺址M2所出的1件折腹豆，侈口方唇，矮圈足，與南方地區常見的硬陶或原始瓷豆形制非常接近。

〔註97〕宮希成：《安徽淮河流域西周時期文化試析》，《東南文化》，1999年5期。

狀堆繩紋。帶把盤口鬲式盉大量流行，與商代流行的鼎式盉不同，獨具特色，這種盉甚至影響到了江淮分水嶺北部的地區，在六安堰墩遺址就可見此類盉。陶係仍以夾砂灰陶為主，紅褐陶較多。紋飾流行弦斷繩紋，素面器大量增加，並有少量附加堆紋和絃紋等。

西周晚期遺存以百林山 H3、王家墩晚期遺存、張四墩 H5、H6、樅陽湯家墩第三段和大神墩、薛家崗部分遺物爲代表。流行折肩折腹的作風。鬲弧襠近平，流行柱狀底部蹾成疙瘩狀平足。甗弧腰無裝飾。弦斷繩紋不再流行，繩紋比例超過素面，並且以中繩紋爲主。陶器中最具時代特點的是在偏西部的地區出現了大量的帶漏斗形附耳的甗，這類器物與中原的周文化存在較大的區別，但同鄂東、贛北地區的遺址中較爲常見。

可以看出，相對於宗周文化和江淮分水嶺以北地區的文化來說，本區的文化特徵較爲獨特。這裏的黑皮陶較多，流行三足器，鼎、鬲並存，盉形器獨特，是承襲了本地商代的特徵，尤其是在早期時這種承襲性更爲明顯。但自西周中期開始，素面器增多，陶鬲出現柱狀足和疙瘩形足等的特徵又與巢湖以北地區相同。相比來說，其東部與巢湖周邊地區有較多的交流，西部則與鄂東南地區有相似性。就時間來看，其早期仍然延續著自夏商以來的土著文化，自中期開始，文化面貌發生變化，文化內涵增多，具有特徵性的器物比如折肩鬲、帶把盤口鬲式盉等大量出現，文化勢力明顯增強，而晚期時，又增加了較多的鄂東南和贛北地區的文化因素。

3、江淮南部滁河流域區

本區的範圍大致處於肥西—巢湖一線以北的滁河流域區。遺址主要包括含山大城墩、孫家崗、肥東吳大墩、江浦蔣城子、曹王塍子、牛頭崗、滁州何郢、盱眙六郎墩、儀徵甘草山、神墩以及合肥煙大古堆等。

宋健先生在 20 年前就已經將滁河流域的西周時期文化劃爲一個獨立區域，說其既不同於江南的吳文化系統，也不同於江淮地區的西周時期文化，但與江淮地區同屬於淮夷文化區系〔註 98〕。張敏先生將滁河流域東部蜀崗地帶的幾處遺址，比如儀徵甘草山遺址劃歸江南吳文化系統〔註 99〕。根據對位於滁河流域幾處遺址的具體分析，我們認爲它們處於江淮分水嶺北部宗周文

〔註98〕宋建：《試論滁河流域的周代文化》，《東南文化》，1990 年 5 期。

〔註99〕張敏：《寧鎮地區青銅文化研究》，高崇文、安田喜憲主編：《長江流域青銅文化研究》，科學出版社，2000 年。

化區、江淮東部夷人文化區和寧鎮地區吳文化區的交彙地帶，受到的文化影響在不同的時期表現出不同的強弱對比。

在整個西周時代，與長江南岸陶器和其它文化遺存方面的差異不難識別。總體上看，長江北岸的墓葬爲豎穴土坑，有木質葬具，隨葬較多的具有地方特徵的銅禮器，比如素面鬲、幾何紋瓿、盤口盃等。多數遺址西周陶器以灰陶爲主，硬陶、原始瓷較少。陶器紋飾以繩紋爲主，鬲、甗亦不例外，幾何形印紋陶器較少。繩紋鬲或作癟襠，也有折肩淮式鬲。周式盆、豆、罐、甕較多。鼎和羊角形把手少見。長江南岸的吳文化流行具有高大土堆的土墩墓，銅禮器中足尖較細的撇足鼎最具特色，不見於江北，而江北的特色銅器也不見於江南。江南的西周時期陶器以紅陶爲主，硬陶、原始瓷的比例較大，幾何形印紋陶較多，素面鬲、素面甗較江北爲多，素面鬲或作袋足，瘦高體，與江北體較矮，袋足較肥的素面鬲型制不同。鼎和羊角形把手鬲較常見。可見，西周時期無論是江北因素在江南，還是江南因素在江北都不佔據主導地位，兩個地區文化的界線是比較清楚的。但需注意的是寧鎮地區文化因素尤其是陶器方面，在江北是逐漸增加的，到了西周晚期～春秋早期時，超過了宗周文化因素，佔據了文化主導地位（表 1.1.11）。

但是涉及到與宗周文化和東夷文化的關係方面，就不是十分清楚了。

滁河流域區西周早期的遺存大多都發現有商代末期的文化因素，它們在地層關係上都較難區分。例如近年來發掘的滁州何郢、合肥煙大古堆、以及儀徵甘草山遺址等都是商代末期的遺存與西周早期的遺存共存，都沒有早於商代末期的遺存發現，這說明了商代晚期商文化大城墩類型消亡後，商文化因素的四散情況，也說明了此地的西周早期文化是通過對商文化大城墩類型的取代而確立的。滁州何郢遺址還發現了大量商末周初的動物祭祀坑遺迹〔註 100〕，表明其在商代末期和西周早期的重要地位。有的發掘者和研究者認爲滁州何郢遺址代表了西周時期一種新的文化類型〔註 101〕。

〔註100〕這些祭祀遺存的內涵與商周時期中原文化中心區的祭祀現象一致，但地位較低，代表了一種鄉村規模的祭祀現象。可參考袁靖、宮希成：《安徽滁州何郢遺址出土動物遺骸研究》，《文物》，2008 年 5 期。

〔註101〕宮希成：《安徽滁州市何郢遺址發掘的主要收穫》，《古代文明研究通訊》第15 期，2002 年。

表 1.1.11　何郢遺址各陶器群分期統計表（復原器）〔註102〕

陶　器　群 分　　期	宗周文化因　素	寧鎮地區文化因素	地方性因　素	東夷文化因　素
西周早期	18（56.3）	5（15.6）	7（21.9）	2（6.8）
西周中期	57（36.5）	32（20.5）	49（31.4）	18（11.6）
西周晚期至春秋早期	19（23.5）	36（44.5）	17（21）	9（11）

單位：件（%）

　　經研究，何郢遺址的西周時期遺存可以分爲三期，包含有四組文化因素（圖 1.1.34），分別爲宗周文化因素、寧鎮地區文化因素、地方性因素和東夷文化因素。四組文化因素在不同時期的比重發生了較明顯的變化，具體表現在早中期以宗周文化因素爲主，晚期以寧鎮地區文化因素占大宗，地方文化因素和東夷文化因素始終處於從屬地位，它們雖然在中期時曾經有過明顯增加，但晚期又明顯減少。

　　我們將滁河流域區的大城墩遺址、吳大墩遺址、蔣城子遺址、曹王塍子遺址和甘草山遺址與何郢遺址進行對比，看它們之間文化的異同變化。

　　從大城墩的陶器分期來看，西周早期與晚期之間的文化面貌變化很大。西周早期的陶器大部分繼承了中原地區周文化特點，如繩紋分襠鬲、折沿鼓腹弦紋簋、腹部有三角劃紋的簋、繩紋卷沿盆、帶兩道弦紋的圓肩小罐等，這與何郢遺址的情況相同。部分陶器也繼承了本地區晚商文化因素，如寬平沿平底細高柄豆、斂口圜底弦紋豆等，另外還有長江南岸湖熟文化的部分因素，如素面鬲、素面甗、原始瓷豆等。西周晚期，早期時的器型大多消失，大部分器型是新出現的，如素面折肩鬲、折沿平底素面盆、弧腹圜底細柄豆等，這組器物在滁河北岸的何郢遺址都能找到對應的器型，另外大城墩西周早期的陶器大多爲夾砂灰陶，到了晚期夾砂紅陶佔據了絕對優勢，這與寧鎮地區和整個滁河流域的趨勢也是一致的。可見在西周晚期滁河流域的文化特徵已更爲接近。

　　古城吳大墩遺址西周時期遺存的三個發展階段發展序列明顯，不存在較大的變異，如繩紋在整個遺址發展過程中始終佔據主要地位，沒有何郢遺址那樣有數量較多的素面器等，吳大墩遺址的陶器更多的表現出了周文化因素

〔註102〕本表根據余建立:《何郢遺址出土陶器的初步分析——兼論滁州地區西周時期考古學文化編年譜系及其相關問題》，北京大學 2006 年碩士畢業論文。

對本地文化因素的影響，與大城墩類型相比，在西周早期兩者的文化面貌較為接近，但晚期時繼續保持與宗周文化的密切關係，這與其它地區有所差異。可能與其分佈位置較為靠近淮河流域區的宗周文化區有關。

蔣城子西周時期遺存與大城墩的面貌較為相似，前期的陶器繩紋陶器較多，素面風格較少見，陶器多帶有明顯的中原地區周文化因素，後期有較大變異，素面器大量增加，與何郢遺址的文化面貌趨同。

曹王塍子西周文化層出土陶器以夾砂紅陶為主，但是夾砂灰陶在整個陶系中所佔比例在 40%左右，而且紋飾以繩紋為主，素面比例較小，幾何印紋陶的比例很小。從器物特徵看，曹王塍子西周文化層受中原文化因素影響較大，從另個角度看，其特點與蔣城子遺址一樣與大城墩遺址較為接近。

滁河以北的儀徵甘草山遺址與滁州何郢遺址的文化面貌較為一致，甘草山遺址陶器以夾砂紅陶為主，有少數繩紋、間斷繩紋和捺窩紋，以及大量的紅燒土遺迹等都與何郢遺址極為類似，並且鬲、盆等都具有相似的特徵，需要特別指出的是：甘草山發現的一件紡輪，在一面的平面上飾有等距的 9 個小孔，而在何郢遺址中也發現一件，只不過孔的數量為 10 個；另外，甘草山遺址也出土了若干陶拍，其花紋與何郢遺址所出幾乎完全一致。

根據以上的分析，我們可以看出，滁河流域區的文化大致經過了相同的發展過程，它們在西周時期應該屬於同一個文化區。宗周文化主要是在滁河以北完成了對商文化的取代，並基本上重新恢復了商文化大城墩類型的滁河以南地域。從這個意義上說，實際上宗周文化在這一區域還是具有文化主導地位的，尤其是在早期，這種主導地位最為明顯。但是隨著地方文化因素的發展以及吳文化因素和東夷文化因素的強力介入，宗周文化的主導地位受到了嚴重消弱，中期時其它因素均強力發展，只有宗周因素大幅度下降，但總體文化面貌趨向一致。晚期晚段時最終淪為寧鎮地區吳文化的附屬區域。

我們根據以上幾處遺址的疊壓打破關係，把此地區的西周時期文化分為西周早、中、晚三期（圖 1.1.35）。

西周早期以含山大城墩第七段、肥東吳大墩第三期、滁州何郢遺址一期、江浦蔣城子遺址的前段、儀徵甘草山遺址的第一、二段等為代表。本期常見陶系以夾砂灰陶為主，泥質紅陶、泥質黑陶和灰陶均較少。硬陶和原始瓷少見。紋飾以細繩紋為主，有填線三角紋、鋸齒紋、網格紋、葉脈紋等，常見附加泥條和堆貼裝飾。常見的陶器種類，炊器以鬲、甗為主，盛食器有盆、

簋、豆、罐、缽等。鬲、甗均包括繩紋和素面兩種，甗腰上多堆貼泥條，泥條上按捺密集的指窩。

西周中期以肥東吳大墩第四期、何郢遺址第二期等為代表。陶系以夾砂紅褐陶為主，泥質黑陶、夾砂灰陶次之，有少量的印紋硬陶和原始瓷器。紋飾以中繩紋為主，還有粗繩紋、弦紋和附加堆紋等，堆貼裝飾仍較多見。但甗腰部位已多不飾。常見陶器有鬲、甗、盆、罐、缽、豆、簋、甕等。其中斂口缽、原始青瓷高圈足碗等屬新出現的器形。

西周晚期以含山大城墩第八段、肥東吳大墩第五期、江浦蔣城子後段、曹王塍子、儀徵市甘草山的第三段、浦口長山子西周墓葬、儀徵破山口西周墓葬等為代表。仍以夾砂紅褐陶為主，並且夾砂灰陶和泥質陶相比前期繼續減少，硬陶和原始瓷器的數量有所增加。素面有所增加，但仍然以繩紋為主，出現了較多的印紋陶紋飾，比如席紋、折線紋、回紋、方格紋等。陶器種類與前期相近，但繩紋鬲和繩紋甗有所減少，素面鬲和甗多見。

此地的陶器種類存在明顯的演化趨勢。比如一種侈口折沿聯襠繩紋鬲由稍高體向扁體，襠部逐漸變矮，口徑略等於兩足徑向遠大於足徑演化，在中期出現的折肩鬲是江淮地區特有的一種器形，學者們多將其稱為「淮式鬲」；一種素面鬲為弧腹向折肩和直腹演化，器形逐漸「明器化」；盆由侈口斜腹小平底向略直腹大平底演化，逐漸變深；簋由粗矮圈足向高圈足演化；豆由矮圈足平底向高圈足圜底下凹演化；缽由斂口較弱向斂口較甚演化；侈口鼓腹罐由弧腹向折腹演化等。

與中原地區的西周文化的共同點主要表現在大部分的繩紋鬲、盆、矮圈足簋、豆、部分罐、甕的形態特徵，都與周文化的同類器物特徵大同小異。總體來看，此地區的陶器種類與北部沿淮地區多有相似，有些器物也存在相似的演化過程。

陶器中的印紋陶繫罐和原始瓷豆、盅等器以及紅陶逐漸增多的趨勢都與江南吳文化分佈區的特徵相同。

4、江淮東部區

從目前遺址的發現情況來看，江淮東部地區西周時期的文化遺存較少。時代可以早到西周早中期的遺址有姜堰天目山遺址〔註103〕。時代可自西周早

〔註103〕南京博物院、泰州市博物館、姜堰市文物管理委員會：《江蘇姜堰天目山西周

期一直延續到兩周之際（圖 1.1.36）。從包含物來看，大致可以分爲兩個階段，西周早中期具有江淮地區周代文化的一些共性，既有宗周文化因素，也有商文化的遺留因素，同時包含有較多的夷人文化因素。比如簋、繩紋鬲、繩紋罐、曲柄豆、盆、罐等與含山大城墩、肥東吳大墩、江浦蔣城子、滁州何郢、儀徵甘草山遺址都有相似性，相比來說，與偏東部的甘草山和何郢遺址的相似度較高，它們均以素面鬲爲主要炊器。而與滁河南岸的文化面貌在存在共性的基礎上又表現出一定的差異性，後者與宗周文化的面貌更爲接近些，以繩紋鬲爲主要炊器。

西周晚期的發現有姜堰市天目山遺址、單塘河遺址〔註104〕、金湖磨盤墩遺址〔註105〕、高郵周邶墩、唐王墩遺址〔註106〕等，其最北可到達廢黃河（淮河）南岸的阜寧北沙。西周晚期文化遺物的造型和紋飾與句容城頭山遺址第三層、第二層，丹徒團山遺址第四層、第二層和丹徒斷山墩遺址第三期等基本一致，可視爲寧鎮地區吳文化向江淮地區的外延〔註107〕。西周晚期江淮東部和滁河流域的文化漸趨一致，到西周末期，基本上都成爲了寧鎮地區文化的附屬區域。

二、文化變遷及與西周文化的互動

以上我們把江淮之間地區分爲了北部淮河流域區、南部滁河流域區、西部長江流域區和東部四個大的區域，通過分析，我們認爲南部滁河流域區和江淮東部偏南的地區是屬於一個大的文化區，它們有共同的文化來源，都屬於中原和東夷的混合文化；又有著共同的去向，最終都融入江南吳文化之中。由於西周時期中原文化和東夷文化以及南方文化傳統相互影響的力度較之夏商時期不同，文化性質和區域也發生了顯著的變異。單就西周時代來說，由於地域勢力集團的變遷，文化面貌在不同時期也表現出不同的特徵。

1、西周早期

商代晚期大城墩類型商文化衰亡以後，商文化因素僅在滁河以北的少量

城址發掘報告》，《考古學報》，2009 年 1 期。

〔註104〕周煜、黃炳煜：《天目山、單塘河古遺址調查簡報》，《東南文化》，1987 年第三輯。

〔註105〕南京博物院資料。

〔註106〕南京博物院考古研究所、揚州博物館、高郵文管會：《江蘇高郵周邶墩遺址發掘報告》，《考古學報》，1997 年 4 期。

〔註107〕同④。

地點有所發現，滁河南岸此時已基本不屬於商文化的分佈區。西周早期，宗周文化重新在滁河南岸地區確立了文化主導地位，滁河南岸的含山、肥東、肥西、江浦等地的文化面貌都表現出了較強烈的宗周文化因素。同時宗周文化勢力也伸展到滁河下游區和江淮東部地區，只是這裏的文化因素相對於滁河南岸來說，夷人文化特徵更為強烈些。單從文化面貌上看，整個滁河流域區和江淮東部具有相當的共性，但也存在較明顯的區別，此時大致可以以滁河為界分為兩個小區。

此時江淮北部淮河流域區的面貌相對單一，與中原地區西周文化具有相當大的共性，其主要器類組合鬲、罐、豆、甗、盆及形制特徵與中原地區也基本相同，演化序列也一致，很少見到具有地方特點的文化特徵，宗周文化在這裏佔據了文化優勢地位應無異議，並且這種優勢地位在整個西周時代是一直保持的。

肥西－巢湖一線以西長江流域區的文化繼續延續自商代以來的土著文化傳統，與宗周文化的差異較大，互動關係不明顯。但在肥西－巢湖一線的沿線附近地區與滁河流域的文化存在交流，比如在六安堰墩和肥西老虎頭遺址中都發現了具有江淮西部土著風格的盤口鬲式陶盉（圖1.1.9-7和圖1.1.33），在巢湖北岸還發現了龍首上曲鋬直流銅盉（見圖1.1.37-69、70）等。

2、西周中期

西周中期時滁河流域和江淮東部地區的夷人文化因素明顯增強，地方文化因素和江南寧鎮地區文化因素都經歷了一次較大規模的發展，甚至西部長江流域區的土著文化傳統也開始影響這一地區，宗周文化在此地的分佈受到了嚴峻挑戰。但從滁州何郢遺址的文化因素分析結果來看，此時的宗周文化因素仍然佔有較大的比例。滁河南北兩岸的文化面貌在前期區別較為明顯情況下逐漸趨同。

此時西部長江流域區的文化經歷了一次大發展的時期，早期的文化因素大部分都發生了變化，開始形成一套獨具特色的器物群，包括甗形盉、折肩錐足素面鬲等，說明文化性質可能也發生了變化，這一文化群體不僅向東部擴展，還影響到了江淮分水嶺以北的地區，六安堰墩遺址出土的甗形盉、滁河流域遺址中出土的折肩鬲以及巢湖出土的龍首鈕直流銅盉都表明了這種擴展勢頭的存在。並且與鄂東南和贛北地區也建立了廣泛的聯繫，後者地區流行的附耳甗、鏤孔豆、刻槽足鬲已廣泛出現（圖1.1.37）。

3、西周晚期～春秋早期

西周晚期，江淮分水嶺以北的地區繼續爲宗周文化所控制。

江淮分水嶺以南的江淮東部和滁河流域區文化面貌卻發生了較大的變異，宗周文化勢力明顯減弱，優勢地位逐漸喪失，滁河南岸的江浦、含山等地的文化遺存中也開始含有較多的夷人文化和江南吳文化的因素，與滁河北岸和江淮東部地區文化面貌一致。江浦和儀徵發現的具有土著風格和中原風格混合的青銅器墓葬以及在巢湖南部樅陽發現的中原式青銅鼎表明宗周王朝也可能努力恢復其在此地的影響，但在文化面貌上這種優勢地位已無法分辨。

西部長江流域區的文化因素在前期曾經向東發展至巢湖東部地區，本期僅在巢湖西部存在，表明它們的發展受到了較強烈的抑制（圖1.1.37）。

從以上的文化分區和時空變遷來看，江淮西部地區受中原西周文化的影響一直都較弱，說明西周文化不可能是經過中下游之交的長江水道相互連通的，這與夏商時期不同。西周文化很可能是經過潁河、汝河等淮河的北部支流自中原地區進入江淮地區的。

第二章　鄂東南地區

　　鄂東南地區是指位於湖北省東南部的黃岡市、黃石市和鄂州市，以及武漢市的一部分。黃岡市轄十個縣市區，包括黃州、團風、紅安、麻城、羅田、英山、浠水、蘄春、黃梅和武穴；黃石市轄 6 個縣市區，包括黃石港、西塞山、下陸、鐵山、大冶和陽新；鄂州市轄 3 個縣市區，包括鄂城、梁子湖和華容；還有武漢市下轄的新洲區、黃陂區和青山區等地，大致位於湖北省的武漢市南部湖區和北部灄水以東的長江兩岸一帶。

　　本區地處大別山脈南麓和幕阜山脈北麓，江北自西向東有灄水、倒水、舉水、巴水、浠水、蘄水等六條水系，它們均源於大別山脈，自北而南注人長江；長江以南亦有發源於幕阜山脈的富水等水系注入長江。在沿江一帶的濱江平原上，自西向東分佈著張渡湖、白潭湖、梁子湖群、大冶湖、望天湖、策湖、赤西湖、赤東湖、太白湖、龍感湖等一系列的河漫灘型湖泊（圖 1.2.1）。

　　先民們自古以來就勞動、生息、繁衍在這樣的地理環境中。他們通過發達的水系，與外界建立聯繫，成爲先進文化交彙融合的地區，並發展了自己獨具特色的文化形式。此地銅礦等豐富的自然資源成爲中原王朝競相攫取的對象，使這裏在青銅時代成爲重要的中原王朝勢力擴張的基地。因此江漢平原東部成爲連接江漢平原、瀟湘平原、贛鄱平原、江淮平原、寧鎮丘陵乃至太湖平原的中介地和策源地。

　　鄂東南地區商周時代的文物考古工作是在新中國建立後起步的。可以說經歷了起步、發展兩個大的階段。

　　第一階段，起步階段，時間跨度爲 20 世紀 50～60 年代。

　　1955 年，由原湖北省文管會的工作人員首次對蘄春易家山遺址進行了田

野考古調查與正式報導，它是鄂東地區田野考古工作開始的標誌。隨後又在黃岡堵城、麻城歧亭等地調查，發現了幾處古遺址。除此以外，還有一些零星古墓發掘和考古調查見諸報導。而用嚴格意義上的考古手段，用科學的方法進行田野工作的，應該是本世紀 50 年代後期開始的。1957～1959 年中國科學院考古研究所湖北發掘隊分別對黃岡螺螄山遺址和圻春毛家咀遺址進行了考古發掘，首次向學術界展示了著名的黃岡螺螄山、蘄春毛家咀西周遺存的基本面貌，為後來對這類遺址的發掘與研究工作打下了基礎。1957 年，湖北省文物管理處還發掘了紅安金盆遺址，發現了新石器時代和西周時代的文化遺存，西周時代的遺存展現了與中原宗周文化的密切關係。這一時期，還出土了一批窖藏青銅器，比如在浠水縣清泉鎮的策山西南麓就發現了由 1 件銅甌和 1 件銅罍組成的窖藏，時代大約是西周早期或更早。

在第一階段之後的 20 世紀 60 年代後期至 20 世紀 70 年代，整個田野考古發掘與研究工作基本上處於停滯狀態。比較重要的成果在 70 年代末期開始有所恢復。比如自 1974 年開始對大冶銅綠山的古礦冶遺址的採礦遺迹和冶煉遺迹進行了發掘，確立了銅綠山古銅礦自商周時期即已經開始了使用，是迄今為止我國保存最好、最完整、採掘時間最早、冶煉水平最高、規模最大、保存最完整的一處古銅礦遺址。1977 年，黃陂縣文化館等單位在灄水沿岸的魯臺山遺址發掘清理了西周時期的墓葬 5 座和灰坑 1 個，出土了一批青銅器、陶器、原始瓷器和玉器。5 座墓中共出有青銅器 47 件，其中有銘器達 9 件之多，是江漢地區考古工作中的重要發現之一。

第二階段，20 世紀 80 年代初至 90 年代，這一階段是考古工作真正發展與不斷提高的階段。在這一階段內，文物考古專業人員對本區的地上地下文物進行了全面的普查和系統性的整理。在配合工程建設建設中，有計劃地進行了一系列的科學發掘，並有針對性地對有關學術課題進行了綜合研究。

1980 年以來，全區進行了全面的文物普查，同時，以普查資料為基礎，以本區的幾大水系為脈絡，先後完成了多個考古調查報告及數篇調查簡報〔註 1〕。在全面調查的基礎上，1980 年代初期，黃石市博物館發掘了大冶上

〔註 1〕 黃岡地區文物普查隊：《黃梅龍感湖三處遺址調查》，《江漢考古》，1983 年 4 期；大冶縣博物館：《大冶三處古遺址調查》，《江漢考古》，1986 年 4 期；黃石市博物館：《大冶古文化遺址考古調查》，《江漢考古》，1984 年 4 期；黃岡地區博物館：《黃岡地區的幾處古文化遺址》，《江漢考古》，1989 年 1 期；京九鐵路考古隊：《京九鐵路（麻城段）文物調查》，《江漢考古》，1993 年 3 期；

羅村遺址，較早的確立了鄂東南地區文化的特殊性。黃岡地區博物館組織的
調查確立了商周文化以巴水為界分為不同的文化區的觀點，為以後的研究奠
定了基礎〔註2〕。咸寧地區博物館聯合陽新縣博物館對陽新縣和尚墩遺址進行
了調查和鑽探，證實存在較厚的商周文化層，並採集到較多的遺物。1984 年，
配合大沙鐵路建設，湖北省文物考古研究所聯合陽新縣博物館對陽新縣大路
鋪遺址進行了發掘，1990 年進行了第二次發掘，2003 年 4 月，湖北考古研究
所會同陽新文物局聯合組成「武九鐵路陽新考古隊」，對大路鋪遺址進行了重
點發掘。出土的商周遺存融進江漢平原和中原地區的文化因素，更主要的是
具有了本地獨特的文化因素，為研究湖北地區商周文化分區和鄂東南原始文
化面貌提供了豐富的新資料。1985 年黃岡市博物館專業人員對黃岡螺螄山遺
址進行了發掘，共發掘新石器時代墓葬 10 座，雖然這次沒有發現先前發現的
西周時期遺存，但也為我們提供了江漢平原東部作為文化交匯區在新石器時
代就已經同江淮地區和寧鎮地區建立了聯繫。1985 年底，湖北省博物館會同
陽新縣博物館發掘了陽新港下古礦井遺址，證實其在西周時期即已開始採
掘。1987～1992 年，中國社會科學院考古研究所湖北工作隊、武漢大學歷史
系考古教研室、湖北省文物考古研究所等又先後對黃梅的陸墩遺址、塞墩遺
址、麻城栗山崗遺址和羅田廟山崗遺址進行了發掘。其中在羅田廟山崗遺址，
發現了具有西周時代的遺存。1989 年至 1990 年，武漢市博物館和武漢大學歷
史系考古專業等單位發掘了新洲香爐山遺址，該遺址西周時期文化層厚達 3
米，發掘面積 25,000 多平方米，出土遺跡遺物十分豐富。這是迄今為止鄂東
地區經科學發掘的規模較大，文化層次最豐富，延續時間較長的一處以西周
時期文化為主的遺址。該遺址的發掘，不僅豐富了鄂東地區西周時期的考古

湖北省考古所、黃岡地區博物館：《京九鐵路（紅安、麻城段）文物調查》，《江
漢考古》，1993 年 3 期；京九鐵路考古隊：《京九鐵路（浠水——黃梅段）文
物調查》，《江漢考古》，1993 年 3 期；京九鐵路考古隊：《京九鐵路（湖北段）
文物調查》，《江漢考古》，1993 年 3 期；中國社會科學院考古研究所湖北工作
隊、黃梅縣博物館：《湖北黃梅縣考古調查簡報》，《考古》，1994 年 6 期；黃
岡地區博物館：《黃岡蘄水流域古遺址調查》，《江漢考古》，1994 年 3 期；黃
岡地區博物館：《湖北黃岡浠水流域》古文化遺址調查》，《江漢考古》，1995
年 1 期；武穴市博物館：《武穴市新石器及商周遺址調查》，《江漢考古》，1995
年 1 期；黃岡地區博物館：《湖北黃岡巴水流域部分古文化遺址》，《考古》，
1995 年 10 期；湖北省黃黃公路考古隊：《黃黃公路考古調查》，《江漢考古》，
1996 年 2 期。
〔註 2〕黃岡地區博物館：《黃岡地區幾處古文化遺址》，《江漢考古》，1989 年 1 期。

資料，有助於人們加深對這一地區西周時期文化的認識，對於江漢地區西周考古學編年的建立也具有實際的價值，並且遺址中所包含的商代中晚期的遺存也爲研究盤龍城類型商文化的分佈和內涵以及此地的商周關係提供了重要材料。1992 年 5 月，在原黃州市（今團風縣）的王家坊發掘、清理了商代墓葬 1 座，出土了一批中原商文化的銅器，是鄂東地區商代考古中的重要發現。1996 年，爲配合滬蓉高速公路的建設，湖北省考古研究所與黃岡市博物館一道，分別在武穴尺山、李木港，黃梅意生寺發掘了新石器時代至商周時期的遺址，出土了一批良渚、薛家崗、湖熟等文化特徵的長江中下游考古學文化器物群，爲鄂東地區考古學文化研究增添了新的實物資料。1996 年 4 月，在蘄春毛家咀遺址附近的新屋灣發現了一處西周窖藏銘文銅器，是鄂東地區商周考古中繼團風王家坊、蘄春毛家咀西周木構建築之後的又一重要發現。另外，1975 年，浠水縣朱店鄉曾出土過兩件西周時期的有銘銅盤。1984 年曾經在武穴市的長江江底打撈出 25 件青銅樂器，發掘者將時代定爲春秋早期，時代可能早到西周晚期。尤其值得一提的是，爲配合武九鐵路建設，湖北省考古研究所在大冶五里界城及周圍地區進行的考古工作是繼大冶銅綠山礦冶遺址發掘之後，在本區開展的又一次大規模的田野考古和調查，從考古學文化上證實了以鄂東南和贛北爲同一個文化圈的確定性，並進一步爲中國古代礦冶的研究提出了新的思路，同時確立了一大批商周時期的遺址〔註 3〕。自 20 世紀 60 年代開始，對黃陂盤龍城及其周圍遺址、遺迹的發掘與研究就沒有停止過，主要收穫就是：在城外三處遺址上發現二里頭期或商代二里崗期的手工業作坊遺迹；在城外發現了多處商代墓地，其中不乏大型的青銅器墓。多數學者認爲盤龍城一地是夏王朝和商王朝時期重點經略的地區，商王朝時期甚至將其納入商的版圖，建立了方國，成爲商王朝與南方地區建立聯繫的樞紐地區〔註 4〕。

從上面的簡單概述，我們可以看到：商代遺存在鄂東南地區已發現的幾

〔註 3〕 湖北省文物考古研究所編：《大冶五里界——春秋城址與周圍遺址考古報告》，科學出版社，2006 年。

〔註 4〕 湖北省文物考古研究所：《盤龍城～1963～1994 年考古發掘報告》，文物出版社，2001 年；陳朝云：《盤龍城與早商政權在長江流域的勢力擴張》，《史學月刊》，2003 年 11 期；陳賢一：《江漢地區的商文化》，《中國考古學會第二次年會論文集》，文物出版社，1982 年；劉玉堂：《夏商王朝對江漢地區的鎮撫》，《江漢考古》，2001 年 1 期；拓古：《二里頭文化時期的江漢地區》，《江漢考古》，2002 年 1 期。

百處古文化遺址中發現已有部分標本，而經正式發掘的遺存還相當少，較重要的有盤龍城、香爐山、下窯嘴和意生寺等。黃州市下窯嘴（今屬團風縣轄）發掘的一座商墓隨葬青銅禮器觚、爵、斝酒器一套，外加銅甗、銅鬲各一。無論從墓葬形制還是器形特徵都說明這是一座典型的商代貴族墓葬。意生寺遺址的發現證明商文化已抵達鄂東南之角。而夏文化因素主要發現於巴水以西的地區，黃陂盤龍城、江陵荊南寺、鍾祥亂葬崗等地都發現了二里頭文化的遺迹和遺物，而在巴水以東發現極少，只是發現了有相當於二里頭文化時期的遺物存在〔註5〕。近年來大規模發掘的黃梅意生寺遺址〔註6〕也發現有少量二里頭文化和早商文化因素，似乎夏文化的勢力遠沒有商文化在鄂東南地區的分佈廣泛和深刻。但江淮西部和贛鄱地區發現的二里頭文化因素也表明二里頭文化和商文化很可能已經利用了長江這條天然水道而與江淮和贛鄱地區建立了聯繫。

　　西周遺存在本地區發現甚多，在已發現的古文化遺址中，幾乎有 80% 的遺址中含有西周文化堆積，已經發掘的遺存有羅田廟山崗、蘄春毛家咀木構建築及新屋灣銅器窖藏等。廟山崗遺址的西周文化堆積，時代爲西周中晚期，文化因素以中原周文化爲主，還有部分鄂東南地域文化因素。蘄春毛家咀發掘的西周木構建築，當時認爲這是西周奴隸主統治階級佔有的一群建築物。毛家咀附近的新屋灣發現的一處西周銅器窖藏，這一銅器窖藏的 7 件青銅器中，有銘者達 6 件。經研究得知，窖藏青銅器的年代爲西周早期，其下限不晚於西周康王時期；據「盂」方鼎的銘文內容及器類組合特徵推知，窖藏主人爲「盂」，其身份爲西周王朝方國的國君或身份與之接近的中等貴族；同時，還認爲，新屋灣窖藏與毛家咀西周木構建築這兩者之間就有密不可分的關係，甚至就是同一時期、同一地點的同一主人所留下來的。毛家咀木構建築遺存爲古越族遺存，而新屋灣銅器窖藏則爲較典型的中原姬周遺存，這一窖藏無疑是周王朝勢力到達南方的標誌，很可能是周王朝在越人區域內的軍事據點〔註7〕。也有學者認爲，這批銅器的時代爲商代晚期，也有殷墟文化較早階段的特徵，可能是當地的殷遺民所製造和使用之器，在西周早期這個族群

〔註5〕　黃石市博物館：《大冶古文化遺址考古調查》，《江漢考古》，1984 年 4 期。

〔註6〕　湖北省文物考古研究所紀南城工作站：《湖北黃梅意生寺遺址發掘報告》，《江漢考古》，2006 年 4 期。

〔註7〕　吳曉松、洪剛：《湖北蘄春達城新屋灣窖藏青銅器研究》，《文物》，1997 年 12 期。

繼續存在〔註8〕。

第一節　典型遺址的分期

1、黃陂盤龍城遺址

　　盤龍城遺址位於武漢市黃陂區灄口街道辦事處葉店村盤龍湖南，由盤龍城城址、李家嘴遺址、楊家灣遺址、樓子灣遺址、王家嘴遺址、楊家嘴遺址組成。從布局看，盤龍城是一處以城址為中心、外圍分佈有不同類型遺址的聚落群。盤龍城遺址1954年發現〔註9〕，20世紀60年代初開始發掘〔註10〕，之後斷斷續續做了大量工作。1963年對樓子灣遺址發掘後，簡報作者認為「盤龍城遺址的時代大約屬於商代二里崗期，最遲也不晚於安陽小屯早期」〔註11〕。1974年對盤龍城城址發掘後，發掘者認為城牆的修築年代應在二里崗期，並在對其周邊各種遺存分析後認為：盤龍城的二里崗期商文化同黃河流域商文化存在高度的一致性，不同於吳城遺址的商文化面貌〔註12〕。1980年鄒衡先生在《試論夏文化》中首次將盤龍城二里崗期商文化作為早商文化的一個地方類型即盤龍城類型，確定了其文化歸屬。之後學者對盤龍城出土銅器、城牆結構、宮殿建築、城址性質及作用和興衰的原因等諸多方面進行了有益的探索。有多位學者著文說明王家嘴下層和城垣基部存在相當於二里頭文化時期的遺存，並詳細分析了盤龍城遺址的期別、族屬以及年代〔註13〕。2001年出版的《盤龍城——1963～1994年考古發掘報告》對其發現和發掘以及研究成果作了全面的介紹，明確其具有二里頭文化時期和早中商文化時期的文化，但是關於期別的劃分以及各期別所具體代表的年代問題，卻存在較大的歧異。

〔註8〕　李學勤：《談盂方鼎及其它》，《文物》，1997年12期。

〔註9〕　藍蔚：《湖北黃陂縣盤龍城發現古城遺址及石器等》，《文物參考資料》，1955年4期；郭冰廉：《湖北黃陂楊家灣的古遺址調查》，《考古通訊》，1958年1期。

〔註10〕郭德維、陳賢一：《湖北黃陂縣盤龍城商代遺址和墓葬》，《考古》，1964年8期。

〔註11〕湖北省博物館：《1963年湖北黃陂盤龍城商代遺址的發掘》，《文物》，1976年1期。

〔註12〕湖北省博物館、北京大學考古專業：《盤龍城一九七四年度田野考古紀要》，《文物》，1976年2期。

〔註13〕陳賢一：《江漢地區的商文化》，《中國考古學會第二次年會論文集》，文物出版社，1980年。

　　盤龍城報告中將所有遺存統一劃分為七期，大致相當於二里頭文化二期
或三期偏早至二里崗上層二期晚段，其中第一期相當於二里頭文化二期或三
期偏早，第二期相當於二里頭文化三期，第三期相當於二里頭文化四期偏晚
或二里崗下層一期偏早，第四、五期的時代相當於二里崗上層一期偏晚階段，
第六期時代相當於二里崗上層二期偏早，第七期時代相當於二里崗上層二期
晚段。對於這一分期結果，有學者提出了不同的意見，比如王立新依據盤龍
城樓子灣的典型地層關係和器物的形制與組合，將以楊家嘴 M6 為代表的文化
遺存（也就是發掘者所認為的盤龍城遺址第一至三期遺存）定為盤龍城遺址
早商文化第 1 組，相當於其劃分的早商文化第 2 組〔註14〕，而依據發掘報告，
樓子灣遺址並沒有該時期的文化堆積，因此這種分法實際上並沒有確實的地
層根據。蔣剛依據盤龍城遺址墓葬出土器物的形制特徵將墓葬分為四期，其
第一期的年代（以 PYZM6、M8 為代表）相當於早商文化第一期第 1 段，實
際上相當於王立新所劃分的早商文化第一期第 2 段，第四期的時代相當於早
商文化二期 4 段，即中商第一期〔註15〕。然後，他根據除墓葬之外的其它遺
存將盤龍城遺址分為四期五段，第一段相當於《盤龍城》報告中的第一、二
期，第 2 段相當於報告中的三期，第 3 段相當於報告中的四期，第 4 段相當
於報告中的五、六期，第 5 段相當於報告中的七期，時代分別相當於二里崗
下層早段偏早，二里崗下層早段偏晚，二里崗下層晚段，二里崗上層早段，
二里崗上層晚段，〔註16〕即相當於早商第一期到中商第一期。可見，蔣文根
據兩類遺存所劃分的時期是相同的。李麗娜對《盤龍城》報告中第一至第三
期文化遺存的年代和性質進行了重新分析，結果與蔣文大同小異〔註17〕。蔣
文和李文的一個共同特點是將盤龍城遺址二里頭時期的文化遺存限定在原報
告中城垣部分的第一期，即南城垣東段的⑨、⑨A、⑨B、⑨C、⑨D 層，而
把周圍遺址中王家嘴第⑨層為代表的第一期與其第二期合併，和其它遺存一
併歸入早商時期。

　　我們根據報告中的資料，並參考以往的分期意見，將盤龍城遺址的遺存

〔註14〕王立新：《早商文化研究》第 67 頁，高等教育出版社，1998 年。
〔註15〕蔣剛：《湖北盤龍城遺址群商代墓葬再探討》，《四川文物》，2005 年 3 期。
〔註16〕蔣剛：《盤龍城遺址群出土商代遺存的幾個問題》，《考古與文物》，2008 年 1
　　　 期。
〔註17〕李麗娜：《試析湖北盤龍城遺址第一至三期文化遺存的年代和性質》，《江漢考
　　　 古》，2008 年 1 期。

分爲六期七段。

以上所引文章認爲原報告中王家嘴遺址的第一期和第二期出土的平襠鬲形制相似，器物組合也相同，應該大致屬於同時期的遺存。筆者認爲，固然都存在平襠鬲等一些相似的器形，但器類已發生了不小的變化，第二期中出現了高分襠袋足鬲，甗、斝、盉、有肩大口尊等風格明顯不同的器物，並且由平襠鬲新演化出聯襠和分襠的形態，說明了本期受到了以分襠鬲爲代表的文化因素的影響，固不應將這兩期合併，並且還應該將它們看作文化性質已經發生改變的兩個階段。同時這兩個階段由於存在相似的平襠鬲等器形，相對時代上應該相差不遠。

盤龍城城址部分的第一期和王家嘴第一期也有所不同，具體表現在兩者的器類不同，相比來看，城址部分第一期的文化特徵具有較多的二里頭文化因素，而王家嘴第一期中則更多的是當地文化因素，比如平襠鬲、夾砂紅陶缸等。從相似器類豆和大口尊來看，器形發生了較大的變化，豆已經變爲高細柄，一期尊頸部飾凸棱，二期不見。似乎看來，二里頭文化在此地的影響在減弱，本地文化因素勢力有所上升。因此，我們把盤龍城城址部分的第一期和王家嘴第一期劃分爲文化性質有所變化的兩期。

第一段即第一期以城垣和城門疊壓或打破的第一期（南城垣東段的⑨、⑨A、⑨B、⑨C、⑨D層）爲代表。陶器多爲夾砂灰陶，少量灰黑陶、紅胎黑皮陶和極少褐黃陶，紋樣以繩紋爲主，還有弦紋、附加堆紋和劃紋。器類有鼎、中口深腹罐、花邊口沿罐、甕、尊等。炊器有鼎和罐，不見鬲。其中側扁足盆形鼎、深腹罐和帶花邊的深腹罐、小口圓肩甕、大口尊等，形制和紋飾帶有顯著的二里頭文化風格。其盆形鼎（79HP3TZ33⑨A：7）（圖1.2.2-1）與駐馬店楊莊一件陶鼎相似，但在楊莊遺址中同一件陶鼎卻存在兩個編號（JZ1：17和T22②：14）〔註18〕（圖1.2.2-6），並且分屬於二里頭文化第二和第三期，也說明了此種形制的鼎大致應該屬於二里頭文化第二期或第三期。而出土的花邊溜肩弧腹罐（79HP3TZ33⑨A：1）（圖1.2.2-2）與東下馮遺址二里頭文化三期的同類器（H9：121）〔註19〕（圖1.2.2-7），79HP3TZ33

〔註18〕北京大學考古系、駐馬店文物保護管理所：《駐馬店楊莊》第111頁圖七〇-7和第112頁圖七一-4，科學出版社，1998年版。這兩件鼎也有可能屬於報告編著者的疏忽，但無疑都與二里頭文化二、三期的時代相當。

〔註19〕中國社會科學院考古研究所、中國歷史博物館、山西省考古研究所：《夏縣東下馮》第90頁圖八六-5，文物出版社，1988年版。

⑨A：2 溜肩弧腹罐（上圖 1.2.2-3）與東下馮遺址二里頭文化三期的同類期（T5532④：8）〔註 20〕（圖 1.2.2-8）風格相似，小口圓肩甕（79HP3TZ33⑨B：5）（圖 1.2.2-5）與楊莊第三期三段遺存 IV 式小口陶甕（T19②：47）〔註 21〕（圖 1.2.2-11）類似。79HP3TZ33⑨B：1 罐（圖 1.2.2-4）與二里頭文化早期的二里頭 II・VT104⑤：17 花邊圓腹罐〔註 22〕（圖 1.2.2-10）和駐馬店楊莊 T11②：2 小口甕〔註 23〕（圖 1.2.2-9）相似。楊莊第三期第三段的時代報告定為二里頭文化二、三期之交或已進入第三期〔註 24〕。綜合以上，我們同意《盤龍城》報告中所確定的第一期相當於二里頭文化二期或三期的結論，大致處於二里頭文化二期至三期偏早。

第二段即第二期以報告中王家嘴第一期為代表。本期在陶質、陶色和紋飾上與第一期的變化不大，但在器形和器類上發生了較大的變化，炊器變為以鬲為主，僅見一種折沿平襠型，大口尊肩部很不明顯，豆柄較細高，中部飾凸棱，大口缸形制多樣。其中折沿平襠鬲和夾砂紅陶缸在王家嘴二期中被延續，器形變化不大。說明第二段的年代下限相當於二里頭文化晚期。結合王家嘴第二期年代為二里崗文化早期來看，本期的年代似應定在二里頭文化第四期比較恰當（圖 1.2.3）。

第三段以王家嘴遺址第二期、城垣和城門疊壓或打破的第二期、李家嘴第二期和楊家嘴第二期墓葬（各期包含的具體遺跡單位與原報告有所出入，但不影響總體特徵的描述）等為代表。陶器以夾砂灰陶為主，黑陶、紅陶也佔有一定比例。除素面外，以細繩紋為主，另外有少量方格紋、附加堆紋、弦紋、條紋、雷紋、席紋等。炊器以鬲為主，鼎和中口深腹罐也佔有一定比例。其中平襠鬲多於分襠鬲。卷沿、垂腹、分襠甚高的薄胎鬲與先商文化鹿臺崗類型的鬲形態較一致，但微折沿、足稍外撇的作風又與二里崗早商第一期的鬲接近，當介於先商文化和早商文化第一期之間。同樣，斂口甕是流行於先商文化和早商文化時期的一種器形，其肩較斜的作風也介於先商文化和早商文化之間〔註 25〕。鬲、大口尊、缸等頸部明顯內收，陶胎較薄。陶鬲、

〔註 20〕同註 19，第 90 頁圖八六-1。

〔註 21〕同註 18，第 169 頁圖一一一-14。

〔註 22〕中國社會科學院考古研究所編著：《偃師二里頭——1959～1978 年考古發掘報告》第 51 頁圖 24-4，中國大百科全書出版社，1999 年版。

〔註 23〕同註 18，第 171 頁圖一一二-2。

〔註 24〕同註 18，第 204 頁。

〔註 25〕鄭州大學文博學院、開封市文物工作隊：《豫東杞縣發掘報告》第 88～116、

鬲和鬲式斝袋足肥碩，多圓唇，分襠較高，實足根細高。平襠鬲實足根細長，腹較淺。鬲式斝敞口、領部斜直且較高，領腹交接處較細而且轉折比較明顯，口徑稍大於最大腹徑。大口尊寬肩，矮領，口徑等於或稍大於肩徑，器體較粗矮。以上這些特徵均與二里崗遺址 H9 和鄭州電校 H6 的特徵相同，而淺腹盆形鼎的形制與鄭州二里崗 H17 所出陶鼎（H17：132）僅足部外撇程度略有不同。斂口弧腹盆的形制與鄭州商城 C8T62 夯土上覆文化層（與 H17 年代一致）中出土的頗類似，因此，與原報告作者意見不同的是，筆者認為，本期的年代已經進入早商，大致介於二里崗 H9 和 H17 代表的年代之間，相當於二里崗下層一期偏早，即早商文化第一期略偏早。

第四段以報告中的城垣和城門疊壓或打破的第三期、王家嘴遺址第三期、楊家灣第三期和楊家嘴第三期文化遺存為代表。本期陶器以夾砂和泥質灰陶為主，紅褐陶仍有一定數量，由上期延續下來的幾類文化因素仍依稀可辨。同上期相比，陶鬲、甗和鬲式斝敞口，袋足稍瘦，實足根稍粗矮，襠略低，繩紋略變粗。鬲唇部有凹槽或榫狀凸起者頗為常見。鼓腹盆口徑增大，腹變深。爵體形粗壯。大口尊肩稍寬，領稍高，口徑與肩徑之比增大，器體稍細高。侈口或直口缸的數量明顯增多，種類更加豐富。鼎的作用明顯減弱，中口深腹罐已不再是重要的炊器。鬲、大口尊、缸等頸部內收情況比上一期減弱。本期特徵與二里崗 H17 出土物大多相同，時代大致相當於二里崗下層一期偏晚，即早商文化第一期略偏晚。

以上第三段和第四段合併為第三期，大致相當於二里崗下層文化第一期，即早商文化第一期。

第五段即第四期以報告中的城垣和城門疊壓或打破的第四期、王家嘴遺址第四期、李家灣第四期、楊家灣第四期、楊家嘴第四期和樓子灣第四期文化遺存為代表。在陶質、陶色、紋飾、種類上與第三段差不多。本段鬲已成為最主要的炊器，鬲式鼎、鼎和中口深腹罐少見。鬲、大口尊、缸等典型器物的頸部內收程度進一步減弱。出現用較粗附加堆紋裝飾的圓絡紋鬲（如 PWZT80⑥：8）。分襠鬲袋足變瘦，變淺。甗、盆口沿明顯上擡，盆腹變深。鬲式斝頸部弧曲，較前期變粗。爵體顯的更加粗壯。大口尊肩部外突較上段為弱，腹部也變瘦，變深。缸口沿開始外張。本期年代大致相當於二里崗下層文化第二期，即早商文化第二期。這個時期是鄭州商城開始興盛的時期，

254～259 頁，科學出版社，2000 年版。

盤龍城的城址和宮殿也在本期末開始修建。

第六段即第五期，包括原報告中的第五期和第六期，因為無論在器物形制還是器物組合上這兩期都沒有明顯的區別。本段陶器不但器類豐富多樣，而且每類陶器的形態也多種多樣。本段鬲作為炊器的比重進一步加強，缸的數量大量增加，淺盤假腹豆、罍等新器形的出現，硬（釉）陶器的增多，紋樣中素面增多，繩紋中粗繩紋增多，都說明了與前段的不同特徵。能表明時代特徵的器形主要有鬲、爵、鬲式斝、盆、甗、大口尊、缸等。鬲口沿有一到三周凹槽者較多，有的為方唇，卷沿減少，折沿增多。分襠鬲襠部變低，平襠鬲腹進一步加深，實足根變粗變矮。爵平口、短流尾，尾部趨於消失，斂口爵大量出現，大多口部內折，無尾，稍晚者唇部稍上翻。鬲式斝基本都是斂口者，口徑小於最大腹徑，稍晚者唇部上翻，領部內曲而較細高。陶鼓腹盆口徑約等於最大腹徑，李家嘴一件（PLZH24：5）與二里崗 H1：40 一件極相似，時代亦應相當。出現粗腰甗。大口尊作大敞口、高領、口徑遠大於肩徑，窄肩。缸口明顯外敞。上述特徵與二里崗上層文化第一期的偏晚段相似，大致相當於早商文化第三期偏晚。

第七段即第六期，即原報告中的第七期。第七期的遺存數量大量減少，是盤龍城城址使用並逐漸廢棄的時期。本期夾砂陶占絕大多數，陶色以紅陶為主，紋飾除素面外，粗繩紋最多。本期的陶器和紋飾種類都比上段有所減少。炊器基本上全為鬲，分襠鬲占絕對優勢，鬲折沿方唇占絕大多數，襠進一步變矮，實足根粗矮，厚胎，粗繩紋。甗、盆腹部進一步變深，平折沿、小平底，口徑稍大於最大腹徑。豆和假腹豆均為平沿。陶簋窄沿、高圈足、深腹。鬲式斝口徑接近最大腹徑，唇部上翻部分較高，領部緩折而較矮。爵尾基本消失，鼓腹很淺。大口尊和缸的口沿已是大敞口，大口尊口徑增大到極限，肩部亦窄到極限，至偏晚階段發生了轉折，口徑開始變小，肩部開始加寬，腹部不再斜敞，而變為筒腹。此期特徵與二里崗上層文化第二期相似，即相當於中商文化第一期（圖 1.2.4）。

從以上分析來看，盤龍城遺址的七段除第一、二段外是連續發展的 5 個階段，之間不存在缺環。我們把其整合為六期七段（表 1.2.1）。其中第一段，第三～第七段的絕對時間與江陵荊南寺遺址〔註 26〕有較強烈的對應關係，說

<hr>

〔註 26〕荊州地區博物館、北京大學考古系：《湖北江陵荊南寺遺址第一、二次發掘

明兩者文化面貌的形成有著密切的相關性。

表 1.2.1　盤龍城遺址本書分期與原報告分期對比表

本書分期		典型遺存	相對年代	相當於原報告分期	原報告相對年代
一期一段		南城垣東段的⑨、⑨A、⑨B、⑨C、⑨D	二里頭文化二期偏晚或三期偏早	一期	二里頭文化二期或三期偏早
二期二段		王家嘴第一期（⑨）	二里頭文化四期	一期	二里頭文化二期或三期偏早
三期	三段	王家嘴、城垣和城門疊壓或打破、李家嘴第二期和楊家嘴第二期墓葬	二里頭文化四期偏晚至早商文化一期偏早	二期	二里頭文化三期
	四段	城垣和城門疊壓或打破、王家嘴、楊家灣和楊家嘴第三期	早商文化一期偏晚	三期	二里頭文化四期偏晚或二里崗下層一期（即早商文化一期）偏早
四期五段		城垣和城門疊壓或打破、王家嘴、李家灣、楊家灣、楊家嘴和樓子灣第四期	早商文化二期	四期	二里崗上層一期（早商文化三期）偏晚
五期六段		所有地點的第五期和第六期	早商文化三期偏晚	第五期和第六期	二里崗上層一期（早商文化三期）偏晚至二里崗上層二期（中商文化一期）偏早
六期七段		所有地點的第七期	中商文化一期	第七期	二里崗上層二期（中商文化一期）晚段

簡報》，《考古》，1989 年 8 期。此報告中將荊南寺遺址夏～早商時期遺存分為七期，分別相當於二里頭文化二期、二里頭文化四期～二里崗下層早段、二里崗下層晚段、二里崗上層偏早、二里崗上層偏晚、中商二～三期和殷墟一期。其中第一～五期均可在盤龍城遺址中找到相對應的遺存。另外何駑將夏商時期的遺存分為六期，年代分別相當於二里頭四期、二里崗下層晚段、二里崗上層偏早、二里崗上層、二里崗上層晚段、殷墟一期，見何駑：《荊南寺遺址夏商遺存分析》，《考古學研究》（二），北京大學出版社，1994 年版。從對盤龍城遺址的分析來看，我們較偏向於原報告中的分期結論。

　　其第一期包含有較多的二里頭文化因素，其文化性質應是南下的夏文化。第二期二里頭文化勢力有所下降，地方文化因素比例上升。而第三至第六期是南下的商文化，它們繼承了當地的二里頭文化因素，並且重新成功控制了盤龍城地區，並向外擴展。關於這一點，多數學者已經進行過詳細的研究，茲不贅述。關於各期文化所包含的文化因素及其發展過程，過去曾進行過很好的研究〔註27〕，但限於資料的缺乏，沒能就文化因素的變化過程進行詳細的論述。《盤龍城》報告中也對文化因素進行了較爲詳細的分析，將文化分成 5 個來源，一是來源於鄭州商文化，二是來源於本地的土著文化；三是來源於江西萬年類型商文化；四是來源於湖熟文化；五是來源於吳城類型商文化。如果再加上二里頭文化的影響，則共有 6 種來源（圖 1.2.5）。另外還有對中原文化和其它文化因素的改進，比如鬲平襠、弧襠、聯襠的作風等。

　　盤龍城遺址 6 種文化因素的變化表現在二里頭文化因素逐漸減少，商文化因素逐漸增加。本地文化因素始終存在，但比例有所變化，從二里頭文化晚期佔有優勢地位，到商文化時期逐漸減少，並僅有缸等少數器形長期存在。贛鄱地區的文化因素在商文化時期一直存在，並且比例有所增加。湖熟文化因素所佔比例極小，並且出現較晚，大致出現在早商文化第二期以後。

　　盤龍城二里頭文化時期的文化遺存雖然有盆形鼎、花邊口沿罐、深腹盆、陶爵、銅斝和卷沿、束頸、圓腹、分襠不明顯的高實足根陶鬲，以及個別大口尊同二里頭文化同類器相似，但缺乏或不見二里頭文化典型的深腹罐、圓腹罐、卷沿盆、三足器、捏口罐等。大口尊數量甚多，有的形態發生變異，且口徑普遍大於肩徑。平襠或弧襠高實足根鬲也顯出與二里頭遺址迥然不同的特點。因此，盤龍城遺址二里頭文化時期的遺存應該屬於吸收二里頭文化因素的一支當地土著文化。

　　盤龍城遺址商時期的文化性質，總體上來看，是以一支南下的中原商文化爲主體，融合本地域石家河文化，吸收了江南印紋陶及湖熟文化因素，而形成的一個商文化邊緣地區的新類型〔註28〕。從文化因素的變遷情況來看，商文化來到此地的時間較早，稍晚於商族進佔鄭州的時間，說明了此地對於

〔註27〕陳賢一：《盤龍城商代二里崗墓葬陶器初探》，《中國考古學會第四次年會論文集》第 48～54 頁，文物出版社，1985 年；王立新：《早商文化研究》第 194 ～196 頁，高等教育出版社，1998 年版。

〔註28〕鄒衡：《試論夏文化》，《夏商周考古學論文集》第 126 頁，文物出版社，1980 年版。

商王朝政權的重要性。但是，擴張程度顯然還比較有限。第 4 段時商文化因素大量增加，本地文化因素漸漸消失，而獨有缸數量大增〔註29〕，可能被商王朝用來作爲冶煉銅礦或其它用途，具有重要的意義。說明在第 4 段時商人在鞏固了對夏人故地的統治之後，已經著力投入到盤龍城的擴張上。5 段時中原商文化因素的比例已經占到 69%〔註30〕，本地因素和其它文化因素更加減少，並且出現了較高等級的商人墓葬，本段末還建立了城址，說明了商人此時已經完成了對盤龍城的擴張，已經把其作爲了掠奪資源〔註31〕和繼續對外擴張的前沿陣地。6 段時中原文化因素比例繼續增加，城址和宮殿的使用達到鼎盛，隨葬大量精美青銅器的高等級墓葬大量出現充分說明了此階段盤龍城類型的平穩繁盛局面。7 段早期仍然比較繁盛，但偏晚時突然廢棄，之後也沒能重建。

2、黃陂魯臺山遺址和墓葬

魯臺山遺址位於黃陂區城關鎮東，長江北岸的灄水東岸。1977 年～1978 年清理了 5 座西周時期的墓葬（M28、M30、M31、M34、M36）和 1 座西周時期的灰坑。

H1 出土陶器主要有鬲、甗、簋、罐等。總體上看，少見殷商時期盛行的爵、觚等；未見西周晚期常見的大口平底盆，柄上飾有凸棱的淺盤豆等。出土數量最多的陶鬲，癟襠圓柱足，根底削平，未見晚期所出的平襠或足尖作疙瘩狀的鬲。出土的陶罐，小口折肩，多飾繩紋，未見晚期的「弦紋罐」、「篦紋罐」等。陶器紋飾以細繩紋爲主，少見西周晚期的粗繩紋，劃紋及素面。因此，H1 的時代應爲西周前期。但是 H1 具有 7 層堆積，有進一步分期的可能。

魯臺山西周墓葬，隨葬品以青銅器爲主。器類有鼎、甗、簋、爵、觶、觚、尊、卣等，少見殷商盛行的斝、鬲等，未見西周晚期流行的簠、盨、盤、匜等。器形的總體特徵爲：鼎立耳圓柱足，未見晚期盛行的附耳獸足鼎；簋雙耳無蓋，未見加蓋或帶器座；戈作長援，中胡二至三穿。銅器花紋趨向圖

〔註29〕 向桃初：《湖南岳陽銅鼓山商代遺址試析》，《南方文物》，1993 年 3 期。

〔註30〕 蔣剛：《盤龍城遺址群出土商代遺存的幾個問題》，《考古與文物》，2008 年 1 期。

〔註31〕 劉莉、陳星燦：《城：夏商時期對自然資源的控制問題》，《東南文化》，2000 年 3 期；俞偉超：《長江流域青銅文化發展背景的新思考》，高崇文、安田喜憲主編：《長江流域青銅文化研究》，科學出版社，2002 年版。

案化，不如殷商時期規整，並多作窄條狀裝飾。銅簋耳上獸角聳出器口。爵上的饕餮僅具獸面，或在素地上飾弦紋。銘辭簡短，筆道波磔明顯。以上特徵可以看出，這批墓葬的時代均在西周前期（圖1.2.6）。

簡報發表後，不少學者對這一遺址和五座西周墓的年代及族屬展開過討論〔註32〕。經過努力，西周時期遺存的年代問題已漸趨一致，而對於族屬或國別問題則存在不同的看法。

關於年代問題，對比陳賢一和張亞初的意見（表1.2.2），並參考其它研究者的成果，通過對出土器物的類型學排比，我們較偏向於陳的意見。陶器方面來看，陶鬲從較瘦高體向方體、腹部從鼓腹向斜弧腹演化，簋由矮圈足向高圈足演化，缸由平卷沿向斜卷沿演化。

表1.2.2　魯臺山遺址遺迹年代劃分意見對比表

單位學者	M28	M30	M31	M34	M36	H1 下層（⑤～⑦）	H1 中層（②～④）
陳賢一	成王前後	康王	昭穆之際	成王前後	成王前後	成王前後	康王
張亞初	成康之際	昭王	昭王	康王	康王		

關於文化性質問題，魯臺山西周時期的遺存，與黃河地區相比，共同性大於地域性。出土的28件青銅禮器，與中原相同的幾乎占90%。出土的陶器，其主要器類及特徵，也存在很大的一致性。H1復原的14件陶器，與中原類同的有9件，可見，西周初年，西周文化在這一帶已經佔據主導地位。但是，這些與中原相似的文化因素大多打上了殷商文化的烙印，是經西周早期的人們對商文化的改造和變體形式，而周人單一的自身固有特色的文化因素，在這裏並不多見。比如：在墓制方面，未見長安地區常見的長、寬相差懸殊的窄長形墓，或頭端寬，腳端窄的梯形墓；或墓口小於墓底，墓壁作凹腰形的覆斗形墓，未見岐山地區出現的頭前壁龕；也未見中原地區墓底有積石及槨

〔註32〕陳賢一：《黃陂魯臺山西周文化剖析》，《江漢考古》，1982年2期；王光鎬：《黃陂魯臺山西周遺存國屬初論》，《江漢考古》，1983年4期；劉啓益：《黃陂魯臺山M30與西周康王時期的銅器墓》，《江漢考古》，1984年1期；張亞初：《論魯臺山西周墓的年代與族屬》，《江漢考古》，1984年2期；劉彬徽：《湖北出土兩周金文國別年代考述》，《古文字研究》，第十三輯，中華書局，1986年；胡順利：《論魯臺山西周「公大史」銅器銘文》，《江漢考古》，1988年1期；黃錫全：《黃陂魯臺山遺址爲「長子」國都蠡測》，《江漢考古》，1992年4期。

室有帷幕等特徵。在青銅器方面：未見關中地區具有周文化特色的四耳簋、帶方座簋、有蓋簋；未見銅器紋飾上的張口短身，軀體卷回的團龍式夔紋。

而繼承殷商文化的因素，或殷、周文化融合的特點卻十分突出。比如：墓制方面的長方形墓坑，長方形的腰坑，墓室設二層臺，墓底鋪朱砂。銅器的主要器類：鼎、甗、簋、觚、爵、尊、卣、戈、矛。主要花紋：雲雷紋、饕餮紋、夔龍紋、圓窩紋等，均見於盤龍城的早商文化及鄂東地區的晚商文化。銅器銘文上的「以日為名」的作風也見於鄂城出土的晚商銅爵。可見魯臺山西周時期的文化也與中原西周文化一樣，繼承著商文化而向前發展。有些青銅器的年代甚至也可以早到殷末周初，比如 M36 的銅尊〔註33〕，以及有「父某」之類銘記的銘文等。不管如何，從魯臺山西周遺址的面積，墓葬的規格，都可以得出這裏應是周王朝初年控制南方的一處重要的統治據點或軍事重地，也有可能是方國的政治中心。關於這個方國政權，大部分學者根據銅器上的銘文「長子狗作文父乙尊彝」，認為應是「長」國〔註34〕。但是關於這個「長」國的族屬，以及與西周王朝的關係則存在分歧。有的學者認為其為周初分封的「漢陽諸姬」之一〔註35〕。也有學者根據「公大史」的銘文，推論 M30 中至少有 3 件方鼎和 1 件簋是公大史〔註36〕（西周畢公高之子或召公奭之子）為其女兒所作的媵器，證明了「長」國與西周王朝關係緊密，這一點在出土器物上也可以明白的表現出來。

有學者認為，長氏銅器在陝西普渡村也有發現，西周長氏可能是殷箕子的後人，其始封地在山西一帶，他們的銅器出現在魯臺山可能是隨昭王南征而來的〔註37〕。隨著近年來的考古發現，尤其是 1997 年河南鹿邑太清宮發現的一座西周初年帶兩條墓道的大墓〔註38〕，該墓出土的 235 件具有商代晚期風格和西周初年特徵的青銅器，其中就有 39 件禮器有「長子口」銘文，另外還有 9 件帶有「子」和「子口」銘。大墓的發掘者認為「長子口」應是生活在商末周初的殷人，在商為高級貴族，在周則為一地的封君；根據大墓的情

〔註33〕陳夢家：《西周銅器斷代》（二），《考古學報》，第九冊。

〔註34〕黃錫全：《黃陂魯臺山遺址為「長子」國都蠡測》，《江漢考古》，1992 年 4 期。

〔註35〕陳賢一：《黃陂魯臺山西周文化剖析》，《江漢考古》，1982 年 2 期。

〔註36〕張亞初：《論魯臺山西周墓的年代與族屬》，《江漢考古》，1984 年 2 期。

〔註37〕同註 36。

〔註38〕河南省文物考古研究所、周口市文化局：《鹿邑太清宮長子口墓》，中州古籍出版社，2000 年。

況等又進一步推斷，「長子口」為東夷後裔，受商王冊封在鹿邑一帶，商亡後又被周封於魯臺山一帶。不管如何，魯臺山一帶在西周初年，是繼承了商王朝對此地的控制而成為周王朝勢力控制區的。

除了中原文化因素的影響和對當地文化因素的繼承之外，魯臺山西周文化也與江南地區印紋陶文化有一定的關係。在遺址中發現有少量的印紋陶，如雷紋、方格紋等。雷紋紋樣較大，與江西地區西周時期同類紋飾相似〔註39〕；方格紋在南方很流行，可是在中原西周時期卻很少見，而魯臺山出土的陶鼎、盆上的方格紋比例占紋飾總數的 6.2%，顯然是受到南方強烈的影響。墓葬中發現了二件瓷豆，形制均為斂口，淺盤折腹、喇叭狀圈足，唇緣上飾三個對稱的扁圓狀乳丁，表塗黃釉，與安徽屯溪出土的同類器物幾乎一致〔註40〕，顯然是南方文化的交流。H1 中發現了一件陶鬲殘片，肩部有附把手痕迹，器形為大口，卷沿，沿上有一凹弦紋，腹部略內陷，這種帶把手的鬲，見於江蘇的湖熟文化，可見在商周時期的湖熟文化也給予鄂東一定的影響。

3、新洲香爐山遺址

香爐山遺址位於武漢市新洲區陽邏鎮西北約 5 公里處的香爐山，南距長江約 2 公里。香爐山遺址發現了豐富的新石器時代和商周時期的文化遺存。遺址發掘分為南、中和北三區，中區破壞嚴重，遺存較少。主要的發現在南、北兩區。

商代文化堆積在南區和北區均有發現，南區第②層和北區第⑪層以及 H45、H98、H130、H138 和 H140 屬於此時的堆積，但文化層較薄，發現的遺迹遺物也較少，陶器以夾砂灰陶為主，紋飾以繩紋多見。器形可見尖錐狀分襠高實足根鬲、分襠矮錐足鬲、侈口高領折沿罐、假腹豆、敞口深腹漏斗形底缸等。陶鬲分兩種，一種呈折沿方唇，沿面有凹槽一周，直腹無頸，下部略鼓，分襠袋足，與鄭州等地所出中商時期第一期文化的陶鬲具有相同的特徵（鄭州小雙橋 VT108④：6）〔註41〕；另一種為矮錐足，分襠較低，形制與殷墟晚商文化第一期的同類器相同（殷墟苗圃北地 M22：1）〔註42〕。假腹豆

〔註39〕江西省博物館：《江西地區陶瓷器幾何形拍印紋樣綜述》，《文物》，1977 年 9
　　　　期。
〔註40〕李國梁主編：《屯溪土墩墓發掘報告》彩版 9～39，安徽人民出版社，2006 年。
〔註41〕河南省文物考古研究所、鄭州大學文博學院考古系、南開大學歷史系博物館學
　　　　專業：《1995 年鄭州小雙橋遺址的發掘》圖二十-6，《華夏考古》，1996 年 3 期。
〔註42〕中國社會科學院考古研究所編著：《殷墟的發現與研究》第 32 頁圖八-1，科

一種淺盤，斜腹，平沿，唇內勾外折呈「T」形，圈足內曲，較矮，盤與圈足
交接處無明顯分界，與中商文化第一期時的小雙橋 H57：110〔註43〕和偃師商
城 IVH18：16〔註44〕的假腹豆形制相同；另一種敞口，圈足內弧，足底呈喇
叭形，與臺西中商文化第三期 F6：11〔註45〕相同，紅陶深腹缸（將軍盔）敞
口，下腹急收成漏斗狀，小平底如平根柱足，與大城墩遺址中商時期和荊南
寺遺址二里崗上層的陶缸相似。罐卷沿，高領；甕折沿，廣肩的作風分別與
中商文化第一期（小雙橋 VG3：80）〔註46〕和第三期（臺西 F6：53）〔註47〕
的同類器相同（圖1.2.7）。因此，我們判斷，香爐山商代遺存的時代大約相當
於中商第一期至晚商第一期時，大約開始於盤龍城遺址廢棄之後。但是南區
和北區的商代遺存殊有差異，發掘簡報認為，「南區商代遺存表現了濃重中原
文化色彩。如灰褐陶較多，器壁一般稍厚，繩紋略粗，鬲的實足根較長，襠
亦較高，部分鬲的器高大於器寬，或兩者相等。有的器表有仿銅的饕餮紋、
雲雷紋、圓圈紋等裝飾。年代與盤龍城相當或稍晚，為二里崗上層階段。北
區商代遺存則與遺址上的西周早期遺存有著一些不可忽視的相似性。如紅陶
占絕大多數，切繩紋粗且深，鬲有若干袋狀足，有一些拍印葉脈紋或幾何紋
樣的原始瓷器，部分甕、缸的口部和器身殘片與這裏的早周同類器頗難區分。
年代大體在殷墟階段」〔註48〕。發掘者認為南區和北區商代遺存的不同面貌，
除了有時間早晚的原因外，應該是分別代表了不同的文化譜系。由於正式的
發掘報告還沒有出版，發掘簡報中僅公佈了少量的遺物，對於北區中商代遺
存的相對年代和與西周時期遺存的關係還不明確，但有一點是可以肯定的，
即商時期和西周時期文化發展區域的側重點應該是不同的，它們代表了不同
的文化傳統。

　　西周時期文化堆積較厚，但只分佈在北區一片高亢臺地的第④至第⑩

　　　學出版社，2001 年。
〔註43〕同註41，圖二八-3。
〔註44〕轉引自中國社會科學院考古研究所編著：《中國考古學・夏商卷》第 183 頁圖
　　　4-2（之八）-88，中國社會科學出版社，2003 年版。
〔註45〕河北省文物研究所編：《藁城臺西商代遺址》第 48 頁圖三二-4，文物出版社，
　　　1985 年。
〔註46〕同註41，圖二二-2。
〔註47〕同註45，圖三八-1。
〔註48〕香爐山考古隊：《湖北武漢市陽邏香爐山遺址考古發掘紀要》，《南方文物》，
　　　1993 年 1 期。

層。發掘簡報將西周時期遺存分為西周早、中和晚期三期。西周早期夾砂紅褐陶為大宗，也有夾砂紅陶、泥質灰陶和灰褐陶。器表以紋道粗且深的切繩紋居首，另有弦紋，刻劃紋和鏤孔等。文化面貌與本遺址的晚商遺存有近似之處。但癟襠鬲與商文化的分襠鬲區別明顯。鬲為錐足，少數鬲、甗的足部依稀可辨刮削痕。另有盆、缽、簋、豆等器，豆圈足矮粗，豆盤較深，沿外有折棱。幾個器種均與周原澧西張家坡所出同類器相近。另外，尚見零星長方形鏤孔圈足豆和原始瓷等。

西周中期紅陶急劇減少，灰褐陶躍居首位，次為灰陶。相當一部分繩紋變細變淺。鬲為柱足，絕大部分鬲、甗的足部有較明顯刮削痕。豆圈足較第一段顯得略瘦且長，豆盤稍淺，弧壁，未有折棱。圈足豆上的長方形鏤孔演變為長三角形。該段器類與器型增加甚多。最耐人尋味的是出現一組極富特色的深褐色陶缸。形制為侈口、鼓腹、斜溜肩、小平底。器身上部分別飾凹弦紋、水波紋、鋸齒紋、圓圈紋、戳印圓點紋或由上述弦紋中的兩到三種構成的組合圖案。這組器形在中原和江漢地區從未見過，而位於湘西北邊陲桑植縣、澧水上游朱家臺商代遺址，出土了與之有驚人一致性的一組器形〔註49〕。

西周晚期仍以灰褐陶居多，但純灰陶的比例有了較大幅度的增加。部分繩紋更趨細而淺，幾近線紋。鬲足大多呈蹄狀，鬲、甗的足部習見棱角分明的刮削痕。豆圈足更加細長，豆盤益淺，盤壁斜直。各種陶容器由早、中期的溜肩、弧肩發展到這時的聳肩，並出現折棱。該段長江下游文化的陶豆消失，中期出現的深褐色陶罐仍存但稍有變化。本期最有意味的是出現一種瘦長且略外撇的陶鬲足〔註50〕，這種鬲可能與廟山崗遺址中的 D 型鬲相同。

香爐山遺址西周時期遺存的文化面貌早期與中原地區西周文化較接近（圖 1.2.8），除癟襠鬲和柄部鏤孔的豆外，幾個主要器種均與澧西張家坡所出同類器大體一致。中、晚期雖然總體風貌保留了周文化傳統，但自身文化個性和多元結構已鮮明顯出，該時期除發現具有西周文化風格的遺物外，還發現了一組具有南方文化風格的器物，以器身上部飾凹弦紋、水波紋、鋸齒紋、圓圈紋、戳印圓點紋或由其中兩到三種構成組合圖案的陶缸為代表。另外還發現了一種瘦長且略外撇的鬲足，基本同於當陽趙家湖乙 B 類楚墓中出土的

〔註49〕湖南省文物考古研究所等：《湖南桑植縣朱家臺商代遺址調查與發掘》，《江漢考古》，1989 年 2 期。

〔註50〕高應勤、王光鎬：《當陽趙家湖楚墓的分類與分期》，《中國考古學會第二次年會論文集》，文物出版社，1980 年。

西周後期和兩周之際的陶鬲，這種變化的主要線條是，中原的陶鬲是由癟襠鬲朝疙瘩足鬲發展，這裏的陶鬲則由癟襠鬲向柱足鬲發展。出現了柄部鏤孔的豆和鼓腹微折，三足微外撇作風的鬲等。這可能與長江以南大路鋪遺存的發展和楚文化的發展密切相關。近年，在漢水東部和隨棗走廊的漢陽紗帽山、大悟呂王城〔註51〕、黃陂魯臺山、安陸曬書臺〔註52〕、棗陽毛狗洞〔註53〕和隨州廟臺子〔註54〕、羅田廟山崗等地，也陸續發現一些同性質的遺存，說明楚文化因素自西向東逐漸取代宗周文化對本地的主導地位。

4、紅安縣金盆遺址

金盆遺址位於紅安縣城西 15 公里新寨鄉。發現了新石器時代和西周時代的遺存。西周時期遺存可以分爲三層，時代大致相當。出土物包括陶器、青銅器、石器和骨器，青銅器包括較多的小型青銅工具和青銅兵器，也有銅範。有較多的生產用石器。還發現了紅燒土建築遺迹及黃灰土建築遺迹和墓葬一座。陶器以夾砂灰陶爲主，繩紋占紋飾的絕大部分，有少量的劃紋、弦紋等。器形有鬲、豆、罐、壇、鼎、盂等。一種鬲呈扁體，折沿，沿面較寬，直腹微鼓，弧襠較平，圓柱狀實足較高，足根有刮削痕；另有一種鬲斂口，鼓腹，圓柱形足底部已形成疙瘩狀平面。對比周邊文化同時期的鬲，可以看出這種鬲既有中原文化的因素，也帶有較多的春秋時代楚文化的風格。盂侈口，折沿，鼓腹，平底，這種盂，在長安張家坡西周晚期居址中有較多發現，形制完全相同。根據西周時期陶器的演化序列，西周早期流行簋，而盂是西周晚期才開始流行。根據以上特徵，我們認爲，紅安金盆遺址的西周時期文化遺存大致相當於西周中晚期（圖1.2.9）。它的文化與宗周文化的特徵一致，後期逐漸增加了楚文化的因素。

5、麻城弔尖遺址

弔尖遺址位於南湖辦事處凡固垸村，大別山南部丘陵倒水河的支流孫家

〔註51〕吳澤明：《大悟縣呂王城遺址調查》，《江漢考古》，1980 年 3 期；孝感地區博物館：《大悟呂王城重點調查簡報》，《江漢考古》，1985 年 3 期；孝感地區博物館：《湖北大悟呂王城遺址》，《江漢考古》，1990 年 2 期。

〔註52〕余從新：《安陸縣曬書臺商周遺址試掘》，《江漢考古》，1980 年 1 期；孝感地區博物館：《湖北安陸市商周遺址調查》，《考古》，1993 年 6 期。

〔註53〕襄樊市博物館：《湖北棗陽毛狗洞遺址調查》，《江漢考古》，1988 年 3 期。

〔註54〕武漢大學歷史系考古學專業等：《隨州廟臺子遺址試掘簡報》，《江漢考古》，1993 年 2 期。

河東岸。包含有新石器時代和西周兩個時期的文化遺存。西周時期的地層包括②B層～⑦層，遺迹多爲灰坑、灰溝，另有少量房基、燒土遺迹。發掘報告中詳細介紹了 G2、G3、H5、H16 和 H31 共 5 個單位。這 5 個單位存在一組疊壓打破關係，即 H5→G2-G3-H16。從器物形制上判斷，H16 的鬲與 H31 的鬲形制相同，大致同期，而 G3 的罐侈口、卷沿、頸部內曲較甚、鼓腹的風格與 H16 的侈口、卷沿、直腹的風格不同。G3 的小口鼓腹廣肩甕與 H31 的小口溜肩甕風格也不同，因此，我們認爲，H16 和 H31 應該大致同時，而 G3 與 G2 和 H5 的器物特點均不相同，G2 的鬲與 H5 的鬲基本一致。根據以上分析，我們將弔尖遺址西周時期遺存分爲三組（圖 1.2.10）。

第一組以 H16 和 H31 爲代表。出土陶器以夾砂灰陶和夾砂黑陶爲主，有少量的夾砂紅陶。器形有鬲、罐、豆等。鬲爲侈口、卷沿、鼓腹、聯襠或弧襠、圓柱狀高實足平根，高體或方體。豆爲深腹缽形，細柄。罐侈口寬沿，溜肩弧腹。時代相當於西周中期。

第二組以 G3 爲代表。鬲爲侈口、卷折沿、腹部較直。罐侈口折沿，廣肩折弧腹；或高領，廣肩，弧腹，凹圜底。時代相當於西周中晚期之交。

第三組以 G2 和 H5 爲代表。鬲爲侈口、折沿、有的有明顯的肩部，扁體柱足。缽斂口較甚，折弧腹。時代相當於西周晚期。

6、羅田廟山崗遺址

廟山崗遺址位於三里畈鎮張家灣村，位於長江支流巴水西岸 200 米。該遺址包含有新石器時代晚期、西周和春秋三個時期的遺存。其中⑥～④層及 H3 和 H4 爲西周時期堆積。西周時期陶器組合以鬲、甗、罐、盆、盂、豆、缽爲主體器類。

從器物形制特征來看，廟山崗遺址的西周時期遺物與麻城弔尖遺址具有相似的特征和演化軌迹。也可以分爲三組。

第一組以⑥層和 H4 爲代表。第二組以⑤層爲代表。第三組以④層和 H3 爲代表。時代分別相當於西周中期、中晚期和晚期（圖 1.2.11）。

西周時期，特別是中期（⑤、⑥）陶器無論是陶質、陶色紋飾、製法、器物特徵都反映出當時鄂東地區與鄂東北、鄂東南、江西地區有著極爲密切聯繫，同時又受到中原、宗周文化影響，值得注意的是該遺址⑤、⑥層出土了一群如長方形鏤孔粗柄豆、刻槽鬲、三足缽，繩紋粗而深的鬲、罐、尊、缸、甕、牛鼻形甗附耳、扁狀罐耳等器物組合，這與鄂東南的大冶、陽新、

黃石、江西贛鄱地區北部極為接近，這足以說明，西周中期長江南北兩岸有著頻繁的交往，這種影響到西周晚期（④）以後隨著楚文化的興起除了刻槽鬲以外慢慢減弱，到春秋時期才徹底消失。

以上三處遺址的時代相近，再加上新洲香爐山遺址的第二、三期遺存，都處於西周中晚期，文化內涵相似，就出土數量最多的鬲來說，都流行癟襠（圖 1.2.10 和圖 1.2.11 中的 A 型鬲）和弧襠微癟（圖 1.2.9 中 1、2 和圖 1.2.11 中的 B、C 型以及圖 1.2.10 中的 C 型鬲）的造型。癟襠是周式鬲的傳統〔註55〕，弧襠微癟型鬲是公認的「楚式鬲」的本源〔註 56〕。而羅田廟山崗和新洲香爐山除了以上兩種鬲之外，還有一種鼓腹微折，三足微外撇作風的鬲（圖 1.2.11 中 D 型鬲），這種類型的鬲在蘄春毛家嘴（圖 1.2.12-1～3、6）和江西樊城堆（圖 1.3.31 中 78T8②）、九江神墩遺址（圖 1.3.7 中 84T1②C：1）中能夠尋的淵源。並且廟山崗遺址中還出土有大量外側帶刻槽的包製高鬲足，這種鬲足明顯不同於中原的樣式，它係由矮向高發展，廣泛分佈在鄂東南和贛北地區，曾被認為是古越族文化的特點〔註 57〕。廟山崗遺址除了帶刻槽的鬲足之外，還發現有不少的長方形鏤孔粗柄豆（新洲香爐山遺址中也有少量發現）、牛鼻形甗附耳等特殊器形〔註 58〕，這種樣式的豆和甗，再加上刻槽足鬲是屬於比羅田更南的鄂東南和贛北地區的文化因素，說明羅田一帶與其北部的麻城、紅安和其西部的新洲一帶的文化性質不同，而與長江以南的同時期文化屬於一個文化圈。麻城、紅安和新洲一帶屬於與鄂東南類型文化不同的另一個文化圈〔註 59〕。以上看來，西周中晚期麻城和羅田一帶至少有三種文化因素在

〔註55〕這裏的癟襠鬲除癟襠的風格與中原周文化相似以外，其它特徵相差甚大，尤其是周文化的鬲足由高向矮發展，這裏的鬲足卻甚高，可以作為周式鬲在鄂東南地區的變體。

〔註56〕北大考古專業商周組等：《晉豫鄂三省考古調查簡報》，《文物》1982 年 7 期；周厚強：《孝感地區西周時期文化初析》，《江漢考古》，1985 年 4 期；《湖北西周陶器的分期》，《考古》，1992 年 3 期；熊卜發：《孝感地區陶鬲剖析》，《江漢考古》，1987 年 4 期；《鄂東北地區西周文化初探》，《考古與文物》，1991 年 1 期；楊權喜：《楚向鄂東的發展與鄂東的楚文化》，《考古與文物》，1989 年 4 期。

〔註57〕張潮：《古越族文化初探》，《江漢考古》，1984 年 4 期。

〔註58〕在發掘簡報中未見報導這類器形。關於這類器形的描述，可以參見發掘簡述，見周國平：《羅田廟山崗遺址發掘》，《江漢考古》，1991 年 4 期。

〔註59〕相比來說，雖然與宗周文化也有較大區別，表現出較多的與西周晚期以後的楚文化相似的風格特徵，但仍然可以歸入「姬周集團文化」的範疇。

此交融，且越往南，宗周文化因素比例越小，影響也越小，而被稱為越族文化的因素越重。西周晚期以後，楚式器物群數量大增，而代表南方越族文化的因素逐漸減少，以至消失。

7、蘄春毛家咀西周木構建築和新屋灣銅器窖藏

毛家咀遺址位於縣城東北30公里，新屋灣銅器窖藏東距毛家咀遺址僅600米。新屋灣窖藏出土的銅方鼎和毛家咀遺址出土的銅爵上都有銘文「酉」字。新屋灣窖藏和毛家咀遺址不僅地域相近，文化內涵也相關，是屬於同一文化內涵相關聯的遺跡與遺址。所以，新屋灣窖藏是從屬於毛家咀遺址的，遺址與窖藏應統一考慮。

毛家咀遺址中出土了大量的木構干闌式建築，規模宏大。干闌式建築建於三個水塘內，水塘是在遺址形成之後挖成的，並沒有破壞與木構建築同時的第三層——西周時期文化層。在建築遺跡中發現了許多遺物，主要有青銅器、陶器、木器和石器等。青銅器中最重要的是1件爵，形制為長流，長尾，靠流處有帶菌狀鈕的柱，腹較深，一側有鋬，圜底，三錐形足直而高。爵腹部飾回紋，鋬上有獸頭紋，鋬內側有銘文「酉」。此外，還出土銅鏃、斧、錛、刀。陶器以泥質黑陶居多，也有泥質黃陶、褐陶、灰陶和夾砂灰陶。以鬲為多，其它器形有鼎、簋、爵、盤、尊、罐、器蓋、紡輪等。陶器紋飾以細繩紋為主，附加堆紋和絃紋也較普遍（圖 1.2.12）。石器主要是斧。另有漆杯、木瓢、骨錐以及竹席等物的殘跡。還出土有卜骨和卜甲，上面有鑽、鑿和灼痕。其中素面矮足繩紋鬲、簋、尊、斝的形制與殷墟四期的同類器物相近。弦紋柱足外撇微鼓腹聯襠鬲（口沿至腹上部飾平行弦紋若干道，腹下部飾繩紋，柱足聯襠，圖 1.2.12-1～3；6、7）為鄂東南和贛北地區西周早期常見的鬲，這種鬲應該是受到商周文化鬲的影響而產生的〔註60〕。分襠繩紋鬲（圖 1.2.12-4）具有商代晚期鬲的風格。素面弧腹矮錐狀足聯襠鬲（圖1.2.12-5）和簋（圖 1.2.12-8）、罐、尊、銅爵等與河南羅山天湖晚商墓地〔註61〕以及長安

〔註60〕程平山：《蘄春毛家嘴和新屋灣西周遺存性質略析》，《江漢考古》，2000 年 4
期。

〔註61〕河南羅山天湖晚商墓地是商代晚期鎮守在商王朝南大門的息氏家族的墓地，墓
地的使用一直延續使用到西周初期，說明息氏家族的軍事佔領在周滅商後仍然
持續了一段時間（見信陽地區文管會、羅山縣文化館：《河南羅山縣蟒張商代
墓地第一次發掘簡報》，《考古》，1981 年 2 期；《羅山縣蟒張後李商周墓地第二
次發掘簡報》，《中原文物》，1981 年 4 期；河南省信陽地區文管會、河南省羅
山縣文化館：《羅山天湖商周墓地》，《考古學報》，1986 年 2 期；信陽地區文管

馬王村先周之末的 H18〔註 62〕和長安張家坡西周早期居址出土的同類器相同〔註 63〕（圖 1.2.13）。因此，根據典型陶器形制分析，毛家嘴遺存的年代應在西周初年，許多器物保留有晚商文化的風格。

新屋灣青銅器窖藏共出土 7 件青銅器，有 5 件方鼎、圓鼎和斗各 1 件（圖 1.2.14），簡報作者認爲銅器的時代爲西周早期，不會晚於康王之世。發掘者推定銅器窖藏的主人應爲周王朝的方國國君或高級貴族，並認爲以毛家咀木構建築及銅器窖藏爲代表的西周前期文化遺存說明，蘄春地區既是周王朝在越人區域內的政治、軍事據點，又是保留了當地文化與風俗的越人聚居區〔註 64〕。有學者著重論證了這批青銅器中的盂方鼎，並認爲這是文丁之子盂向文帝母日辛奉祀所用之器，這批銅器的年代不晚於商周之際，埋藏年代距此也不會太遠〔註 65〕。有學者已經就每件青銅器的造型和紋飾特徵與中原同期的青銅器進行對比，得出這批銅器均屬於中原系統，時代均爲商代晚期，但埋藏銅器的年代相對要晚一些，或許在西周早期〔註 66〕。

會、羅山縣文管會：《羅山蟒張後李商周墓地第三次發掘簡報》，《中原文物》，1988 年 1 期）。位於荊楚腹地作爲商王朝軍事據點的盤龍城在中商二期消亡以後，商王朝的勢力便北遷至今河南南部，作爲連接中原和荊楚之地的中間地帶，息氏家族在此統治了 200 多年，文化交融在所難免。尤其是西周初期，隨著西周王朝統治的強化，息氏家族即被迫外遷，其很可能的遷徙之地之一可能就是荊楚，當然荊楚之地遷來的晚商貴族並不止息族一家，還有「酉」族、「長子」族等，它們在此地的「苟延殘喘」一方面傳播了先進文化，促進了當地文化的發展，但同時也爲以後昭王南征埋下了伏筆。昭王南征的一個重要目標很可能就是分佈在荊楚地的殷商貴族，諸如蘄春毛家嘴等遺址的存在時間僅在西周初期的一段時間，就很可能是由於昭王南征的結果。西周初期，王朝內勾心鬥角，無暇顧及荊楚之地，但由於先周時期即已經開始了對此地的勢力擴展，並且從黃陂魯臺山遺址的年代和墓地的規模來看，西周初期也有西周王朝的勢力集團駐紮在此地，因此使得這裏西周初期的文化表現出與西周文化的相似性。因此，西周初期，大約在昭王以前，荊楚之地可能存在著三種文化因素，即西周文化因素、商文化因素和當地文化因素。

〔註 62〕H18 中弧襠矮錐足鬲、柱足聯襠鬲、高圈足簋的造型風格與蘄春毛家嘴的器物作風極其相似。見中國社會科學院考古研究所豐鎬工作隊：《1997 年灃西發掘報告》，《考古學報》，2000 年 2 期。

〔註 63〕相同因素僅有矮錐足弧襠鬲一種。見中國科學院考古研究所：《灃西發掘報告》，文物出版社，1962 年。

〔註 64〕吳曉松、洪剛：《湖北蘄春達城新屋灣窖藏青銅器及相關問題的研究》，《文物》，1997 年 12 期。

〔註 65〕李學勤：《談盂方鼎及其它》，《文物》，1997 年 12 期。

〔註 66〕中國社會科學院考古研究所編著：《中國考古學·兩周卷》第 133～136 頁，中國社會科學出版社，2004 年。

可見，兩處遺存的年代和性質與黃陂魯臺山遺址有諸多相似，都屬於繼承商文化傳統，並接受西周文化因素和當地土著文化因素的混合體，又以殷商文化傳統爲主。持續時間都較短，僅在西周初期。遺址的規格均較高，前期都沒有直接疊壓年代相繼的同類遺存。這些情況均說明這類遺存與殷商文化關係密切，與西周文化和當地土著文化也存在密切的關係，可能正是商代末年逃奔或被分封到此地的商代貴族，他們或被西周王朝所征服，或被當地居民所趕跑。

另外，木構建築形式除在毛家咀發現外，在其西北 3～4 公里處和湖北荊門縣等地，也都有類似遺迹，說明其是西周初年代表一個人群一種傳統的居住形式。

8、黃梅意生寺遺址

意生寺遺址位於鄂東南、江淮和贛鄱地區的中間地帶，是三地文化之間交流的必經區域。遺址地層共有六層，遺迹包括 F1、H1～H8。報告中將其分爲 4 期，第一期爲龍山晚期到二里頭文化第一期，第二期至第四期一脈相承，一直延續到早商時期。發掘者也認爲，「由於發掘面積較小，各期中的器物形態難以找到確切的對應關係，其具體年代尚待進一步研究」，在對年代的推斷上，雖然認爲第一期相當於龍山晚期到二里頭文化早期，第四期推斷爲商代前期，但對第二期和第三期都沒有確切的年代認識。基於此，我們在發掘報告對遺存進行分期的基礎上，重新對器物進行對比。

筆者認爲，意生寺遺址四期的總體文化特徵與盤龍城遺址極爲相似，大致都經歷了自二里頭文化中晚期至早商時期，一至四期的文化內涵具有一脈相承性，無論是器類、紋飾、器形的變化都不大，它們的時代也不會相隔太遠。發掘報告所推斷的年代上限可能稍早。具體來說，其第一期的器物特徵與盤龍城遺址第二期二段較爲相似，比如罐形鼎、弧襠鬲等形制相同，T7⑥：4 的罐與二里頭遺址二里頭文化第四期的捏口罐（86VIH3：2）〔註67〕和楊莊遺址的 J2：3〔註68〕罐形制相同，T2⑥：1 盆與下王崗遺址二里頭文化晚期的 H290：1〔註69〕盆形同，T7⑥：1 鼎式鬲和 T7⑥：5、T7⑥：6 的罐形鼎與荊

〔註67〕 轉引自中國社會科學院考古研究所編著：《中國考古學・夏商卷》第 75 頁圖 2-5（之四）-57，中國社會科學出版社，2003 年。

〔註68〕 北京大學考古系、駐馬店市文物保護管理所編著：《駐馬店楊莊——中全新世淮河上游的文化遺存與環境信息》第 130 頁圖八四-5，科學出版社，1998 年版。

〔註69〕 河南省文物研究所、長江流域規劃辦公室考古隊河南分隊：《淅川下王崗》圖

南寺遺址二里頭文化晚期的 H17：3 和 H4：1〔註70〕相同，本期年代大致相當於二里頭文化晚期。

相對於第一期來說，第二期至第四期，無論在鬲、罳、盆、甗、罐、甕等器形上具有更強的一致性，一期時常見的鼎少見，弧襠鬲大量增加。從形態上看，與鄭州南關外遺址下層和中層相同，也有部分器物同於盤龍城遺址和東下馮遺址的早商時期遺存，而第四期中的斂口缽、器蓋、簋等器形與湖熟文化第一期具有較一致的特徵，分襠鬲與盤龍城王家嘴第三期的同類器相同，大致亦相當於早商文化第一期時，因此，我們認為意生寺遺址第二～四期的時代均相當於早商文化第一期，第二期的年代稍早，第三和第四期的年代可能晚至早商第一期偏晚或第二期偏早階段。

以上是對未經擾亂文化層進行的分期，實際上，在擾亂層中也發現了不少商代時期的遺物，這些遺物也部分的表明本遺址所經歷的年代。比如②層中發現的假腹豆、爵等，就與早商文化第二期和第三期的同類器相同（圖1.2.15），證明意生寺遺址盤龍城類型的年代可能自二里頭文化晚期開始一直延續到早商文化第三期時。

9、大冶銅綠山礦冶遺址和陽新港下古礦井遺址

大冶和陽新位於鄂東丘陵地帶，從古到今是我國重要的銅鐵產地。1973年大冶銅綠山古礦冶遺址的發現及隨後十餘年的考古發掘，把大冶礦業開發的歷史上溯到商周時期。1985 年發掘的陽新港下古銅礦遺址把此地的採礦業也提前到西周時期。

從大冶市和陽新縣的古礦業遺址的分佈圖中（圖 1.2.16）可以看出，這一帶集中分佈著眾多的採礦和冶煉遺址，冶煉遺址遍佈長江南岸的廣大地區，而採礦由於受到自然條件的限制，主要分佈在銅綠山鎮、大箕鋪鎮和港下鎮幾個富集銅礦的地點。

銅綠山古礦業遺址發現並確認的商、西周時期的遺址包括 7 號和 11 號採礦遺址和 11 號冶煉遺址。7 號採礦遺址中未出土陶器，從井巷支護結構的發展過程和碳 14 的測年結果來看，其開採時間可能可以上溯到商代晚期。11 號採礦遺址地層共分 6 層，4～6 層為西周時期堆積，陶卷沿圓唇鬲、卷沿圓唇

二九〇-2，文物出版社，1989 年。

〔註70〕荊州地區博物館、北京大學考古系：《湖北江陵荊南寺遺址第一、二次發掘簡報》圖一一-1、3，《考古》，1989 年 8 期。

雙護耳甗、泥質折沿罐和印紋硬陶折肩大口尊等多具有西周早中期風格的陶器。地層的情況還表明，採用井採以前有過露天採礦，從碳 14 測年結果來看，有可能早到商代晚期。11 號冶煉遺址地層共分 7 層，其中第⑥、⑦層為西周中晚期的文化層，以夾砂褐陶為主，少量夾砂紅陶和泥質陶。紋飾以間斷繩紋為主，其間有間斷壓印條紋，次為繩紋、素面和籃紋。器物有鬲、甗、豆、罐和甕等（圖 1.2.17）。圓尖唇矮錐足甗、微折腹的淺盤豆和直口尖唇泥質灰陶罐均與大冶上羅村和羅田廟山崗西周中晚期的同類器物相似，11 號冶煉爐正是坐落在第⑦層淤積土之上，與第⑥層的年代相當，時代大約處於西周中晚期。

陽新港下採礦遺址因為沒有出土具有顯著年代特徵的陶器，只發現了一些帶有印紋的陶器碎片，結合與大冶銅綠山古礦冶遺址的技術對比，時代大約在西周中晚期。

10、大冶五里界城周圍遺址

五里界城位於大冶市東南 10 公里，經研究，五里界城是屬於春秋時期的城址，可能與管理周邊地區的礦業有關。實際上，在城址建築之前的很長一段時期內，尤其是西周時，這裏的礦業已經比較發達。分佈在城址周圍的遺址除了有許多與礦冶有關的外，也有不少同時期的人類居住遺址，說明了此地在當時已經人口密集，這些遺址大部分屬於西周時期的，而屬於商代的遺址很少，且大都是商代晚期的。

通過對周邊遺址的綜合考察，可以將五里界城周圍的遺址分為三期。

西周早期的遺址有三角橋遺址、葫蘆山遺址、老豬林遺址、馬益先遺址、鼓墩塕遺址。其中三角橋遺址的時代較早，為商末周初，其陶器特徵是以夾砂褐灰陶為主，夾砂褐黃陶次之，紋飾以短、淺間斷較密的細繩紋、壓印條紋為主，代表性器形有尖錐狀，足根部有小圓窩的鬲足、鼎足，鬲足外側無豎向刻槽，甗的雙附耳明顯高於口沿。除三里橋以外的西周早期的鬲則整體形態橫寬，腹部圓鼓，沿微向外弧翻斜仰，尖唇，沿下肩上內弧束成短頸，圓鼓腹，襠部下墜連弧，羊角形尖錐足足尖微外撇，頸以下至足跟部飾中粗間斷繩紋。

西周中期的遺址有葫蘆山遺址、老豬林遺址、馬益先遺址、鼓墩墩遺址、江洪後背山遺址、梁家墩遺址、鐵鋪山遺址、呂四龍遺址。陶質陶色以夾砂褐黃陶、褐灰陶為主。紋飾以間斷較密的壓印條紋、間斷繩紋為主。鼎足、

鬲足仍爲尖錐足，開始出現豎向刻槽，鬲沿面平仰，唇部尖圓，腹最大徑靠上部，襠部連弧近平，尖錐足微外撇。甗的雙附耳與口沿齊平，甗腰微內收。豆柄較粗。

西周晚期的遺址有葫蘆山遺址、老豬林遺址、馬益先遺址、江洪後背山遺址、梁家塥遺址、鐵鋪山遺址、大谷塥遺址、馬家山遺址。陶質陶色以夾砂褐黃陶爲主，開始出現褐紅陶。紋飾以間斷繩紋爲主，壓印條紋變長顯深。鼎足、鬲足普遍有豎向刻槽，尖錐足開始出現截尖現象，鬲足尖變平，三足外側有豎向刻槽，器表飾間斷繩紋。鼎、鬲唇部爲圓唇顯尖斜。甗的雙附耳明顯低於口沿，腰部內束，三足向底部內移（圖1.2.18）。

五里界城及周邊地區自商代末期開始，一直到春秋晚期，有著一群獨具特徵的陶質生活用具，其陶質陶色以夾砂褐灰陶、夾砂褐黃陶、夾砂褐紅陶爲主。紋飾以間斷壓印繩紋、壓印條紋爲主。器類則變化不大，自商代晚期到西周晚期一直以刻槽足外撇微弧連襠或平襠鬲、雙（或單）護耳甗、高粗柄長方形鏤孔豆、直口折肩罐、鼓腹小罐、乳餅甕爲主。說明了這裏當時應該是存在一個獨立的文化區的。

11、陽新大路鋪及和尚塥遺址

大路鋪遺址位於縣城西北19公里，距銅綠山和港下等古礦冶遺址和五里界城很近，直線距離在25公里以內。發掘報告認爲，大路鋪遺址包括新石器時代中晚期、商代、西周和東周時期文化遺存。其中⑤層爲商代文化遺存，④層爲西周時期文化遺存。

第⑤層文化遺存陶質以夾砂爲主，次爲泥質陶；陶色多爲褐陶、褐紅陶，灰陶較多，還有幾片白陶，紋飾以粗細繩紋（或間斷繩紋）和壓印或拍印細間斷條紋爲主，同時附加堆紋、凹弦紋、鏤孔、刻劃紋發達，「S」形紋，圓窩紋，刻槽，輻射狀紋常見；製法多爲輪製，輔以手製，器形有鬲、鼎、罐、豆、甗、濾酒器等。印紋硬陶數量較多，均爲泥質灰陶，火候很高，紋飾較多，包括刻劃條紋、樹枝紋、燕尾紋、器形多爲罐類。

第④層文化遺存以夾砂紅陶占絕大多數，少量泥質灰陶；紋飾以壓印條紋或間斷條紋爲主體，還有凹弦紋、刻劃紋、鏤孔、方格紋等，繩紋極少，刻槽風格用於鼎、鬲足部。製法仍以輪製爲主，手製爲輔。罐肩部出現雞冠狀、喙狀耳裝飾，甕腹部加附乳釘。器形有鬲、鼎、罐、甗、甕、豆、器蓋、甑等。印紋硬陶少見，紋飾種類多樣，但趨於簡單，器形仍多爲罐。

　　和尙墩遺址位於大路鋪遺址的西北側 3 公里，遺址上採集了較多的遺物。總體上看，大路鋪商周時代遺存和和尙墩採集的遺物無論從器類上，還是器形紋飾上看，都與五里界城周圍遺址的內涵相同，甚至有些器類完全一致。因此，我們認爲，大路鋪遺址與大冶地區的遺址應該是屬於同一個文化的，並且它們的發展階段和過程也是一致的。而大路鋪遺址中出土的一批較完整的器形，對於我們全面分析此地區的文化內涵的演進提供了更多的證據。

　　通過與五里界城周邊遺址、羅田廟山崗遺址、蘄春毛家咀遺址以及江西九江神墩等遺址出土器物的綜合對比，我們認爲大路鋪遺址和和尙墩遺址遺存包含的商和西周時期的遺存均爲商代晚期～西周晚期。其中大路鋪遺址的第⑤層包含有自商末周初一直到西周中期時代的遺存，第④層的時代爲西周晚期（圖 1.2.19）。

　　本書討論的鄂東南地區包括江漢平原東部一部分的目的一是爲了能更加全面的分析此地所分佈的文化遺址和類型，二是能更好的對比當地土著文化和中原王朝文化的影響和交流，使當地文化類型的年代和性質判斷能得出更加合理的結果。以上對分佈在本地區不同地點 10 餘處典型遺址的年代分析和性質判斷能較好的概括本地區所有文化遺存的年代問題，使我們有可能以此爲依據判斷其它非典型遺址的內涵。

　　通過以上遺址的對比分析，我們可以看出，無論是夏商還是西周時期，中原王朝都對此地進行了經營，所有的遺址中都或多或少的含有中原文化的因素，這對於我們判斷各遺址的年代提供了必要的條件。

　　目前爲止，鄂東南地區已經發現的夏商周時代的遺址和墓葬有 70 餘處，表 1.2.3 中所列是經過發掘的所有遺址的年代對應關係，其它有調查材料的遺址年代判斷見附表二。

表 1.2.3　鄂東南地區夏商西周時期遺存分期對應關係表

分期 遺址	二里頭文化時期		商 文 化 時 期			西周文化時期		
	早 期	晚 期	早 期	中 期	晚 期	早 期	中 期	晚 期
黃陂盤龍城		一期	二～四期	五期				
黃陂魯臺山						∨		
新洲香爐山				∨	∨			
紅安金盆								∨
麻城弔尖							∨	∨

麻城羅家墩							√	√
團鳳下窯嘴				√				
黃岡螺螄山							√	√
羅田廟山崗							√	√
蘄春易家山							√	√
蘄春毛家咀						√		
黃梅意生寺	√	√						
黃梅焦墩	√	√					√	
大冶銅綠山				√	√		√	√
大冶上羅村							√	√
陽新和尚塯				√	√		√	√
陽新大路鋪				√	√		√	√
陽新大港							√	√

第二節　二里頭文化時期的文化面貌

在探討鄂東南地區夏商西周時期的文化分區和文化性質之前，首先應該對本地區的新石器時代晚期以來的文化有一個初步的交待。因爲鄂東南地區在新石器時代，尤其是晚期是一個文化相對比較複雜的地區，這種複雜性一直延續，並對後期的文化產生了重要的影響。

鄂東南地區處於長江中游江漢文化區與長江下游江淮文化區交彙地帶，尤其是蘄春－浠水－羅田一線正處於兩大文化區的中間地帶，這裏的文化較強烈的顯示出兩大文化區文化交融的情況。陸墩文化時期，這裏屬於江淮文化區，石家河文化時期，這裏又歸入江漢文化區。並且在整個新石器時代，這裏的文化歸屬一直就處於這種變換過程中。在這個地區經過發掘的新石器時代晚期遺址有麻城栗山崗、羅田廟山崗、蘄春易家山遺址等。

栗山崗遺址絕大多數器類見於江漢地區石家河文化，器形也基本相同，其中有不少是石家河文化的典型器物。如凸棱寬扁足盆形鼎（報告稱 I 式釜形鼎）、麻面寬扁足盆形鼎（報告稱 III 式釜形鼎）、腰鼓形罐（I 式折沿罐）、厚胎喇叭形杯（I 式平底杯）、高柄杯（I、II 式）、喇叭口筒形擂缽（II 式）、筒形尖底缸（V 式）、長頸平底壺（IV 式）、鏤孔渦紋大器座（IV 式）等均屬石家河文化典型器物。此外，側扁三角形足罐形鼎（I 式）、高領罐、盆形

甗、罐形甗、寬沿平底盆、鬶、碗、鉢、斜壁深腹碗形豆、弧壁盤形豆，圈足杯，尖紐與圈鈕器蓋等也是石家河文化常見的器物。栗山崗遺址也有明顯的地方特色，如陶系方面，江漢地區石家河文化以灰陶為主，栗山崗遺址以黑陶（包括紅胎黑皮陶和黑灰陶）為主。器形方面，栗山崗遺址出較多側扁三角形足罐形鼎，在江漢地區石家河文化中少見（地處鄂東南的通城堯家林遺址也出較多側扁三角形足罐形鼎）。作為主要器類的高領罐（I、II 式）最大腹徑在肩部，肩部常飾凸寬帶或凸弦紋一周，有別於江漢地區石家河文化高領罐。栗山崗遺址的壺、杯式樣較多，帶流壺、長頸折腹壺、短頸圈足壺（III 式）、圜底杯、折肩折腹圈足杯（III 式）、壺形圈足杯（II 式、IV 式）在江漢地區石家河文化中不見。栗山崗遺址的弧壁圈足盤（II、III 式），圈足相當高，基本上可以歸人豆類，短圈足盤罕見。江漢地區石家河文化弧壁圈足盤常見矮圈足，不見栗山崗 I 式直口折腹圈足盤。子母口甕、觚形器造型比較獨特。這些地方特徵在整個文化內涵中居於次要地位，所以在文化性質上，栗山崗遺存屬於石家河文化，其突出的地方特徵可視為石家河文化在鄂東的一個地方類型〔註 71〕。

易家山遺址的下層文化層包括了兩個小層，報告認為兩小層出土物大致相同。但我們從報告中的出土物觀察，至少有周代和新石器時代兩個時期的文化，如圖版壹-2、3 的兩件鬲，圓柱足，飾繩紋和凹弦紋，便是周代典型的鼎式鬲。由於發表的器物線圖極少，以照片為主，而照片多不清晰，很難將每一件器物的時代辨認出來，但從報告的文字說明，結合線圖和照片，可以肯定已發表的器物多是新石器時代晚期的，其文化性質初步可以確定為石家河文化。如有麻面寬扁足鼎（圖四-3，鼎足飾刻劃紋）、鴨嘴形足鼎（圖版壹-4）、深腹碗形豆（圖版壹-7）、平底與圈足壺（圖版壹-11、12）、高柄杯（圖版壹-9、24）、喇叭狀杯（圖版壹-18）、尖鈕器蓋（圖四-6）、袋足鬶（圖四-2、5）等。這些器物均見於麻城栗山崗遺址，似乎表明石家河文化向東發展到了蘄春境內。

而羅田廟山崗遺址中新石器時代晚期的文化遺存卻比較複雜，根據發掘報告中的說法，雖然它的典型器物群在鄂東南地區的栗山崗、黃梅陸墩、窯墩、通城堯家林等遺址中都可見到，但發掘者認為它應該不屬於石家河文化

〔註 71〕張緒球：《長江中游新石器時代文化概論》，湖北科學技術出版社，1992 年版。

傳統，應該是土著文化自身發展的產物。我們通過對比鄂東南地區的相當於這一時期的出土物，認為，雖然它相對於其西的栗山崗和易家山來說，石家河文化的傳統因素少了些，而相對來說多了些江淮地區的薛家崗遺址三期文化因素，並且還受到樊城堆文化和中原地區龍山時代晚期文化的影響，但是在總體上仍然是屬於石家河文化傳統的〔註72〕。

以上可以看出，鄂東南地區相當於石家河文化階段的文化，學者們基本都同意蘄春及以西的大部分地區屬於石家河文化傳統。而黃梅地區則由於缺少這一時期的資料，無法對其進行文化的歸屬〔註73〕。但從調查的材料上基本都認為，此時的文化發展趨勢應該是江漢文化勢力向東擴張，而江淮文化勢力在向東退縮〔註74〕。這種文化的擴展勢頭一直延續到了二里頭文化時期，二里頭文化因素可能就是通過鄂東南地區傳播至江淮地區西部的（這一點在上文對江淮地區西南部二里頭時期的文化性質的敘述中已有所涉及）。

一、文化分期

石家河文化時期，長江中游無論是漢東地區、鄂西北地區，還是峽江地區、環洞庭湖地區、鄂東南地區，除了各具地域特徵外，都具有明顯的共性，並相互發生著影響。但是之後的後石家河文化階段，這種傳統特徵卻越來越少，除少量因素如紅陶杯、缽等有所保留外，大量遺存卻與石家河文化傳統並無關聯。如石家河文化時期非長江中游文化傳統的矮領甕、淺盤圈足豆、刻槽盆、夾砂深腹罐、鬶等有了進一步的發展，新出現了盉、鬲，流行甕棺葬和玉器等。說明了此時長江中游地區的文化傳統已被打破，出現了新的變革〔註75〕。孟華平將後石家河文化分為三個類型，一是峽江西部的白廟類型，一是峽江東部的石板巷子類型，一是鄂西北地區的亂石灘類型，它們均與中原的龍山——二里頭文化有聯繫，並且接受了龍山——二里頭文化的若干因

〔註72〕孟華平：《長江中游史前文化結構》，長江文藝出版社，1997年版。在孟華平的論述中，他把鄂東南地區，包括上面提到的栗山崗、易家山、廟山崗、通城堯家林等遺址統稱為石家河文化堯家林類型，典型陶器是側裝三角形足鼎。也就是並不同意上面提到的栗山崗可能存在新類型的觀點。

〔註73〕實際上，通過對黃梅塞墩和陸墩的發掘，證明這一地區在石家河文化之前文化是比較興盛的，但一直基本上都屬於江淮文化區的範疇。

〔註74〕向緒成：《試論黃岡地區新石器時代文化》，吳曉松主編：《鄂東考古發現與研究》，湖北科學技術出版社，1999年。

〔註75〕孟華平：《長江中游史前文化結構》第159頁，長江文藝出版社，1997年。

素，年代大約相當於二里頭文化一、二期〔註 76〕。這類遺存多分佈在江漢平原的西部和北部，比如鍾祥六合、天門石家河、丹江口亂石灘、隨州西花園、枝城石板巷子、宜昌白廟等遺址，很明顯，鄂東南地區並不包括在孟華平所界定的後石家河文化傳統中。我們認爲，鄂東南地區目前發現的相當於後石家河文化階段的遺存很少，對於這一階段的性質還不好判斷，從目前的材料來看，在二里頭文化早期階段二里頭文化似乎還沒有抵達鄂東南地區。

　　從鄂東南地區盤龍城遺址的二里頭文化因素和其它遺址出土的二里頭文化因素（附表二）判斷，在二里頭文化中期以後，這裏已經開始受到了二里頭文化的強烈影響，似乎已經成爲了二里頭文化的勢力範圍，是二里頭文化直接傳播的結果，應是二里頭文化在長江中游的一個地方類型〔註 77〕。但是，正如我們上文對盤龍城遺址二里頭文化時期的遺存分析的那樣，盤龍城遺址二里頭文化時期的遺存應該屬於吸收二里頭文化因素的一支當地土著文化。儘管如此，我們也認爲二里頭文化已經在這支土著文化的分佈範圍內建立了諸如盤龍城一類的文化據點。並且可以肯定的是，二里頭文化通過盤龍城這個據點與長江以南地區和江淮西部建立了較爲密切的聯繫，二里頭文化晚期，隨著商文化的興起和向鄂東南地區的擴張，二里頭文化逐漸消亡。

　　鄂東南地區所見到的二里頭文化遺存極不豐富，除了在一些地點偶見有這一階段的遺物外，二里頭文化遺存主要分佈在長江以北沿線和鄂北地區。盤龍城遺址作爲二里頭文化在鄂東南地區的集中分佈地，文化內涵並不豐富，似乎也不具有延續性。盤龍城在二里崗文化時期已成爲一個重要的地點，但在二里頭文化時期聚落的規模並不大。僅在南城垣、王家嘴等地點發現二里頭文化階段遺存，從二里頭文化因素的傳播時間、傳播內涵來看，似乎二里頭文化對江漢地區西部和北部的傳播與對鄂東南地區的傳播經過的是不同的路線（見後文論述）。

　　總體來看，鄂東南地區二里頭文化中晚期的文化性質是受到二里頭文化影響的土著文化，二里頭文化對偏西部地區影響較大，似乎已經進行了有效的控制，而東部目前發現的資料缺乏，雖然有的學者論說在長江以南的大冶

〔註 76〕三峽考古隊：《湖北宜昌白廟遺址 1993 年發掘簡報》，《江漢考古》，1994 年 1期。
〔註 77〕張昌平：《夏商時期中原與長江中游地區的文化聯繫》，《華夏考古》，2006 年3 期。

地區發現了一些二里頭文化遺址，並且就分佈在銅礦附近〔註 78〕。但是，目前的資料還不能說明當時所認定的尖錐狀的高襠鬲足、鼎足、鬲足上帶指窩的作風、帶長方形鏤孔的豆屬於二里頭文化的因素，並且，近年來已有多位學者認爲這類因素是屬於商代晚期文化因素和當地土著文化因素的〔註 79〕。

　　至於二里頭文化來到此地的目的是否眞是如有些學者所論述的是爲了當地豐富的銅礦資源，我們將在下文中詳細論述。

二、文化的時空變遷及與二里頭文化的互動

1、二里頭文化早期

　　江漢地區相當於二里頭文化早期的文化，大多可能仍然是石家河文化的延續〔註 80〕。鄂東南地區的相當於二里頭早期時期的文化遺存基本不見，此時中原的二里頭文化可能還未進入這一地區。

2、二里頭文化晚期

　　大約接近於二里頭文化二期之末，夏文化勢力迅速進入盤龍城、荊南寺〔註 81〕，並對三峽地區文化產生強烈影響，這種文化格局一直延續到商代二里岡文化時期。盤龍城與荊南寺兩處遺址這一時期文化面貌表現出較多的內在聯繫，如二者都以典型的中原文化因素及其變體爲主體，從二里頭文化第四期階段開始出現較多以紅陶缸爲代表的土著文化因素等。

　　鄂東南地區二里頭晚期時的文化是與江漢平原地區二里頭文化時期的文化格局密切相關的，要想全面的認識鄂東南地區的文化，必須對江漢地區的二里頭時期文化有一個全面的認識，才能得出較爲符合實際的結論。

　　除鄂東地區及長江沿線之外，江漢地區分析的二里頭文化遺存目前還只見於鍾祥亂葬崗〔註 82〕、襄陽王樹崗〔註 83〕與棗陽墓子坡和隨州西花園遺

〔註78〕 黃石市博物館：《大冶古文化遺址考古調查》，《江漢考古》，1984 年 4 期；劉莉、陳星燦：《中國早期國家的形成——從二里頭和二里岡時期的中心和邊緣之間的關係談起》，《古代文明》第 1 卷，文物出版社，2002 年。

〔註79〕 湖北省文物考古研究所編：《大冶五里界——春秋城址與周圍遺址考古報告》，科學出版社，2006 年。

〔註80〕 楊權喜：《江漢夏代文化探討》，《中國文物報》，1998 年 7 月 29 日 3 版。

〔註81〕 荊州地區博物館等：《湖北江陵荊南寺遺址第一、二次試掘簡報》，《考古》，1989 年 8 期；何駑：《荊南寺遺址夏商時期遺存分析》，《考古學研究（二）》，文物出版社，1994 年。

〔註82〕 荊州博物館：《鍾祥亂葬崗夏文化遺存清理簡報》，《江漢考古》，2001 年 3 期。

址，年代均屬二里頭文化三期前後。這與盤龍城遺址和荊南寺遺址二里頭文化因素出現的時間大致同時。但亂葬崗和王樹崗遺址所反映的特徵有所不同。出土陶器主要有鼎、鬲、尊、盆、盤、豆等，各器類幾乎在二里頭文化都可以找到可比器，發掘者認為是屬於二里頭文化性質的遺存。但器物特徵又與二里頭文化存在一定區別，如陶器陶色呈淺灰色、罐類器少見、器口多卷沿侈口、尊長頸折腹不明顯、不出某些二里頭文化常見的器類等。此外也不出荊南寺常見的紅陶缸及其它非中原文化因素的器物，看來亂葬崗和王樹崗遺址與其南的荊南寺遺址並未發生直接聯繫。棗陽墓子坡遺址〔註 84〕和隨州西花園遺址與此情形類似。這些遺址為調查時發現，採集陶器以夾砂灰陶為主，夾砂紅陶次之。所見器類有鼎、鬲、尊、盆、罐等。從鬲的時代特徵看，遺址延續時間可至二里崗文化時期。遺物總的特徵與二里頭文化接近，但陶器中鼎的按窩紋做法較特別，一些器形特徵亦與二里頭文化有所不同，不見紅陶缸。以上四處遺址性質較單純，所表現出的文化特徵似可認為是二里頭文化的地方變體，它們與包含有複雜文化因素的長江沿線遺存有所區別。

　　一般認為，夏商文化南進江漢地區線路有兩條，一是經南陽盆地南下入沮漳河或東進隨棗走廊，一是沿今京廣線到達鄂東、長江岸邊〔註 85〕。由上述幾處遺存分佈及文化特徵，有的學者就認為，江漢平原北部和西部的文化遺存中所含的二里頭文化因素與東部和南部文化遺存中的二里頭文化因素可能來自不同的途徑，前者是係二里頭文化自漢江東下，或延伸至隨棗走廊；後者是自現京廣鐵路一線南下，首先到達盤龍城地區後再沿江向東和向西進行傳播的〔註 86〕。但是在今京廣線附近，還沒有發現典型的二里頭文化時期的遺存，中原文化經京廣線南下的路線似乎在二里頭文化時期並未開通。

　　基於我們對後石家河文化的分佈區域和盤龍城遺址以及分佈在隨棗走廊和江陵地區二里頭文化因素年代的分析，我們認為，二里頭文化是利用出南陽盆地經漢江和隨棗走廊的路線向江漢平原擴展的，這裏的後石家河文化中出現的二里頭文化因素表明在二里頭文化早期中原文化已經與江漢平原的西部和北部有所接觸，但此時這些地方仍然是以傳統文化因素為主的地方文

〔註 83〕襄石復線襄樊考古隊：《湖北襄陽法龍王樹崗遺址二里頭文化灰坑清理簡報》，《江漢考古》，2002 年 4 期。
〔註 84〕葉植：《襄樊市文物史迹普查實錄》第 131、132 頁，今日中國出版社，1995 年。
〔註 85〕何介鈞：《商文化在南方的傳播》，《湖南先秦考古學研究》，嶽麓書社，1996 年。
〔註 86〕拓古：《二里頭文化時期的江漢地區》，《江漢考古》，2002 年 1 期。

化，還沒有發現純粹的二里頭文化遺存。二里頭文化因素此時更未見於長江沿岸和鄂東南地區。

隨著中原文化勢力的穩固和增強，至遲在二里頭文化二期之末，單純的二里頭文化遺存已出現於鍾祥亂葬崗等地點中〔註 87〕，二里頭文化因素也開始在長江沿岸和鄂東南地區廣泛傳播，只不過在與地方文化的接觸中文化面貌也發生了一定的變異。二里頭文化在鄂東南地區以盤龍城遺址為中心和出發點，向西發展到江陵，甚至三峽地區；向東發展到江淮西部地區而形成了薛家崗遺存；向南跨過長江進入贛鄱地區，影響了那裏的文明化進程（圖 1.2.20）。

第三節　商時期文化的分期與分區

一、文化分區

鄂東南地區發現的商時期的文化遺存，文化面貌比較清楚的大體可歸為兩種，即以偏西的盤龍城遺址為代表的盤龍城類型商文化遺存和以陽新和尚塯和大路鋪遺址為代表的鄂東南土著文化遺存。

傳統觀點認為商朝領土南不逾桐柏、大別二山，王國維據卜辭所載地名推測商朝活動範圍「大抵在大河南北數百里內」〔註 88〕。1974 年黃陂盤龍城商代城址的發掘，改變了商朝領土範圍不大的傳統觀點〔註 89〕，人們的視野擴展到了長江之濱。繼黃陂盤龍城發現之後，鄂東南地區商文化遺迹、遺物不斷出土，為商朝「南土」的研究提供了許多新的實物證據。

盤龍城類型以湖北黃陂盤龍城早商遺址群為代表。此類型最早由鄒衡先生所劃出。至於其分佈範圍，鄒先生在《試論夏文化》一文中說：「據以往調查材料得知，盤龍城類型的分佈主要是在湖北省的偏東部長江沿岸一帶。最西已達江陵地區；最東直到皖、鄂交界的英山。而在英山以南的蘄春易家山遺址和黃石市的東方鄉遺址中也發現了早商文化遺物。看來，盤龍城型遺址

〔註87〕 中原文化經南陽盆地向南施加的影響自二里頭文化早期即已開始，王樹崗、亂葬崗等遺址應是二里頭文化經由南陽盆地，順漢水向南傳播的結果。見：李龍章：《下王崗晚二期文化性質及相關問題探討》，《考古》，1988 年 7 期。

〔註88〕 王國維：《觀堂集林》卷十二，《說亳》，中華書局，1959 年。

〔註89〕 江鴻：《盤龍城與商朝的南土》，《文物》，1976 年 2 期。

的分佈面可能延及安徽省的西南部和江西省的西北部，東西跨度可達七八百里。〔註 90〕」隨著江陵荊南寺、九江神墩、九江龍王嶺、安徽潛山薛家崗、黃梅意生寺、陽新和尚塭、大路鋪等重點遺址的發掘，使得學者注意到，在鄒先生當年據調查材料所推測的盤龍城類型的分佈範圍之內，也還分佈著一些同期〔註 91〕但整體文化面貌不清的遺址。這些面貌不清的遺址在長江以南的大冶、陽新和黃石以及贛北的部分商代中晚期遺址中表現出的不同於盤龍城類型商文化的文化特徵比較明顯，尤其是近年來大規模發掘的陽新大路鋪遺址包含有石家河文化、商代一直到周代的文化遺存，其商代的文化所表現出的特徵含有極少的中原商文化的因素，其包含大量鼎式鬲的特徵雖然與盤龍城類型商文化有相似之處，但其鬲足外側多見刻槽的作風又不見於盤龍城，並且其主體文化內涵中的柄部帶鏤孔的豆、帶附耳的甗均不見於盤龍城類型商文化中〔註 92〕。大冶五里界城周圍的遺址和和尚塭遺址中也多見這種獨特的文化因素。因此，我們認為至遲在晚商時期分佈在長江南岸鄂東南地區的文化遺存是不同於盤龍城類型商文化的文化遺存。長江北岸的商代遺存分佈以巴河為界，巴河以西遺址較為密集，且均與中原商文化的關係密切，不僅可見到類似的陶器組合，也可見到眾多的青銅重器。而巴河以東除了上面所提到的少量早商因素之外，文化面貌還極不清晰。近年來發掘的長江沿岸的黃梅意生寺遺址和焦墩遺址文化因素和時代特徵與周邊文化遺存均有一定的差別，但相對來說，少見鄂東南地區長江南岸的文化因素，而與盤龍城遺址和吳城遺址表現出一定的相似性，這與其處的位置相關，可能屬於盤龍

〔註 90〕 鄒衡：《試論夏文化》，《夏商周考古學論文集》第 126～127 頁，文物出版社，1980 年版。

〔註 91〕 目前鄂皖鄰境地區的英山、蘄春及鄂東長江以南的黃石市、大冶、陽新等地都曾採集過早商文化陶片。王善才：《湖北英山、浠水東周遺址的調查》，《考古》，1963 年 12 期，第 660 頁，圖二：3；湖北省文物管理委員會：《湖北蘄春易家山新石器時代遺址調查見報》，《考古通訊》，1956 年 3 期，圖版伍：15；高應勤、周抱權：《湖北黃石市六處古遺址調查紀要》，《文物參考資料》，1956 年 12 期，第 50 頁，圖 4；黃石市博物館：《大冶古文化遺址考古調查》，《江漢考古》，1984 年 4 期，第 9 頁，蟹子地遺址，圖一：17、18，第 13 頁，古塘墩遺址，圖三：4、12、21；咸寧地區博物館、陽新縣博物館：《陽新縣和尚塭遺址調查簡報》，《江漢考古》1984 年 4 期，圖二：3、5、9、10、11，圖三：26，圖四：2、3、6、7，圖六：1。引自王立新：《早商文化研究》，第 192 頁，高等教育出版社，1998 年版。

〔註 92〕 湖北省文物考古研究所馮少龍先生發掘，報告在整理中。

城類型和吳城文化之間的過渡類型，由於同類文化遺存較少，對其文化歸屬不宜遽斷，從其所包含的盤龍城類型的文化因素來看，至少表明盤龍城類型已經抵達鄂皖交界地帶，長江沿岸地帶是其經略的重點，並通過此地與贛北和皖西南地區建立了聯繫。由於商文化在長江沿岸的存在，使得長江南岸的文化很難跨過長江延伸到長江以北的地區，這種情況一直持續到晚商早期。因此，我們認為鄂東南長江以北的商時期文化遺存在晚商早期以前應該都屬於盤龍城類型的分佈範圍，而江南至遲在晚商早期不屬於商文化分佈範圍。而皖西南地區薛家崗遺址商時期文化遺存內涵遠不如盤龍城遺址豐富，也不如意生寺遺址與盤龍城遺址的關係密切，因此，當是盤龍城類型經長江向東發展並與當地文化融合的產物。

從上面的論述可以看出，盤龍城類型主要是指晚商早期以前的地方類型，它分佈在長江北岸、并沿長江向東一直延伸到鄂、皖交界的黃梅諸地，向北不過桐柏山、大別山，向西的範圍已經越出了鄂東南的範圍，大致以大洪山為界。長江南岸在商代早中期也應該屬於盤龍城類型的分佈範圍，至少是受盤龍城文化勢力制約的地區。但在商代晚期即被地方性文化所取代，這時此地以大路鋪遺址的內涵最為豐富，我們暫以大路鋪遺存命名，其範圍在晚商晚期時已跨過長江抵達黃梅和江淮西部諸地。

二、文化分期及與商文化的互動

鄂東南地區商文化時期可以分為盤龍城類型和大路鋪遺存。關於盤龍城類型我們主要根據對盤龍城遺址、香爐山遺址、意生寺遺址和團風下窯嘴墓葬的出土器物進行分期，由於鄂東南地區僅包含了盤龍城類型的一部分地區，因此在總體文化內涵上我們也參考了盤龍城類型的其它重要遺址，比如隨州廟臺子、黃陂郭袁嘴（下層）〔註93〕、安陸曬書臺、孝感聶家寨、漢陽紗帽山、岳陽銅鼓山等遺址的資料，以及不少的商代青銅器出土地點。從目前的資料來看，盤龍城類型的延續時間大約是在早商文化第一期開始一直延續到晚商文化第一期止，而繁榮期主要是在早商到中商第一期的一段時間，中商第一期後僅在香爐山發現了少量遺存，商文化勢力已大範圍的向北退縮，殷墟文化第一期後，商文化的主體基本退出了鄂東南地區。

〔註93〕資料未正式公佈。參見熊卜發、宋煥義：《淺談鄂東北地區古代文化》，《湖北省考古學會論文選集》（一），武漢大學學報編輯部出版，1987年，第54頁。

　　對於大路鋪遺存，目前的資料還不能表明時代可以早到早商時期，中商時期的文化面貌也不清晰，但到了晚商時期，特徵性的文化遺存已比較豐富，足帶刻槽的鬲、附耳甗、柄帶鏤孔的豆等不僅在長江以南的鄂東南地區集中分佈，而且也已經深入到長江以北和贛北的部分地區，說明大路鋪遺存很可能主要是在晚商時期開始出現並繁榮的。

　　自二里崗下層文化階段開始，商文化就已經開始深刻的影響到了鄂東南地區。盤龍城遺址的商代遺存和團風縣下窯嘴的商代中期墓葬清楚的表明此時的鄂東南西部地區已經屬於商文化的勢力範圍，很明顯的商文化勢力更東進至黃梅意生寺遺址〔註94〕。但是，從時間上來看，商代早期是商文化勢力在鄂東南地區的繁榮時期，這一時期商文化不僅在長江北岸迅速擴展，還通過長江水道迅速的與贛江下游通道地區和江淮西部地區建立了聯繫。而自盤龍城商代城址在中商文化第一期廢棄之後，商文化勢力在鄂東南地區的勢力有所下降。到了晚商早期，即相當於殷墟二期階段，長江流域廣大地區已基本為地方性考古學文化所覆蓋〔註95〕。因此，我們把鄂東南地區商時期的文化遺存分為早商～中商早期、中商中期～晚商一期和晚期二～四期三個階段進行論述。

1、早商～中商早期

　　是商文化在鄂東南地區擴張的繁盛時期，這一時期的遺址目前可見盤龍城遺址和意生寺遺址，它們的商文化遺存可以早到早商一期，甚至還存在部分先商文化南關外類型的因素。說明商文化向這一地區擴展的時間是比較早的。另外，在黃陂分灣、袁李灣也發現了這一時期的銅器。可見，商代早期商文化的重點經略地區是巴水以西和長江沿線地區，並有證據表明，至遲在早商晚段開始，商文化已經沿江深入到了贛北地區和江淮地區西南部，贛江下游的瑞昌銅嶺遺址年代可以上迄早商晚期或中商早期〔註96〕，江淮西南部的薛家崗商遺存也大致開始於這個時期。但這種深入似乎只是以據點的形

〔註94〕湖北省文物考古研究所：《五十年來湖北省文物考古工作》第281頁，《新中國考古五十年》，文物出版社，1999年版。

〔註95〕中國社會科學院考古研究所編著：《中國考古學·夏商卷》第266頁，中國社會科學出版社，2003年。

〔註96〕盧本珊、劉詩中：《瑞昌市銅嶺古銅礦遺址發掘簡報》，《銅嶺古銅礦遺址發現與研究》，江西科學技術出版社，1997年。

式，比如巴水以東的廣大地區和長江南岸的大冶、陽新等地似乎都不見典型
商文化的分佈。這些地區似乎並沒有成為商文化重點經略的地區，但由於地
方文化的特徵也不明顯，因此，整個鄂東南地區在這一時期可能都應是盤龍
城類型商文化的分佈或輻射範圍。

盤龍城商城是目前發現位置最偏南的一座早商文化城址，它大約始建於
早商二期的晚段，它作為商人在南方的重要軍事據點，延續使用了較長的一
段時間，建設和布局都是經過了嚴密的規劃，該城從營造方法、牆體結構到
城內外布局都與鄭州商城非常相似。如城牆均繫採用分段版築、牆體都分為
城牆和護城坡兩部分、宮殿基址都位於城內東北部及城外都有手工業作坊和
墓地等現象都是一致的。說明盤龍城商城的建造技術和布局方式都應是從二
里崗類型學習來的。不同的是，盤龍城商城所在的地勢比較起伏，地形多變，
因而城牆的修建就不能不考慮到地勢的因素而有所起伏和曲折。而盤龍城商
城牆外有壕溝圍護的現象卻有別於鄭州商城，而與東下馮類型的東下馮商
城相似。說明盤龍城商城與東下馮商城相同，其軍事防禦的目的體現得很
強﹝註97﹞。這可能正和它們處於早商文化分佈範圍內的南、北邊緣地帶有關。

盤龍城商城內的宮殿同鄭州商城、偃師商城所見者相同，都是修建在夯
土臺基之上的「四阿重屋」式建築。

盤龍城商城附近發現的墓葬均為長方形豎穴土坑墓，多有二層臺和腰
坑，腰坑內殉狗。使用木質棺槨、隨葬銅禮器加兵器等現象也都與二里崗類
劃相同。

此外，盤龍城類型也見有與二里崗類型相似的深窖穴。

從陶器上看，盤龍城類型與二里崗類型的共性和差異都比較明顯。盤龍
城類型中的鬲、甗、爵、斝、簋、假腹豆、深腹盆、中腹盆、刻槽盆、單把
圈足杯、大口尊、小口甕、瘦長體大口缸等器類的形態與二里崗類型的同類
器相似，說明該類型與二里崗類型在主要陶器組合上是一致的。這組陶器在
盤龍城商城中占已復原陶器的 60%，顯然在整個陶器群中佔有主導地位。鬲
是盤龍城類型的主要炊器，它在盤龍城約占已復原陶器的 20%﹝註98﹞。盤龍

﹝註97﹞ 王勁、陳賢一：《試論商代盤龍城早期城市的形態與特徵》，《湖北省考古學會
論文選集》（一），第 70～77 頁，武漢大學學報編輯部出版，1987 年版；宋煥
文：《從盤龍城考古發現試談商楚關係》，《江漢考古》，1983 年 2 期。
﹝註98﹞ 陳賢一、李桃元、傅守平、陳春：《論湖北地區早商文化》，《長江文化論集》

城類型與二里崗類型在陶器方面的差異主要表現在：一，陶系上，紅陶比例大，約占 50%～60%，而泥質灰陶十分少見。另外還有一定數量的硬陶和釉陶，約占 2% 到 7% 左右〔註 99〕。陶器的製法以手製爲主。紋飾雖然與二里崗類型一樣以繩紋爲主，但方格紋的比例較高而少見素面陶和磨光陶的現象又不同於二里崗類型，而與當地二里頭期的文化遺存和江漢平原地區早商遺存的面貌有一定的相似之處。第二，二里崗類型的某些器類罕見或不見於盤龍城類型。例如深腹罐、盆形鼎、平口甕、捏口罐、帶流壺、矮體大平底罐、粗體大口缸及釉陶和硬陶中的筒形尊、折腹尊等；另外，有些與二里崗類型相似的器物上也表現一些地方特色，例如陶鬲作弧襠、平襠者爲數較多，鬲沿下少見同心圓紋，又如中腹盆多有領等。第三，紅褐色的瘦長體的厚胎粗陶大口缸數量明顯多於二里崗類型，是主要器類之一。第四，鄂東南地區偏東部的遺存與二里崗類型的相似因素明顯少於偏西部地區，但以平襠或弧襠的鬲、甗、斝、爵、深腹罐和小口甕爲特色的器物群組合與盤龍城遺址一致，當是盤龍城類型商文化向東發展過程中的一種變異。

盤龍城類型發現有大量的青銅容器、兵器和工具等。包括盤龍城出土的鼎、爵、斝、觚、鬲、甗、簋、罍、盉、盤、尊、卣等，這個時期的青銅器除了甗、簋等少數幾種尚未見於二里崗類型之外，其餘在組合、器形、紋飾諸方面均與鄭州所出商代銅器基本相同，不過盤龍城類型青銅容器的獨特之處也很明顯。例如有的觚細腰處外鼓、有的斝足斷面爲圓形、鬲大多爲平襠等。兵器有鉞、戈、矛、鏃等；工具有錛、钁、斧、錛、鑿、刀、魚鈎等。其中的矛和錛尚未見於二里崗類型。除了人字紋和菱形紋外，大多數銅器紋飾均同於二里崗類型。

綜上所述，盤龍城類型與二里崗類型表現了很大的一致性，歸屬爲同一文化系統是不成問題的。不過，陶系中紅陶較多、紋飾中方格紋比例較高的現象，則說明土著文化因素依然保留，且與來自二里崗類型的文化因素發生了較高程度的融合。與此同時，該類型又受到了長江下游和江南幾何形印紋硬陶流行地區文化遺存的影響。正是因爲此地處於三大文化區交彙的中間區

第一輯，湖北教育出版社，1995 年。

〔註 99〕鄒衡：《試論夏文化》，《夏商周考古學論文集》第 127 頁，文物出版社，1980
　　　　年；陳賢一：《江漢地區的商文化》，《中國考古學會第二次年會論文集》，文
　　　　物出版社，1982 年。

域，是商文化向長江以南地區傳播的必經區域，因此，該類型才會出現複雜的特徵。盤龍城遺址作為商文化在長江中下游地區的重要軍事據點，其對於商文化在這一地域的擴展具有重要意義，研究表明，江淮西部的薛家崗商遺存、江淮中部的大城墩類型商文化、贛鄱區域的吳城文化和湖南長江南岸的商代文化等都是以這一據點為媒介進行傳播的（圖1.2.20）。

2、中商中期～晚商一期

早商時期，商文化發展到長江流域，形成早商文化盤龍城類型。中商時期，不僅湖北境內漢水以東及漢水下游地區為商文化佔據，長江南岸的湘江、澧水下游〔註100〕，以及贛江下游的通道地帶，也出現了商文化的若干據點〔註101〕。盤龍城類型中商文化是對盤龍城類型早商文化的繼承發展，由於這時的盤龍城城址已經廢棄，文化勢力已較前減弱，但商文化因素的分佈範圍卻大大擴展，影響所及已大大超過了其前身。典型的中商時期的文化遺存以新洲香爐山遺址為代表。其它，在黃陂官家寨、鍾家崗〔註102〕、紅進村〔註103〕；團鳳下窯嘴等地點都發現了這一時期的墓葬和青銅器。官家寨和鍾家崗出土了觚、爵等銅器，紅進村出土了觚、爵、斝等銅器。1992年團鳳下窯嘴商代墓葬出土銅器16件，陶器4件，原始瓷器1件，石器1件。銅器有鬲、觚、爵、斝、小口折肩尊、戈、斧、錛、鑿、鏃等；陶器有鬲、簋、塗朱圓陶片等殘片。這個時期發現的青銅器顯然是屬於中原系統的，與中原商代中期的青銅器沒什麼兩樣（圖1.2.20）。

武漢市新洲縣香爐山遺址，是一處典型的中商文化遺址，出土折沿方唇高襠高足根長方體鬲、假腹豆、將軍盔等，年代為中商第一期至晚商第一期。

鄂東南地區的中商時期遺存，陶鬲分袋足、平襠、弧襠三型，前者屬商式鬲、特點是大都口部較寬且外敞，足根內收；後兩型則與中原商式鬲差別較大。斂口斝肩部突出，上腹腹徑明顯大於下腹，與中原同類器略有差異。

〔註100〕何介鈞：《試論湖南出土商代青銅器及商文化向南傳播的幾個問題》，《中國商文化國際學術討論會論文集》，中國大百科全書出版社，1998年。

〔註101〕個別據點可以早到早商文化，比如瑞昌銅嶺遺址，年代可至早商。《瑞昌銅嶺礦冶遺址發掘獲重大成果》，《中國文物報》，1992年1月19日；江西省文物考古研究所銅嶺遺址發掘隊：《江西瑞昌銅嶺商周礦冶遺址第一期發掘簡報》，《江西文物》，1990年3期。

〔註102〕熊卜發：《湖北孝感地區商周古文化調查》，《考古》，1988年4期。

〔註103〕熊卜發、鮑方鐸：《黃陂出土的商代晚期青銅器》，《江漢考古》，1986年4期。

甗和簋的形態均與中原商器一致。陶豆中，當地早期的細柄豆已不見，代之淺盤圈足豆和假腹豆，亦與中原商文化豆的形態一致。而所出夾粗石英砂的大口缸、印紋硬陶器、原始瓷器等，均表現出地方特色。

　　還有一點需要注意的是，自二里頭文化來到鄂東南地區，中原地區適應當地傳統而產生的平襠或弧襠的鬲等就沿長江向東一直分佈到江淮西部地區，並且這種因素一直與商文化和平共處，但是平襠鼎式鬲的比例卻不斷下降，到盤龍城第六期時，分襠和高弧襠的聯襠鬲佔了絕對優勢，平襠鼎式鬲已極少見。自商代中期偏晚階段開始，隨著商文化勢力的衰落，鄂東南遠離商文化核心區域的地區，比如陽新、大冶等地不同於商文化的地方勢力開始擡頭，具體表現在大冶、陽新等一些遺址中出現的尖錐狀高襠鬲足、鼎足以及帶指窩的作風等特徵均不同於商文化，並且這些文化因素有的一直延續到春秋時期。實際上鼎作為石家河文化時期的重要特徵，其足部按窩或刻槽的作風早已有之。這些因素在商文化衰落後重新出現在陽新等地，但地域並不廣闊。同時，這些調查的遺址中也可見到一部分鬲袋足有實足根，反映出與中原商文化仍然存在某種聯繫。以上這些都說明商文化勢力已經開始失去對這些地區的控制。但是這些地方因素的大發展還是在晚商中後期。

3、晚商二～四期

　　約當於殷墟文化第一期，商文化實力開始在南方大範圍退縮。不僅鄂東南地區在此時不見典型的商文化遺存，即使在鄂東北曾經為商文化勢力範圍的地區也僅發現了隨州廟臺子〔註104〕、孝感聶家寨等不多的地點。廟臺子發現了 5 座可能屬於商文化的墓葬，均未見隨葬品。該遺址陶器見鬲、甗、折肩罐、假腹豆、紅陶缸，時代屬於殷墟一、二期。而到了商代末期，不僅在鄂東南，在鄂東北地區商文化都幾乎變成了空白。

　　與此同時，土著文化勢力在上一期出現在鄂東南東端的基礎上開始大範圍擴展，在鄂東南地區除了上期的遺址外，新增加的有大冶三角橋、銅綠山、眠羊地、古塘墩、李河、陽新大路鋪、和尚壋、黃梅焦墩、浠水硯池山、英山胡家墩、團鳳馬坳等遺址。這批遺址中最大的特色就是出現了帶雙附耳的甗和開始流行間斷繩紋和條紋，足根部帶小圓窩的尖錐狀鬲足、鼎足常見。其陶器特徵是以夾砂褐灰陶為主，夾砂褐黃陶次之，甗的雙附耳明顯高於口沿，鼎足、鬲足足尖外撇，橫截面多扁圓形，這些文化特徵一直延續到西周

〔註104〕武漢大學歷史系考古教研室：《西花園與廟臺子》，武漢大學出版社，1993 年。

乃至春秋時期，成爲商代晚期到西周晚期鄂東南地區的最有代表性的地方性文化遺存，我們將之稱之爲大路鋪遺存，它應該是隨著商文化的衰弱和逐漸退出本地域而逐漸興起和繁榮的。

這時期的青銅器在黃陂、大冶和陽新縣都有發現。黃陂柏木港發現的罍、大冶羅橋發現的卣、鄂城出土的爵等與中原地區發現的相比，在器形和紋飾方面沒有什麼不同。但也出現了不同於中原傳統的，在陽新白沙劉榮山發現的兩件銅鐃，並排放在小山頂部，鐃身兩面都有獸面紋，一件以圓圈紋爲地紋，一件爲素地〔註105〕。另外，在距離鄂東南不遠的咸寧市崇陽縣汪家嘴發現了一件銅鼓，鼓身與今之鼓相似，鼓豎放，下有俎形座，上有一枕狀飾物。鼓面素面無紋，鼓身有以流散雲雷紋爲地紋的獸面紋，外側爲三周乳釘紋。這兩批器物以流散雲雷紋和圓圈紋爲地紋的裝飾風格與殷墟出土的青銅器不同，這種紋飾常見於長江流域商周時期的陶器上，因此它們已經具有了南方的地域特徵。

總體來看，晚商時期，中原商文化已經基本退出了鄂東南地區，而商式青銅器的存在，仍然表明商文化與此地的聯繫並沒有完全消失，只是像早中商時期那種大規模的軍事與文化交往已不再存在。當地被土著文化所佔據，並在商代末期有過一次較大規模的北向擴展（圖 1.2.20）。

第四節　西周時期文化的分期與分區

一、文化分組

周滅商後，西周王朝繼續把鄂東南地區作爲重點經略的地區，不論是毛家咀的木構建築、新屋灣的銅器窖藏、魯臺山的貴族墓葬、香爐山的大型聚落，以及紅安、麻城等地的西周時期遺存都證明了西周文化確實已經抵達了此地，並且控制了較大的地區。同時大冶、陽新、羅田、英山、團鳳、浠水、黃梅、武穴等地也存在一種不同於西周文化的地方文化，當是延續自商代中晚期在黃梅、大冶等地開始擡頭的地方文化。這兩種文化在鄂東南地區的存在是有著不同的地域範圍的。同時也存在著一批贛鄱地區的文化因素和湖南澧水流域的文化因素，都各自具有自己的分佈範圍。下面我們具體分析。

〔註105〕咸博：《湖北陽新縣出土兩件青銅鐃》，《文物》，1981 年 1 期。

　　我們依據陶器的主要特徵，試將鄂東南地區西周時期文化遺址出土的器
物分解爲甲、乙、丙、丁、戊、己六組文化因素。

　　甲組包括癟襠鬲、甗、盆、罐、盂、缽、豆和簋等。甲組器物的主要特
點是，在魯臺山、香爐山等主要西周遺址中出土的數量多，延續的時間長，
陶器早期多紅陶，中晚期以灰陶爲主。紋飾則以繩紋占統治地位，次爲凹弦
紋、附加堆紋等。其中最具特徵的器物爲癟襠鬲、甗、簋和粗柄豆。上述器
物皆爲中原地區西周文化中所常見，且與中原地區西周遺址和墓葬中所出同
類器物相同或者相近似。例如香爐山西周文化第一期和魯臺山 H1 所出斂口癟
襠陶鬲與長安張家坡西周早期墓葬所出 AⅡa 式鬲形制特徵基本相同。魯臺山
所出 I 式簋與張家坡 BII 式簋相近似。魯臺山採集的深腹矮圈足簋與張家坡西
周早期陶簋形制相似。香爐山遺址所出陶豆與洛陽東郊西周早期 M167〔註 106〕
和灃西 KM69、KM145 所出陶豆〔註 107〕形制接近。香爐山遺址西周文化第三
期所出陶盆、缽亦可以在灃西張家坡西周晚期灰坑所出器物中見到相同的器
形。小型生產工具中的銅斧、銅錛、銅鏃、銅刀等，兩地區所見到的的形制也
基本相同（圖 1.2.21-1）。顯而易見，甲組器物所代表的是中原地區西周文化
因素。

　　甲組器物中還包括一種在鄂東南西周文化中流行的折肩鬲，這種折肩
鬲，特徵比較突出，爲扁體、小口折沿，折肩直腹或弧腹、柱足、癟襠。飾
繩紋和凹弦紋。主要流行於鄂東南地區西周文化中晚期，早期未見。從目前
資料來看，香爐山遺址較多見，麻城弔尖、羅田廟山崗（圖 1.2.10 和圖 1.2.11
中 A 類鬲）遺址有較多發現，隨棗走廊的廟臺子遺址也有少量發現。這種折
肩癟襠鬲不見於中原地區西周文化，更與商文化陶鬲有明顯的區別，與周圍
地區同時代文化也均不相同，爲鄂東南地區西周時期文化所獨有。可能是周
式鬲進入鄂東地區之後產生的地方變體，因其仍爲癟襠，雖不同於中原地區
周式鬲，卻是受周式鬲的影響而產生，所以不妨將折肩癟襠鬲也劃歸甲組器
物。

　　乙組器物包括聯襠高錐足鬲、淺腹平底缽、高柄豆等。本組器物亦具有
十分突出的形制特徵，如鬲作盆形腹，大口微斂，襠部近平（微凸或微凹），

〔註 106〕圖見鄒衡：《夏商周考古學論文集》第 68 頁圖二，文物出版社，1980 年。
〔註 107〕圖見《灃西發掘報告》第 131 頁圖八六，文物出版社，1962 年。

三個錐狀實足，足內窩很淺，飾繩紋和凹弦紋。因其形制特徵頗似陶鼎，故有人稱之爲「鼎式鬲」，又因其明顯有別於商式和周式陶鬲而見於江漢地區，亦被稱之爲「早期楚式鬲」。該式陶鬲近年在鄂東地區多處發現。除香爐山之外，大冶眠羊地〔註108〕、羅田廟山崗、麻城弔尖等遺址（圖1.2.10和圖1.2.11中B、C型鬲）中亦有出土。雖有些差別，但基本特徵是相同的。鼎式鬲的存在時代皆較早，其最早形態在盤龍城遺址二里頭時期文化中已見，在安徽含山大城墩遺址二里頭文化晚期〔註109〕和薛家崗遺址相當於二里頭文化時期也已存在，可見其不僅出現的時代早，而且分佈範圍亦較廣，是一種廣泛分佈在長江中下游地區的文化因素。高柄豆泥質陶，淺盤、高柄呈喇叭形圈足狀，飾有多道弦紋，有的飾長方形鏤孔，盤內有的飾輻射狀或漩渦狀暗紋。除此之外，乙組器物還包括帶圓窩或刻槽足陶鬲，圓窩紋足鼎、帶有護耳的陶甗等。生產工具則主要有算珠狀陶紡輪等。其中帶刻槽足的鬲，特徵是三足略外撇，足外側飾按窩紋或有一道縱向刻槽（亦有「↓」狀，「∨」狀刻槽）。槽深約1釐米，並且有變深的趨勢。聯襠，襠底近平，器腹與器足分製，然後對接裹製而成〔註110〕。帶有護耳的陶甗，口沿外壁有護耳，係捏合而成。耳所在處的口沿下有一圓形穿孔，甗腰較粗。

上述鄂東南地區西周遺址中的乙組器物中的各器都可以在長江中下游地區同時期文化遺址中找到器形特徵相同或相似的標本。特別是在贛鄱地區的九江神墩遺址中有集中的發現〔註111〕。

乙組器物中的鼎式鬲，刻槽足鬲，鏤孔或弦紋高圈足淺盤豆，帶護耳甗等器在鄂東南地區長江南北有較集中的發現，在江北的英山、蘄春等縣，江南的黃石大冶地區和陽新等縣，甚至更東面的江西九江沙河磨盤墩〔註112〕、神墩和江淮西部薛家崗、湯家墩等兩周時期遺址中，乙組器物佔有較大的比重或者居主導地位（圖1.2.21-2）。

通過與商代晚期已經出現的部分乙組器物進行對比，我們認爲，乙組器

〔註108〕黃石市博物館：《大冶古文化遺址考古調查》，《江漢考古》，1984年4期。

〔註109〕張敬國：《略論江淮地區夏商周文化分期及族屬》，《文物研究》第3期。

〔註110〕張潮：《古越族文化初探》，《江漢考古》，1984年4期。

〔註111〕江西省文物工作隊、九江市博物館：《江西九江神墩遺址發掘簡報》，《江西歷史文物》，1987年2期。

〔註112〕江西省博物館、九江縣文化工作站：《九江縣沙河街遺址發掘簡報》，《考古學集刊》第2輯，中國社會科學出版社，1982年。

物應該首先產生於鄂東南地區的東南部，然後擴展至整個鄂東南地區的，並影響到了江淮地區、皖南、寧鎮地區和贛鄱地區。它屬於代表了南方文化傳統的土著文化因素。

丙組器物以大口深腹缸爲代表，還包括陶尊、陶爵、陶鬲和小口折肩甕等一批帶有較明顯的晚商文化作風的器物。本組陶器中的缸、鬲、甕多爲夾砂紅陶，飾間斷繩紋，繩紋多錯亂。大口深腹缸，筒形腹，唇外翻，圓底或小平底，頸部常施有附加堆紋一周。在鄂東南西周早期遺址中發現較普通，與江漢地區殷商遺址中的同類型的缸形制十分接近。毛家嘴遺址中所出的陶尊和陶爵從形制到紋飾都與中原地區殷商文化中的同類器相似。作爲酒器，尊和爵本來就是殷商文化器物組合，在鄂東南地區出土的西周時期青銅器中，有些器類，如銅爵、觚、鼎等器顯然也源於殷商文化。學者們在論及蘄春毛家嘴和新屋灣，以及黃陂魯臺山等西周早期出土的陶器和銅器時，多認爲有些器類和器形明顯沿襲了商代陶器的作風〔註113〕。

但是鄂東南地區西周文化中的商文化因素並非完全源於中原，有些是直接繼承了本地區商文化的傳統。如前文談到的乙組器物中的鼎式鬲，早在二里頭文化晚期就已在江漢地區出現〔註114〕，經歷商代發展至西周仍然保持基本的形態特徵。丙組器物中的大口缸就占陶器總數的一半左右，西周早期在這一地區仍流行。

鄂東南地區西周文化與本地區商文化的繼承和發展關係還可以從地層關係得到證明，如新洲香爐山遺址西周早期某些陶器如陶鬲與下層商文化層中所出的陶鬲在陶質陶色、紋飾和形制方面都有一些共同的特徵，陶質以紅陶或褐陶爲主。紋飾除繩紋之外，方格紋佔有一定的比例，是本地區商周文化的共有特徵，也是區別於中原地區商周文化的地方特徵。

從卜骨卜甲的發現來看，則可以說明商文化和西周文化曾先後對鄂東南地區產生影響。鄂東南地區已發現的西周時期卜甲和卜骨，有的只鑽無鑿，有的有鑿而無鑽，有的則鑽鑿灼兼施。其鑽鑿形態多樣，有的將肩胛骨反面刻成平整的凹槽，施排列密集的方鑿，有的鑽作半圓形，在旁邊鑿成棗核形。卜甲有的施圓鑽，有的則在圓鑽中心加一豎槽，呈所謂「貓眼狀」，或在圓鑽

〔註113〕陳賢一：《江漢地區的商文化》，《中國考古學會第二次年會論文集》，文物出版社，1980年。
〔註114〕楊權喜：《江漢地區楚式鬲的初步分析》，《楚文化研究論集》第一集，荊楚書社，1987年版。

中心加十字鑿。還有的卜甲施長圓形鑽，中心加一豎鑿。從鄂東地區所出西周卜骨卜甲的形態所反映的不是單一繼承殷文化的傳統，也不是完全相同於西周占卜風格〔註115〕，而是殷周兩種文化因素的兼容並收，多種鑽鑿形態並存即是明證。

與江淮地區有關的器形主要有罐形盉、帶流罐等，在和尚塬遺址發現一件，弇口，圓腹，肩部有一管狀流，腹下有三高錐狀足，飾間斷條紋（圖1.2.19-6）。罐形盉在江淮地區西南部產生於商代中期，是當地富有特色的文化因素，具有明顯的演化趨勢（圖1.1.28），而這種器物在鄂東南地區的分佈並不普遍，因此，它很可能是來自於江淮地區的文化因素。兩地共存的鼎式鬲的傳統也證明兩地之間確實存在著聯繫。這類器物我們將其歸爲受到江淮地區西南部文化影響的丁組。

鄂東南西周時期文化中還可見較多的帶把器，包括帶把鬲，在鬲形器之肩腹部位有一角狀把手，在魯臺山、香爐山等遺址都有發現，同樣風格的器物還有帶把盆、帶把鼎等，分佈範圍很廣，主要在長江中下游地區。這與寧鎮地區湖熟文化的傳統相似，應是來源於寧鎮地區的文化因素。同樣來源於寧鎮地區的還有折腹碗〔註116〕、淺折腹平底缽、算珠狀陶紡輪等。本組器物中還包括一定數量的原始青瓷器和幾何印紋陶器，器形主要有豆、罐、甕、器蓋等，紋飾則以雲雷紋、S紋、水波紋、刻劃紋等爲主。原始青瓷器和印紋硬陶是反映南方文化傳統的最有特色的文化遺物，我們將這組器物稱爲戊組（圖1.2.21-2）。

己組器物以長頸壺和喇叭口器蓋爲代表，明顯的特點是，該組器物皆爲夾粗砂陶，陶質疏鬆，陶色不純，主要呈褐色，或灰色、黑灰色。另外還有一種斂口缽，因陶質陶色和紋飾與上述兩器相同，亦歸入此組（圖1.2.21-3）。

己組陶器無論陶質陶色和紋飾方面，還是形制特徵方面都與其它幾組器物不類。這種風格的陶器不見於中原，也不見於江漢地區及其以東長江中下游地區，卻在澧水上游的湖南桑植縣朱家臺遺址中存在〔註117〕。該遺址的陶器以夾砂陶爲主，70%以上陶片爲夾砂褐陶，陶色多不純正，質較軟，結構疏

〔註115〕殷商和西周時期的占卜風格是不同的，可見段渝：《卜用甲骨鑽鑿的起源及其形態》，《文史知識》，1991年7期。

〔註116〕在寧鎮地區多見原始瓷器，但在鄂東南地區主要是泥質陶。

〔註117〕湖南省文物考古研究所、桑植縣文物管理所：《湖南桑植縣朱家臺商代遺址的調查與發掘》，《江漢考古》，1989年2期。

鬆。陶器紋飾除素面之外，主要有水波紋、弦紋、方格紋，其次有戳印紋、繩紋等。紋飾多不規整，弦紋以手工刻劃爲多，以弦紋、水波紋組成的組合紋多飾於器物頸部，是這裏陶器紋飾的一大特色，這一特徵與鄂東南西周時期的己組器物的裝飾風格相同。器物種類方面，夾砂陶罐占整個遺址出土器物的 80%以上，其次是陶豆和器蓋。其中夾砂陶器蓋的形制特點與鄂東南所出己組器物中的器蓋相同，蓋鈕都有凹頂和平頂 2 式。

　　己組器物代表著澧水上游地區商周時期一種土著文化類型，目前在鄂東南地區僅在新洲香爐山遺址和武昌放鷹臺遺址中有所發現，分佈範圍較小，文化勢力也較弱，但無論如何，這兩處遺址之間應當存在著某種文化聯繫。己組器物所代表的一種文化因素有可能源於南方的澧水流域。

　　上述具有不同文化特徵的六組陶器在鄂東南地區西周時期文化遺址中存在的情況是比較複雜的，有的遺址中四種器物並存，而更多遺址的情況是只出現其中的三組或二組。各組器物的存在情況不僅與某一具體遺址的時代有關，而且與其所處的地域有關。任何一種文化或是其中包括的各種文化因素，在其發展過程中，其自身特徵到一定階段時是會發生變化的，即文化始終處於動態的發展過程中。鄂東南地區西周時期的文化存在和發展歷經數百年，不同文化因素的構成情況在不同發展階段自然也有很大的區別，不僅有量的變化，也可能產生質的變化。這種變化可以是文化本身隨生產力的進步，生活方式的改變而產生，也可以是因爲不同文化之間的相互影響和交流，導致新因素的產生，出現新的文化特徵，甚至可能是因爲某一種文化的擴展，導致另一種文化衰落或消亡所致。總的看來，鄂東南地區西周時期的文化遺存總是以甲組或乙組文化因素占主導地位，而丙、丁、戊、己四組文化因素從來只居次要地位，分佈地域也有限。

二、文化的時空變遷

　　我們對甲組和乙組器物的時空變遷作重點探討，而兼及其它文化因素。

　　甲組器物有的是獨自的宗周文化因素，這種文化遺存主要分佈在偏北的地區，延續的時間也較長，比如隨州毛狗洞、廟臺子等等；而有的則是通過丙組器物以達到佔據文化優勢地位的目的，這種文化遺存則主要分佈在偏南的地區，比如蘄春毛家嘴、黃陂魯臺山等，並且僅在西周早期流行。進入西周中期以後，鄂東和鄂東北地區的文化性質則主要是以甲組器物的變體形式

來體現，比如折肩癟襠和弧襠微癟型鬲，它們在羅田廟山崗、麻城弔尖、黃陂香爐山等遺址中都有較多的分佈，說明自西周中期開始，鄂東和鄂東北地區的甲組文化因素曾經發生過變遷。而乙組器物自商代中晚期開始產生以來，一直是隨著中原文化的進退而退進，其最北到達羅田境內，而其西最遠到達了武昌，武昌放鷹臺遺址就存在較多的乙組文化因素。最南到達贛北地區，主要的活動區域在巴水以東和江南地區並沒有大的改變。因此，對於鄂東南地區的西周時期文化，我們可以分為西周早期、中晚期兩個階段進行論述。

總體上看，甲組器物的分佈範圍的東界大致可以劃在巴河一線（巴河以東也有發現，但是不占主導地位），分佈最密集的地區是在隨棗走廊的溳水、澴水、灄水、倒水和舉水流域。乙組器物的分佈範圍主要在江北的巴河以東地區和江南的黃石、大冶、陽新等市縣。其西界在長江南岸可延伸到武昌縣的豹澥、湖泗、放鷹臺等地。典型遺址有團鳳陳家墩、霸城山、浠水片街、蘄春易家山、田家灣、毛家嘴（是甲組和乙組混合的遺址）、黃梅柳塘、金城寨、英山白石坳、武穴塗萬山、雨山塪、黃梅意生寺、羅田廟山崗、大冶銅綠山、眠羊地、上羅村和陽新和尚塪、大路鋪、江西九江磨盤墩、神墩等。乙組器物分佈區的東界已達到贛北的鄱陽湖地區。這類遺存的時代自商代中晚期一直延續到春秋時代，而以西周時期最為興盛〔註118〕。需要指出的是，甲乙兩組因素在巴水兩岸存在交融，互有滲透。乙組文化因素北至羅田（廟山崗遺址），再往北的麻城（弔尖遺址）和紅安（金盆）等地的文化遺存中基本上未見乙組器物，而以甲組為主體。

具體來看，西周初年，周人在南陽盆地、隨棗走廊分封諸侯以統治南方，即歷史上的「漢陽諸姬」，鄂東地區發現的西周時期甲組遺存的分佈即體現了這一政治格局的影響。

在西周早期，甲組文化遺存不僅廣泛分佈在巴河以西的地區，在巴河以東的沿江北岸也有少量分佈，比如蘄春的毛家咀遺址、達城新屋灣銅器窖藏、蘇灣、浠水安山遺址等，但並不占主導地位，存在的時間也不長。巴河以西經正式發掘的有代表性的遺址包括黃陂魯臺山和新洲香爐山等，雖然魯臺山遺址的延續時間也不長，但從香爐山遺址長時段的豐厚文化內涵來看，西周文化已經牢牢控制了巴河以西的地區。此外，還有不少未經正式發掘但文化

〔註118〕李克能：《鄂東地區西周文化分析》，《東南文化》，1994年3期。

內涵較清晰的以甲組器物爲主體的遺址，包括團鳳籠子山、墩子山、黃岡螺螄山等。雖然在香爐山遺址西周早期的遺存中也發現了少量的乙組文化因素存在，但數量極少，當是交流所得（圖 1.2.22-1）。

　　從新洲香爐山遺址西周時期遺存的內涵變化可以看出，西周中期以後以甲組因素爲主體的遺存開始發生了變遷，文化構成趨向更加複雜，不再是以典型的宗周文化因素爲主體，而變成以宗周文化的變體因素爲主體。總體上看，這種變體的甲組文化因素仍然廣泛分佈在巴水以西的地區，說明這裏仍然屬於「姬周集團文化」。但可以看出，甲組文化的主體地位逐漸減弱，因爲，這種變體的甲組文化因素極少分佈到巴水以東地區，而相反，乙組文化因素則向西一直深入到長江南岸的武昌地區，在放鷹臺等遺址中都發現了較大量典型的乙組文化因素，比如帶鋬鬲、刻槽鼎足、護耳甗、厚胎豆柄、長方形鏤孔豆、棗核形紡輪等〔註 119〕。另外在團鳳的陳家墩、霸城山等地乙組文化因素也很典型。巴水西岸 200 米的羅田廟山崗遺址西周文化中晚期遺存，此時就表現爲乙組文化因素占主體地位。但到了西周晚期，乙組文化因素在巴水以西地區退縮，放鷹臺遺址消亡，廟山崗遺址乙組文化因素中的刻槽鬲從西周中期時占所有陶鬲的 20%逐漸減少到春秋早期只占 10%。說明乙組文化因素在長江北岸巴水以西的分佈受到甲組文化的較大制約。

　　丙組器物所代表的商文化因素，在時間上只在西周早期遺址中有明顯的存在，中晚期基本上消失或被逐漸融合。在地域上則呈據點式分佈，比如黃陂魯臺山遺址和蘄春毛家咀遺址、新屋灣青銅器窖藏等地點。西周中晚期這種類型的遺存基本不見。

　　丁組和戊組器物雖然分佈較爲廣泛，但數量較少；己組器物僅在鄂東南地區的新洲香爐山遺址和武昌放鷹臺遺址中發現，雖有一定數量，但不占支配地位。這些只說明江淮地區和寧鎮地區以及澧水流域的文化類型曾與鄂東南西周時期文化有過一些交流和影響（圖 1.2.22-2）。

〔註 119〕據研究，武昌放鷹臺遺址西周時期遺存可以分爲連續發展的三組，其年代大致爲西周中期偏早到西周晚期偏早階段。放鷹臺西周文化遺存與關中地區及江漢平原同期遺存有諸多共性，應該納入周文化系統。同時，它也具有較多的乙組文化因素和己組文化因素，除乙組文化因素較多之外，大致與長江北岸香爐山遺址的西周時期文化遺存類似。見武漢市博物館：《洪山放鷹臺遺址 97 年度發掘報告》，《江漢考古》，1998 年 3 期；湖北省文物考古研究所：《武昌放鷹臺》，文物出版社，2003 年。

第三章　贛鄱地區

　　這是一個比較大的地理單元，文化構成也比較複雜。此區與鄂東南區以幕阜山──長江的天然界線分割。根據歷年的發掘和研究成果，我們把其分為贛江中下游鄱陽湖以西的贛鄱地區西部和鄱陽湖以東的贛鄱地區東部兩個較小的地理單元。這個大的區域由西部的幕阜山脈、羅霄山脈、九嶺山脈、南部的南嶺、東部的玉山山脈、武夷山脈、黃山山脈、九華山脈和北部的長江圍成一個相對獨立的區塊。兩區以鄱陽湖－撫河一線為界，南抵新干縣；贛東北區東部通過武夷山－懷玉山－黃山山脈與東部地區分割。

　　行政區劃上贛鄱地區西部包括萍鄉市、宜春市、新餘市、九江市的一部分和南昌市的贛江以西地區；贛鄱地區東部包括鷹潭市、上饒市和景德鎮市的全部（圖1.3.1）。

　　江西的考古工作起步較晚，20世紀50年代前幾乎未進行過正式的考古工作。只有少數的調查工作〔註1〕。

　　夏代時期文化遺存的發現與研究始於20世紀70年代末期。首先對樟樹築衛城遺址進行了進一步的年代分期，經過辨認對比，以高瘦體、嘴上沖的鬶為代表的中層（第一次發掘稱為下層文化第③層）遺存，在年代上已經進入夏代〔註2〕。爾後又在臨近的高安下陳遺址出土了衝天流白陶鬶和乳狀袋足

〔註1〕　饒惠元：《江西清江的新石器時代遺址》，《考古學報》，1956年2期。
〔註2〕　江西省博物館、北京大學歷史系考古專業、清江縣博物館：《清江築衛城遺址發掘簡報》，《考古》，1976年6期；江西省博物館、清江縣博物館、廈門大學歷史系考古專業：《江西清江築衛城遺址第二次發掘》，《考古》，1982年2期。

陶斝，更證實本區夏代遺物的存在〔註3〕。20世紀80年代以來，又在新餘珠珊斜里、萍鄉赤山、虹橋、餘江龍崗、鷹潭板栗山等及廣豐社山頭第三期文化、德安石灰山第一期文化和萍鄉禁山下遺址第二期文化中發現有類似河南偃師二里頭晚期文化的遺物特徵。另外，萬年蕭家山、齋山遺址和墓葬、鷹潭角山也發現含有二里頭文化因素。對比以上的材料，目前發現有夏文化遺物的地點在贛中北和東北地區廣泛分佈。

　　商時期文化遺存的發現與研究是伴隨著20世紀60年代萬年蕭家山遺址的發現與研究開始的。但是，吳城遺址發掘以前，商代遺址多被混在新石器時代晚期遺址中而被忽略。1973年對吳城遺址的發掘，出土了一批在年代和文化面貌上可以與中原地區商文化比較的重要材料，從而確立了這一地區商代考古文化的年代標尺，爲其它遺址發現的同時期遺物提供了可資比較的材料基礎，從而爲贛鄱地區的商代研究找到了極好的切入點〔註4〕。伴隨著對吳城遺址的分期和吳城文化的確立，逐漸認識到贛江——鄱陽湖東西部分別分佈著萬年類型和吳城類型兩支不同的商代文化〔註5〕。吳城類型文化在20世紀80年代初期被確立〔註6〕，萬年類型陶器也於同時確立，並且隨著20世紀80年代中期鷹潭角山窯址的發現而得到了充實。兩支文化類型確立以後，贛鄱地區陸續發現並確立了大批時代相當的遺址有200多處，經試掘和正式發掘的有樟樹築衛城、樊城堆、新干湖西、牛頭城、大洋洲、九江神墩、龍王嶺、瑞昌銅嶺、檀樹嘴、德安石灰山、陳家墩、黃牛嶺、豬山壟、界牌嶺、蚌殼山、萬載仙源、新餘陳家、席家山、湖口下石鍾山、鷹潭角山、樂平高岸嶺、都昌小張家、萬年齋山、蕭家山、婺源茅坦莊、彭澤團山、玉山歸塘塢等地點。

　　吳城類型文化與當地的新石器時代晚期文化、夏時期文化不同，它的出現是與中原文化的侵入有重大關係的，關於它的形成過程和文化屬性，學者

〔註3〕　江西省博物館：《高安下陳遺址的調查》，《文物工作資料》，1976年6期。

〔註4〕　江西省文物考古研究所、樟樹市博物館：《吳城——1973～2002年考古發掘報告》，科學出版社，2005年。

〔註5〕　李家和：《從吳城遺址看江西的商文化》，《江西師範學院學報》，1980年4期；李家和、劉詩中、黃水根：《江西青銅文化類型綜述》，《江西歷史文物》，1987年1期。

〔註6〕　《長江以南的吳城文化》，北京大學歷史系考古教研室商周組編：《商周考古》，文物出版社，1979年；李伯謙：《試論吳城文化》，《文物集刊——江南地區印紋陶問題學術討論會論文集》第二輯，文物出版社，1981年。

們進行了廣泛的討論。目前達成的較一致的意見是：「吳城一期早段文化」
應是來源於中原商文化的一支。只是「這一人群來到吳城地區後，其文化內
涵自身與其母體產生了一定的創新」，通過以後的逐步發展，並吸收周鄰地
區的文化因素，從而構成了吳城文化獨具特色的文化內涵和面貌。吳城遺址
商時期的文化相當於二里崗上層一期到殷墟文化四期早段，大約相當於早商
晚段——晚商文化第四期〔註7〕。至於主體民眾的族屬，大部分學者認為其
主體應為土著民族，即「揚越」〔註8〕或「幹越」〔註9〕，屬於百越族的一
支。它們或者受商王朝的政治統治〔註10〕，或者是獨立於商王朝之外的青銅
文明〔註11〕。相對於吳城類型文化來說，萬年類型文化的性質比較明確，它
是一支土著的商時期文化，擁有一批不同於中原商文化和吳城類型文化的典
型器物群，中原王朝文化在贛鄱地區的勢力衰落以後，萬年類型文化迅速的
佔據了原吳城文化的分佈範圍，達到了一次土著文化的大一統，這個土著勢
力大部分學者認為屬於百越集團中的幹越〔註12〕。

　　但是吳城遺址和萬年遺址所包含的商時期文化並不能代表贛鄱地區商文
化的全部，比吳城遺址商文化更早的遺存在贛北地區有所發現，它們與吳城
類型文化既有繼承關係，又存在較大的區別，應該是相當於商代早期中晚段
分佈於贛北地區的文化類型，與商文化盤龍城類型關係密切，在發展到商代
早期晚段之後，開始深刻的影響到贛中、贛西的廣大地區，並一度有取而代
之地方文化的趨勢。我們把這一時期的文化稱為贛鄱地區早期商文化。早商

〔註7〕　江西省文物考古研究所、樟樹市博物館：《吳城～1973～2002年考古發掘報告》
　　　　第413頁，科學出版社，2005年。
〔註8〕　彭適凡：《吳城青銅文化與古揚越》，《華夏文明》第2輯，中國社會科學出版
　　　　社，1990年。
〔註9〕　徐心希：《試論新干大洋洲青銅器群的族屬及其相關問題》，《南方文物》，1994
　　　　年2期。
〔註10〕　許智範：《江西新干大洋洲青銅器群及有關問題》，《故宮博物院院刊》，1994
　　　　年3期。
〔註11〕　彭明翰：《吳城文化》，文物出版社，2005年版。
〔註12〕　彭適凡：《吳城文化族屬考辯》，《江西先秦考古》，江西高校出版社，1992年
　　　　版；周榜師、劉筱蓉：《論贛東北幹越人的生活時空和斷髮紋身習俗》，《南方
　　　　文物》，2000年2期；劉玉堂：《論屯溪西周墓的族屬》，《江漢考古》，1986
　　　　年增刊；盧茂村：《談談皖南土墩墓及其族屬》，《百越民族研究》，江西教育
　　　　出版社，1990年版；劉美崧：《試論江西古代越族的幾個問題》，《百越民族史
　　　　論集》，中國社科出版社，1982年版；劉美崧：《幹越續論》，《百越源流研究
　　　　專輯》，《中南民院學報》，1986年增刊。

段文化的研究，始於九江縣龍王嶺遺址試掘之後。1990 年秋，江西省文物考古研究所等單位，在對龍王嶺遺址進行搶救性發掘時，清理了一座水井（J1），出土了一批器物。諸如：翻緣鬲、折肩罐、高圈足盤、深腹盆和陶鼎等陶器，無論從造型或紋飾方面，均與鄭州二里崗下層和山西、湖南等地區早商文化遺存中出土的同類器相近，頗具早商文化風格。以此爲契機，研究者們將七十年代中期以來發掘的一批考古資料，重新對比和再認識〔註13〕之後，把九江縣龍王嶺遺址一號小水井、德安縣石灰山遺址一、二期、瑞昌市銅嶺礦冶遺址第 11 號豎井等，都歸爲早商段文化遺存。其次，贛西的萍鄉、宜春、新餘等地的商代文化也與吳城文化有所區別，它們多不見贛中北遺址中最常見的炊器——鬲，可能具有一個新的商文化亞型——或者叫贛西類型，這也是我們研究中需要注意的方面。吳城文化類型、萬年文化類型和早商文化遺存的確立和深入研究，促進了贛鄱地區商文化研究的總體水平。

　　西周時期的考古工作做的比較少，因而重要發現不多。大約從商代中晚期時開始，代表商代不同文化類型的吳城類型文化和萬年類型文化即已開始融合，如在贛江中下游一線和贛北一帶，凡有吳城類型文化遺址分佈的地方，都是吳城類型和萬年類型文化器物共存。兩支商文化在經過長期融合之後，到了西周中晚期，吳城類型商文化所固有的鬲類器和折肩器少見或不見了，圜底器和圜凹底器爲平底器所替代，萬年類型文化的甗形器仍然是主要的炊器〔註14〕。雖然如此，中原王朝的文化仍然不間斷的影響著這個區域，比如與吳城遺址一江（贛江）之隔的牛頭城遺址，是始建於商代晚期的一座城址，並延續使用至西周時期，在牛城附近的中棱水庫壩基上發現了西周早期的「列鼎」墓〔註15〕，有的學者就認爲以牛頭城爲代表的勢力是中原西周王朝分封的地方政權，而「列鼎」墓即是使用中原禮制的大夫一級的地方貴族〔註16〕。也有人認爲這批青銅器的年代可以早到安陽殷墟期〔註17〕。但不管如何，它都可能與牛城城址之間有一定關係。另外，餘干縣黃金埠 20 世紀 50 年代初發現的應監銅甗，據郭沫若先生考證，時代大約爲西周初期，是中央派往應

〔註13〕龍慶等：《江西早商文化遺存的發現與研究》，《東南文化》，1992 年 3、4 期。
〔註14〕見李家和、楊巨源、劉詩中：《江西萬年類型商文化研究》，《東南文化》，1990年 3 期。
〔註15〕彭適凡等：《江西新干縣的西周墓葬》，《文物》，1983 年 6 期。
〔註16〕彭適凡：《贛鄱地區西周時期古文化的探討》，《文物》，1990 年 9 期。
〔註17〕近年有學者提出時代可能更早到安陽殷墟期。見李朝遠：《江西新干中棱青銅器的再認識》，《長江流域青銅文化研究》，科學出版社，2002 年。

國的監國者〔註 18〕。同時，贛東北地區也發現了較多與「應監銅甗」大致同時期的周式青銅器，說明了西周王朝勢力在西周早期時就已經涉足於贛鄱地區腹地。但是，西周王朝在此地的文化影響似乎僅限於西周早期的一段時間內，這裏發現的周式銅器僅見西周早期的，中期和晚期的基本不見，況且也僅分佈在贛東北地區，鄱陽湖以西的地區發現的大都是南方傳統的禮樂器，共有 60 多件（見附表），其中像新干、宜豐、德安、萬載等地出土的青銅大鐃，對探討南方特別是湘贛地區這種特有的青銅樂器的產生、發展和類型及其向甬鍾的演變等有著重要的意義〔註 19〕。

經過發掘的遺址除了以上所列與夏、商時代遺存共存的遺址外，單純含有西周時期遺存的遺址還有新餘趙家山、樟樹彭家山、九江磨盤墩、南昌鄧家山等遺址。

在贛東北地區的上饒、玉山等地西周及以後時期還分佈著較多的土墩墓，1985 年，在上饒馬鞍山清理了一座，證明其文化性質與流行於皖南和浙閩地區的吳越墓葬相同，是屬於土著文化系統的。

第一節　典型遺址的分期

1、樟樹築衛城遺址

築衛城遺址位於樟樹市大橋鄉，是贛鄱乃至江西地區發現較早也是較為典型的新石器時代晚期至青銅時代的遺址。

築衛城遺址分別於 1974 年和 1977 年進行了兩次發掘，第一次發掘將遺存分為下層和上層，分別相當於新石器時代晚期和東周時期，東周時期的地層中包括有商和東周時期的遺物，但未能從地層上進行區分，其中商時期遺物與同時期的吳城文化有較多的相似，應該屬於同一個文化系統。第二次發掘在第一次發掘的基礎上，進一步將下層文化分為下層和中層兩個階段，分別相當於新石器時代晚期和末期，有學者已經將新石器時代晚期的文化命名為「築衛城文化」〔註 20〕，末期的年代已經進入中原夏代紀年；上層的商周

〔註18〕郭沫若：《釋應監甗》，《考古學報》，1960 年 1 期。

〔註19〕彭適凡：《贛江流域出土商周銅鐃和甬鍾概述》，《南方文物》，1998 年 1 期。

〔註20〕江西省博物館、江西省文物考古研究所：《十年來江西的文物考古發現與研究》，《文物考古工作十年（1979～1989）》，文物出版社，1990 年），（也有學者將其命名為樊城堆類型，考慮到築衛城遺址發現和發掘較早，地層堆積分的更清楚，按照考古學命名的通例，筆者認為用築衛城文化較好。

文化仍然沒能在層位上分出，但發現了除吳城文化因素和東周文化因素之外
的西周時期文化遺物，說明自新石器時代晚期開始，一直到東周時期，築衛
城地區就一直有人類生存和居住。

築衛城中層文化與下層文化是一脈相承的同一系統文化，雖然從文化的
發展階段來看，兩者都屬於新石器時代文化〔註21〕，但相對於下層文化來說，
中層文化中出現了一些與中原二里頭文化相似的因素，比如細高柄豆、側裝
鼎足等（圖 1.3.2-7、9）。因此可以說，築衛城中層文化在時代上已經進入了
中原的青銅時代。

上層文化包括商、西周、東周三個時期的遺物，其中，屬於商代的遺物
有長頸、方唇、頸腹間折度明顯的分襠鬲、折肩尊、折肩罐、大口尊、雙腹
束腰甗、器蓋、折肩罍、圈點紋粗柄豆和紡輪等，與吳城遺址的同類器物較
爲接近，是典型的吳城文化遺物。幾何印紋陶的紋樣，如圈點紋、雲雷紋、
凸方塊紋、葉脈紋、鋸齒狀附加堆紋、刻劃紋及篦點紋等，與吳城二期接近，
一直延續到吳城遺址三期。

屬於西周時代的遺物有束腰聯襠乳釘狀足甗、帶護耳甗、敞口折腹高圈
足豆、肩腹部飾豎向扉棱的罐等，其器形和紋飾既具有西周時期南方系統共
同的文化因素，比如豆、罐等，與寧鎮區域的基本相同；又延續了本地域獨
有的文化傳統，比如甗等，其時代大約在西周中晚期。

2、萍鄉禁山下遺址

禁山下遺址位於贛西羅霄山谷贛江支流袁水的源頭蘆溪縣。1998 年發掘
了 125 平方米。發掘者將 3 層遺存分爲三期，第一期相當於新石器時代晚期，
與上面提到的築衛城文化爲同一系統。第二期僅見 H5 和 H7 兩個灰坑，陶器
以夾砂爲主、顏色以灰色最多，器表多素面，紋飾主要爲刻劃紋和戳印紋，
器類有鼎、罐、盆、缽、盤、甗、器蓋等。從陶器的形制分析，其第二期大
多爲本地築衛城文化傳統的延續，與築衛城遺址中層器物較多相同。並且，
同築衛城中層一樣，也發現了少量二里頭文化的因素，比如甗、深腹盆、瓦
足盤、斂口甕、側裝扁鼎足和報告中歸入第三期的中部鼓出的豆柄、鬶足、
細頸壺等（圖 1.3.3-2、3、5、6、9-12）。可見，第二期文化亦相當於中原二里

〔註21〕鄒衡先生說：「在夏代，江南廣大地區似乎還處於新石器時代的末期。鄒衡：
《江南地區諸印紋陶遺址與夏商周文化的關係》，《文物集刊》，第三輯，文物
出版社，1981 年。

頭文化時期。

　　第三期文化遺存中的罐、盆、豆等器物雖然與第二期有些許的繼承關係，但文化性質無疑已經發生了改變。比如器物組合中甗形器取代了鼎成為最主要的炊器，燒製溫度極高的原始瓷、釉陶器常見，拍印幾何紋種類較多。折肩罐、豆、尊、甗形器等器形與吳城文化有繼承關係，但占吳城文化主體地位的鬲等器形不見。矮圈足簋與中原商代晚期的同類器相似，飾圓窩紋和刻槽的鼎足與鄂東南地區西周早期文化相似。綜合以上因素，我們認為禁山下遺址第三期文化遺存大致相當於西周早期。

3、樟樹吳城遺址、新干大洋洲商墓和牛城遺址

　　吳城遺址位於樟樹市吳城鄉蕭江二級臺地的山前地帶，是長江以南地區第一個發現的年代明確的青銅時代遺址。也是中原地區之外較重要的一處商代時期的城址遺存。自1973～2002年，在城內和城牆處共進行了10次發掘，發現了大量的文化遺物。基本弄清了城址的範圍、功能區的分佈、始建及延續使用的年代、與周邊文化，尤其是與中原商文化的關係等諸多問題。

　　前三次的發掘確定了吳城遺址一共經歷了三期的發展，分別相當於二里崗上層、殷墟早中期、商代末期至西周初期〔註22〕，1981年李伯謙先生進一步將其絕對年代修訂為商代二里崗上層、殷墟早期和殷墟晚期〔註23〕，發掘報告將吳城遺址進行了更為完整、細密的分期，建立了三期七段的分期標尺。將原來的第一期分為2段，第二期分為3段、第三期分為2段，七段的年代分別相當於二里崗上層一期、二里崗上層二期、殷墟一期（盤庚～武丁早期）、殷墟二期早段（武丁晚期）、殷墟二期晚段（祖庚～祖甲）、殷墟文化三期（廩辛、康丁、武乙、文丁）、殷墟文化四期（帝乙、帝辛）。根據緒論中對商文化時間範圍的把握，吳城遺址延續使用的年代自早商三期，一直到晚商四期，但這之中缺了一段中商第二期。

　　城址建築依地形和水文環境，平面呈不規則的圓角方形，北寬南窄，北城垣長約1000米，南城垣長約740米，東城垣長約666米，西城垣長約554米，城內南北最寬處約800米，周長約2960米，城內面積約61.3萬平方米。城內可以分為製陶區、居住區、鑄銅區和祭祀區幾個大的功能區（圖1.3.4）。

〔註22〕江西省博物館、北京大學歷史系考古專業、清江縣博物館：《江西清江吳城商代遺址發掘簡報》，《文物》，1975年7期。
〔註23〕李伯謙：《試論吳城文化》，《文物集刊》，1981年3輯。

依據以上的分期標尺，我們知道，吳城城址城垣的修建始於第一期晚段，而城垣規模和體量的確定是在吳城二期早段，自本段開始，吳城的各項功能逐漸完善，包括了城壕的修築、製陶區的興盛和冶鑄遺址的出現都在本期開始。而自二期中段開始至三期早段，出現了大型的宗教祭祀區，代表了吳城開始進入發展的繁盛期。三期晚段開始，整個吳城遺址開始衰落，其衰落的原因，發掘者根據城垣壕溝中發現的大量被砍伐的頭顱，認爲是受到了一場大規模戰爭的洗劫〔註24〕。

關於吳城遺址的文化性質，從一開始就存在不同的看法。一種意見認爲，吳城遺址是受到商文化的影響、包含有一定的商文化因素而以土著因素爲主的一支地方性土著文化；另一種意見認爲，它雖有一些當地特徵但仍然屬於商文化傳統，是商文化的一個地方類型〔註25〕。報告運用文化因素分析方法在將吳城遺址的構成因素分爲六組的基礎上，結合其文化分期推定吳城遺址一期早段僅有甲、乙、丙、丁四組因素，其中甲組是由中原地區商文化傳播來的因素，乙組「是來自中原商文化一支的人群來到吳城地區後，綜合多種器物特徵，因地制宜而獨創出來的具有自身特點的」因素，以大口缸爲主的丙組是來自商文化盤龍城類型的因素，丁組是「贛西地區真正的土著文化因素」。在四組因素中占主導地位的是甲、乙、丙三種因素，而這三種因素均與中原地區的商文化有密切關係，因而「吳城期早段文化」應是來源於中原商文化的一支。只是「這人群來到吳城地區後，其文化內涵自身與其母體產生了一定的變異，並對其母體文化進行了一定的創新」，通過以後的逐步發展，並吸收周鄰地區的文化因素（戊組爲贛東地區的萬年類型文化因素；己組爲寧鎮地區的湖熟文化因素）從而構成了吳城遺址不同於中原的獨具特色的文化內涵和面貌。

筆者認爲，探討一個文化的性質歸屬，必須要對此文化本身有一個前因後果的全面研究。即吳城文化是如何興起的？其自身的文化因素和外來的商文化因素之間是何種關係？究竟是本地土生土長的因素先發展到一定程度之後，再受到外來因素的影響，還是反之？對早期文明的探索應解決原生和次

〔註24〕 江西省文物考古研究所、樟樹市博物館：《吳城～1973～2002 年考古發掘報告》第 416 頁，科學出版社，2005 年

〔註25〕 李昆：《試論吳城遺址文化類型與分佈》，《東南文化》，1993 年 3 期；李玉林：《吳城類型文化新探》，《東南文化》，1991 年 6 期。

生的問題〔註26〕。筆者認爲：第一期文化中，不見贛鄱地區的土著特點，表現爲一種完全獨立於土著文化內涵之外的文化類型，其文化特點與中原商周時期的文化極其相似，以商爲代表的中原文化因素不但帶來了標準的殷式鬲形器，而且使得贛鄱地區以吳城遺址爲中心的地區銅器鑄造業突然蓬勃起來，與當地的土著文化內涵涇渭分明，相重合文化因素極少。以此可以確定吳城文化的來源並非本地。進入商代中晚期階段，隨著中原商文化影響力的減弱，吳城二、三期內涵顯然開始融合大量的土著文化因素，陶器中甚至出現了土著甗形器代替鬲形器的趨勢，但至少在周初，吳城文化中的鬲形器因素仍屬於大宗而與甗形器並存。使萬年類型文化的文化水平相形見絀。這樣的文化擴展速度，筆者以爲已經超越了輻射擴散的概念，似乎可以稱之爲文化和思想意識方面的「侵入」了。並且從吳城遺址的發展過程來看，可以說是與商文化榮損與共，文化的發展過程保持了與商文化的高度一致性，在任何一個遺址或文化發展的過程中，總避免不了與周邊文化的交流，出現某些地方文化因素是情理之中的。但是從其陶器和青銅器的時代感上來看，又落後於中原地區，其大量的青銅容器似乎並不是在本地所鑄造，畢竟遺址中見到的基本上都是鑄造青銅農具和兵器的石質範，因此，筆者認爲吳城遺址在發展過程中始終未曾失去與商文化的聯繫，即使在商代晚期商王朝勢力極度衰落的時候也是如此，比如殷墟早期的大洋洲器物群就表明吳城文化與商文化之間的密切關係。因此，吳城文化代表的是一個受商王朝控制的地方方國政權。

　　1989年，新干大洋洲器物群的發掘是有益於吳城遺址時代和性質判斷的一次重大發現，它出土了青銅器480件，玉器1072件，陶器356件，其中，青銅器包括容器10種50件、樂器2種4件、兵器10種273件、手工工具5種74件和農具11種53件。

　　關於大洋洲器物群的性質，主要存在兩種觀點，一種主張墓葬說〔註27〕，另一種主張祭祀說〔註28〕。筆者以爲同意爲墓葬說不外以下幾點：第一，出

〔註26〕參見李政：《發現吳城、探索吳城——《吳城》報告首髮式暨「長江中下游地區早期文明演進」座談會實錄》中宋健先生語，《南方文物》，2006年1期。

〔註27〕江西省文物考古研究所、江西省新干縣博物館：《江西新干大洋洲商墓發掘簡報》，《文物》，1991年10期；江西省文物考古研究所等：《新干商代大墓》第184～188頁，文物出版社，1997年版；彭適凡：《新干青銅器群研究中的幾個問題》，《文物世界》，2000年1期。

〔註28〕吳之邨：《三把傘得名考》，《南方文物》，1994年2期；唐嘉弘：《關於江西大

土器物附近的遺迹現象：有漆皮痕迹；槨室和棺室的範圍和分界明顯；槨室的東西兩端各有寬 1.2 米的二層臺；棺內還有分屬三個個體的 24 枚人牙。第二，隨葬品的種類：除出土較多的青銅器和玉器之外，還出土了 300 多件陶器，包括原始瓷器、硬陶器等。第三，相對於青銅器和玉器來說，陶器的時代性更爲強烈，大致均處於吳城遺址的第二期。但是並不代表沒有別的可能，因爲，它埋葬的地點在贛江邊並不適合做墓葬的沙洲上；其次，青銅器時代不同，形制各異，又沒有一定的排列和規制，並且還有大量的青銅生產工具和手工業工具。樂器有 1 件鎛和 3 件鐃，江南地區鐃多見於青銅器窖藏或是單獨出土，像大洋洲這樣與其它器物伴出的情況並不多見〔註 29〕，有學者專門研究認爲南方出土的銅鐃和北方出土的銅鐃性質並不一樣，南方的鐃爲祭祀山川或河流用器〔註 30〕；再次，在贛鄱地區，乃至長江以南的廣大地區，一次性出土如此多的器物很少見，且多爲窖藏或祭祀坑，用不同時代的青銅器隨葬在北方中原地區不見，恰恰說明了大洋洲青銅器器物群應該代表的不是一朝一代的財富積纍，而是經過了多年。一方面說明了青銅器的珍貴，另一方面也表明大洋洲器物群應該代表了一種特殊的意義，而不僅僅是某一個權威者的墓葬。第四，大洋洲器物群的時代大致與四川廣漢三星堆祭祀坑相同，都處於武丁中晚期，認爲可能與商王武丁對其的征伐有關〔註 31〕，但不同的是，大洋洲的器物群比三星堆的器物群少了些「強迫」的性質，它們似乎是很從容的被埋下的，並沒有火燒的痕迹。因此，通過以上四點，我們認爲，大洋洲器物群的被埋藏很可能代表的是一種宗教禮儀性質的祭祀行爲。

　　大洋洲器物群的埋藏年代大致處於吳城遺址所分的第二期，即殷墟文化一期至殷墟文化二期。當然，也有不少學者根據陶器或青銅器的研究，認爲時代可能早至二里崗上層〔註 32〕，或者晚至殷墟文化三、四期〔註 33〕，商末

洋洲商周遺存性質的問題》，《中原文物》，1994 年 3 期；李家和：《江西商文化遺存的發現與研究——兼論大洋洲遺存之性質》，《中國商文化國際學術討論會論文集》，中國大百科全書出版社，1998 年版；彭明翰：《江西新干大洋洲商代遺存性質新探》，《中原文物》，1994 年 1 期。

〔註29〕施勁松：《我國南方出土銅鐃及甬鍾研究》，《考古》，1997 年 10 期。

〔註30〕王俊：《試論馬鞍山青銅大鐃的年代及其性質》，《東南文化》，2006 年 3 期。

〔註31〕趙殿增：《三星堆祭祀坑文物研究》，《三星堆與巴蜀文化》第 90 頁，巴蜀書社，1993 年。

〔註32〕安金槐：《新干青銅器的重大發現、揭開江南商代考古新篇章》，《中國文物報》，1990 年 12 月 6 日。

周初〔註34〕，西周中期〔註35〕，春秋早期〔註36〕等諸說。大部分學者都認為應該屬於殷墟早期〔註37〕。筆者認為之所以存在時代判斷極大不同的情況，與墓中出土的相當於中原地區不同時代的青銅器密切相關，這完全不同於中原地區墓葬中隨葬品時代較單一的情況。而新干大洋洲墓中的青銅器時代不相同應該是客觀存在的實際情況，筆者認為，這與它處於邊遠地區，青銅器較珍貴，甚至保留了很長一個時間段的青銅器同時在使用，更新速率相對於中原來說相當的慢有關〔註38〕。但儘管如此，其時代也斷不會晚至西周，因為那就是伴隨了時代的變遷，王朝的更迭，隨葬品中將會出現完全不同類的文化現象。筆者認真比較了墓葬中和吳城遺址出土的陶器，比如無論是陶、硬陶或原始瓷器都普遍的裝飾圈點紋，帶領器均高領，有沿器均折沿。聯襠鬲體瘦高、折沿、直口微侈、腹部略鼓，原始瓷尊細高體、大口、高領、窄肩、凹圓底，小口折肩罐高領、折沿、鼓腹、凹圓底，深腹盆高領、折沿、頸腹間折、鼓腹、凹圓底，真腹豆淺腹、喇叭形圈足裝飾「十」字形鏤孔。以上這些特徵均介於吳城遺址二期早段和中段之間，因此，筆者認為大洋洲器物群的被埋藏時代大致介於武丁早期和武丁晚期之間。

關於大洋洲器物群的文化歸屬，我們認為其是非土著的，但是大洋洲器物群不是孤立存在的遺存，它的器物特點可以說明該時期吳城文化的文化取向，卻並不一定可以有效的說明吳城文化的文化來源是土著還是外來。另外，

〔註33〕陳旭、李友謀：《新干大洋洲商墓的年代和性質》，《南方文物》，1994年1期；楊寶成：《試論新干大墓》，北京大學考古系編：《迎接二十一世紀的中國考古學國際學術討論會論文集》，科學出版社，1998年版；李家和：《江西商文化遺存的發現與研究——兼論大洋洲遺存之性質》，《中國商文化國際學術討論會論文集》，中國大百科全書出版社，1998年版。

〔註34〕高西省：《論周原地區出土的幾種異形青銅兵器——兼論新干大墓的年代》，《文博》，1994年1期；高西省：《初論江西新干大墓出土的三件鏞》，《華夏考古》，1998年3期。

〔註35〕林巳奈夫：《新干大洋洲出土青銅器的年代芻議》，《南方文物》，1994年1期。

〔註36〕馬承源：《吳越文化青銅器研究》，《吳越地區青銅器研究論文集》，兩木出版社，1997年版。

〔註37〕孫華：《新干大洋洲大墓年代簡論》，《南方文物》，1992年2期；孫華：《關於新干大洋洲大墓的幾個問題》，《文物》，1993年7期；彭適凡、劉林：《關於新干商墓年代的探討》，《文物》，1991年10期；鄒衡：《有關新干出土青銅器的幾個問題》，《中國文物報》，1990年12月6日；李學勤：《發現新干商墓的重大意義》，《中國文物報》，1990年11月29日；李學勤：《新干大洋洲商墓的若干問題》，《文物》，1991年10期。

〔註38〕可參見杜金鵬：《試論江西商代文化的幾個問題》，《南方文物》，1994年2期。

大洋洲器物群處於吳城遺址分期的第二期，也不能代表吳城遺址第一期的文化性質，畢竟發展過程中已經吸收了大量的土著文化因素。

但是相對於吳城來說，大洋洲器物群出土的陶器與新干牛城遺址出土的陶器具有更多的一致性（圖 1.3.5）。比如聯襠鬲的襠部均窄而高，空足較深、實足根較矮，普遍的裝飾有圈點紋，器蓋整體扁寬而頂部下凹等。這使我們相信後兩者之間存在著更為密切的關係，並且時代可能相差不遠。

牛城遺址位於新干縣的東北部，西北 5 公里處即為大洋洲器物群，西越贛江 25 公里就是吳城商代遺址。自 1976 年開始，牛城遺址經過了多次調查和發掘，初步證實其為商周時期的古城址，該城因地勢而建，北面依山，東西南三面有護城河，結構複雜，內外城相套。在城外部西南方的山坡上發現了商末周初的青銅器墓葬一座〔註 39〕。從城內調查和發掘出土的遺物分析，牛城遺址含有少量吳城遺址第一期的遺物，說明同吳城一起就已經有人在此居住，但從對比圖中可以看出，牛城出土和採集的絕大部分器物具有吳城二期中段及以後的特徵，說明至早在吳城城址的繁榮興盛期開始，牛城城址才開始存在，它晚於吳城興建的時代，也略晚於大洋洲器物群的埋藏年代，因為聯襠鬲體更加扁矮，盆腹更淺，器蓋子口更矮等。從出土器物的相似程度來看，可能與大洋洲器物群的埋藏有著比較緊密的聯繫，也許大洋洲器物群的埋藏就是為祭祀贛江不再泛濫從而會威脅牛城一帶而進行的一次宗教祭祀行為。

牛城遺址中除了發現商代中晚期的遺存之外，也發現了一些西周時期的文化遺物，但有些簡報中定為西周時期的器物明顯屬於商代晚期，比如 1988 年調查採集的一件假腹豆〔註 40〕，豆盤和豆柄間弧連，轉折不明顯，是屬於吳城遺址三期晚段的形制。但也有明顯屬於西周時期的遺物，比如足端平鈍

〔註39〕 關於年代，目前主要有兩種看法，一種為商代晚期說，代表作為：李朝遠：《江西新干中棱青銅的再認識》，《長江流域青銅文化研究》，科學出版社，2002年；另一種為西周早期說，代表作為：彭適凡、李玉林：《江西新干縣的西周墓葬》，《文物》，1983 年 6 期；彭適凡：《贛鄱地區西周時期古文化的探索》，《文物》，1990 年 9 期。筆者認為，墓中出土的青銅圓鼎與鄒衡先生所劃分的殷墟文化第四期第七組的圓鼎（見鄒衡：《試論殷墟文化分期》，《夏商周考古學論文集》第 75 頁，文物出版社，1980 年）相同，比如鼎足出現兩頭粗，中間細的樣式，並向內撇足，足根和腹部對應飾扉棱的風格，腹部相對較淺等，時代應為商代末期。

〔註40〕 李家河、楊日新、徐長青：《江西省新干縣牛頭城遺址調查與試掘》，圖五：14，《東南文化》，1989 年 1 期。

的高實足根鬲等，從形態上看，似屬於西周中期。但由於牛城遺址多爲調查、試掘材料，正式發掘材料也還沒有公佈，對於具體判定牛城遺址商～西周時期的文化面貌還有待材料的豐富。

4、新餘趙家山、拾年山遺址

趙家山遺址位於新餘市東南 45 公里，是一處西周時期贛中地區非常重要的古文化遺址。趙家山遺址地層堆積關係簡單，表土層下即爲西周時期文化堆積，未見早於西周的堆積。遺迹有房址、灰坑和灰溝三類，時代與地層時代也一致。

出土的陶器多碎片，完整器物少。以灰色硬陶占絕大部分，另外有少量的泥質灰陶和紅陶以及極少量的夾砂灰陶和黑皮陶。可辨器形有壺、罐、盆、豆、鉢、紡輪等，以罐和壺的數量居多。紋飾見有劃線紋、網結紋、菱形塡線紋、菱線凸點紋、雲雷紋、方格紋、波浪紋、弦紋等，以劃線紋、網結紋、菱形塡線和凸點紋居多，雲雷紋相對較少。部分罐帶鋬或鈕。器類上，多平底器或凹平底圈足器，極少見三足器和圓底器，基本未見鬲，多折肩和凸棱的作風，以及拍印細方格紋、網結紋、菱形（或方格）塡線紋等紋飾，均不同於此前分佈於本地區的吳城文化，當是代表了吳城文化之後分佈於本地區的西周時期文化，而遺址中未見西周中晚期常見的帶附耳的甗和米字紋和蕉葉紋等裝飾，因此時代大致處於西周早期（圖 1.3.6）。

拾年山遺址位於新餘市北 20 公里，地層共分爲 4 層，第③、④層爲新石器時代遺存，第②層爲商周時期文化遺存。新石器時代文化遺存分爲三期，其中第三期包括第③A 層和③A 層下的墓葬、房址和灰坑等單位。陶器以夾砂紅陶和灰陶爲主，也有少量黃褐陶，泥質黑衣灰陶較多見。比較有特色的器類包括鼎、鬶、帶流壺、扁腹罐、折腹小罐、帶把鉢等，其中鼎流行淺鉢形，多見折棱和鏤孔裝飾。紋飾較簡單，多見凹窩紋、葉脈紋，有少量繩紋和絃紋等。第三期的文化特徵與築衛城遺址下層出土器物一致，時代上應該早於二里頭文化時期。

商周時期文化遺存包括第②層和其下的灰坑 9 個。陶器以夾砂灰陶爲主，夾砂紅陶和泥質紅陶次之，硬陶多見，原始瓷器較少。紋飾以拍印紋爲主，也有壓印和刻劃紋，種類有網結紋、方格紋、雲雷紋、曲折紋、籃紋、席紋、米字紋、回字紋、蕉葉紋等。器類有鬲、甗、鼎、豆、壺、罐、盆、缸、器蓋等。從陶器來看，包括了商、西周和東周各個時期的遺物。其中商時期的

文化遺物垂腹罐、小口折肩罐、飾圈點紋的斗笠式器蓋等的形制與吳城遺址的第二期中段同類器物相似，而高領罐等器形又同於吳城遺址第三期的同類器物，因此，拾年山遺址商代遺存大致處於商代中晚期。西周時期遺存中帶附耳的甗與鄂東南地區西周中期同類器相似，米字紋、蕉葉紋等紋飾爲西周晚期的典型紋飾，這裏的西周時期遺存屬於西周中晚期（圖1.3.6）。

5、九江神墩、龍王嶺遺址

神墩遺址位於九江縣西北16公里，有一條小溪與長江相通。發掘者將遺址分爲上、下兩層，上層文化堆積包括第②層，含②A、②B、②C三個小層，屬於商周時期文化堆積。出土遺物早晚演變關係明顯，代表了早、中、晚三段，早段的鬲尖錐狀實足根較圓鈍、弧襠略癟，甗大口、隔較平直，簋圈足較矮，器蓋較扁平、無子口，這些特徵均同於吳城遺址三期晚段的作風，並有一定的演化趨勢；而鼎式鬲與鄂東南蘄春毛家咀遺址所出極其相似，說明其時代已經跨入西周早期。中段的尖錐狀帶刻槽或柱狀鬲足、矮錐狀乳突狀足的甗、錐柱狀足的鼎式鬲、淺盤內飾輻射紋高圈足的豆等的作風均同於鄂東南地區同期文化特徵，大致相當於西周中期。晚段的足尖平鈍帶刻槽的鬲足、原始瓷折腹豆、帶附耳的甗形器、矮直領鼓腹瓿與鄂東南地區同類器以及江南同時代器物形制均相同，時代爲西周晚期。另外，疊壓在84T2②B層下的2號水井，出土物早於②C層，其鬲高和寬大致相等、頸腹分界較明顯、襠部略底，瓿形器頸部較高、折肩部較高、弧腹、圈足的作風分別與吳城遺址AIII式分襠鬲和AI式瓿形器相同而又略早於它們（圖1.3.7），它們的時代爲第二期早段，則神墩2號水井的年代大致相當於吳城遺址第一期晚段和第二期早段之間，即中商文化第二期。下層文化堆積爲新石器時代晚期。

龍王嶺遺址位於九江縣西南25公里。層次堆積比較簡單。文化層包括②A、②B和③層。發掘簡報將該遺址分爲三期，第一期爲第③層和開口於②B層下的J1，第二期爲②B層，第三期爲②A層。二、三期無可復原陶器，根據器物風格及其裝飾風格，初步可以將時代推定在吳城遺址一至三期的範圍之內。第一期文化有完整和可復原的陶器7件，包括鬲、鼎、盤、折腹罐、盆等，質地以泥質灰陶爲主，夾砂灰陶次之，還有少量硬陶和原始瓷。紋飾以細繩紋爲主，另有少量弦紋、附加堆紋、方格紋、雲雷紋、葉脈紋等，素面陶不多。從這些陶器的器形和紋飾來看，與二里崗下層二期的同類器相近。比如袋足鬲兩件，呈器高大於器寬的深腹型，卷沿、尖唇、束頸、高分襠、

尖錐狀實足尖、頸腹分界不明顯，足與腹部的結合處內收，比吳城遺址第一期早段的鬲更接近於二里崗商文化，風格介於二里頭遺址第四期文化的 II 式卷沿鬲（VT126③：11）〔註41〕和二里頭遺址二里崗下層文化的卷沿鬲（VH73：26）〔註42〕之間，同二里崗遺址下層文化二期的的卷沿鬲（H17：118）〔註43〕和偃師商城第一期一段的卷沿鬲（97YSVIIT32⑨B：1）〔註44〕相同，也同於偃師商城第五號宮殿區相當於二里崗下層二期的 J1D5④：1〔註45〕鬲，也同鄭州二里崗下層〔註46〕和湖南〔註47〕出土的相類似；T4③出土的陶鼎，夾砂紅陶，卷沿、尖圓唇、深腹、圓底、錐狀足，器形與二里頭遺址第四期文化的 IV 式盆形鼎（VT202③B：11）〔註48〕相近，也具有二里崗 I 型盆形鼎 H17：39〔註49〕的作風；曲腹盆和深腹盆，在河南、山西〔註50〕湖南〔註51〕等地早商文化遺存中，都是常見之物。深腹盆 1 件，卷沿、尖圓唇、束頸、凹底，風格與二里頭遺址二里崗下層文化的 I 式侈口盆（VH11：19）〔註52〕相同（圖1.3.8）。以上可以看出，龍王嶺遺址的商代遺存大致自二里崗下層二期一直延續到殷墟晚期。但有一點需注意的是，龍王嶺商代遺存除了與吳城遺址文化面貌相似之外，也有一些不同的方面，比如有較多的掛黑衣或黑皮磨光陶，自第一期一直延續到第三期，但數量逐漸減少。同時，本遺址中也含有較多的屬於贛東北和鄂東南地區土著文化的因素，比如高領罐，甗形器、鼎式鬲以及較多的印紋硬陶，並且隨著商文化因素的減弱，而逐漸增多。

〔註41〕 中國社會科學院考古研究所等：《偃師二里頭》圖 206-4，中國大百科全書出版社，1999 年版。
〔註42〕 同註 41，圖 251-15。
〔註43〕 河南省文化局文物工作隊：《鄭州二里崗》圖壹-2，科學出版社，1959 年版。
〔註44〕 中國社會科學院考古研究所河南二隊：《河南偃師商城宮城北部「大灰溝」發掘簡報》圖六-4，《考古》，2000 年 7 期。
〔註45〕 中國社會科學院考古研究所河南第二工作隊：《河南偃師屍鄉溝商城第五號宮殿基址發掘簡報》圖三-3，《考古》，1988 年 2 期。
〔註46〕 同註 43，圖版壹-1、3
〔註47〕 湖南省文物考古研究所、岳陽市文物工作隊：《岳陽市郊銅鼓山商代遺址與東周墓發掘報告》圖四-2、7，《湖南考古輯刊》（五），1989 年。
〔註48〕 同註 41，圖 204-5。
〔註49〕 同註 43，圖版貳-2。
〔註50〕 晉中考古隊：《山西太谷白燕遺址第一地點發掘簡報》圖十二-8，《文物》，1989 年 3 期。
〔註51〕 同註 47，圖五-29、30。
〔註52〕 同註 41，圖 252-4。

以上兩處遺址與贛東地區和鄂東南地區的關係密切，與鄂東南建立的關係較早，它們的聯繫應該是通過商文化的南進實現的。並一直都沒有失去與贛東和鄂東南地區的聯繫。

6、瑞昌銅嶺、檀樹咀遺址

銅嶺礦冶遺址位於瑞昌市西北 34 公里，向北 5 公里有陸路和水路相通可達長江。從出土遺物判斷，銅嶺礦冶遺址的開採年代自商代一直延續到春秋，文化層共分為十層，其中⑨D、⑩A、⑩B 層及開口於此三層下的遺迹為商代，⑨B、⑨C 及開口於此兩層下的遺迹為西周時期，兩個時期均發現了較多的採礦遺迹。

就遺物來說，開口於⑩B 層下的 J11 較早，J11 出土的器物有夾砂灰陶掛黑衣、斂口、方唇、卷沿、折肩、分襠、矮錐狀袋足、捏流、麻花形把、粗繩紋為特徵的陶斝和夾砂灰陶掛黑衣、翻緣方唇、圓弧腹為特徵的陶鬲。斝的形制與鄭州商城出土的二里崗上層一期的斝相似〔註 53〕，也同於偃師商城相當於二里崗上層一期的斝〔註 54〕。鬲也是二里崗上層早段常見的器形。時代即為早商三期，與吳城遺址第一期早段的時代相當。

⑩B 層出土的罐為贛東北地區土著文化常見的器形，其中 T10⑩B：4 和 T14⑩B：2 罐分別與神墩 J2：4 和 6 罐相同而略有先後。鬲也與神墩 J2 出土的相同，鬲足具有中商文化的尖錐狀外撇特徵。器蓋子口較高，與吳城遺址一期晚段和二期早段一致。但 T14⑩B：4 鬲與上期 J11：2 鬲相同，說明兩期之間年代相差不遠。本層也沒有出現如吳城遺址第二期頸腹分明的特徵，說明其與吳城遺址第一期的時代相當。另外，地層情況不明的 J54 出土的尖錐狀足尖外撇的鬲足與臺西早期墓葬〔註 55〕出土的相似。從以上可以看出，⑩B 層的年代大致相當於吳城一期晚段，大致處於中商文化一、二期。

⑩A 層下 1 號工棚出土的圜底罐泥質灰色硬陶、翻緣方唇、侈口、高頸、頸肩分明、直腹圜底、腹上部飾錯亂雲雷紋，下部飾交錯葉脈紋的特徵與九

〔註 53〕二里崗 H20：35，H2 乙：35 和 H2 乙：232。見河南省文化局文物工作隊：《鄭州二里崗》圖五-5、6。

〔註 54〕ⅣT12④：2。中國社會科學院考古研究所編著：《中國考古學・夏商卷》第 179 頁圖 4-2-40；T1H1：1。中國社會科學院考古研究所洛陽漢魏故城考古隊：《偃師商城的初步勘探與發掘》圖一一-2，《考古》，1984 年 6 期。

〔註 55〕河南省文物考古研究所編：《藁城臺西商代遺址》第 114 頁圖一 M14：7，文物出版社，1985 年。

江神墩遺址 85J2：6 的造型相同但器體更爲矮胖，且折肩較寬，應較晚。⑨D
層下的 6 號工棚出土的尖錐狀鬲足較上期爲矮且直，已接近中原殷墟文化第
一期的同類器形，因此，以上兩件器物代表了吳城遺址二期早段偏晚的特徵，
大致處於中商三期。

　　⑨D 層出土的鬲頸腹分界明顯、器體扁方、平折沿是吳城遺址商文化晚
期的特徵；罐口部更小，並出現盤口的特徵，飾大回字紋晚於上期的同類器
物。本層時代應該代表了吳城遺址第二期中段至第三期的時代，即殷墟文化
時期。

　　⑨B、⑨C 及開口於此兩層下的遺迹爲西周時期，發現了較多的此時期的
採礦遺迹，但出土遺物不多，總體來看，兩層的遺物具有早晚之分，⑨C 層帶
附耳的甗，侈口、卷沿、附耳略高於口沿，總體上與大冶三角橋商代晚期至
西周早期採：11（圖 1.2.18）的特徵相同，只是附耳的高度不如三角橋高，時
代應略晚，鼎盆形深腹、卷沿、足圓柱狀、外側刻豎向刻槽，罐平底、底腹
間折，罐侈口、方唇、卷沿、溜肩的作風均與大冶五里界城周圍遺址所出土
的西周中期器物相同，因此此期的時代當爲西周早中期。⑨B 層出土的罐尖
唇、束頸、溜肩、圓凹底的作風是南方地區西周晚期常見特徵，瓿形罐扁鼓
腹、最大腹徑偏上、矮領的作風與寧鎮地區吳文化第三期西周晚期～春秋早
期的同類器物極爲相似〔註 56〕，因此，本層的年代應該相當於西周晚期～春
秋早期（圖 1.3.9）。

　　檀樹咀遺址位於瑞昌市西北 30 公里，銅嶺礦冶遺址東 2 公里，北距長江
5 公里。1992 年清理了兩座灰坑，1999 年，發掘了 254 平方米。根據地層堆
積和各層出土遺物的演變規律，可以分爲兩期文化，上層文化堆積爲第③層，
爲春秋時期，下層文化堆積包括④層和③層下的大部分遺迹，時代爲商代。
下層文化出土物均爲陶器，陶質可以分爲夾砂陶、泥質陶、印紋硬陶、黑皮
磨光陶四類。軟陶數量較多，次爲印紋硬陶，有一定數量的黑皮磨光陶。器
形有鬲、豆、罐、甗、尊、缽、盤、缸等，以鬲爲大宗，次爲豆。鬲多爲夾
砂陶，豆多爲黑皮磨光陶，罐多爲印紋硬陶，尊、缽、盤爲泥質陶。紋飾以
繩紋爲主，其它還有雲雷紋、附加堆紋、指甲紋、席紋、刻劃紋、方格紋、
弦紋、曲折紋等。繩紋多見於鬲，附加堆紋施於器物肩部，雲雷紋、方格紋

〔註 56〕張敏：《寧鎮地區青銅文化研究》第 286 頁圖九（五）-60、67，高崇文、安
　　　　田喜憲主編：《長江流域青銅文化研究》，科學出版社，2000 年。

多見於罐。簡報認爲與吳城第二期時代相當或略早，筆者認爲有再分析的必要。

從遺迹登記表可以看到，地層與遺迹間有三組打破關係：③-H5→G2→M3→④；③-F1→G1→④；③-M1→M2→④。由於墓葬和H5中均不見隨葬品，因此典型關係可以簡略爲：③-G2→④和③-F1→G1→④兩組。F1的鬲與G1和④層出土的鬲具有相同的特徵，均卷沿、方唇、束頸、頸腹分界明顯，僅從口沿看，G2的罐也與以上的鬲一致。具體來看。G1、H2和F4出土的豆雖形制略有差別，但盤與柄間已弧連，豆盤較深的特徵均是吳城遺址第三期的特徵，G1柄部弧曲較大，當稍早於H2和F4。F1的鬲與銅嶺P1：2的鬲基本相同，但領部較銅嶺的鬲爲矮，當稍早。H1的鬲方唇、直口、束頸與銅嶺遺址T3⑨D：7的口沿相似，與銅嶺P1：2的鬲時代相當。④層出土的折肩尊與吳城遺址相當於三期早段的AaIII式矮領窄折肩尊〔註57〕相同。F3出土的缽矮領、折肩偏上的作風與吳城遺址相當於二期的CII式缽（1974QSWT4③：4）〔註58〕相同，銅嶺的鬲時代相當於吳城遺址第三期晚段。根據以上分析，我們可以將檀樹咀遺址商代遺存分爲兩組，第一組爲F1、G1、④層、G2、F3等單位，第二組包括H1、H2、F4、F5等單位，分別相當於吳城遺址第三期早段和晚段，即晚商文化第三期和第四期（圖1.3.10）。

7、德安石灰山、陳家墩－黃牛嶺遺址群

三處遺址均位於德安縣，相對距離較近，其中商代文化遺存具有相對早晚關係，後兩處遺址中的西周文化遺存較豐富，對於探討本地區商和西周時期文化關係以及與其它地區商和西周時期文化的異同具有典型性。

石灰山遺址位於縣城西13公里，1982年和1998年進行了兩次發掘。第一次發掘文化層共包括兩大層、五個小層，包括遺迹分爲前後兩期，④B、④A、③C層、J1爲第一期，③B、③A層、F1、F2爲第二期。第二次發掘文化層包括②和③層，包括遺迹分爲兩期，③層和G爲第一期，②層爲第二期。從兩次發掘所劃分的兩期來看，無論從器形、紋飾、陶質、陶色等諸方面，都具有一致的特徵。這裏我們將它們合併爲兩期。

兩期的陶系沒有太大的變化，都以泥質灰陶爲大宗，且大部分都掛黑衣或黑皮，打磨光亮，其次爲夾砂灰陶和夾砂紅陶、泥質紅陶，而印紋硬陶、

〔註57〕1974QSWT10B③A：19。見《吳城》報告第271頁圖一六五-6。
〔註58〕見《吳城》報告第310頁圖一八九-14。

釉陶和原始瓷出土甚少。就裝飾紋樣看，盛行繩紋和堆紋，其它有席紋、雲雷紋、鋸齒狀堆紋、篦紋、篦點紋、葉脈紋、曲折紋、菱形紋、方格紋、凸方點紋、S形紋、波浪形刻劃紋等，第二期新見籃紋、剔刺紋、方格凸方點紋、細碎雲雷紋等。兩期的陶器器形大體一致，都有鬲、豆、罐、盆、缽、尊、器蓋、甗形器及缸、捉手等，且以鬲為主要炊器，可見兩期同屬於一個考古學文化。通過與吳城遺址的對比可以看出，石灰山遺址表現出較早的特徵，與吳城遺址有較大的區別。比如掛黑衣或打磨光亮的泥質陶比吳城盛行（這一點也是本區域的一個共同特點）；印紋陶、釉陶和原始瓷比吳城少的多；陶鬲的造型作風比吳城更接近中原地區，並且按照吳城陶鬲的演化序列，石灰山的鬲不見頸腹分明、弧襠或癟襠的二期以後形制，具有較早期的特徵。石灰山不見吳城常見的馬鞍形陶刀。卻出土有矮粗把大盤豆、扁管式陶墊、扁管三角形陶墊和鼎等吳城不見的因素，侈口卷沿深腹盆也不同於吳城的同類器。而這些又都具有中原和本地以及鄂東南地區龍山晚期的特徵。比如J1：4深腹盆與河南龍山文化後崗類型的深腹盆〔註59〕相似；T10③B：1鬲與下七垣文化鹿臺崗類型的鬲〔註60〕相似；矮粗把圈足盤與鄂東南地區通城堯家林遺址〔註61〕的相同。這些都顯示了石灰山遺址的時代較早〔註62〕。具體來看，第一期文化中的鬲、深腹盆、矮粗把圈足豆與九江龍王嶺遺址早商二期的同類器均相同，第二期文化中的兩件鬲（T10③B：1和T11③B：5）分別與九江神墩遺址相當於吳城一期和二期之間的85J2：1和85J2：3兩件鬲相似，唯石灰山的實足跟更高，當略早於神墩遺址，高子口的器蓋與吳城遺址一期晚段的器蓋相同〔註63〕，出土的折肩罐肩部較龍王嶺的靠上，也當晚於早商二期。通過以上分析，我們認為，石灰山遺址第一期文化早於吳城遺址，大致相當於二里崗下層二期，即早商二期，而第二期文化大致相當於吳城遺址一期晚段，即二里崗上層二期（圖1.3.11）。

〔註59〕河北省文物管理處：《磁縣下潘汪遺址發掘報告》圖一三-5，F1：77，《考古學報》，1975年1期。

〔註60〕鄭州大學文博學院、開封市文物工作隊：《豫東杞縣發掘報告》鹿臺崗H39：6，科學出版社，2000年。

〔註61〕武漢大學歷史系考古專業、咸寧地區博物館、通城縣文化館：《湖北通城堯家林遺址的試掘》圖八-6、7，《江漢考古》，1983年3期。

〔註62〕李家河：《江西德安縣石灰山遺址文化分析》，《江西文物》，1989年3期。

〔註63〕1974秋QSWT7⑤：47。見《吳城》報告第318頁圖一九三A-1。

　　陳家墩－黃牛嶺遺址群包括有陳家墩遺址、劉家畈遺址、黃家咀遺址、新界遺址、袁山遺址、界牌嶺遺址、前山豬山壟遺址、黃牛嶺遺址等。這一個遺址群形成了一個相對獨立的文化區，時代大致是從商代中晚期一直延續到西周晚期，其中以商代晚期～西周早期的文化最爲興盛。這一時期的文化內涵既是本地商時期文化的延續，又摻入了大量鄂東南、贛東和寧鎮地區新的文化因素，後者並逐漸取得主導地位。

　　陳家墩遺址內涵最爲豐富，能全面的代表本地區文化的一般特徵。陳家墩遺址位於縣城南 5 公里米糧鋪鄉東西 2 公里範圍內，西北距石灰山遺址約 15 公里。兩處遺址間有敷陽河相通。1993 年和 1994 年進行了兩次發掘。根據地層堆積和各層出土遺物的演變規律，可以分爲早晚兩期，早期文化堆積包括第一次發掘的 J3～J5 和第二次發掘 J10 等四口水井，時代爲商代，晚期文化堆積包括第一次發掘的第②～⑤層、J6～J8 和第二次發掘的 T31 等，時代爲商代晚期至西周。

　　J10 中出土的細高柄淺盤豆與吳城遺址 Aa 型 VI 式眞腹豆〔註64〕相同，圓腹罐與吳城 1974 秋 QSW（E）T5H4：2 的 V 式同類器〔註65〕相似，在演化序列上應該更晚，直口尊與吳城 Aa 型 VI 式矮領窄折肩尊〔註66〕相同，折肩罐與吳城遺址 Bb 型 VI 式小口折肩罐〔註67〕相同，以上吳城遺址的同類器物均屬於吳城遺址三期晚段的典型器形，因此，J10 的年代大致處於晚商文化第四期。

　　J3 中出土的小口折肩罐、圓腹罐、矮領窄折肩尊、深腹盆等均與吳城遺址二期早段的同類器相同〔註68〕，年代也應大致相當。

　　J4 中出土的器物中罐、甕或尊的肩部普遍較 J3 同類器爲高，根據吳城遺址的分期依據，應該是晚於 J3 的。尖錐狀矮實足根的鬲也屬於商文化晚期的作風，大致處於吳城遺址二期晚段～三期早段。

〔註64〕 1974 秋 QSW（E）T6H2：3。見《吳城》報告第 297 頁圖一八一-1。

〔註65〕 見《吳城》報告第 236 頁圖一四四-11。

〔註66〕 1979QSWT4H1：1。見《吳城》報告第 271 頁圖一六五-12。

〔註67〕 1975QSW（律）M2：1。見《吳城》報告第 225 頁圖一三七-6。

〔註68〕 Bb 型 II 式小口折肩罐，1993ZWT15③B：1。見《吳城》報告第 225 頁圖一三七-2；II 式圓腹罐，1993ZW（H）T15④：2。見《吳城》報告第 236 頁圖一四四-11；Aa 型 II 式矮領窄折肩尊，1974QSWT9（D）④：6。見《吳城》報告第 272 頁圖一六六-1；B 型 II 式深腹盆，1974QSWT4H1：33。見《吳城》報告第 215 頁圖一三一-5。

J5 僅一件垂腹罐，與吳城遺址二期中段的 III 式垂腹罐〔註69〕完全相同。

通過上面的分析，我們可以看出，陳家墩遺址的早期文化遺存自吳城遺址二期中段開始一直延續到三期晚段，包括整個晚商階段，是一個連續發展的過程。

J6～J8 中可供對比的材料不多，從總體上看，與吳城文化相去較遠，而與鄂東南地區商代晚期～西周時期的文化因素具有較多的相似性，比如帶附耳的甗形器、鼎和圈足盤等，時代也應大體相當。

地層堆積遺物中，第一次發掘的第②層和第二次發掘的 T31 中的甗形器和帶刻槽的鼎足（或鬲足）與鄂東南地區西周中期的遺物特徵相同，原始瓷豆的造型同寧鎮地區吳文化分期中的第二～三期的器形特徵相同〔註70〕，第②層時代大致為西周中期，T31 的更晚一些，大致相當於西周晚期。

第③～⑤層中出土的錐狀鼎足（或鬲足）與鄂東南地區西周早期的同類器物相同，原始瓷豆的形制也同於寧鎮地區吳文化分期的第一期，因此，時代大致相當於西周早期（圖 1.3.12）。

由此可以看出，陳家墩遺址的晚期文化大致從商代晚期一直延續到西周晚期，是同一個文化的連續發展的過程，同時又以商代晚期～西周早期的文化最為興盛，但是這種文化與本遺址的早期文化之間存在差異，與以吳城遺址為代表的文化並不同類，可能代表了一種根植於本地，吸納了鄂東南、贛東和寧鎮地區文化因素的新的文化。早期文化和晚期文化在商代晚期有過一段時間的並存時期，之後晚期文化逐漸佔據主導地位。

除陳家墩遺址外分佈在周圍的其它遺址，時代大致都同於或稍晚於陳家墩遺址，並且大部分在商代晚期～西周早期為興盛期，具有兩個時代不同文化因素相互取代的情況。比如黃牛嶺遺址就發現了分別屬於商代晚期和西周早期的黃土臺疊壓打破的情況，表明文化在延續，文化性質發生了改變。

8、廣豐社山頭遺址

廣豐社山頭遺址位於信江上游與浙江省交界的贛東北地區，自 1983～1995 年共進行了 3 次發掘。3 次發掘的地層堆積大致相同。根據地層關係及出土器物的形制演變，發掘報告將社山頭遺址分為下層和上層文化堆積，下層文化堆

〔註69〕1974QSWT4H1：5。見《吳城》報告第 234 頁圖一四三-4。

〔註70〕張敏：《寧鎮地區青銅文化研究》，高崇文、安田喜憲主編：《長江流域青銅文化研究》，科學出版社，2000 年。

積爲新石器時代文化，可分爲三期，三期是同一文化連續發展的三個不同階段，並且同樊城堆──築衛城文化基本上是平行發展的關係〔註71〕，其常見的盤形鼎、有棱座豆、圈足壺、鬶等，均是拾年山、築衛城、樊城堆、尹家坪、神墩等遺址的典型器物，在陶質、陶色和紋飾諸方面，均有較强的同一性。

第三期發現的房址被上層商代殘破文化層所打破，被具有早商風格陶器的灰坑所疊壓，因此，時代已進入中原夏代紀年。陶器以泥質紅陶爲主，次爲泥質灰陶、夾砂灰陶，硬陶占 18%，有少量的泥質黃陶和白陶。紋飾以繩紋、籃紋爲主，還有方格紋、曲折紋、葉脈紋、席紋、鏤孔和按窩等。器類有罐、豆、鉢、鼎、盆、鬶、釜、壺、簋、盃、甕、缸、器蓋、紡輪等。從陶器器形觀察，各式罐、豆、鉢、鼎等都與本遺址一、二期龍山期文化有明顯的繼承關係，也新發現少量二里頭文化因素的器類，如封口盃、鬶鋬、鬶足、折沿深腹盆、帶按窩的側裝扁圓鼎足、細柄淺盤豆等（圖 1.3.13），另細頸壺也與盤龍城類型二里頭文化的土著因素同類器一致。其中折沿深腹盆與二里頭文化二期的同類器物〔註72〕相同，時代應大致相當或略晚。第三期發現的衆多的罐類器（侈口罐、高嶺罐等）和紋飾（飾籃紋、沿內裝飾凹槽和凹弦紋等），與周邊地區的江山肩頭弄期、馬橋文化以及福建和廣東諸南方地區的同時期文化具有較多的共性，與本地區後來興起的萬年類型文化有密切的關係，開創了商時期萬年類型文化的先河。

上層文化堆積以泥質灰硬陶爲主，少量泥質軟陶和夾砂陶。器表素面較多，常見紋飾有凹凸弦紋、方格紋、網格紋、席紋、葉脈紋、雲雷紋等。器物頸腹部常飾凹凸弦紋及突棱。器形有罐、鉢、尊、甗形器、網墜和紡輪等。雖然發現的遺物不夠豐富，但從鼎、高領罐、甗形器等器物看它們應屬於本地萬年類型商文化，與下層文化第三期的同類器物存在演化關係，時代當相

〔註71〕對於社山頭遺址的下層文化，簡報中將其分爲三期，但也有研究者認爲其可以分爲六期（吳春明：《中國東南土著民族歷史與文化的考古學觀察》，第85頁，廈門大學出版社，1999年），也有研究者認爲六期的劃分太過複雜，而提出了四期的劃分方案（李寧：《贛鄱地區早期古文化研究》，廈門大學2002年碩士論文，第9頁）。以上三種劃分方法，雖然有所不同，但區別主要是在新石器時代的中晚期，而對於最後相當於新石器時代末期的文化劃分併沒有不同，均以遺址的第③層作爲最後一期，因此，在此，筆者僅採用三者所劃分的最後一期，前幾期的劃分不對本書產生影響。
〔註72〕中國社會科學院考古研究所二里頭工作隊：《1982年秋偃師二里頭遺址九區發掘簡報》圖五-8，M20：3，《考古》，1985年12期。

當於早商時期。需要指出的是，第一和第二次發掘的 M1 在簡報中分屬不同的探方，從簡報對墓葬的敘述中，應該指的是同一單位，如果是同一單位，隨葬品卻分屬不同的時期，罐列為下層文化第三期，甗形器卻列為上層文化，這恰恰說明了下層文化第三期和上層文化之間是緊密銜接的。另外，從較多量的折肩折腹器（為吳城文化的主要文化因素）和圈足壺/盤（吳城文化龍王嶺類型的因素）來看，它應該已經受到了吳城文化的影響，因此，我們認為上層文化堆積的年代上下限應為吳城文化第一期和第二期，即早商文化第二期和第三期（圖 1.3.14）。

9、萬年蕭家山、送嫁山遺址與墓葬、萬年齋山遺址與鷹潭角山窯址

1960～1962 年間，在萬年縣城附近的矮山崗上調查發現了掃帚嶺、蕭家山、杉松嶺、雅崗、送嫁山等十多個遺址。經過清理發掘的有蕭家山、送嫁山、西山的 8 座墓葬，20 世紀 80 年代初期又調查試掘了中合鄉齋山遺址。1983 年至今，對角山窯址已經進行了多次發掘，出土了大量的陶瓷器，初步判斷其屬於商代中晚期的遺存。以上幾處遺址出土器物相同，應屬同一個文化類型。但由於這幾處遺址都沒有理想的文化堆積，通過地層關係很難進行分期研究，我們只能通過對出土器物較為豐富的角山窯址的器形分析，建立初步的器形演變規律，並與蕭家山等遺存進行對比，確定相對早晚關係。

角山窯生產的主要產品是以印紋陶、原始瓷炊食器為主的日常生活用品。烹飪器有甗形器、釜、陶支腳，飲食器有三足盤、豆、鼎、觚、盂、缽、杯（包括帶把杯和高足杯等）、器蓋，盛貯器有罐、缸、甕、尊、壺、鬶等，總計 20 餘種器形。其中以甗形器、釜、罐、缽、三足盤出土數量最多，應為角山窯生產的主要產品。角山窯產品具有相當一致的風格和外觀特徵。1、器類比較齊全，幾乎包括了贛江－鄱陽湖水系東部、信江流域商代考古遺存中所見的器形，基本上以日常生活實用器為主，有少量冥器，產品比較粗獷，符合民窯追求實用的特點。2、從造型分析，口、沿、頸、肩、腹的變化較少，一般作微侈口，折沿，豎頸，斜直腹或球形腹；底、足部變化較多，底有凹底、圜底、平底，足有圈足、餅座、三足等；盛行鋬手、紐繫、提梁等。3、具有十分明顯的工藝痕迹，這些痕迹包括敞口器內外的車輪紋，小口器頸部的車輪紋，內壁的抵手凹窩，外肩腹部的錯亂拍印幾何紋以及普遍存在的燒裂、燒流、變形、起泡等高溫過燒缺陷，構成了十分鮮明的外觀特徵。4、印紋陶盛行局部施泥釉或鈣釉，這類產品亦可稱為泥釉黑陶和原始瓷，

局部施釉一般取腹部，內底、外底、肩部等部位。原始瓷釉層較厚，施釉不均勻，胎釉的結合也不牢，常見脫釉、流釉現象或出現凝聚斑，也有與泥釉同施於一器。泥釉釉層一般較薄〔註73〕。

　　角山窯產品的上述特徵具有鮮明的時代烙印，以此為出發點，對角山窯延續的年代可作粗線條的推斷。1、一般認為，南方印紋陶起源於新石器時代晚期，經歷夏、商時期的發展，至兩周時期達到高峰。泥釉黑陶出現在相當於中原夏商時期的南方地區，泥釉作為原始瓷釉的前身，在晚商到西周時期逐步消失，被原始瓷取代〔註74〕。西周時期，原始瓷釉運用得更加廣泛，出現了通體施釉的產品。黑皮陶在龍山時代晚期開始退化，經歷夏商時期的孑遺，至西周時期已很少見到。這些發展線索表明角山窯在發展階段上處於我國陶瓷史的上承新石器時代晚期、下啓西周的轉折時期。2、新石器時代晚期的印紋陶數量很少，紋樣單一，拍印淺；西周時期的印紋則工整，簡練，盛行組合紋，具有較強的裝飾氣氛，這些紋樣的母型在角山窯中多能見到。並且角山窯產品裝飾的粗獷、錯亂作風，也能恰當地前後連接新石器時代晚期和西周時期的印紋陶拍印紋樣。3、西周時期的印紋陶、原始瓷產品盛行平底，矮圈足。部分豆已演化為碗，盤部變大，盤底變平，以適應當時的疊燒技術。在角山窯產品中已能體現出這種演化趨勢〔註75〕。餅形底座在黃土侖墓葬的隨葬品中十分盛行，其特徵可與角山窯產品相互對應，黃土侖墓葬的年代一般認為在商末周初〔註76〕。4、角山窯產品中有一定數量的袋足器（鬶）。在贛江－鄱陽湖地區鬶的演化特點是：袋足在相當於中原地區龍山或夏時期開始退化，變成半實心的三足，至西周時則基本消失。角山窯鬶的年代晚於龍山時期。5、角山窯產品中另一種具有很高斷代價值的器形是圈足尊〔註77〕是盛行在中國南方商周時期的一種水器，年代較早

〔註73〕泥釉黑陶作為中國南方地區與印紋陶、原始瓷共存的一個特殊陶瓷品種，八十年代以後才被逐漸認識。泥釉黑陶胎的化學成分比較特殊，它既不同於一般陶器，又不同於原始瓷器和一般瓷器的成份。李家治等認為泥釉黑陶和原始瓷是承前啓後連續發展的，泥釉黑陶的出現和工藝上的逐步提高，促進了原始瓷的出現。可參閱李家治等：《浙江江山泥釉黑陶及原始瓷的研究》，見《中國古陶瓷研究》，科學出版社，1987年。

〔註74〕牟永抗、毛兆廷：《江山縣南區古遺址、墓葬調查試掘》，《浙江省文物考古所學刊‧1981》，文物出版社，1981年。

〔註75〕廖根深：《我國古代窯具的起源》，《中國文物報》，1991年9月22日。

〔註76〕福建省博物館：《福建閩侯黃土侖遺址發掘簡報》，《文物》，1984年4期。

〔註77〕在盤龍城遺址中有鼓腹、弧腹和斜腹尊，而與鼓腹尊具有相同形態的器物卻

的曾見於盤龍城樓子灣第五期（PLM1：8）、楊家灣第六期（PYWM9：5）、
楊家嘴第五期（PYZH1：8、PYZT3⑤：29）〔註78〕、江山南區〔註79〕等遺
址中，其年代約相當於二里岡上層一期。角山窰出土的帶鋬手圈足尊的型式
與盤龍城的某些形制基本相同，而鋬手更加發達，從商代到西周時期，這類
尊的鋬手是逐漸退化的〔註80〕，盤龍城遺址也表現出這種變化過程，因此，
角山的尊應與盤龍城遺址第五期時代相當或略早，大致相當於早商文化第三
期至中商文化第一期（圖1.3.15）。6、角山窰中還出土了一些與中原二里頭
文化相類似的因素，如雙層餅形平底座的斝、細高柄圈足豆等（圖1.3.16）。
另外，據發掘者見告〔註81〕，近幾年對角山窰址的大規模發掘，又發現了
一些與二里頭文化相似的因素，並且對角山窰址進行的 C^{14} 年代的測定，年
代大部分均落在中原夏時期的紀年內。也說明了角山窰址的時代可能較早。
7、角山窰址出土有大量的三足盤（有的稱鼎），而不見鬲。鼎足凹面長三角
形外撇，有些盤外壁近底部安一乳釘形鋬手，這種高足鼎形器在贛鄱地區新
石器晚期～夏代文化中較爲盛行，雖然與新石器時代晚期～夏代的高足盤形
鼎還不能直接銜接，但由此可以看出，角山窰址的此類器物應與當地新石器
時代～夏代文化有淵源關係，並且在角山窰址中這種鼎由高到矮成列，晚期
向越式鼎演化。不見鬲又與同時代贛西北地區有所區別。上述分析表明，角
山窰創燒的年代不晚於商代早期，停燒的年代不晚於西周初期，鼎盛時期在
商代，前後延續時間較長，這與角山窰規模大、堆積豐富的特點也是相符合
的。

　　在角山窰遺址的分佈範圍內沒有找到理想的文化層，通過已經發表資料
的前兩次調查和試掘〔註82〕，以及第三次大規模發掘的介紹性資料〔註83〕，

　　稱爲杯，同類器物在角山窰址中稱爲尊，在這裏我們統一命名爲尊。
〔註78〕以上三者分別見《盤龍城》報告第377頁圖二七八-3；第245頁圖一七七-7；
　　　　第334頁圖二四三-2、7。
〔註79〕牟永抗、毛兆廷：《江山縣南區古遺址、墓葬調查試掘》，《浙江省文物考古所
　　　　學刊・1981》，文物出版社，1981年）；福建省文物管理委員會：《福建光澤新
　　　　石器時代遺址的調查》，《考古學報》，1957年1期；福建省博物館：《福建光
　　　　澤古遺址、古墓葬的調查和清理》，《考古》，1985年12期。
〔註80〕廖根深：《試論角山窰的年代、分期及其相關問題》，《考古》，1996年5期。
〔註81〕據發掘者江西省考古研究所賴祖龍先生見告。
〔註82〕江西省文物工作隊、鷹潭市博物館：《江西鷹潭角山窰址試掘簡報》，《華夏考
　　　　古》，1990年1期。
〔註83〕《江西鷹潭角山商代窰址》，國家文物局編：《2000中國重要考古發現》，文物
　　　　出版社，2001年。

大致可將角山窯址分爲早中晚三期（圖 1.3.16）。

早期以角山 B 下層、83 板 T1H1 爲代表，出土器物有偏早的特徵，除泥釉黑陶、印紋陶和原始瓷外，兼有一定數量的黑皮陶。黑皮陶器形有細高柄圈足豆、鴨形壺、斂口鉢等幾種。這兩個單位完整器物較少，可供對比的器物更少，從其細柄豆同於二里頭文化〔註 84〕，鴨形壺較寫實以及泥釉黑陶在江山南區第一、二單元肩頭弄期常見，其年代爲商代早期或早於商代的情況看，當早於其它單位，時代大約相當於早商時期。

中期以 86 板 H1 和 83 板 H1 爲代表。兩個單位中均出有同與二里頭文化的因素，比如 86 板 H1 中的觚和黑陶杯，83 板 H1 中的鬹等。觚的底部作雙層餅形平底座，這種形制的觚，在中原見於二里頭早商遺存中〔註 85〕；在長江下游和太湖流域的商代遺存中也時有出土，例如江寧點將臺〔註 86〕、上海馬橋四層〔註 87〕。特別是江寧點將臺出土的帶數周凸弦紋的矮喇叭豆，也與角山 83 板 H1 所出十分相似。黑陶杯，圓唇，敞口，竹節狀足，餅形底座，形制接近江漢地區桂花樹三期陶杯〔註 88〕。關於南方陶鬹的退化趨勢是器形變小，流部退化，袋足變成半實心或實足，腹部萎縮，商代晚期即被斝所取代，在贛江－鄱陽湖地區，商代退化期的陶鬹出土於萬年蕭家山和樂平高岸嶺遺址，角山窯址 2000 年的發掘中也見一件，上腹部呈鉢形，鋬手較短（圖 1.3.17）。但兩個單位中除了以上較早特徵的器物外，還有一些相對晚的特徵出現，比如窄沿直腹的罐，三錐狀足盆形鼎等，另外，83 板 H1 中出土了較多的柄部帶若干道凸棱的高柄豆，頗接近於黃土侖墓葬中的同種器形，碳 14 測定年代爲 1300±150BC，大致相當於商代中晚期。這種高柄豆還出於新干大洋洲商墓中，大洋洲商墓的年代我們認爲是在殷墟一期，學者已認爲黃土侖墓葬的年代總體上晚於角山窯址〔註 89〕，而大洋洲

〔註 84〕向桃初：《湘贛地區二里頭文化蹤迹探尋述略》，《中國社會科學院古代文明研究中心通訊》第 6 期。

〔註 85〕中國科學院考古研究所洛陽發掘隊：《河南偃師二里頭遺址發掘簡報》，《考古》，1965 年 5 期。

〔註 86〕張敏：《試論點將臺文化》，《東南文化》，1989 年 3 期。

〔註 87〕上海市文物管理委員會：《上海馬橋遺址第一、二次發掘簡報》，《考古學報》，1987 年 1 期。

〔註 88〕湖北省博物館等：《湖北松滋桂花樹新石器時代遺址》，《考古》，1976 年 3 期。

〔註 89〕江西省文物工作隊、鷹潭市博物館：《江西鷹潭角山窯址試掘簡報》，《華夏考

商墓中的此類因素也應該是受到角山窯址的影響所致，因此，83 板 H1 的年代應稍早於大洋洲商墓的年代，大致處於中商文化偏晚的階段。相對於 83 板 H1 來說，86 板 H1 基本不見這些較晚的因素，時代應早於前者，大致相當於中商文化偏早的階段。綜合以上，我們認為角山窯址中期遺存的年代大致處於中商時期。

　　晚期以角山 A、角山 B 上層和 83 板 H3 為代表，出土器物具有偏晚的特徵。矮圈足豆較多見於西周時期，這類豆的演化規律較集中反映在盤部、唇部、頸部的彎曲弧度和足部高矮變化，豆的演化在南方地區具有很高的斷代價值。本期部分豆類已出現了矮化傾向，有一定數量的矮圈足豆。泥釉黑陶數量大量減少。罐的形制減少，高領罐的領部變的較矮，鼎足外撇似後期的越式鼎，綜合分析，角山窯晚期的年代應相當於晚商時期。

　　蕭家山發掘了 3 座墓葬，送嫁山發掘了 4 座墓葬，出土器物大致相同。蕭家山、送嫁山和齋山遺址中發現的器物與墓葬中所出基本相同。以上幾處遺址和墓葬出土器物的共同特徵是：以灰色硬陶（含泥質和夾砂質兩種）為主，泥質紅色和夾砂紅色硬陶或軟陶較少，且多數炊器和缸類器，還有少量原始瓷器和釉陶。紋飾多樣，以雲雷紋、凸方點紋或凸圓點紋最為多見，其它有席紋、曲折紋或葉脈紋，方格凸圓點紋或方格凸方點紋、方格紋、繩紋、籃紋、菱形紋等，罐類器口頸部位上輪旋紋運用普遍，雲雷紋、凸方點或凸圓點紋、席紋等與曲折紋或葉脈紋的組合紋在罐類器上出現較多。此外，在罐、缽、甗形器、甕等器物的頸部內外或沿上、底部多刻有刻劃符號。器形有甗形器、鼎、罐、缽、鬹、杯、帶柄器等。以上的 7 座墓葬年代有所不同，與角山窯址的對比可以看出，大致相當於角山早期的有蕭家山 M3。蕭家山 M3 只出土一件帶把鼎，錐狀鼎足，扁鑿狀把手，在同類器的分期上處於較早的階段。相當於角山中期的有蕭家山 M1 和送嫁山 M1、M2 和 M4。蕭家山 M1 和送嫁山 M1 中的帶把缽、直領小沿的罐、上腹較斜的甗形器都與角山中期晚段的同類器物相同；送嫁山 M2 盆與角山 83 板 T1H1 的同類器相同，高領罐領部較高，器形較高，大口罐沿面較寬；送嫁山 M4 的甗形器腹部較直，高領罐領部較高，碗較流行，處於角山中期較早的階段。相當於角山晚期的有蕭家山 M2 和送嫁山 M3。蕭家山 M2 的帶把缽與角山 A 的同類器相同，高領罐較矮；送嫁山 M3 的折腹罐和帶把缽也同於角山 A 的同類器。

古》，1990 年 1 期。

蕭家山、送嫁山和齋山等遺址多是調查試掘材料，但從其發現器物來看，內涵是比較單純的，諸多陶器器形與裝飾紋樣特徵，可以與德安石灰山和九江神墩以及黃陂盤龍城等遺址的出土材料相印證，比如蕭家山 M1 出土的仿銅陶鉞、高領蝶形鈕、握拳形鈕罐的形制與盤龍城早期墓葬或地層、二里崗上層墓葬中出土的銅鉞和同類器相同，或相近似；馬鞍形陶刀、圓腹罐和缽，齋山的大口筒形罐也都和吳城一期、德安石灰山一期和九江神墩遺址小水井出土的同類器物相同。通過與角山窯址所分期的對比，發現這幾處遺址的材料大致與其中期和晚期相當（圖 1.3.18）。

10、婺源茅坦莊、都昌小張家、彭澤團山遺址

這三處遺址位於上面幾處遺址的北部，都處於贛鄱地區的東部，與以上幾處遺址出土器物大致相同，大致處於相同的文化區。在時代上具有相對早晚關係。

婺源茅坦莊遺址位於婺源縣城北 5 公里，處於黃山向南的餘脈中。地層堆積簡單，內涵主要爲商代文化堆積，包括遺址的第②層及開口於①層下的遺迹。器物特徵基本一致。陶質陶色以夾灰硬陶和泥灰硬陶的數量最多，約占整個出土陶片的百分之七十以上，次爲泥紅硬陶，軟陶數量較少，黑衣陶只是少量，偶見兩片釉陶，不見原始瓷，器形有甗形器、缽、釜、鼎、盆、甕、缸、桶、罐、斝、紡輪、網墜、支座等。以罐、缽、桶、甗形器的數量最多。帶把器、帶耳器、帶環器以及在器物口沿上粘貼捉手的作風盛行。耳均爲內附耳。陶器紋樣有雲雷紋、水波紋、席紋、弦紋、繩紋、凸點紋、波折紋、方格紋、葉脈紋等，以葉脈紋、席紋、繩紋最爲普遍。該遺址商代文化遺存所出陶器的基本組合爲甗形器、缽、罐、釜、桶，未見鬲，這是贛東地區同時代遺存的典型器物組合，帶把或帶耳作風盛行，所出帶把缽、盆形缽、圜底罐與鷹潭角山商代窯址的同類器物幾無二致，紋飾也差不多，發掘報告認爲「在口沿部位粘貼捉手的作風也許是蕭家山、角山等遺址帶把作風之先驅」。本遺址所出土的甗形器上腹較直或略鼓，下腹與上腹基本等寬或略小；大口罐垂腹、領部較高、折沿或卷沿較甚；高領罐領部較高、有的略帶垂唇；直口罐口部外敞、腹部較直。以上這些特徵均與角山窯址中期的文化特徵相同，F1 出土的帶把高外撇足盆形鼎與角 B 上層的同類器相似（圖 1.3.19），因此我們認爲，婺源茅坦莊遺址的商代遺存大約相當於商代中期到晚期，而以中期時爲主。

　　都昌小張家遺址位於縣城北 30 公里，文化內涵爲商代，文化堆積簡單，包括第②層和上下的遺迹。小張家遺址地處鄱陽湖東北部的贛東地區，與贛北，甚至贛西北地區存在天然的自然分割，文化風格明顯有別。但是，由於其處於兩大區的中間地帶，文化性質即帶有雙方的特點，所出文化遺物主體因素以鬲形器、鼎爲主要炊器、器形以圓底器、三足器爲主、少見或不見平底器，罐肩流行的用一圓餅或雙圓餅裝飾與萬年蕭家山、齋山見的裝飾風格相似，甚至完全一致，主體因素屬於萬年文化類型。同時，也存在鬲和附耳鬲等與吳城文化和鄂東南地區相似的因素，同時也存在較多的可能來源於本地新石器時代文化傳統的圓窩紋鼎足（圖 1.3.20）。簡報中將小張家的商代遺存分爲早晚兩期，時代分別相當於吳城一期和吳城二期，即早中商時期。筆者認爲由於發掘面積有限，出土器物不夠豐富，作爲分期依據的很多器形都是只有兩式，因此，不足以說明器物的演變規律，也不足以作爲分期的依據。通過與周邊遺存的對比，其出土的鬲頸腹連爲一體，高錐狀足內勾的作風與吳城一期的同類器相似。鬲形器的造型除帶附耳外與婺源茅坦莊的鬲形器幾乎別無二致，而大量的側扁式和鳥喙形鼎足又是當地新石器時代晚期的常見之物，大量的盆形罐同於角山窯址中期的同類器，因此，我們認爲都昌小張家遺址的商代遺存時代大致相當於中晚商時，而以中商時爲主。附耳鬲形器的造型特徵可能受到了鄂東南地區大路鋪遺存的影響。

　　彭澤團山遺址位於江西和安徽交界，往西即進入皖南山區。處於由長江中游進入長江下游的必經區域，是古代文化交彙的重要地區。目前發現的情況，文化堆積簡單，除見有少量新石器時代晚期的遺迹現象外，大部爲商代的地層和遺迹。從新石器時代晚期的器物看，這裏的文化遺存，諸如圈足壺、圈足盤、高圈足豆、側扁式鼎足等與皖西南地區薛家崗文化、鄂東南地區石家河文化、贛鄱地區的拾年山新石器時代遺存、山背文化、社山頭遺存一、二期等有著較密切的關係。德安石灰山遺址第一期的文化中也存在一些圈足盤等圈足器，與團山所出有所區別，當晚於團山的時代。商代時期的文化遺存更是如此，無論從平折沿高領弧腹弧襠鬲、圓錐狀高實足根鬲足、粗柄豆、大口尊，以及鬲頸腹間和豆柄部、罐肩部裝飾圓圈紋的作風，都與吳城遺址第二期中段的同類器完全相同（圖 1.3.21），不僅說明了其時代大體一致，更重要的是表明了兩者之間應當存在著密切的聯繫。

表 1.3.1　贛鄱地區北部夏商西周時期遺存分期對應關係表

分期＼遺址	二里頭文化時期 早期	二里頭文化時期 晚期	商時期 早期 一期	商 早 二期	商 早 三期	商 中 一期	商 中 二期	商 中 三期	商 晚 一期	商 晚 二期	商 晚 三期	商 晚 四期	西周 早期	西周 中期	西周 晚期
九江神墩							✓						✓	✓	✓
九江龍王嶺				✓	✓	✓	✓	✓	✓	✓	✓	✓			
九江磨盤墩		✓												✓	✓
瑞昌銅嶺				✓	✓	✓	✓	✓	✓	✓	✓	✓	✓	✓	✓
瑞昌檀樹咀										✓	✓				
德安石灰山				✓	✓	✓									
德安陳家墩									✓	✓			✓	✓	✓
南昌鄧家山										✓	✓				
樟樹築衛城		✓							✓	✓	✓			✓	✓
樟樹樊城堆		✓							✓	✓	✓			✓	✓
樟樹彭家山										✓	✓			✓	
樟樹吳城				✓	✓	✓	✓	✓	✓	✓	✓	✓			
新餘拾年山									✓	✓	✓	✓		✓	✓
新餘趙家山													✓		
新餘錢家山													✓		
萍鄉禁山下		✓											✓		
新干牛城									✓	✓	✓	✓	✓		
新干大洋洲									✓						
鷹潭角山				✓	✓	✓	✓	✓	✓	✓					
廣豐社山頭	✓	✓													
萬年蕭家山				✓	✓	✓	✓	✓	✓						
萬年齋山				✓	✓	✓	✓	✓	✓	✓	✓				
萬年送嫁山				✓	✓	✓	✓	✓	✓	✓					
都昌小張家				✓	✓	✓	✓		✓						
婺源茅坦莊				✓	✓	✓									
彭澤團山										✓					
上饒馬鞍山															✓

　　贛鄱地區位於長江中下游交彙點的南岸，它是現今江西省的門戶，又是中原和南方、長江中下游文化交流的結合點和交通之通衢，處在極有利的地理位置之上。新石器時代，贛中北地區就是一個文化上比較發達的地區，修水山背、靖安鄭家坳、新餘拾年山、樟樹築衛城、樊城堆、廣豐社山頭遺址都發現了較豐富的文化遺存，它們與鄂東南地區、皖西南地區、贛南以及兩廣地區、閩浙地區的文化都有一定的交流和影響。但由於長江間隔，新石器時代與江北地區缺乏聯繫，尤其與中原地區的聯繫一直沒能建立，文化發展處於相對落後的局面。直到中原進入青銅時代，贛鄱地區仍然處於新石器時代末期，也正是從此時開始，隨著中原文化勢力的擴張，贛鄱地區才開始與中原建立了聯繫，這裏的新石器末期文化中開始出現了一些與二里頭文化相似的因素。商文化的勢力擴展的範圍更加廣闊，在贛鄱地區出現了大量的商文化因素，尤其是贛鄱地區的西部甚至形成了商文化的附屬區域。西周時期實行分封制，中原王朝對地方的直接控制減弱，這裏的中原因素相對減少，南方地區固有的文化得到較大範圍的擴展，南方文化大一統的局面逐漸形成。以上這些，是我們通過對典型遺址的文化分析而得出的初步結論，在這個結論的基礎之上，我們有可能對分佈於贛鄱地區的其它遺存進行分析，確定它們的相對早晚關係（表 1.3.1）。

第二節　二里頭文化時期的分期與分區

　　江西境內新石器時代晚期的文化有拾年山文化、山背文化、築衛城文化（下層）、社山頭文化（一、二期）和鄭家坳文化。之後的近 500 年間，贛鄱地區興盛起來的是以築衛城、樊城堆中層、廣豐社山頭第三期和高安相城下陳等遺存爲代表的新石器時代末期文化，其年代距今約 4100～3600 年。這一階段的文化總體看來，是一個繼承和連續發展的時期，如果說新石器時代晚期鄱陽湖兩岸的文化存在不同的話，那麼到新石器時代末期，鄱陽湖以西以築衛城中層爲代表的文化和鄱陽湖以東以廣豐社山頭第三期爲代表的文化之間已逐步趨同。這個時期，各個文化之間的交流增強，中原地區文化中心也逐步形成。贛鄱地區的土著文化開始較廣泛的受到周邊文化的影響，同時作爲受中原文化中心輻射的二級地帶，其文化內涵中也開始包含有中原文化的因素。但本地文化的獨立性並未中斷。贛境地區的新石器時代末期文化，不

論是築衛城、樊城堆中層抑或社山頭三期文化等都是淵源於自身下層文化基礎之上，是從本土的新石器時代晚期文化發展而來。就陶器來說，常見的鼎、豆、壺、鬶、釜、罐、盤、盉、杯、器蓋、紡輪等等，雖然由於中原夏文化的南傳、影響和滲透，給予土著文化打上某些中原文化烙印，但其主要器類和基本器形仍然是贛境地區新石器時代晚期陶器特徵的延續和發展，也就是說，它還是以自身特色為主要內涵的原始社會末期文化〔註90〕。從文化內涵看，這一時期贛鄱區文化主要有兩次大規模的受輻射期：龍山時代受輻射期、龍山時代末期－夏受輻射期。

在龍山時代以前，贛鄱地區的古文化與周邊文化就已經建立了較廣泛的交流。比如新餘拾年山遺址一期文化在陶器器形和紋飾作風上與大溪文化很接近，但同時，又含有長江下游馬家浜文化的一些因素，比如泥質紅陶捏窩牛鼻式器耳，這種樣式在九江神墩遺址下層中亦可見到。同樣的情形，在江北宿松黃鱔嘴遺址和薛家崗一期文化中亦分別存在，這說明，在早於薛家崗類型文化階段，長江中游大溪文化和長江下游馬家浜文化的影響已達上述地區。在鄭家坳類型文化遺物中，不僅可以見到大汶口文化的壺形鼎（帶把，有稱實足鬶），而且有瓢，有有段石錛，還有江浙一帶常見的圓形、三角形鏤孔裝飾等。

龍山時代受輻射期內，鄱陽湖以西以北地區的文化（包括拾年山、築衛城、樊城堆、山背、鄭家坳、尹家坪、神墩等遺址），受北來的文化因素影響較大，如拾年山二、三期文化可以見到長江中游屈家嶺文化因素（屈腹杯、雙腹豆、侈口束頸甑等）和長江中下游的薛家崗、北陰陽營文化因素，拾年山三期文化還可以見到崧澤、良渚文化的塔形圈足豆等。鄱陽湖以東的地區（以社山頭一、二期文化為代表），一期時受到的文化影響多來自鄱陽湖以西地區，比如常見的盤形鼎、有棱座豆、圈足壺、鬶等，均是拾年山、築衛城、樊城堆、尹家坪、神墩等遺址中的典型器物。而第二期時受到了來自從東部、南部傳來的良渚文化、曇石山（中層）文化因素的影響，如社山頭二期的直頸折腹圈足壺（M4：2）就與曇石山文化所見同類器物有相似之處，鏤孔和貫耳器與良渚文化相同。也有來源於山東龍山文化中的鳥頭形足。

這說明，贛鄱地區北部如同江北的江淮地區一樣，是古代南北和長江中

〔註90〕彭適凡：《江西地區新石器時代末期文化與夏文化的南漸》，《南方文物》，2007年1期。

下游原始文化交融的通道，通過這一地區，往南嶺、往福建：「江西地處浙江、福建、廣東、湖北、湖南的中間，與鄰近諸省區的文化聯繫比較密切，並成爲各地區文化交流的過渡地區。在新石器時代晚期，發源於長江中下游地區的有段石錛，向西進入江西，並以江西爲媒介傳入湖北、湖南以及廣東諸省，江西地區新石器時代晚期的陶器與鄰近諸省的諸多相同因素，更證明了它們之間不可分割的聯繫」〔註 91〕。可以這樣認爲，新石器時代晚期，東南和西北兩大文化區在江北的接觸點是江淮地區，在南方的接觸點是贛鄱地區。

　　龍山時代末期－夏受輻射期內，贛鄱地區內所見的考古遺址普遍規模較小，主要地點有：九江磨盤墩、湖口下石鍾山、樟樹築衛城（中層）、樊城堆（中層）、高安下陳、萍鄉大寶山、禁山下、新餘珠珊、進賢寨子峽、餘江龍崗、紅龍崗、廣豐社山頭（下層文化三期）、樂平高岸嶺等。另外，還在鷹潭角山、板栗山、萬年蕭家山、齋山等諸多遺址中發現過相似於二里頭文化因素的遺物（圖 1.3.22）。這一時代的遺物特徵主要包括：陶器普遍有夾砂和泥質灰陶和紅陶、黃褐色陶，但灰褐陶和磨光黑皮陶明顯增多，還新出現少量的硬陶、白陶和釉陶，高安相城下陳遺址出土白陶竟占到 3%。據築衛城遺址中層（第三層）統計表明，夾砂、泥質灰褐陶約占 37%，黑皮磨光陶等約占 40%，而夾砂、泥質紅陶只約占 27%，還見少量白陶、硬陶和釉陶。廣豐社山頭第三期的夾砂、泥質灰陶占到 48.8%，紅陶約占 30%，硬陶約占 7.8%。餘江縣龍崗遺址以砂質和泥質灰陶爲主，次爲黑皮磨光陶和紅陶，也有少量灰色硬陶。這時的陶器仍以鼎、豆、壺、罐、盆、缽、杯爲多，尚有鬹、盉、斝等，但其形制已有明顯變化，且變化脈絡清楚。鼎類器除盤形鼎外，更多使用寬沿、淺腹、側扁式足或扁平式足之釜形鼎；杯形豆由薄胎、深盤向厚胎、淺盤演變，喇叭狀矮圈足和粗圈足豆較多，折盤豆和竹節形把豆也有出現，但少見有棱座豆及豆把上繁縟的鏤孔裝飾；鬹類器由粗肥大袋足向矮錐狀袋足、細高頸演變，整個器形顯得瘦高。陶器中的早期幾何印紋陶增多，其紋樣主要有方格紋、編織紋、曲折紋、S 形紋、漩渦紋、圓圈紋、重圈帶點紋、圈點紋、席紋、梯格紋及雲雷紋等。其作風是印痕深且粗獷，也較錯亂，部分有重疊現象。單位組成由大型向中型演變，如漩渦紋由大塊痕淺向中型

〔註91〕李家和、楊巨源、劉詩中：《江西龍山文化初探——三談江西新石器晚期文化》，《東南文化》，1989 年 1 期。

痕深演化，曲折紋也由淺痕雜亂向痕深、規整發展。諸遺存中，作為禮器的玉器不僅數量而且種類出土更多，如高安相城下陳遺址僅開 1×1 米探溝，就出土有玉璜、瑪瑙璜、瑪瑙玦等 10 餘件。

隨著中原文化勢力的增強和擴張的加劇，以及南方區域文化交流的廣泛開展，贛鄱地區的新石器時代末期文化較新石器時代晚期發生了一些變化，這一時期的遺址中，大多發現了與中原二里頭文化相似的因素（圖 1.3.23）。這些相似的因素大致在河南龍山文化晚期就開始向贛鄱地區傳播，如廣豐社山頭遺址的卷沿深腹盆、敞口深腹外飾凸棱平底盆，與二里頭二期文化的同類器相近〔註92〕，袋足束頸衝天流鬶與洛陽矬李遺址出土的相當於河南龍山文化晚期（煤山一期）的同類器相一致〔註93〕，下陳遺址的白陶鬶、新餘珠珊的平底觚、直內石戈等又都與偃師二里頭文化二期出土的相同。需要注意的是，除了山東、河南龍山文化晚期可能對贛鄱地區產生的影響之外，二里頭文化對這一地區的影響似乎僅限於二里頭文化三期前後〔註94〕，之前和之後的遺物均少發現，這點與江浙滬地區發現的馬橋文化具有較強的一致性，馬橋文化中也主要見到的是相當於二里頭文化三期前後的遺物〔註95〕。除了與中原二里頭文化相似的因素外，與周邊文化之間也有密切的聯繫，比如沿內飾褐彩的圓底罐、黑皮磨光陶喇叭柄鏤孔豆、釜、盃、泥質紅褐陶圓凹底罐等器物，與浙江江山肩頭弄期文化和馬橋文化等地所出土的同類器，有一定相似之處〔註96〕。

贛鄱地區在相當於中原龍山時代末期～夏代的時期，中原文化因素和周邊文化因素在此地的分佈和擴展並沒有改變當地文化延續發展的現狀，不論是築衛城中層抑或社山頭三期都是根植於下層基礎之上，是從本土的新石器文化發展而來，自身文化內涵還是主要的，故此只能稱其為相當於夏時期的文化遺存，不能簡單稱之為夏文化。這種情況一直持續到相當於二里頭文化

〔註92〕 中國科學院考古研究所洛陽發掘隊：《河南偃師二里頭遺址發掘簡報》，《考古》1965 年 5 期。

〔註93〕 洛陽博物館：《洛陽矬李遺址試掘簡報》圖十二-6，《考古》，1978 年第 1 期。

〔註94〕 江西省文物考古研究所：《江西省考古五十年》，《新中國考古五十年》第 218 頁，文物出版社，1999 年。

〔註95〕 上海市文物管理委員會編著：《馬橋——1993～1997 年發掘報告》第 298，375～376 頁，上海書畫出版社，2002 年版。

〔註96〕 江西省文物考古研究所、廈門大學人類學系、廣豐縣文物管理所：《江西廣豐社山頭遺址發掘》，《東南文化》，1993 年 4 期。

晚期的時期，在贛閩浙交界的地區出現了新的文化因素，並逐漸發展成爲商時期的萬年類型土著商文化。

第三節　商時期文化的分期與分區

贛鄱地區相當於中原二里頭文化時期的新石器時代末期文化的確立，對於商時期文化的研究提供了年代上限，使我們有可能分辨出晚於新石器時代末期以後的文化，再加上中原商王朝文化勢力的擴展深刻的影響到贛鄱地區，使得贛鄱地區存在與中原商文化相似的因素比二里頭文化時期更加深厚，因此，我們可以對商時期的文化進行較爲系統的分析和辨別。

贛鄱地區商時期文化的發現開始於 20 世紀 60 年代初期，但是對於文化年代和性質的確認卻是在 20 世紀 70 年代吳城商代遺址被發現之後。通過 40 多年的發現和研究，發現的商代遺址遍佈贛東北、贛北、贛西北和贛中地區，它們大多分佈在贛江流域及其支流信江、修河、袁水、錦江、樂安河、撫河等江河近旁丘陵臺地之上，或平原上凸出的土墩之中，以及鄱陽湖區周圍。

對這些大致處於商代的文化遺址的分析，大致經歷了三個階段。第一個階段是 20 世紀 70 年代。第二個階段是 20 世紀 80 年代。第三個階段是 20 世紀 90 年代至今。

第一個階段始於 1973 年吳城遺址的發掘。1973～1975 年，對吳城遺址進行了 4 次發掘，簡報根據某些器物具有中原商文化風格而斷定爲「商代遺址」〔註97〕，但對它的文化性質未作肯定結論。基於以上發掘材料，李伯謙先生在 20 世紀 80 年代初期首次提出了吳城文化的命名〔註98〕，提出將以吳城遺址爲代表的分佈於贛鄱地區的這類遺存命名爲吳城文化，其空間分佈範圍涵蓋了整個江西境內。李先生在文章中對吳城遺址進行了分期，並分析了其文化內涵，對出土遺物進行了文化因素的分析。初步確立了吳城文化大致經歷了從二里崗上層一直到殷墟晚期的時期。出土遺物包含了兩種文化因素，一種是當地文化因素，由當地的原始文化發展而來；一種具有較濃的商文化作風，但又和商文化不完全相同。吳城文化在發展過程中，曾和商文化以及周圍區域的其它文化彼此交流、互相影響、不斷融合，有著密切的關係，

〔註97〕江西省博物館、清江縣博物館、北京大學歷史系考古專業：《江西清江吳城商代遺址發掘簡報》，《文物》，1975 年 7 期。

〔註98〕李伯謙：《試論吳城文化》，《文物集刊》，1981 年 3 輯。

包括湖熟文化、馬橋文化、福建黃土崙類型、廣東浮濱類型、石峽文化中層及第四期墓葬等。吳城文化與商文化的關係密切，至遲在商代早期偏晚，吳城文化就已經在商文化的強烈影響之下開始出現於贛鄱地區，李先生認爲這當與盤龍城類型在長江北岸的存在和擴展有密切的關係。以上這些研究成果都成爲了後來者認識吳城文化的基礎，至今仍具有極強的生命力。

第二階段是在吳城遺址發掘之後，特別是 20 世紀 80 年代初期文物普查中，在萬年、鷹潭、樂平、餘干、德興、橫峰、玉山、弋陽、上饒、貴溪、婺源、鉛山、波陽、景德鎮、餘江和廣豐等縣市發現了不同於吳城遺址出土器物的新的文化類型，這些遺址所出土的器物廣泛分佈在進賢、黎川、南昌、撫州、臨川、金溪、九江、德安、星子、湖口、瑞昌、永修、都昌、靖安等縣市以及贛中地區以至最南面的大餘、定南等縣。在贛江中下游、鄱陽湖西岸，凡有吳城類型商文化遺存分佈的地方，都發現了主要分佈於鄱陽湖東岸的此類文化遺存，正是通過它們與吳城遺址文化共存的特點，才確定了這些遺存的大致年代。這一階段，基本上把贛鄱地區分佈的商時期的文化遺存分爲吳城文化和萬年文化。吳城文化分佈的範圍由上一階段所認爲的贛鄱流域縮小到贛鄱流域的西部，而東部主要分佈的就是萬年類型文化。初步分析了兩類文化的分佈範圍、性質、年代和相互關係。認爲，萬年類型文化可以分爲早、晚兩期，早期以萬年蕭家山墓葬爲代表，晚期以角山窯址爲代表，時代大致相當於商代中、晚期，上限大致相當於吳城一期，下限爲商代晚期，不會晚至西周。

由於吳城文化興起的年代與新石器時代末期文化並不銜接，其第三期末期吳城城址的廢棄也顯得非常突然，對於吳城文化的來源和去向問題尚不明了。吳城遺址與周圍同時期遺址的關係，以及其它遺址之間的相互關係的聚落研究還不能大規模的開展，至於萬年類型文化的研究，由於所發掘的遺址較少，全面認識也存在困難，尤其是其與吳城文化的發生、發展的關係以及起始年代也存在分歧，第三階段著重考察的就是以上諸問題。

第三階段，開始於 20 世紀 90 年代初九江縣龍王嶺遺址的發掘。在 1 號水井中出土一批器物，如翻唇鬲、折肩罐、高圈足盤、深腹盆和陶鼎均與鄭州二里崗下層早商文化遺存中出土的同類器相近，這就爲尋找比樟樹吳城遺址更早的青銅文化遺存提供了重要線索。以此爲契機，研究者將過去發現的一些青銅文化遺址重新認識排比〔註99〕，認定諸如德安石灰山遺址一、二期，

〔註99〕龍慶、白堅、巨源：《江西早商文化遺存的發現與研究》，《東南文化》，1992

九江神墩遺址小水井和瑞昌銅嶺礦冶遺址第 11 號豎井等，都應爲早期殷商的文化遺存。特別是 1998 年春夏再次對德安縣石灰山遺址進行發掘，證實該遺址的文化面貌與吳城文化基本一致，但黑衣陶比吳城盛行；印紋陶、釉陶和原始瓷不及吳城發達；鬲類器保留著較多的早期因素，少見或不見頸腹分明有折度以及弧襠、癟襠的晚期形制。這些都清楚的表明該遺存的年代比吳城文化第一期早，大體相當於鄭州二里崗下層的早商階段。贛北地區早於吳城遺址並與吳城遺址關係密切的遺存的發現，證明了吳城類型文化可能來源於北方地區，贛北地區作爲文化傳播的中間地帶的地位日益凸現，搞清楚贛北地區的文化，無疑對於研究贛鄱地區與中原和鄂東南地區文化的關係具有重要的意義。

由於贛鄱地區發現的遺址多數爲西周時期的堆積直接疊壓在新石器時期地層之上，西周早期堆積直接疊壓在商代遺存之上的情況非常少見。僅有的幾處存在這個時期地層疊壓關係的遺址，所出土的遺物也存在相當大的差異。因此，吳城類型文化的去向無法從遺物和典型地層關係上得到證明。有學者認爲，近年來發掘的大洋洲和牛城似乎提供了一絲曙光〔註100〕，認爲它們的時代爲商代晚期，牛城城址延續使用到西周，但是，通過我們上面對大洋洲和牛城城址年代及性質的分析，它們的時代仍然是商代晚期，而牛城出土的西周時期的遺物我們認爲已達西周中期，牛城旁中棱水庫壩基上出土的銅器墓也很可能是屬於安陽殷墟期的，最遲也是在商末周初。因此，在目前的材料下，我們還不能說牛城就是吳城的延續和發展，只能說牛城的始建年代晚於吳城的始建年代，與吳城城址同屬於一個文化，而與萬年文化特徵不同。至於牛城是否在西周時期被利用，被哪支勢力所利用，則需要更多的材料來證明。

吳城類型文化的分佈狀況，各遺址間的相互關係，遺址的聚落研究也是本階段研究的重點。初步確定吳城城址是吳城文化的中心，其下有陳家墩－黃牛嶺以及牛城等次級中心，數量更多的普通聚落分佈在各級中心的周圍。各級聚落之間明顯不是一種簡單的對等關係，其間既有文化的同一性，又存在著不同的文化個性，規模和規格以及時間上的先後關係證明了它們之間應

年 3、4 期。
〔註100〕彭明瀚：《吳城文化》177 頁，文物出版社，2005 年版；江西省文物考古研究所、樟樹市博物館編著：《吳城——1973～2002 年考古發掘報告》第 416 頁，科學出版社，2005 年。

該存在著主次之分、上下之別。但是各地發掘和研究的不平衡狀況，制約了我們從文化整體的角度把握這些問題。從目前的情況來看，分佈於鄱陽湖西部贛中北地區相當於商時期的遺存都可以劃歸吳城文化的範疇，它們都是根植於本地新石器時代末期的土著文化，而包含了大量商文化因素的文化遺存，並且具有大致相同的文化演進模式和方向，只是因為分佈的時空範圍的不同，在與周邊文化的關係和自身文化的個性方面也表現出諸多的不同，這是文化統一性下的個性反映。

萬年類型文化作為贛鄱地區產生和發展的土著性文化，目前已經基本弄清了其文化特徵，但是隨著在吳城文化分佈範圍內，尤其是贛北地區萬年類型文化因素的廣泛發現，使得同樣分佈在贛鄱地區的兩類文化的關係問題變得更加複雜。另外，萬年類型文化的來源和發展去向問題一直是研究的難點，以前的研究多將其看作是存在於商代中晚期的，早期大致同吳城一期的時代相當，不能與新石器時代末期的時代相銜接〔註101〕。隨著近年來對角山窯址的大規模發掘，它的年代有可能被提前，通過我們對廣豐社山頭下層文化第三期和上層文化的分析，認為它們之間可能是緊密銜接的，也就是萬年類型文化來源於本地的新石器時代末期文化，首先發端於贛鄱地區的東部。萬年類型文化和吳城類型文化曾經在商代中晚期並行發展，吳城類型文化消亡以後，萬年類型文化迅速擴展，但面貌已大大改變。

基於以上原因，我們將兩種類型文化分別稱為吳城文化和萬年文化，這是我們探討贛鄱地區商代青銅文化的基礎。

一、吳城文化

1、分期與分區

（1）分　期

在上節對典型遺址的分期中，我們已經羅列了大部分較重要的遺址情況。贛北地區典型遺址以九江神墩、龍王嶺遺址、德安石灰山遺址為代表。贛中西地區以吳城遺址為代表。贛南地區以竹園下遺址為代表。贛東北地區以萬年齋山、蕭家山、西山、送嫁山墓葬，鷹潭角山窯址為代表。其中贛北

〔註101〕李家和、劉詩中、黃水根：《江西青銅文化類型綜述》，《南方文物》，1986 年增刊 1；李家和、楊巨源、劉詩中：《江西萬年類型商文化研究》，《東南文化》，1990 年 3 期。

和贛中西地區陶器組合均以鬲、甗、盆、折腹罐等為主要文化因素，具有較大的一致性。贛南地區的陶器組合以釜、尊、盆、豆等為主要文化因素，有別於贛北和贛中西的文化類型，與廣東境內商代文化的「浮濱類型」具有一定的親緣關係。贛東北地區陶器組合以甗形器、圓腹罐、圓底甕、三足盤、帶把缽、帶把杯等為特色，無論是陶器組合還是陶器製作技術，此一區域都自成一體。我們認為吳城文化是當地文化在商文化的影響之下創新出來的新文化，雖然商文化因素逐漸減少，但文化的主要構成結構始終沒有改變，商文化一直作為重要的文化構成因素存在，這種情況以存在較多的鬲為主要標誌。它既不同於商文化，也與當地文化有所區別。這種文化的主要分佈區域即包括贛北地區和贛中西地區，我們依例將其命名為吳城文化。

依據上文中對各遺址的分析，我們將吳城文化分為四期（表1.3.2）：第一期，相當於早商文化第二期；第二期相當於早商文化第三期至中商文化時期；第三期相當於中商文化～晚商文化第三期；第四期相當於晚商文化第四期。需要指出的是，第二期晚段和第三期早段之間除吳城遺址變化較為明顯之外，其它遺址表現出相對的超前和滯後，比如銅嶺銅礦遺址在⑩B層中即開始出現不同於J11的土著文化因素，⑩A層時仍然繼續這種傳統，但已經開始衰落，⑨D層中這種衰落的趨勢更加明顯，相對的中原文化因素的勢力增強。陳家墩遺址J3和J5中基本不見中原文化的因素（J5中只出土了一件器物，性質不能遽斷），而J4和J10中偏中原文化因素的器物增多。大洋洲和牛城的變化也主要出現在與銅嶺銅礦⑨D和陳家墩J5同時的時代。以上表明，銅嶺銅礦遺址的⑩B和⑩A層以及陳家墩的J3都可以稱為過渡期遺存。鑒於吳城遺址的分期，本書不再另外劃分過渡期（圖1.3.24）。

表1.3.2　吳城文化各典型遺址分期對應關係表

遺址 分期	龍王嶺	石灰山	吳城	檀樹咀	銅嶺 銅礦	陳家墩	大洋洲	牛城	與中原商 文化對照
第一期	一期	一期			?				早商文化 二期
第二期	二期	一期 早段		J11					早商文化 三期
		二期	一期 晚段		⑩B				中商文化

第三期	三期	二期早段		⑩A	J3			
		二期中段			J5	∨	∨	晚商文化一期
		二期晚段		⑨D	J4		∨	晚商文化二期
		三期早段	第一組				∨	晚商文化三期
第四期		三期晚段	第二組		J10		∨	晚商文化四期

對於吳城遺址的分期，報告中已經表述的十分詳細，需要指出的是，報告中關於期別的劃分，筆者認為有再分析的必要，即第三期早段和第三期晚段之間發生了較大的變化，主要表現在鬲的體型更矮扁；甗形器數量減少，器形發生較大變化，由上腹較直，沿面較窄變為上腹弧曲，沿面較寬；大口尊消失，假腹豆盤腹間弧曲較弱等，其它器形也都存在較大的變化，另外，陳家墩等遺址中也可以看到商文化因素發生了變異，受到鄂東南土著文化的衝擊。第二期晚段和第三期早段之間變化不大，可以劃分為同期。

（2）各期特徵及文化分區

第一期：目前僅見石灰山和龍王嶺遺址第一期文化。共同特徵是：陶質以泥質灰陶為主，夾砂灰陶次之，泥質紅陶、夾砂紅陶、硬陶較少，另有10%以上的外掛黑衣陶。紋飾以細繩紋為大宗，另有少量弦紋、附加堆紋、方格紋、葉脈紋和雲雷紋等，素面陶不多。兩者均有來源於當地新石器時代末期文化中的矮圈足盤、粗柄豆等，但同時又都吸收了中原的商文化因素，比如高錐狀足鬲、深腹盆、鼎等。相比來看，兩處遺址的共同性大於差異性，可歸入同一個文化類型。但龍王嶺一期文化中的中原因素比石灰山遺址更為強烈，特徵也更為接近，而石灰山一期中的中原文化因素較龍王嶺遺址不典型，鬲的袋足內側內凹、襠較高、實足根較粗的特徵比龍王嶺遺址更遠離中原的樣式，時代當略晚於龍王嶺遺址。兩處遺址中龍王嶺遺址稍早，並且更能表現本階段吳城文化的性質趨向，因此，我們將本期命名為吳城文化龍王嶺類型。根據商文化勢力深入贛鄱地區的目的分析，此時銅嶺銅礦可能已經被開採（圖1.3.25）。

第二期：龍王嶺遺址除第一期文化因素較為明確以外，第二期和第三期

即陷入衰弱；石灰山遺址第一期文化和第二期文化之間也存在缺環，說明了
此時贛鄱地區文化發展的重心已經向南遷移，而贛北只保留了諸如瑞昌銅嶺
採礦遺址等少數此時期人類大規模生存的證據。石灰山遺址雖然二期之間存
在缺環，這有可能是沒有發現所致，因爲二期之間文化內涵相似，應是同一
文化的不同發展階段。同樣，雖然龍王嶺遺址這一時期的文化遺存並不典型，
它們同第一期文化也可以明確看出是同一文化的發展。瑞昌銅嶺採礦遺址J11
出土的斝和鬲形制與中原中商文化的同類器物幾乎完全相同，而第二期晚段
的⑩B層卻出土了不少與贛東北地區土著文化相同的因素，比如高領罐、幾何
印紋裝飾等，說明銅嶺銅礦遺址的人群發生了變化，⑩B層的確切年代應爲吳
城文化第二期晚段和第三期早段之間，與⑩A層的年代相差不遠，因此，總體
上看，吳城文化第二期時的銅嶺遺址於第三期初發生了較大的變化。本期更
大的不同表現在第一期時僅分佈在贛北地區的遺存開始向南遷移，並形成了
吳城遺址第一期文化，從文化特徵上看，吳城遺址第一期文化與龍王嶺類型
和石灰山類型均不完全相同，比龍王嶺類型和石灰山類型對於中原文化因素
的器形變異性更大，而與分佈於本地區的土著文化之間差異性也更大，因此，
從文化的總體特徵上來看，本期吳城文化可以分爲贛北的龍王嶺類型和贛中
的吳城類型，吳城類型尚處於開拓階段，兩個類型的區域可能並不相連。以
上兩個類型的共同特徵是：生產工具有石錛、石刀、石鐮、石鑿、馬鞍形陶
刀、網墜及紡輪，武器有石矛、石戈、石鏃和石鉞。陶器陶質以泥質灰陶爲
主，夾砂灰陶次之，印紋硬陶較第一期有所增加，本期晚段還出現了原始瓷。
幾何紋樣較前期有所增加，多數拍印粗繩紋、方格紋、圓圈紋、弦紋、雲雷
紋、籃紋、S形紋、曲折紋、饕紋或花瓣紋等。器物在第一期的基礎上新增甗
形器、仿銅柱足方鼎、深腹罐、假腹豆、大量折肩罐、尊、甕、大口尊、大
口缸、盂、斝、傘狀器蓋等。本期晚段開始出現刀、錛一類鑄造工藝簡單的
小件青銅工具和鑄銅石範。吳城遺址的陶器上往往刻有陶文，多數爲一個字，
也有多字成句者，表明這一地區可能已有了簡單的文字，此期吳城城址尚未
建立（圖1.3.25）。

　　第三期：吳城文化第三期早段較第二期時文化特徵發生了較大的變化。
這種情況在吳城遺址、銅嶺銅礦、陳家墩遺址等中都表現的較爲明顯。吳城
遺址進入最繁盛的時期，城址出現，並開始作爲吳城文化的中心地點。出現
了大量新的文化因素，如鬲頸、腹分明特徵的出現，粗繩紋的減少乃至消失，
並以細繩紋爲主，圈點紋取代了圓圈紋，並出現了聯襠鬲、癟襠鬲、長頸罐

等諸多新器形，與中原商文化的差別越來越明顯，文化區域的分佈亦隨之擴大。吳城城址開始出現，並作為吳城文化的中心地點。銅嶺銅礦遺址自⑩B層開始出現的土著文化因素在本期的⑩A層繼續加強。另一個重要的現象是，隨著龍王嶺類型的衰落和土著文化因素在銅嶺銅礦遺址逐漸增加的同時，陳家墩遺址開始興起，陳家墩遺址早期的文化因素來源於龍王嶺類型，與石灰山遺址更為接近〔註102〕，包含有較多的土著文化因素，但很快，在J4中就已經與銅嶺銅礦遺址的文化特徵趨同，開始出現了大量的中原文化因素。此期，隨著大洋洲和牛城遺址的興起，一個新的文化類型也逐漸形成，正如我們上面所論述的，牛城和大洋洲的文化關係比較接近，而與吳城遺址有所疏遠。綜合以上，我們可以把這一時期的吳城文化分為贛北的陳家墩類型和贛中的吳城類型，以及牛城類型，前兩者之間大致以九嶺山脈為界，後兩者之間大致以贛江為界，而牛城類型與萬年文化是以玉華山脈為界（圖1.3.25）。本期的共同特徵是：石質生產工具在第二期文化的基礎上新增斧、鏟、耒，武器與第二期文化大體相同。陶器陶質以泥質灰陶為主，夾砂灰陶次之，印紋硬陶和原始瓷的數量較第二期文化有了明顯增加。粗繩紋和圓圈紋基本上被繩紋、細繩紋以及圈點紋所取代，幾何印紋紋樣得到了很大的發展，從二期的10幾種增加到30多種，諸如凸方塊紋、回字紋、三角窩紋、圈點紋、米字紋、菱形紋、菱形填線紋、橫人字紋、水波紋、席紋、曲折紋、葉脈紋、菊瓣紋、長方形方格紋、交錯繩紋及重回字對角交叉紋等。拍印工藝也大為提高，一件器物上同時裝飾多種紋樣，各種紋樣組合得體，排列有序，疏密有間，說明陶工們在拍印過程中，對紋飾的組合以及空間布局都進行了精細的藝術構思。如小口折肩罐、折肩甕、折肩尊及鬲、器蓋等多飾以圈點紋並界以二道凹弦紋組合成的帶狀紋。此期青銅器呈現勃興的趨勢，無論從發現的地點還是數量、種類、質量上看，都遠遠超出了上一期。吳城遺址出土了300多扇石範和7個顯示鑄銅迹象的灰坑。此期青銅工具有錛、鑿、削，武器有戈、矛，大洋洲出土青銅器中絕大部分屬於此期。除大洋洲商墓之外，能確定屬於本期文化的青銅容器和樂器見附表三。

第四期：上期的吳城類型、陳家墩類型和牛城類型都繼續存在並延續，但文化內涵發生了較大的變化，吳城類型中吳城城址已廢棄，文化勢力極度

〔註102〕江西省文物考古研究所、德安縣博物館：《江西德安陳家墩遺址第二次發掘簡報》，《東南文化》，2000年9期。

衰落；陳家墩類型與鄂東南地區的大路鋪遺存關係密切，並發生著融合；牛城類型的遺存較少，分佈範圍未見擴大。這一時期，文化因素中的印紋硬陶和原始瓷較上期有了明顯增加，比例達 39%。幾何紋樣中的粗繩紋和圓圈紋已基本消失，回字紋變的更為鬆散和粗獷，並演變出菱形回字紋和回字凸點紋等。素面陶器的比例明顯增加。甑、甗、深腹罐等中原式炊器已完全消失，陶鬲也明顯變小，並由長方體變為扁方體，出現扉棱作風。從已發掘的情況看，陳家墩遺址和牛城遺址基本不見完整的商代堆積，陳家墩遺址和牛城遺址大致都興起於吳城遺址興盛之時，而在吳城遺址逐漸走向消亡的同時，它們卻相對繁榮，比如陳家墩遺址大量的水井和祭祀土臺遺跡以及牛城遺址的城牆等，大都存在於這一時期。牛城遺址的出土物少，城址的年代還不清晰，性質也不好判斷。從陳家墩遺址文化因素的變遷來看，說明至遲在商末時陳家墩類型與吳城文化的關係已不再密切，而與鄂東南地區大路鋪遺存趨同，這一點在贛北的神墩遺址、檀樹嘴遺址同樣表現明顯，商末和周初的遺存往往不好區分，而與前期文化因素差異又較大。因此，受大路鋪遺存的影響，至少在贛北地區商代末期吳城文化已經消亡（圖 1.3.25）。

2、吳城文化的文化性質及與中原商文化的互動

從文化因素上看，吳城文化大致可以分為以下幾種文化因素：

A 群：包括鬲、甗、甑、盆、深腹罐、直腹罐、大口尊、爵、斝、傘狀器蓋等，以三足器、平凹底為主。陶系以夾砂、泥質灰陶為主，亦有硬陶質的，包括釉陶及原始瓷。主要特點是，具有濃厚的商文化作風，陶器以夾砂或泥質灰陶為主，亦有少量灰色硬陶和原始瓷，繩紋最流行，幾乎每一種器物都可在商文化中找到同類，尤其是與早商文化盤龍城類型的同類器比較接近，但細加比較，又沒有一件完全相同，有的形制基本一樣，但質地、紋飾卻是 E 群常見的硬陶、釉陶、原始瓷和幾何形印紋（圖 1.3.26-1）。

B 群：主要包括折肩類的罐、甕、尊類，主要包括直頸鬲、小口折肩罐、中口折肩罐、小口折肩甕、中口折肩甕、折肩斜腹尊、高領折肩尊、矮領折肩尊、提梁罐、斂口罐以及真腹豆、碗、缽、盂、鳥狀捉手器蓋、圓形覆缽狀器蓋、馬鞍形陶刀（圖 1.3.26-2）。主要特點是陶器中硬陶、釉陶和原始瓷佔有較大的比例；紋飾以方格紋、雲雷紋、席紋、葉脈紋、圓圈紋、圈點紋、組合紋等各種幾何形印紋最盛行，所飾紋飾均較為規整，堆紋作風較明顯。陶器種類複雜、形制多樣，普遍流行折肩和凹底（以平凹底為主）作風，目前可知這些

文化因素絕不見於典型的商文化和周鄰地區的同時期遺址中，地方特色明顯。有學者論述，本群陶器中多三足器和凹底器，圈足器少見，罐、尊、甕一類盛儲器盛行折肩、凹底作風，盆作深腹、凹底式的風格特徵最早見於東下馮遺址第一期文化，並廣泛存在於該遺址第一至四期文化之中〔註103〕。也有學者認為本群器物是來自於中原商文化的一支人群來到吳城地區後，綜合多種器物特徵，因地制宜而獨創出來的具有自身特點的一組器物群（此群器物在吳城遺址中逐步發展壯大，並成為吳城文化的主流）〔註104〕。以上兩種說法均有其依據和合理性，但是仍然有失偏頗，筆者認為，任何一類文化遺存都應該有其來源，獨創雖然有可能，但也需要根植於一定的基礎。正如上述，二里頭文化時期中原文化因素已經深入到贛鄱地區，其中包含有同時期同文化的東下馮類型的因素也在情理之中。因為這部分因素包含在贛鄱地區新石器時代末期文化之中，商文化到來之後，不可避免的會根植其中。因此，我們認為，B群器物應該是根植於本地土著文化，並和商文化融合改造之後形成的新的文化因素。

C群：主要特點是陶器中主要以夾砂紅陶、灰陶為主，其次為泥質灰陶，紋飾以繩紋、帶狀繩索狀堆紋為其主要特色，本群中最具特色和代表意義的是大口缸（圖1.3.26-3）。其應是商文化盤龍城類型的文化因素。盤龍城遺址中盛行的侈口斜腹大口缸和直口斜腹大口缸在吳城文化中均有出土，其祖型在江漢平原，是那裏的典型陶器〔註105〕。另外，在吳城文化晚期的贛北地區也發現了較多的鄂東南地區的附耳鬲、刻槽鬲足等，也可以一併歸入C群。

D群：主要特點是陶器中以夾砂紅陶和黃陶為主，還有部分泥質灰陶，紋飾以方格紋和素面為其特徵，本組中最具特色的是鼎、釜、甗形器、圈足盤等，盛行三足器和圈足器（圖1.3.26-3），應是贛西和湘東地區特有的文化因素。本群器物在贛西和湘東地區的新石器時代佔據主流地位，應是此地真正的土著文化因素。

E群：本群的主要特點是，陶器中硬陶所佔比例較大，但釉陶和原始瓷所佔比例不大；陶色以褐灰為主，陶器紋飾以方格紋、席紋、凸方格紋、葉脈紋為主，紋飾裝飾手段以拍印為主，無論何種紋飾、紋路都較深，且凌亂，

〔註103〕彭明翰：《吳城文化》第180頁，文物出版社，2005年。

〔註104〕江西省文物考古研究所、樟樹市博物館編著：《吳城——1973～2002年考古發掘報告》第413頁，科學出版社，2005年。

〔註105〕熊傳新、郭勝斌：《長江中游商時期大口缸的探討》，《中國考古學會第七次年會論文集》，文物出版社，1989年版。

同時陶器製作輪製痕迹較爲明顯，大多數器物的沿部或領部或腹部，輪製所遺留下來的輪旋紋獨具特色。本群中最具特色和代表意義的是甌形器、長頸罐、溜肩甕，以圜底器或圜凹底爲主要器物類型特徵，如圓肩罐、圓肩甕、垂腹罐、圓腹罐等（圖 1.3.26-4），應爲贛東地區萬年文化因素，同時與相鄰的浙西地區、環太湖地區和浙東北地區商代文化有密切關係。

　　F 群：主要特點是陶器中主要以灰或褐灰硬陶爲主，以帶把和帶繫作風的平底盂、平底缽等平底器作風爲其主要特色（圖 1.3.26-4），其應是寧鎮地區湖熟文化因素。

　　以上 6 種文化因素共同構成了吳城文化的典型文化特徵。其中 B、D、E 群器物均根植於當地的土著文化，這些土著文化或與土著文化相關的因素始終存在於吳城文化的發展過程之中，它們與新生文化因素的交融改變了本身的性質，吳城文化始終不同於任何形式的土著文化，與其它文化也有著明顯的區別，但是它與中原商文化的榮損與共，以及早期表現出來的強烈的商文化因素和後期中原式青銅器的大量發現，使我們有理由相信，它的形成和發展始終受到中原文化的強力制約。下面我們著重分析這些中原文化因素和土著文化因素消長的時空變遷。

　　第一期：龍王嶺類型（包括石灰山遺址）。

　　第二期：可以分爲龍王嶺類型（包括石灰山遺址和銅嶺銅礦遺址等）、吳城類型。

　　第三期：可以分爲陳家墩類型（包括龍王嶺遺址和銅嶺銅礦遺址）、吳城類型和牛城類型。

　　第四期：可以分爲陳家墩類型（包括龍王嶺遺址和銅嶺銅礦遺址）和牛城類型。

　　在這裏，我們選擇文化延續時間長，具有代表性意義的類型和遺址進行分析。

（1）從龍王嶺類型看文化因素的消長變化

　　龍王嶺類型是吳城文化最早的地方類型之一，目前發現的其中心遺址龍王嶺遺址也是很少幾處貫穿吳城文化始終的遺址之一。

　　目前來看，吳城文化一期時，龍王嶺類型主要包括龍王嶺遺址和石灰山遺址。其文化特徵表現在：陶器以泥質灰陶爲主，夾砂灰陶次之，泥質紅陶和夾砂紅陶、硬陶較少，另有約 15%左右的掛黑衣或黑皮磨光陶；紋飾以細

繩紋爲大宗，還有少量弦紋、附加堆紋、方格紋和錯亂雲雷紋、葉脈紋等，素面陶不多。器形有鬲、罐、盆、盤、鼎、斝等。文化構成包括 A、B、E 群器物，其中以 A 群和 E 群爲主，分別占到 70% 以上和 20% 以上，B 群少量，只占不到 10%〔註106〕。A 群器物包括翻緣鬲（龍王嶺 J1：5、3）、折腹罐（龍王嶺 J1：4）、高圈足盤（龍王嶺 J1：2、1）、罐口沿（龍王嶺 J1：6）、斝把手（龍王嶺 J1：7）和鼎（龍王嶺 T4③：1）、深腹盆（龍王嶺 T4③：2）、曲腹盆（龍王嶺 T6②B 底：6）、交錯葉脈紋陶片等，都是早商階段之遺物。B 群器物包括少量的折肩類罐和甕等器。E 群器物有較多外掛黑衣的泥質陶器，並且出現了較多的硬陶器，紋飾拍印不規整，比如 J1 出土的罐口沿爲泥質紅陶，微侈口方唇，頸較高，口沿內帶母口，頸部飾以弦紋，以下拍印錯亂雲雷紋；還有交錯葉脈紋泥質灰色硬陶等器在江西萬年類型早商文化遺存中均是常見之物。可以看出，吳城文化第一期時的龍王嶺類型是與中原商文化同步發展的，但是，必須指出，A 群器物並不完全是商文化的翻版，因此，龍王嶺類型雖然與中原商文化（確切的說是盤龍城類型）密切相關，但其並不屬於商文化系統，從它已經開始出現了部分吳城文化的固有文化因素看，應是吳城文化的肇始。

吳城文化二期時，龍王嶺類型繼續延續，但分佈範圍和內涵均發生了一定的變化。範圍除九江地區的部分遺址外，開始向西、向南擴展，陶器質料仍以泥質灰陶爲主，夾砂灰陶次之，夾砂紅陶和泥質紅陶有一定數量，但硬陶比例較一期有所遞增，約占 23%，掛黑衣或黑皮磨光陶與一期大致相同。紋飾仍以繩紋爲主，弦紋、菱形紋次之，但其它裝飾紋樣，比如方格紋、窄條附加堆紋、刻劃紋、篦點紋、規整雲雷紋、凸方點紋和錯亂雲雷紋、葉脈紋等大量增加。就器類而言，常見鬲、豆、罐、斝、尊，鼎、甗形器、盆等較少。鬲與一期形制大致相同；罐不見一期時的折肩；豆流行粗柄假腹，平折沿、淺盤；斝斂口、錐狀空足；盆深腹；尊見侈口折肩，多爲硬陶質；鼎和甗形器較少。總體上看，本期的龍王嶺類型無論從器類、器型和裝飾風格上看，仍然是上期的延續。文化構成仍然是以 A、B、E 群器物爲主，最大的變化表現在 A 群器物減少，B 群和 E 群器物比例增加，但仍以 A 群器物爲主

〔註106〕江西省文物考古研究所、九江市文化名勝管理處、九江縣文物管理所：《九江縣龍王嶺遺址試掘》，《東南文化》，1991 年 6 期。

的特徵並沒有改變與商文化存在密切關係的性質。另一方面，從銅嶺銅礦遺址的出土物看，本期晚段 E 群器物的比例逐漸增加，本遺址中的⑩B 層中開始逐漸流行印紋硬陶圜底罐，並一直延續到第三期，說明 A 群器物所代表的集團勢力在逐漸式微，由此也引起以龍王嶺遺址爲中心的龍王嶺類型的衰弱。

這種 A 群器物衰落的迹象也繼續延續到其後的陳家墩類型，陳家墩類型和龍王嶺類型之間具有文化的傳承關係。陳家墩遺址最早期的文化因素來源於石灰山遺址，其以灰陶、黑皮磨光陶爲陶系的製作作風與石灰山遺址完全一致，器物形制也基本相同，它們是同一文化的不同發展階段。與此同時，吳城類型也對其施加了影響，陳家墩遺址對吳城類型某些因素給予了不折不扣的接收，但這種接收只是豐富了陳家墩類型的文化內涵，並沒有完全將其納入吳城類型的範疇。比如其大量的尖圓底帶圈足之陶罐，吳城類型中少見，當是當地眞正的土著文化因素，類似吳城遺址中的瓿形器。陳家墩類型的早期延續龍王嶺類型第二期所逐漸加強的土著文化因素。E 群器物有較大量的增加，比如在銅嶺銅礦遺址和神墩遺址都出現中口窄肩深腹罐和相同的紋樣作風，在陳家墩遺址及附近的豬山壟、黃牛嶺和蚌殼山遺址中都能見到多量的高領罐、圓肩罐、大口罐、直領罐和瓿形器，以及錯亂雲雷紋、凸方點和凸圓點紋、葉脈紋、曲折紋等。但是，很快，大約在晚商文化第一期時，A 群文化因素又逐漸趨於增強。贛北地區自陳家墩類型中後段開始，與吳城類型的關係逐漸密切。

（2）從吳城類型看文化因素的消長變化

吳城類型開始於吳城文化第二期。本身可分爲 3 期。

第一期分爲 2 段，文化因素包括 A、B、C、D、E 群。A 群器物在吳城類型的一期早段具有明顯的優勢，一期晚段比例有所下降，但仍居主導地位。陶器有分襠鬲、甗、深腹盆、深腹罐、直腹罐、斝、爵、假腹豆、大口尊等。以夾砂青灰陶爲主，其次爲泥質灰陶和泥質紅陶，硬陶類極少。本組文化因素可以肯定來源於中原地區的商文化。但與其相比，又有較多變異。也不如贛北地區前期和同期與商文化的關係更爲接近。比如分襠鬲腹足弧連一起，袋足較深，實足根較短，分襠較高的作風與商文化腹足間折度明顯，袋足較淺，實足根較高，足尖內斂，分襠相對較低的作風不同；深腹罐圜底也不同於後者的折沿平底；假腹豆淺腹，細高柄的作風也不同於鄭州商城深腹，柄粗矮的風格。B 群陶器主要爲折肩類的罐、甕類，陶系主要爲泥質淺

灰和泥質紅陶，硬陶類陶器較少。B 群陶器自龍王嶺類型一期開始產生，發展至吳城類型一期早段時，沒有明顯變化，但從吳城類型一期晚段開始，器類和數量都有明顯增加。C 群器物較少，包括夾砂紅陶弧腹大口缸和夾砂青灰陶直口斜腹缸，前者與商文化盤龍城類型同類器相同，而後者是其改進型，從一期晚段開始得到長足發展。D 群器物在一期早段只有側扁足盆形鼎，一期晚段新出現了圓柱足方鼎，這一類型的鼎表現出新石器時代晚期長江下游地區的風格，在贛西和湘東的新石器時代文化中也佔有主流地位，但在吳城文化中比例極小。E 群器物的出現稍晚於以上 4 群，在一期晚段開始出現，主要以甗形器為主，器形不完全同於萬年類型，當是有選擇的對萬年類型的涵化過程。

定量分析看，A 群和 B 群在本期佔有主導地位，其它 3 群處於次要地位。A 群處於逐漸變異和偏離商文化的軌道，B 群器物長足發展，器類、紋樣逐漸增加。根源於本地土著文化的 E 群器物開始逐漸對吳城類型施加影響。

第二期可以分為 4 段，即原報告中的二期早段、二期中段、二期晚段和三期早段。我們從龍王嶺遺址、石灰山遺址、銅嶺銅礦遺址、陳家墩遺址等已經得出在吳城文化第二期晚段和第三期早段之間發生了較大的變化，中原文化因素逐漸減少，土著文化因素大量增加，這點在吳城遺址中也同樣表現的比較明顯。本期文化因素雖然仍然包括 A、B、C、D、E 群，但各群文化因素的比例和內涵都發生了變化。二期中段以後還出現了 F 群器物。

具體來看，二期早段 A 群器物最明顯的變化是頸腹連為一體的繩索狀堆紋鬲雖然仍繼續存在，但數量大大減少，代之而起的是完全不同於中原樣式的頸腹分明的長頸鬲，而且還新出現了聯襠和癟襠鬲，它們均不同於同時期的中原器。說明彼此間的聯繫和交往有所減弱，但從平底器和圈足器以及三足器的增加方面來看，A 群器物在本段仍在保持著與中原地區密切的關係。B 群器物無論是器類品種的增加，還是器型及裝飾風格的變化，比 A 群更為明顯。如罐類器中增加了扁腹罐。甕類增加了中口卷沿、折沿、折肩、大口折肩甕等。尊類增加了高領折肩和矮領折肩尊。器蓋則新出現了各類圓形覆缽狀。紋飾較上期大大豐富，凹底器（主要為平凹）和餅足器是本組的特色。B 群器物的創新和發展在本期段達到一個高峰，奠定了以後 B 群器物發展的基礎，也代表了吳城文化的基本內涵和最高水平。C 群和 D 群器物平穩發展，沒有大的變化。E 群中增加了長頸罐和圓底尊及敞口斜腹甗形器等，敞口斜

腹甗形器是贛東北地區萬年類型的典型器物，較之直壁甗形器更具典型性
〔註107〕，說明吳城類型和萬年類型的文化交流有所加強。

　　從整個器物群的角度並結合每組器物組合加以分析，吳城類型的二期早
段基本上奠定了吳城類型發展的內涵。B群開始佔有主導地位，其次是A群，
再次爲E群和D群。

　　二期中段至三期早段，是吳城類型最爲興盛的時期，宗教祭祀廣場和城
牆的設立，青銅容器的大量發現，均證明了這點。各群器物無論從數量還是
質量上，沒有太大的變化，基本上保持著均衡的發展。並新出現了F群器物，
說明吳城文化的對外交流更爲廣泛。

　　第三期即原報告中的第三期晚段。本期段是吳城文化走向衰落並被牛城
類型所取代的時期。無論是文化分佈空間，還是器物群的性質和數量都反映
了這一變化過程。表現在文化因素的構成上，B群仍占主導地位，但有些器類
已消失；A群器物比例有所下降並出現變異，比如深腹盆、罍、大口尊等基本
不見，鬲器形更加扁矮，且多爲泥質素面，似以不再作爲炊器使用〔註108〕。
C群、D群和F群基本不見；E群的比例有所增加，即反映了一個中原文化和
周邊地區文化因素減少，而土著文化因素逐漸增加的趨勢。

（3）牛城類型的文化因素的消長變化

　　牛城類型形成於吳城文化開始興盛的時期，主要遺址包括大洋洲墓葬和
牛城遺址。層位關係簡單，出土器物總量較少，尚不能進行細緻的分期。從
調查和試掘情況看，牛城遺址包含有新石器時代晚期的文化遺存，主要以大
量的鼎爲代表，之後一直到相當於吳城遺址二期中段時逐漸繁榮，雖然在1988
年試掘中發現的相當於吳城遺址第三期時的H1中發現了相當於吳城遺址第一
期時的頸腹連爲一體的鬲、深腹盆和相當於吳城遺址第二期時的釉陶大口尊
等，但相當於吳城遺址第一期和第二期時單純的地層和遺迹尚未發現，1988
年和2002年對牛城遺址的調查和試掘，確認牛城遺址包含了自新石器時代晚
期一直到西周時代的文化遺存，我們認爲，牛城遺址開始存在的時間應該較
早，但以牛城城址的建立爲標誌的繁盛期還應該是隨著吳城文化的繁榮自相
當於吳城遺址二期中段開始的。牛城類型的鬲弧（聯）襠較高，分襠不明顯。

〔註107〕後者最先發現於新石器時代末期的樊城堆文化類型中（李家和等：《樊城堆文
　　　　化初論》，《江西歷史文物》1986年1期），且在萬年類型文化中，後者的出
　　　　現早於前者。

〔註108〕李伯謙：《試論吳城文化》，《文物集刊》1981年第3輯。

H1：10 的一件鬲整體造型頗相似於吳城遺址一期晚段的鬲，但聯襠的作風又似乎晚於吳城一期，並且襠普遍較之吳城遺址弧度更大，更高，即使到了大洋洲商墓的時代，仍然繼承了這種傳統。因此，我們認為，牛城遺址自遺存之初就表現出與吳城遺址不同的特徵，但兩者的文化發展又表現出同步性，文化因素之間共性為主。

從文化構成來看，牛城類型主要以 A 群和 B 群為主，E 群也佔有一定比例，D 群有少量，C 群和 F 群器物不見。與吳城類型相比，牛城類型的 A 群器物與中原商文化的關係更為密切，比如大洋洲商墓出土的罍、簋、豆，牛城遺址 H1 中出土的甗、鬲等陶器（圖 1.3.27）和大洋洲商墓出土的方卣、分襠圓肩鬲、三足提梁卣、甗、壺、鳥耳夔形扁足鼎、錐足圓鼎、柱足圓鼎、四羊罍、瓿、瓚、直內戈、長骹短葉矛、長脊寬翼鏃、長脊短翼鏃、小型方內鉞、冑等青銅器都更接近中原樣式。還出現了具有先周風格的 V 字長胡三穿戈、長條帶穿刀和勾戟等青銅兵器（圖 1.3.27-8-10）。B 群器物有小口折肩罐（多原始瓷質）、高領削腹罐、筒形器、貫耳壺、豆和印紋硬陶釜、甕以及雙繫罍等。有一定數量的幾何印紋硬陶，而硬陶和原始瓷約占陶器總數的20%。幾何印紋陶的紋樣有凹弦紋、圈點紋、雷紋、勾連雷紋、方格紋、網結紋、篦紋、曲折紋、鋸齒狀附加堆紋和仿青銅器獸面紋等。E 群器物較少見，有有棱座豆等，大量的紋樣風格與萬年文化有密切的關係，比如凸方點紋、曲折紋、曲折紋與葉脈紋的組合、席紋、雲雷紋等，D 群器物可見鼎、釜等。以上情況說明，牛城類型相對於吳城類型來說，A 群和 B 群器物都得到了長足發展，其它來源的文化因素較少。從這一方面我們可以說牛城類型是吳城文化的高級發展階段，可能是吳城類型衰弱之後商文化加強文化滲透的結果。

二、萬年文化

1、分期與特徵

萬年文化遺存，是以贛東北地區為其分佈的中心地域，包括萬年、鷹潭、樂平、餘干、德興、橫峰、玉山、弋陽、上饒、貴溪，婺源、鉛山、波陽、景德鎮、餘江和廣豐等縣市。對於萬年類型的認識，20 世紀 80 年代以前，主要借助萬年的墓葬，尤其是蕭家山、送嫁山墓葬的發掘材料；自此以後，鷹潭角山窯址的發掘和萬年齋山遺址的調查試掘，豐富了對該類型文化的認識；20 世紀 90 年代以後，在萬年文化範圍內開展了廣泛的工作，對廣豐社山

頭和角山窯址等地點進行了長時間持續性的發掘和研究，還發掘了婺源茅坦莊、都昌小張家等遺址，並對本區域的遺址進行了大規模的調查和試掘，但是，至今爲止，還沒有發現對分期具有典型意義的遺址，大部分都層位關係簡單，出土物也不夠豐富，再加上周邊地區同時期文化研究的滯後，對我們的分期研究造成相當大的困難。我們僅能依靠遺物和有限的層位關係以及與周邊遺存的對比分析進行分期研究。依據上文中對各遺址的分析，我們將萬年文化分爲三期（表 1.3.3），三期的器物變化可以參見（圖 1.3.16 和圖 1.3.17）。

表 1.3.3　萬年文化典型遺址分期對應關係表

遺址　分期	廣豐社山頭	餘江龍崗	鷹潭角山	萬年蕭家山、送嫁山、齋山	婺源茅坦莊	都昌小張家	與中原文化對照
過渡期	下層文化第三期	H1	？				二里頭文化～早商一期
一期	上層文化		角山 B 下層、83 板 T1H1	蕭家山 M3			早商二期～早商三期
二期			86 板 H1、83 板 H1	蕭家山 M1，送嫁山 M1、M2、M4	˅	˅	中商時期
三期			角山 A、角山 B 上層、83 板 H3	蕭家山 M2，送嫁山 M3	˅	˅	晚商時期

萬年文化以幾何印紋硬陶爲特徵，釉陶和原始瓷所佔比例較大，有獨具特色的陶器群，如以圜底的甗形器爲主要炊器，不見陶鬲，支座甚發達，流行帶把器，有造型別致的鬹形器，有大量的長頸罐、高領罐、圓腹罐等罐類器等。也有少量的青銅器和仿青銅器的鉞出現〔註 109〕。

萬年文化來源於贛東地區新石器時代末期文化，是在當地史前文化基礎上發展起來的一支青銅時代文化，這從廣豐社山頭等遺址可以看出。社山頭遺址下層文化第三期的大量罐形器，無論從形制和製作工藝上看，都開了萬年文化大量使用罐類器的先河，高領的作風也已經初步形成，並具有明顯的承襲關係〔註 110〕。除了社山頭遺址的開創性之外，在餘江龍崗遺址中也發現

〔註 109〕李家和、楊巨源、劉詩中：《江西萬年類型商文化研究》，《東南文化》，1990年 3 期。

〔註 110〕江西省文物考古研究所、廈門大學人類學系、廣豐縣文物管理所：《江西廣豐社山頭遺址發掘》，《東南文化》，1993 年 4 期。

了大量的圓窩紋鼎足和罐形器〔註111〕，當具有相同的性質。但是，本期作爲青銅時代標誌的青銅器尚未出現，還不能稱爲青銅時代的萬年文化，因此，我們把時代相當於二里頭文化時期的廣豐社山頭下層第三期文化定爲過渡期遺存。

萬年文化和中原文化通過與土著文化的改造和創新而產生的吳城文化有明顯的不同特徵（表1.3.4），從文化特徵上來看，吳城文化較易區分，而萬年文化與當地新石器時代末期文化具有一脈相承性，不易區分。

通過對吳城文化和萬年文化的對比分析，我們認爲，贛鄱地區的新石器時代末期文化一直持續到相當於中原的早商一期，吳城文化的出現，才使得萬年文化得以確立，它們是作爲不同的政治勢力集團出現在贛鄱地區的。

萬年文化第一期：處於萬年文化初創的階段，目前所發現的遺存不多，所見器形有細高柄豆、斜腹碗、斂口深腹盆、鴨形壺、帶把鼎等，從過渡期已經出現較多的罐形器和第二期時罐形器的流行看，本期也應該存在較多的罐形器。從對器形的排比圖（圖1.3.17）中也看出本期的罐主要有三種形制，一爲小口高領溜肩罐，器體和領部均較高，平底；一爲中口窄肩深腹罐，腹較直，最大徑偏下，凹圓底。第三種形制爲大口淺腹罐，平折沿較寬大。本期遺存的分佈範圍較小，主要集中在贛鄱地區東部鷹潭、廣豐和萬年的小範圍地區。說明本期萬年文化還主要出於開拓階段。

萬年文化第二期：是萬年文化大發展的時期。發現的遺存較多。三類罐類器均有發展，小口高領溜肩罐器體和領部有變矮的趨勢，大多爲凹圓底；中口窄肩深腹罐腹部稍鼓，最大徑偏中部，圓底，較晚時候出現尖圓底的造型；大口淺腹罐平折沿較窄或侈口窄沿，凹圓底。另外，開始出現大量的帶把和帶鋬器，後期還出現圈足上帶凸棱的豆和高錐狀足鉢形鼎。本期的繁榮不僅表現在器類的發展，還表現在分佈範圍的極大擴大上，婺源茅坦莊遺址的萬年文化因素甚至被命名爲萬年文化新的地域類型〔註112〕。同時，周邊文化中也開始出現大量的萬年文化因素，在吳城遺址中見有甗形器和高領罐、圓腹罐等，尤其是在贛北地區吳城文化陳家墩類型分佈區內，萬年文化因素表現的更爲明顯，比如在贛北地區的瑞昌銅嶺銅礦遺址和九江神墩遺址都出

〔註111〕楊巨源：《江西餘江縣三處古文化遺址調查簡報》，《東南文化》，1989年1期。
〔註112〕江西省文物考古研究所、江西婺源縣博物館：《江西婺源縣茅坦莊遺址商代文化遺存發掘簡報》，《南方文物》，2006年1期。

現中口窄肩深腹罐和相同的紋樣作風，在陳家墩遺址及附近的豬山壟、黃牛嶺和蚌殼山遺址中都能見到多量的高領罐、圓肩罐、大口罐、直領罐和甗形器，以及錯亂雲雷紋、凸方點和凸圓點紋、葉脈紋、曲折紋等。並且和浙閩地區，寧鎮地區的文化都建立了較爲廣泛的聯繫。

　　萬年文化第三期：相對於二期來說，本期文化內涵仍較爲豐富，但典型性和對外影響力減弱。各種器形有變矮的趨勢，罐的高領作風少見，小口溜肩罐器形變小，有的接近扁體；中口罐基本不見；大口罐出現折肩或折腹的作風，碗、豆形器圈足較矮，盤、盂、缽、碗數量眾多，帶把器仍然較多，鼎錐足外撇，開始接近越式鼎，器形更偏向實用化。尤其是矮圈足豆和圈足裝飾凸棱的豆具有較高的斷代價值，它同盤、盂、缽、碗等多發現在南方地區的商代晚期～西周時期，是南方地區自西周開始文化逐漸走向統一的重要標誌。本期與吳城文化的交流較弱，早期時在大洋洲商墓中可見圈足帶凸棱的豆，吳城遺址中可見盂等，其它器形少見。

表 1.3.4　萬年文化和吳城文化特徵對比表

文化類型 項目	萬　年　文　化	吳　城　文　化
文化分佈及影響範圍	贛東北爲主要分佈區，南及撫州市。福建省光澤、邵武見有帶把缽、直口深腹圓底雲雷紋罐和壺等；粵東和平縣，有圓腹圓凹底雲雷紋罐；湖南洞庭湖西岸的石門皀市商代遺址中，亦見萬年類型罐類器；浙江江山、武義、杭州、海寧等地見有相似的罐類、尊類器；湖北、河南、河北、山東等地的商代遺址中都有同類器物出土。在吳城文化的各個遺址中都可以或多或少的見到萬年文化的因素。	南限新餘－新干一線，東南到進賢與東鄉間，東到鄱陽湖。影響範圍南及贛州市。東及都昌縣、餘干縣。大部分萬年文化的遺址中不見吳城文化的因素。
陶系	灰陶和紅陶爲主，軟陶和硬陶（含原始瓷）各占一半。印紋陶數量多，印紋錯亂，紋痕深，並且往往通體拍印一種或二種紋飾。	灰陶爲主，有一定數量的紅陶和黑衣陶，硬陶和原始瓷逐步增加，但比例遠低於前者。印紋陶較前者少，印紋規整，紋痕淺，到了晚期，才開始出現通體拍印的情況。

製陶技術	各式罐爲慢輪拉坯一次成型，口部多見清晰的輪旋痕，呈現出溜肩、圓肩、圓腹作風。印紋陶製作用刻痕深的印模，使得成形器物印痕深，使用蘑菇形陶墊，器內壁留有圓形墊窩痕，凸凹不平，胎壁厚薄不勻。較流行附加堆紋和扉棱裝飾。	各式罐口部和器身是分別成型的，然後再在肩部和腹部粘接成一體，故呈現出折肩、折腹的作風，加之在結合部位裝飾一周圈點紋，上下界以弦紋，使折肩作風更爲突出。採用弧度極小的三角形、扁管狀或中空圓錐形陶墊，使得成型的器物器壁厚薄均勻，內壁較平整。
陶器組合	鬹、甗形器、圓腹罐、圜底甕、有棱座豆、缽、帶把缽、盂、帶把杯等。	鬲、深腹盆、假腹豆、傘狀器蓋、折肩罐、折腹罐、大口折肩尊、折肩甕等。
文明要素	有大規模的遺址，以及環繞大遺址的眾多小型遺址，有文化中心和次中心。青銅器、文字、城牆、貧富分化等均已出現。	各遺址規模不大，分佈也稀疏，沒有中心聚落，沒有青銅器、文字、城牆和貧富分化。

2、文化構成及對外關係

可以分爲四群。

A 群：有甗形器、圓腹罐、高領罐、三足盤、鼎、圈足尊、瓿形器、圜底甕、有棱座豆、大口盔形缽、盂、杯、器蓋、碗、靴形支座、蘑菇狀陶墊、印紋陶拍等（圖 1.3.28-1）。這些器物在萬年文化中數量多、器類豐富，演變脈絡清晰，口、沿、頸、肩、腹的變化較少，一般作微侈口、折沿、束頸、斜腹或球形腹；底、足部變化較多，底有凹底、圜底、平底，足有圈足、餅座足、三足等，到晚期，凹底有向平底演化的趨勢。尤其是各式罐，可以分爲大口罐、中口罐和小口罐、圓腹罐，多數口部有清晰的輪旋痕，肩部飾雲雷紋，腹部飾籃紋，前期肩部貼塑蝶形、拳形鈕，後期代之以圓餅狀鈕。此群器物是贛鄱地區土著居民固有的文化傳統。

B 群：有鬹、壺、觚、紅陶大口缸等（圖 1.3.28-2），這些是中原二里頭文化因素，有可能是吸收自本地新石器時代末期的文化。鬹的變化較明顯，從一期到三期，器形變小，流部退化，袋足變成半實心或實足，腹部萎縮（圖1.3.18）。

C 群：有直頸連襠鬲、折腹罐、大口折肩尊、馬鞍形刀等（圖 1.3.28-2），這些都是吳城文化的典型器物，多見於小張家遺址等靠近吳城文化的遺址中。萬年文化的中心區不見或少見此類文化遺物。

D 群：有各種帶把、帶鋬器，如帶把罐、帶把缽、帶把鼎、帶鋬尊、帶

鋬鉢、帶鋬杯、帶鋬器蓋、提梁鉢等（圖 1.3.28-2）。此群器物，從早期到晚期，裝飾性的鋬、繫、鈕逐漸向假鋬、假繫、假鈕演化，裝飾色彩越往後越濃，鋬、繫等最後消失。此群器物應是來源於寧鎮地區的湖熟文化。

上述四群器物在萬年文化中自始至終共存，A 群為主，占全部陶器的80%以上，是構成這一文化類型的主流器物群；其餘三群器物數量少，器形也無明顯演變規律，處於次要、從屬的地位。

因此，萬年文化應是根植於本地的土著文化，發展過程中，主要與同時代長江下游的文化進行著密切的交往，保持著較多的共性。而與中原文化和吳城文化之間的關係較疏遠，這可能是由不同的族屬和文化淵源決定的。

第四節　西周時期文化的分期與分區

根據調查情況，贛鄱地區西周時期的文化遺存較商時期大大增加，但考古發掘工作開展的較少，因而對於西周時期的文化內涵還不清晰。

吳城文化和萬年文化的後續文化情況不太清楚，尤其是西周早期，在文化遺存上很難分辨出兩個文化的發展去向，尤其是吳城文化更不清楚，吳城文化的主要陶器與西周時期諸考古遺址中的同類器物，演變軌迹不清晰，兩者間也存在明顯的缺環。而萬年文化作為廣泛分佈在江南地區的土著文化的一部分，逐漸融入到百越文化之中，自在情理之中。

另一個重要的現象是：一般來說，有西周早期文化的遺址中大部分都不存在商晚期的遺存，也就是說，西周早期文化層疊壓的是新石器時代的文化層（如萍鄉禁山下遺址），或商代早中期的文化層（如九江神墩遺址等），或西周早期文化層單獨存在（如新餘趙家山遺址、錢家山遺址、南昌鄧家山遺址、樟樹彭家山遺址等）。僅有少量的遺址商～西周時期連續文化層存在（如德安陳家墩遺址群、瑞昌銅嶺銅礦遺址等），這些遺址都分佈在重要的交通要道或戰略要地，應該對當時的政治勢力具有舉足輕重的地位。同時，有商代晚期遺存的遺址往往伴隨著的是西周中晚期的遺存（如樟樹築衛城遺址、樊城堆遺址、新餘拾年山遺址等）。在商時期文化最為繁盛的吳城遺址卻沒有西周早期遺存的存在，這似乎暗示出，西周時期文化的興起似乎是經歷了社會政治文化的一次大變革，在刻意的排除商時期文化的影響。

西周時期，贛鄱地區的文化漸趨統一。但西周早期，這種統一性並不明顯，原吳城文化吳城類型分佈的區域仍沿用了吳城文化的某些因素，如折肩

器等，說明吳城文化在這裏的影響較爲深遠。從本區域西周早期遺存總體上看，器類以壺類器和罐類器爲主，以平底器和圈足器多見，少見三足器。壺類器口沿內勾唇，高頸外飾梳篦紋與弦紋組合；罐類器高頸、折肩；以及紋飾以網結紋爲主，既不同於吳城文化，也與萬年文化有別。

原吳城文化龍王嶺類型和陳家墩類型分佈的區域，見有不少與鄂東南地區相同的足外刻槽的鬲、帶附耳的甗、簋、錐狀足鼎等，說明這個地域在吳城文化之後，與鄂東南地區的交流更爲密切，它們的文化發展此時應是同步的。

原萬年文化分佈區內發掘的西周時期遺址很少，已發掘的上饒和玉山地區的幾處土墩墓周邊的幾處遺址調查者認爲與萬年文化相同，但資料較少，不敢妄作推斷〔註113〕。

西周中期開始，文化的統一性漸趨加強。這在陶器上的表現主要是：高錐狀足鼎、高矮錐狀足鬲、圓柱狀平足尖鬲、高錐狀足外側帶槽鬲、內外附耳或貼耳的甗形器，以及矮圈足豆、高細喇叭形豆等，在各地都較普遍流行。各地出土的印紋陶紋飾，大體表現出一致性，那種大型粗放的帶狀變體獸面紋、仿銅器紋飾的雲雷紋、回字變體紋、勾連雷紋、曲折紋，以及凸方格、凸方塊、凸回字紋、凸菱紋等與曲折紋的組合紋飾，幾乎所有遺址中都可見到。這些紋飾的一個共同特點，是仿銅器花紋的紋飾相對增多，凸浮雕式特別盛行，總的紋飾風格已不像吳城青銅文化那樣嚴謹、規整和緻密，而變得隨意、鬆散，且大塊的較多。這些紋飾不僅流行於江西省境內的西周遺址中，在長江下游的蘇、浙、皖等地的西周遺址和墓葬中也常可見到。這就說明，到了西周中、晚期，文化融合的大趨勢不僅出現在贛鄱區域，而且已在更大範圍內展開。

另外，贛鄱地區也有不少西周時期的青銅器出土，地域遍及清江、新干、南昌、餘干、萍鄉、東鄉、奉新（附表三）等地。凡此諸地都在贛江下游及其接近鄱陽湖的支流河域，當是越長江南來的交通要道。與陶瓷器表現出的特徵不同，陶瓷器與中原西周時期文化關係表現的較爲疏遠，而青銅器多與中原文化相似，尤其是一些精品，與中原器物並無二致，這些青銅器時代往

〔註113〕江西省文物考古研究所、玉山縣博物館：《玉山雙明地區考古調查與試掘》，《南方文物》，1994 年 3 期；江西省上饒縣博物館：《上饒縣馬鞍山西周墓》，《東南文化》，1989 年增刊 1。

往早到西周初期，中期以後反而較少，晚期青銅器基本不見，青銅器分佈的
時空狀況也反映了西周早期與西周中晚期贛鄱地區文化內涵的變化。

　　根據上文的分析以及對文化遺存較爲豐富的遺址的對比分析，我們將贛
鄱地區西周時期文化分爲兩期（表 1.3.5）。

表 1.3.5　贛鄱地區西周時期各遺址對應關係表

分期 ＼ 遺址	陳家墩	神　墩	銅嶺銅礦	趙家山	禁山下	築衛城	樊城堆	下石鍾山	磨盤墩
西周早期	J6～J8、③～⑤	②C	⑨C	∨	∨			∨	
西周中晚期	②、T31	②B、②A	⑨B			∨	∨		∨

　　西周早期：除了上表所列遺址外，已經發掘的遺址還有新餘彭家山、錢
家山，南昌鄧家山，德安黃牛嶺、蚌殼山等遺址。

　　從出土器物判斷，這個時期大致可以分成兩個區，鄱陽湖以西和以東區，
前者又可以分爲贛北區和贛中區。贛北區即原吳城文化龍王嶺類型和陳家墩
類型的分佈區，贛中區及原吳城文化吳城類型和牛城類型的分佈區。正如上
文所指出的，兩個區域的西周早期文化有明顯的不同。

　　贛北區以陳家墩遺址 J6～J8、③～⑤層，神墩遺址②C 層和銅嶺銅礦遺
址⑨C 層爲代表。器形包括鬲、甗形器、甑、罐、盆、鼎、甕、尊、盂、豆、
缽、器蓋等。陶鬲中，較多的是低襠鬲、高錐狀足鬲、高頸外撇足鬲和淺腹
癟襠鬲等，高領袋足鬲少見。甗形器侈口、直口或斂口，大多帶附包耳，附
耳一般高於甗口或與甗口相平，也有少量不帶附耳的，多數器身飾粗繩紋，
也有的素面無紋，是這一時期的主要炊器。罐類中，多見敞口、短頸、圓腹、
平底器，肩部有對稱的蝶形紐，有的還以小圓餅或雙繫裝飾。鼎類器見有折
腹和弧腹罐形，足均爲柱狀，有的外側有刻槽，也有仿銅器的尖錐狀足帶立
耳鼎。豆類器有喇叭形粗圈足大淺盤豆、深腹杯形豆、矮圈足折腹豆等。陶
瓷器及印紋陶紋樣以細繩紋爲主，還有勾連雷紋、雲雷紋、網結紋、菱形紋、
S 形紋、凸回字紋、菱形回字紋以及雲雷紋與葉脈紋的組合紋、凸浮雕獸面紋
等。以上這些文化因素中，有些因素是繼承自吳城文化，比如折肩、折腹器，
但相對數量較少；有些因素來源於萬年文化，如不帶附耳的甗形器，眾多的
幾何印紋等，這類文化因素相對較多。但更多的文化因素與鄂東南地區的西

周時期土著文化相同，如鬲足和鼎足帶刻槽的作風，帶附耳的甗形器等，這類因素在銅嶺銅礦遺址中較爲多見。而神墩遺址出土的鬲（84T1②C：1、85J1：1）、陳家墩遺址出土的鼎（J8）與湖北蘄春毛家咀遺址的同類器非常相似（I24/3：3：28 鬲、II12/2：3：10 鬲、II9/5：3：7 鼎）。贛北區吳城文化之後的文化遺存是大路鋪遺存，時代可以早到商代末期，整個西周時代大致都保持與鄂東南地區文化的一致性。而 2008 年發現的奉新九里崗城址可能是作爲贛中和贛北區之間重要的據點〔註 114〕。

　　贛中區以近年來發掘的新餘趙家山、萍鄉禁山下和南昌鄧家山（圖 1.3.29）爲代表。這幾處遺址西周早期的遺存都比較單純，除禁山下遺址有新石器時代末期的文化遺存外，另外兩處都只有西周早期的遺存，文化內涵具有較強的一致性。所出完整器物較少，對於文化性質的判斷造成一定的困難。陶器以灰色硬陶爲主，占 60%以上，有少量的釉陶、泥質軟陶和極少量的夾砂陶和黑皮陶。陶器以平底器和圈足器爲主，少量凹底器和三足器，器形有壺（鄧家山遺址此類器命名爲尊類器，我們認爲，它們與趙家山的壺類似，在這裏統一爲壺類器）、罐、盆、簋、豆、鼎、甗形器等，鬲極少見。以壺和罐爲多，製作風格以高領、折肩、凸棱、圈足平底或凹底爲特徵。圈足器較多，主要爲簋類器。禁山下遺址還見甗形器和帶刻槽和圓窩紋的鼎足等。紋飾以網結紋爲主，出現大量的組合紋飾，如梳篦紋與弦紋組合、網結紋與凸方點紋組合等。以上，大量的折肩器當是繼承了吳城文化的因素；甗形器與萬年文化有關；帶刻槽和圓窩紋的鼎足當與鄂東南地區的土著文化有關。此時的贛中地區與贛北地區情況相同，文化的混雜性都較重，不同的是，這裏看不出哪種文化因素占主導地位。

　　鄱陽湖以東地區發掘的西周早期的遺存很少，僅有少量遺物。重要的發現有 20 世紀 50 年代在餘干縣黃金埠發現的應監銅甗。這件甗據郭沫若考證：「此甗，據其花紋形制與銘文字體來看，乃西周初期之器，作器者自稱『應監』，監可能是應侯或應公之名，也可能是中央派往應國的監國者」〔註 115〕，此件器物出土地點周圍並未見同時期的遺存，發掘者和研究者推測是由應國

〔註 114〕該城址是第三次全國文物普查時發現的，位於奉新縣和靖安縣之間。據江西省文物考古所的工作簡報介紹，它的時代自西周早期一直延續到春秋晚期，甚至也包括一些吳城文化的遺留因素，比如馬鞍形陶刀等。

〔註 115〕郭沫若：《釋應監甗》，《考古學報》，1960 年 1 期。

故地河南寶豐縣遷來〔註116〕。筆者認為這可能與西周初年中央派應國貴族來此地監督贛鄱地區的諸侯國有關。另外，西周早期中原文化因素較濃的甗、鼎等青銅容器多分佈在贛東地區，而土著文化較濃烈的鐃、甬鍾等青銅樂器主要分佈在贛西地區〔註117〕，這似乎說明，西周時期與商時期的統治策略有所變遷，它們不同於商文化把贛鄱地區西部作為重點經略之地，而重點關注的是贛鄱東部地區（圖1.3.30）。

另外，贛鄱東部地區西周早期的遺存也具有濃烈的萬年文化傳統，並有很多因素與武夷山光澤地區、閩江流域的黃土崙遺址等同時代的文化遺址存在廣泛聯繫〔註118〕，說明贛東地區在此時雖然有宗周文化的介入，文化的主體仍然是土著的，與閩西北和浙西南的關係較為密切。這種傳統一直延續到西周中晚期，並成為此地區文化的主流。

西周中晚期：以九江沙河街磨盤墩下層和神墩②B、②A層，清江築衛城上層、陳家墩遺址②層和T31為代表。樊城堆遺址上層文化包括②D、②C、②B、②A層，發掘者認為它們均為西周時期，實際上，②D、②C層與吳城遺址第三期相似，應屬於吳城文化時期，②B、②A層的時代大致在西周中晚期（圖1.3.31）。贛東上饒地區的土墩墓大多也屬於這個時期。

本期文化相對於上期來說，文化統一性明顯加強，各地文化因素基本相同。並且在包括江浙在內的更大範圍內趨於一致。磨盤墩遺址下層出土的 2件矮圈足青釉瓷豆，在盤外壁附有小圓餅裝飾，是很有時代特徵的原始青瓷器。馬鞍山西周墓的構築方法（河卵石棺床，無壙穴）和隨葬品（銅盤、原始瓷豆、甕、缽、盂、碟、陶罐以至刻劃符號和所在部位等）都與江浙地區尤其是皖南的屯溪土墩墓相同。從出土器物與文化特徵看，當時居民使用的炊器主要為鼎和甗形器等。其中甗形器比前一期（西周早期）不僅數量增多，而且造型變化多樣。如口沿部位有敞口寬折沿、敞口窄折沿、直口窄沿之分，束腰部位有束腰明顯與不明顯之分，附耳形式更加複雜，有外包耳、內包耳、內貼耳、貫耳、半環狀橫耳及直立方耳等。個別的甗形器還附有三短腿。另外，從出土的大批器足看，當時人們也使用相當數量的鼎。鼎類的器足多呈

〔註116〕參見孫作云：《西周王朝經營四土研究》第 118 頁，中州古籍出版社，2000年。
〔註117〕彭適凡：《贛江流域出土商周銅鐃和甬鍾概述》，《南方文物》，1998 年 1 期。
〔註118〕楊軍：《南城縣碑山商周時期遺址》，中國考古學會編：《中國考古學年鑒·2006》第 230～231 頁，文物出版社，2007 年版。

高、矮錐狀，也有一些帶圓窩紋。這一期的盛食器主要有罐、甕、豆、杯、缸、盂、盤、壺、爵、缽、碗、碟和器蓋等。豆類器中，除繼續沿用前期灰陶高、矮喇叭形圈足豆和杯形豆外，還出現更多的硬陶豆和青釉瓷豆，反映了原始青瓷製造業在西周中、晚期得到進一步發展。罐類器多見平底器，圓底或凹底則少見。帶耳的器物也較爲盛行。印紋陶紋樣種類達三四十種之多。吳城類型遺址中較多的圓圈紋、圈點紋和 S 形紋等基本消失，那種常見的雲雷紋、葉脈紋或曲折紋等雖還繼續沿用，但在風格上已有明顯變化，由過去的纖細、規整，變得粗大、草率。其它像前期流行的菱形紋、菱形凸棱紋、凸方格紋、凸回字紋、漩渦紋、菱形塡線紋等幾何紋樣更爲盛行，高浮雕式寬帶獸面紋和凸方格、凸回字紋的組合紋飾也得到充分發展。

但是，在存在較大共性的前提下，鄱陽湖以西和以東也存在區別。比如後者基本不見鬲類器的使用，而在前者的樟樹築衛城、樊城堆和九江磨盤墩等遺址中都可以見到，足以高、矮錐狀爲常見，還有圓柱狀平足尖和乳狀尖足等，高錐狀刻槽足鬲的分佈也十分普遍。這與鄂東南地區的文化面貌較爲一致。並且陶系方面也與鄱陽湖以東地區存在區別，前者陶器以夾砂和泥質紅陶爲主，約占 70%，泥質灰陶和泥質黑皮陶約占 25%，硬陶、釉陶和原始瓷的比例較小，約占 5%。而後者原始瓷的比例較高，比如馬鞍山西周晚期墓統計的 160 餘件隨葬品中，硬陶和原始瓷的比例在一半以上〔註 119〕，浮梁縣東流燕窩山遺址的比例也較高〔註 120〕。由於贛東地區發掘的西周時期的遺址很少，還不能進行較爲詳細的對比，但存在區別應該是可能的。

因此，在西周中晚期，我們可以將贛鄱地區北部以鄱陽湖爲界劃分爲兩個小區，兩個小區代表了一個大的文化區系下的不同類型。

以上分析可以得出一個初步的認識，即西周早期本地文化的發展重心在贛鄱地區西部和北部，北部與鄂東南地區和中原遺民文化的關係較爲密切，西部有較強的獨立性，青銅器也以較多的體現土著文化風格的禮樂器爲主；東部地區只見零星的中原式青銅容器和少量的土著文化遺存。隨著與吳越文化的交融，西周中晚期開始，本地文化發展的重心轉向東部，大量土墩墓的

〔註 119〕江西省上饒縣博物館：《上饒縣馬鞍山西周墓》，《東南文化》，1989 年增刊 1。
這裏需注意，墓葬出土物與遺址出土物的比例有所差別，墓葬所出只能提供一種大致的趨勢。
〔註 120〕楊軍、胡勝：《浮梁縣東流燕窩山商周遺址》，中國考古學會編：《中國考古學年鑒・2005》第 217～218 頁，文物出版社，2006 年版。

出現就說明了這點。具有鄂東南典型器物風格特徵的刻槽足鬲、帶附耳矮錐足鬲形器和鏤孔豆以及帶有吳越文化傳統特徵的原始瓷豆、碗、缽、盂和小口溜肩甕兩種不同文化因素的同時出現說明了此時的贛鄱地區正在由一個獨立的文化區淪為吳越文化圈和鄂地文化圈交彙的地區。